OMAN
EMOKRATISCHE VOLKSREPUBLIK JEMEN
Schibam
Tarim
Hadhramaut
Schihr
Mukalla
Qana (antiker Hafen
z.Zt. d. Weihrauchstraße)
Sokotra
0
100 km

Rudolf E. Bollinger

Revolution zur Einheit

Jemens Kampf um die Unabhängigkeit

Hoffmann und Campe

CIP-Kurztitelaufnahme der Deutschen Bibliothek
Bollinger, Rudolf E.:
Im Jemen ein Feuer : Schicksalsjahre e. geteilten
Nation / Rudolf E. Bollinger. – 1. Aufl. –
Hamburg : Hoffmann und Campe, 1984.
ISBN 3-455-08222-X

Schutzumschlag und Einbandgestaltung Werner Rebhuhn
Karten Alfred Skowronski
Gesetzt aus der Aldus-Antiqua
Satzherstellung Fotosatz Otto Gutfreund, Darmstadt
Druck und Bindung Ebner Ulm
Printed in Germany

Inhalt

Hinweise

Der nördliche Staat mit der Hauptstadt Sanaa führt im amtlichen deutschen Sprachgebrauch die Bezeichnung »Jemenitische Arabische Republik« (JAR). Gebräuchlich sind auch »Arabische Republik Jemen« (ARJ) oder Nordjemen.

Der südliche Staat mit der Hauptstadt Aden führt die amtliche Bezeichnung »Demokratische Volksrepublik Jemen« (DVJ) – bis Ende November 1970 Volksrepublik Südjemen – oder »Volksdemokratische Republik Jemen« (VDRJ).

Gründe der Diskretion und vor allem der Sicherheit lassen es nicht zu, all jene zu nennen, die am Zustandekommen dieses Buches mitgewirkt haben. Quellen und Personen können aufgrund der oft gegensätzlichen innerjemenitischen Situationsabläufe nicht immer offengelegt werden. Die Schilderung meiner Begegnungen während und nach den jemenitischen Revolutionen beschränken sich auf die Höhepunkte und Reflexionen des historisch-revolutionären Umbruchs in beiden Jemen-Staaten. Freunden im Nord- und Südjemen, denen die Wiedervereinigung ein patriotisches Anliegen ist, bin und bleibe ich für ihr außergewöhnliches Vertrauen verbunden.

Besonderen Dank schulde ich meinem langjährigen Reisebegleiter Josef Graf sowie den indischen Kaufleuten in Aden, vor allem den Brüdern Ratilah, Pravin und Latil Shah (Sunderji Kalidas & Sons).

Personen und geographische Namen sind so transkribiert, daß sie im Deutschen dem Original am ähnlichsten klingen und bei der Aussprache möglichst wenig Schwierigkeiten bereiten.

Vorwort

Dann und wann drucken Zeitungen und Zeitschriften ein paar Zeilen über das weithin noch immer unbekannte Land Jemen ab: im Südwesterker Arabiens, fernab unserer »hochzivilisierten Welt«, gelegen und dennoch eine der Wiegen unserer Kultur.

Viel früher als Nordarabien waren die südlichen Küstenstriche und das fruchtbare Hochland im Südwesten besiedelt. Bereits im 1. Jahrtausend v. u. Z. ließen sich Sabäer und Minäer hier nieder, von deren hohem Können heute noch Ruinen und Inschriften zeugen. Durch regen Handel zwischen Asien und den aufstrebenden Mittelmeerstaaten häufte sich im Jemen, vor allem zur Zeit der Himjariten, unvorstellbarer Reichtum an. Entlang der Weihrauchstraße entstanden mächtige Stadtstaaten, in denen Architekten und Künstler ihren unverkennbar eigenen Stil entwickelten. Raffinierte Terrassensysteme machten die Region zur Kornkammer Arabiens. »Arabia felix« nannten sie die Römer.

Invasoren, eine Verlagerung des Handels auf andere Routen und wohl auch eine Klimaverschiebung machten dem Reichtum und der Selbständigkeit freilich bald ein Ende. Äthiopier, Perser und Ottomanen lösten sich in der Herrschaft ab, die sie oft indirekt, d. h. über einheimische Stammesführer, ausübten. Nur einmal noch gelangte der Jemen zu Einheit und Ruhm: Als der bedrängte Prophet die Stämme des Jemen um Hilfe bat, schlugen sie fortan die entscheidenden Schlachten unter dem grünen Banner des Islam; es waren jemenitische Heerführer, die den Maghreb und den Süden der Iberischen Halbinsel eroberten und im Osten bis ins Zweistromland vordrangen.

Im Lande Jemen regierten bis zum 26. September 1962 in ununterbrochener Reihenfolge 67 nachweislich amtierende Imame zeiditischer Glaubensauslegung. Sie förderten den Partikularismus und verstärkten mit ihrem Despotismus und Nepotismus die Auseinanderentwicklung der Stämme im Süden und im Norden. Nur während der türkischen Besetzung kam es zu einer nationalen Sammlung, und der geeinte Widerstand führte 1917 zum Ende der ottomanischen Oberherrschaft. Aber das geplagte Volk erhielt nicht etwa mehr Freiheiten und Bildung, sondern wurde in noch verstärkter Isolation von allem Fortschritt ferngehalten, bis die Revolution von 1962 den Weg zur Außenwelt mit Gewalt öffnete. In einem fast achtjährigen Bürgerkrieg erwiesen sich die Hochlandstämme als königstreuer als die unmittelbare Umgebung des gestürzten Imam al-Badr, die vorwiegend mit den eigenen Rivalitäten beschäftigt war und darüber vergaß, die Gefolgsleute vorbildlich ins Feld zu führen. Das wankende Imamat war unter diesen Voraussetzungen nicht mehr zu retten. Nach dem Abzug der von Marschall Sallal zu Hilfe gerufenen ägyptischen Divisionen und der Freikämpfung des von Royalisten belagerten Sanaa bildete sich eine neue Republik heraus, die sich die Unabhängigkeit, die Menschenrechte und die individuelle Freiheit jedoch erst Schritt für Schritt – gegen eigene Machtrivalitäten und gegen die Pressionen der Supermächte – erobern mußte.

Diese entscheidenden Phasen der jemenitischen Geschichte, über die bei uns in Europa kaum etwas bekannt ist, habe ich an Ort und Stelle miterlebt. In jahrelangen Beobachtungen, oft als einziger westlicher Journalist, in Recherchen und in Gesprächen mit jemenitischen Staatsverantwortlichen habe ich manches über die Beweggründe und Hintergründe erfahren, was sich festzuhalten lohnt. Ohne die Schlüsselereignisse der jüngsten Vergangenheit zu kennen, läßt sich die gegenwärtige Politikentwicklung aber auf dem arabischen »Subkontinent« nur unzureichend einschätzen. Und das hat mich zur Niederschrift meiner Eindrücke und Erlebnisse bewogen.

Es ist hier nicht nur zu berichten über die Entstehung der beiden jemenitischen Staaten, über die Grenzkriege mit dem ins leninistisch-marxistische Fahrwasser abgedrifteten Südjemen, über gravierende ideologische Gegensätze zwischen Aden und Sanaa, über die damals jemenfeindliche Machtpolitik Saudi-Arabiens, die Auswirkungen der doppelbödigen Methoden der britischen Kolonialherren Adens, sondern auch über die erstaunlichen politischen Balanceakte, durch die sich der freie Jemen gegen die Hegemoniepläne der Supermächte zu behaupten sucht. Trotz aller Imponderabilien haben sich die neuen Staatsverantwortlichen in Sanaa und in Aden Schritt für Schritt einander angenähert – nachdem ihre Vorgänger teils entmachtet oder umgebracht wurden – und sehen sich nun auf der Zielgeraden zur Wiedervereinigung beider Jemenstaaten zu einer Islamischen Republik Jemen. Der Wettlauf in die Einheit wird immer schneller, weil man sich der endgültigen Unterwerfung als Satelliten der Supermächte entziehen will, solange dazu noch eine Chance besteht.

Wenn es gelingt, das Interesse der Öffentlichkeit für diesen abgelegenen, freiheitlich-stolzen und zudem strategisch so wichtigen Winkel der Welt zu erwecken, dann hat dieses Buch seinen Sinn und Zweck erfüllt.

Frankfurt, im Sommer 1984 — Rudolf E. Bollinger

Was dem Feuer der Wind

Ankunft in Sanaa

Anfang März 1968. Wie ein verwundeter Vogel streicht die mit Tarnfarben bemalte, von Gewehrschüssen durchsiebte DC-3-Transportmaschine über das jemenitische Hochland hin. Entlang der Blechwände der Maschine hocken eng aneinandergedrängt Spezialeinheiten der »as-Saiqa«, Kommandoeinheiten der jemenitischen republikanischen Armee, und beten zu Allah um ein Überleben dieses Todesfluges. Einige Offiziere haben sich auf Waffen- und Munitionskisten niedergelassen und blicken fatalistisch vor sich hin.

Das letzte Aufgebot der Republikaner ist fest entschlossen, das an manchen Stellen immer noch belagerte Sanaa, das Fanal der Revolution, den Fängen der Königlichen, die man die Malakis (Königstreue) nennt, endgültig zu entreißen. In einem verzweifelten Aufbäumen gegen Niederlage, Plünderung und Tod wehrt sich dort eine kleine Garnison, unterstützt von Volksmiliz, Greisen und Kindern, gegen ein fast unabwendbar scheinendes Schicksal.

Uns – Josef Graf, Ahmed Kholedy von der südjemenitischen »Nationalen Befreiungsfront (NLF) und mir, die wir nur durch einen Sonderbefehl der republikanischen Streitkräfte mit an Bord haben kommen dürfen – wird allmählich klar, daß wir einen Höllenflug angetreten haben. Dann und wann macht einer von uns eine belanglose Bemerkung; an eine zusammenhängende Unterhaltung ist nicht zu denken. Es steht auch keinem der Sinn danach. Wie in einem Film ziehen Bilder aus den letzten Jahren an mir vorüber: meine Tätigkeit am Hof von König Saud ibn Saud, Reisen bis in die entlegensten Winkel der arabischen Halbinsel, mein Entschluß, die antiken Metropolen entlang der Weihrauchstraße zu fotografieren, darüber zu schreiben – und vielleicht auch teilweise wiederzuentdecken. Unversehens bin ich so in den nationalen südjemenitischen Kampf gegen die Kolonialherrschaft der Briten in Aden und den Herrschergebieten des Hinterlandes geraten. Grafs und meine Objektivität in der Berichterstattung haben uns das Vertrauen der siegreichen NLF eingebracht. Als Dank hat man uns einen offiziellen Empfehlungsbrief, einen Landrover und als Schutz den NLF-Kämpfer Ahmed Kholedy in die nordjemenitische Rumpfrepublik mitgegeben.

So sind wir die ersten Westdeutschen, die als »bewährte Freunde«

der Unabhängigkeitskämpfer Adens in die freiheitliche Republik und als »akkredidierte« Berichterstatter per Sondererlaubnis ins belagerte Sanaa kommen. Noch ist die Entscheidung über die Zukunft des Landes nicht gefallen. Zwar ist der Belagerungsring vor fast vierzig Tagen von General Hassan al-Amri gesprengt worden, doch viele strategisch wichtige Höhen um Sanaa sind immer noch in royalistischer Hand. Wo der elanvolle al-Amri im Januar 1968 im Morgengrauen durchgebrochen ist, gibt es keine einheitlichen royalistischen Stammesverbände mehr. Sie wurden aufgerieben oder flüchteten in abgelegene Wadis. Dennoch sind Teilstücke des Malaki-Ringes an vielen Stellen intakt geblieben.

So ist Sanaa auch in den ersten Märztagen 1968 immer noch eine Frontstadt. Und die fast 150000 Eingeschlossenen sehen nicht nur die Republik gefährdet, sondern auch ihre Familien und ihren Besitz. Angesichts der Drohung der Malakis, alles zu plündern und zu zerstören, heißt die Alternative: siegen oder sterben. Die Sanaanis sind entschlossen, die Flagge nicht zu streichen, und mobilisieren in dieser Stunde auch noch den letzten kampffähigen Mann.

Unser kriegserfahrener jugoslawischer Pilot vollbringt in den Frühnebelschwaden, die wie weiße Rauchsäulen aus den Gebirgswadis hochsteigen, wahre Meisterstücke. Ohne Begrenzungs- und Positionslichter zu setzen, die uns verraten würden, durchfliegt er die royalistischen Sperrfeuerketten. Von den Gipfelkämmen des Sumarah- und Jislah-Passes feuern die vom Motorengedröhn alarmierten Malakis, was das Zeug hält. Mit feinem Zirpen verfehlen uns die Schüsse oder schlagen mit einem Ping-Pong-Nachhall in die Flügel oder den Rumpf ein. Aber Allahs Anrufung bewirkt offenbar Wunder. Kein Schuß trifft Mensch, Munition oder flugtechnisch wichtiges Gerät. Endlich, nach langen siebzig Minuten, Jubelrufe: Aus dem ersten Morgenlicht strahlt Sanaa, die alte Königsstadt, herauf.

Nicht weniger als dreimal haben die Verteidiger der Hauptstadt des freien Jemen den Flugplatz an die sie belagernden Malakis verloren. Um überhaupt noch Nachschub einfliegen zu können, wurden immer wieder neue Notpisten angelegt. Heute ist der Ring am Nordwestrand der Berge wieder so eng geworden, daß unser Pilot dicht an der südlichen Stadtmauer, im toten Winkel der Geschoßbahnen, aufsetzen muß. Der Rest ist Glückssache. Geduckt dahinrennend, angefeuert von den Zurufen der Verteidiger, erreichen die Spezialkommandos, die beiden Alemanis und der Südjemenit mit ungeahnter Sprintgeschwindigkeit den Schutz der antiken, teils von Geschossen zernarbten Festungswälle. Vereinzelt umherzirpende Querschläger vereiteln ein normales Entladen des Militärtransporters. Munitions-, Waffen- und Verpflegungsbehälter müssen an langen Seilen hinter die schützenden Brustwehren gezogen werden. Wen irdischer Befehl oder Allahs Ungnade dazu bestimmt, der muß in der Maschine ausharren, Kisten und Kasten fest verknoten und die Seilenden den hinter den Wällen Wartenden zuwerfen. Das Himmelfahrtskommando läßt manch einen um göttliches Erbarmen flehen.

Unterdessen rotieren die beiden Propeller auf Hochtouren. Schemenhaft ist das Gesicht des Piloten in der Kanzel zu erkennen. Mit dem mir zugereichten Fernglas will ich den allesentscheidenden Moment der Startfreigabe nicht verpassen. Die in Not geratene Republik hat nur noch zwei einsatzfähige DC-3-Maschinen. Wird die eine davon jetzt beim Start getroffen, sind die Verteidiger zu Hunger und Munitionsmangel verurteilt, ohne Hoffnung auf Nachschub oder Entsatz. Als die letzte, am Zugseil hängende Last aus der Luke in den Sand niederfällt, springt der entnervte Stauer mit einem Jubelschrei hinterher und rettet sich in den Kreis seiner Kameraden, die ihm beifällig auf die Schulter klopfen. Noch ehe er den Schutzwall erreicht, startet die Maschine durch. Mit hochgestelltem Daumen winkt der Pilot noch einmal herüber: Immer schneller rumpelt die DC-3 über die mit Kleingestein markierte Notpiste und hebt dann genau in Richtung der aufgehenden Sonne ab, die die schußbereiten Royalisten in ihren Adlerhorsten blendet.

Grimmig blickende, mit Waffen behängte Milizionäre eskortieren uns in die Hauptstraße Ali Abdul Moghny, so benannt nach dem jungen Offizier, der mit einem Signalschuß den Putsch des Leibwachenchefs Oberst Sallal und den nun seit fast sieben Jahren tobenden Krieg ausgelöst hat. Unsere Bleibe, das »Al-Makha«, liegt am Südwestende dieser historischen Hauptstraße von Sanaa. Das Hotel gleicht mehr einer Karawanserei als einer zumutbaren Unterkunft. Dennoch ist es in den Tagen der Einschließung zum Herzstück der Republik geworden. Hier und nicht in den hochstöckigen Lehmpalästen, die eine gute Zielscheibe für die attackierenden Royalisten abgäben, treffen sich die Männer der ersten Stunde der Revolution, um bei heißem Gischr, einem aus Kaffeeschalen gebrannten Getränk, die Verteidigung der Stadt und das Überleben der Republik zu organisieren.

Abdallah, ein stämmiger, griesgrämiger und stets unrasierter Sanaani, der als Hotelfaktotum fungiert, entbietet mir den Gruß des kriegsmüden Jemen. Obwohl selbst halb verhungert, reicht uns Abdallah auf einem Tablett ein winziges Hühnerei, einen Brotfladen und Salz.

Zwischen zehn und elf Uhr liegt auch das »Al-Makha« unter dem Beschuß der Königlichen, die sich im Schutz der Nacht an die Türkenbastionen über dem südöstlichen Berggrat des Dschebel Nuqum vorgearbeitet haben. Das wiederholt sich fast täglich, so sagt man uns. Aber lieber setzen sich die auf Neuigkeiten erpichten Sanaanis den Geschoßgarben aus, als die Zentrale der Freiheitlichen zu meiden. Wir bringen uns hinter prallgefüllten Sandsäcken, die als Splitterschutz in die hohen Bogenfenster gestapelt worden sind, in Sicherheit. Aus ihren vorgeschobenen Stellungen feuern die Königlichen mit 120-mm-Granatwerfern, Kleinraketen, schweren Maschinenwaffen und weittragenden Panzerfäusten.

Da sie jeden Tag ein anderes Stadttor oder Wohnviertel unter Beschuß nehmen, sind die Verluste nicht allzu hoch. Denn mit Raffinesse ziehen die Sanaanis in die am Vortag beschossenen Gebiete um und retten so ihr Leben und wenige Habseligkeiten. Dennoch ist anzunehmen, daß die republikanischen Verantwortlichen die Verlustzahlen herunterspielen, um keine Panik auszulösen; und die angegebenen 140 Toten und 600 Verwundeten dürften sich in Wahrheit auf das Vierfache belaufen.

Der feurige Morgengruß wird zur Gewohnheitssache. Unbeschadet überstehen wir ihn, manches Mal auf dem Fußboden Schutz suchend, während die von der Kanonade um sie her offenbar unbeeindruckten Sanaanis ihren Palaver selbst dann nicht verstummen lassen, wenn es ohrenbetäubend kracht; zumindest muß einer oder eine Gruppe das letzte Wort behalten.

Mit der Arche Noah in die Revolution

Noahs Sohn Sem, so sagt die Legende, und so wird es mir auch in den Wartezeiten im »Al-Makha« wortreich erklärt, habe Sanaa gegründet, und die auf dem 3500 Meter hohen Gebirgssattel Wohnenden seien direkte Nachkommen seines Stammes. Auf einer der Zinnen des nördlichen Jemen sei das hölzerne Rettungsschiff gelandet, und hier sei das erste Gemeinwesen nach der großen Flut entstanden. Qahtan aus der Familie des Joktan des Alten Testaments hat den marodierenden Nomadenstämmen der Überlieferung zufolge Ackerbau und Viehzucht, den Ursprung aller Seßhaftigkeit, beigebracht. Die Terrassenfelder und Bewässerungssysteme haben sich im Lauf der Jahrtausende kaum geändert; erst jetzt sind sie – nicht zuletzt durch die Kampfhandlungen – der Zerstörung anheimgegeben.

Der Reichtum des einst als »Arabia felix« gepriesenen Landes kam mit dem Handel auf einer der ältesten Warenstraßen der Welt, der legendenumwobenen Weihrauchstraße, die vom östlichen Dhofar quer durch den südlichen Teil Arabiens nach Schabwa, der ehemaligen hadhramischen Hauptstadt, und von dort aus über die Hauptstadt Qatabans, Timna, zur Sabäerhochburg Marib führte. Von dort aus ging die Route durch den minäischen Dschauf nach Nadschran bis in das Kerngebiet der Nabatäer um Petra. Entlang dem Handelsweg, der unter Vermeidung des Hochlandes und der schwülheißen Küstenebene parallel dann zum Roten Meer nach Norden führte, entstanden tributfordernde Königsstädte, aus kostbarem Marmor erbaut und von unbeschreiblichem Reichtum – das »Glückliche Arabien«, das wie ein Fixstern der Wohlhabenheit am Himmel der Antike aufstieg. Main, Qataban, Saba und Himjar zählten zu den vornehmsten Reichsgründungen, und der bereits im 6. Jahrhundert v. Chr. begonnene Bau des Staudamms von Marib galt als achtes Weltwunder seiner Zeit.

Die sagenumwobene Bilqis, Königin von Saba – wahrscheinlich ursprünglich Führerin eines aus dem Norden kommenden Raubstammes, die in Sirwah die ersten Fundamente des späteren Großreiches Saba legte –, wird dokumentarisch in der Bibel erwähnt, weil sie König Salomon mit unschätzbaren Pretiosen und ihrer Schönheit hofierte.

Doch schon bald wurde das glückliche zum unglücklichen Arabien. Als die Unterwerfung der Minäer durch die Sabäer in der Mitte des 1. Jahrhunderts v. Chr. den Niedergang des Warenverkehrs auf der Weihrauchstraße einleitete und der griechische Seefahrer Hippalus die Geheimnisse der Monsunwinde löste, brauchten die kostbaren Waren aus Indien und Fernost nicht mehr von Kamelkarawanen getragen zu werden, sondern konnten, in Galeassen und Galeonen verstaut, kostenmindernd zum Mittelmeer segeln. Der Handelsweg versandete, und mit ihm verfielen die sich untereinander befehdenden Marmorkapitalen der großen südarabischen Reiche.

Auch das alte Sanaa hatte vom Gewinn des goldenen Zeitalters profitiert, denn durch seine Tore führten Abzweigungen des Warenstroms von Fernost nach Ägypten und in die anderen Kulturzentren rund um das Mittelmeer. Jemenitischer Weihrauch und Myrrhe waren begehrt in der Alten Welt. Sie wurden auf den Altären der Tempel zu Ehren der Gottheiten dargebracht. 1493/92 v. Chr. entsandte die ägyptische Herrscherin Hatschepsut eine Handelsdelegation in das mythische Weihrauchland Punt, das man an der somalischen Ostküste, aber hauptsächlich im gegenüberliegenden Weihrauchland Südarabien vermutet. Gold, Weihrauch und Sklaven waren das einträgliche Resultat dieser Schiffsexpedition, die an den Tempelwänden des Palastes der Königin der Nachwelt bildlich überliefert wurde.

Jemens Reichtum hat seit jeher fremde Invasoren ins Land gelockt. So eroberten die Äthiopier, ehemalige jemenitische Kolonialisten, um

525 n. Chr. den Jemen. Sie brachten das Christentum mit und behielten ihre Oberherrschaft, bis die im Hochland weiterhin der heidnischen Vielgötterei frönenden Kriegerstämme die Perser zu Hilfe riefen. Der Preis für die Befreiung war ein neues Joch, denn nun wurde der Jemen zur persischen Satrapie.

Erst unter der monotheistischen islamischen Religion, die sich wie ein Feuersturm ausbreitete, wurden die vielen Fürstentümer und Teilreiche unter dem grünen Banner des Propheten geeint. Mit den ihm zu Hilfe eilenden jemenitischen Kriegerstämmen gewann Mohammed seine entscheidenden Schlachten, und ihnen widmete er die 110. Sure des Koran, »Al-Nasr«, die Hilfe. Doch endete auch diese Glaubenseinheit im Jemen bald wieder, als sich der mächtige sunnitische Islam in mehr als siebzig Sekten aufteilte. Die abtrünnigen Schiiten – sie erkennen nur den Neffen und Schwiegersohn Mohammeds als einzigen und wahren Kalifen (Erbkalifat) an – mußten vor den Verfolgungen der orthodoxen Sunniten ins Zweistromland fliehen. Eine schiitische Sekte, die Zeiditen, drang im 9. Jahrhundert ins nordjemenitische Bergland ein – wo sie auf dort ansässige jemenitische Stämme und die bereits etablierten Schafiiten, eine Sekte der Sunniten, stießen. Unter ihrem weltlichen Imam asch-Schafi waren die Schafiiten zur dominierenden sunnitischen Sekte an der Rotmeerküste und im Süden Jemens geworden. Sie erkannten die zeiditische Rechtsauslegung nicht an: Der jeweilige Herrscher sei nicht nur Imam, sondern unfehlbarer Gottkönig und damit weltliches und religiöses Oberhaupt zugleich. Damit wurde der Jemen in zwei Glaubensrichtungen aufgespalten, die sich bis heute gegenseitig bekämpfen, weil die schafiitischen Sunniten seit Inthronisierung der durch den zeiditischen Imam al-Hadi Ila al-Haqq Yahya bin al-Hossin bin al-Qasem im Jahre 898 n. Chr. begründeten Zeiditen-Dynastie stets benachteiligt wurden.

Im Norden ließen sich die kampfstarken Zeiditen nieder, im Süden und entlang der tihamischen Rotmeerküste die moderateren Schafiiten. Damit war die erste Teilung des Jemen vollzogen, die auch während der Türkenherrschaft und sogar noch während des gegenwärtigen Bürgerkriegs zwischen meist zeiditischen Royalisten und vornehmlich schafiitischen Republikanern noch nachwirkte. Die Bevorzugung zeiditischer Glaubensbrüder bei der Verteilung wichtiger Ämter und Pfründen, die Deklassierung der schafiitischen Volksschichten durch den imamitischen Diwan, der die Untertanen verhöhnende Despotismus des Hauses Hamid ad-Din – all dies trug dazu bei, daß sich im Norden Jemens eine tiefe soziale Kluft auftat und der sunnitische Teil des Südjemen sich immer mehr der Diktatur der zeiditischen Herrscher im fernen Sanaa zu entziehen suchte. Der Imam als weltliches und geistliches

Oberhaupt zugleich ließ jede Eigenentwicklung einer neuen Sozialstruktur im Keim ersticken – und wer sich auflehnte, wurde einen Kopf kürzer gemacht. Daran hat sich bis ins 20. Jahrhundert wenig geändert. Auch daran nicht, daß jeder Imam Anspruch auf den Gesamtjemen erhob, obwohl beide Jementeile längst getrennte Wege gingen.

Als 1517 die erste türkische Invasion erfolgte, war der imamitische Jemen ein bereits innerlich geschwächtes und mit dem Herrscherhaus zerstrittenes Land. Die Osmanen suchten neue Stützpunkte am Roten Meer, um die europäischen See- und Kolonialmächte besser bekämpfen zu können. Sie besetzten Aden und die Tihama, aber ihr Vorstoß ins unwegsame Hochland scheiterte am gemeinsamen Widerstand sowohl der Sunniten als auch der Schiiten, und sie mußten sich aus Jemen zurückziehen. Schon 1564 kehrten sie mit schweren Waffen, Feldschlangen und Kanonen zurück, um die verlorenen Gebiete zurückzuerobern. Erst 1630 organisierte sich im Berggau Schahara ein einheitlicher Widerstand unter Imam al-Muayyad Mohammed. In einem fanatisch geführten Ringen zwangen die Zeiditenstämme die Türken nieder. Der nationale Heilige Krieg hatte fünf Jahre gedauert, und Abertausende jemenitischer Krieger waren vor den Feuerschlünden der türkischen Artillerie gefallen. Bis ins 18. Jahrhundert beherrschten die Imame wieder fast ganz Jemen, mit Ausnahme des sunnitischen Südjemen: Aden und sein Hinterland hatten sich bereits 1728 vom Imamat Sanaas losgesagt.

Man schrieb das Jahr 1849, als eine riesige Streitmacht unter Taufiq Pascha bei Hudaidah an Land ging – die dritte und bis zum Ende des Ersten Weltkriegs währende türkische Okkupation Jemens hatte begonnen. Angstbebend hatte der Imam sofort die türkische Oberhoheit anerkannt, aber als Taufiq Pascha die Hauptstadt einnehmen wollte, erhoben sich die Sanaanis und trieben die Türken in blutigen Straßenkämpfen wieder aus den Stadttoren hinaus. Schwerverwundet mußte der türkische Oberbefehlshaber zum Rückzug nach Hudaidah blasen lassen. In Sanaa wurde der feige Imam von der wütenden Volksmenge geköpft. Erst 1872 gelang es dem neuen Befehlshaber der Türken, Mukhtar Pascha, Sanaa einzunehmen: Die Sanaanis öffneten ihm freiwillig ihre Stadttore. Sie waren ihrer inkompetenten und zänkischen Herrscher überdrüssig geworden.

Insgesamt gab es drei nationale Aufstände gegen die Besatzungsmacht: 1891 konnte die von Aufständischen belagerte Hauptstadt nur durch eine türkische Entsatzarmee dem Halbmond erhalten werden; 1904 wurde Sanaa von den Türken befreit – und mußte doch kapitulieren, nachdem es ausgehungert worden war; 1911 war Sanaa bereits von den »Rebellen« des großen Imams Yahya eingeschlossen – wie jetzt von den Truppen der Royalisten –, und dennoch gelang es Izzet Pascha, die Umzingelung wieder aufzusprengen. Imam Yahya unterzeichnete mit den Türken den umstrittenen »Schandfrieden von Da'n«, in welchem ihm die Pforte nicht nur die »Ehre eines Verbündeten, sondern auch eigene Rechte auf Steuereintreibung« zugestand.

Das Wendemanöver Imam Yahyas rief in ganz Jemen Empörung hervor, hatte er doch seinem »Dschihad« einen religiösen Charakter verliehen, als er gegen die Türken aufrief: »... weil sie Übel auf der Welt verbreiteten, die Gesetze des Islam [Scharia] vernachlässigten und die Muslime unterdrückten«. Nun erwies sich, daß er die osmanische Herrschaft im Jemen nicht grundsätzlich ablehnte, sondern seine Autorität als lokaler Herrscher unter osmanischer Oberhoheit zu legalisieren versuchte. Entsprechend dem Vertrag von Da'n erkannte ihn die Pforte als einen religiösen Führer unter osmanischer Autorität an. Den Türken ging es vornehmlich um geostrategische Ziele. Mit der Öffnung des Suezkanals 1869 waren die nord- und südjemenitischen Häfen für sie zu wichtig geworden, als daß man sie den vordringenden Briten hätte überlassen wollen. 1774 war das Wahlkalifat (geistliches Oberhaupt aller Sunniten) an die Pforte gefallen, und der Sultan willigte 1913 ein, die »renitenten« Jemeniten als Verbündete gegen Britannien zu gewinnen. Am 22. September 1913 wurde ein imperialer Erlaß einer aussöhnenden Gemeinschaft zwischen Türken und Jemeniten »um des Friedens unter Moslems willen« verkündet. Nun rief man im Namen Allahs alle Moslems auf, gegen die ungläubigen Briten zusammenzustehen. Und das Ziel war Aden.

Schon lange war Großbritanniens Griff nach der südarabischen Küste, insbesondere aber nach der Eröffnung des Suezkanals, den Türken ein Dorn im Auge. Auch Imam Yahya sah seinen Anspruch auf den Südteil Jemens, der von ihm gar nicht regiert werden wollte, schwinden. Die Uneinigkeit der Imame, die Kämpfe zwischen Türken und Jemeniten und der wachsende Widerstand des Volkes gegen beide Systeme spielten der Kolonialmacht die Trümpfe geradezu in die Hand. Weil es London sowieso an Stützpunkten zum Aufbunkern seiner Kriegs- und Handelsflotte mangelte, tauchte im Jahre 1839 vor der Lavaküste Adens eine britische Schiffsformation auf und setzte Mannschaften und Kanonen an Land. Wer immer der Auffassung ist, die Okkupation Adens sei friedvoll verlaufen, kann sich im kleinen, martialisch ausgeschmückten Kolonialmuseum Adens vom Gegenteil überzeugen: Von Kanonaden unterstützt, griffen die Briten die nur dürftig befestigten Wälle des Araberhafens an. Diesem militanten Ansturm hatten die seit langem in sich zerstrittenen Sultane und Scheichs und ihre Kamelreiterstämme nichts entgegenzusetzen.

Seit diesem Tag regierte die britische Krone mit starker Hand die südarabische Küste und später auch das gesamte Hinterland. Von Beginn an nach der erprobten Devise: »Divide and rule!« Mit Gewalt und Subsidien wurden die Fürsten des Hinterlandes, von Radfan bis in den Hadhramaut, zu mehr oder weniger willigen Vasallen der Krone zurechtgebogen. Jedem Scheich sein Reich und aller Besitz der Krone! Dies blieb die Leitlinie aller britischen Statthalter, Gouverneure und Hochkommissare in Aden und den Protektoraten.

Dem britischen Geheimdienst fiel dabei keine geringe Rolle zu, was natürlich für die Zeit des Ersten Weltkriegs in noch größerem Umfang zutrifft. So erfuhr Oberst Jacobs, Chef der militärischen Aufklärung in Aden, durch seine in Mocha und Hudaidah spionierenden Agenten Demetrius Coccali und Ba Hakim rechtzeitig von der geplanten Landblockade Adens durch die nun vereint marschierenden Türken und imamitischen Streitkräfte. 1915 rückten zweitausend türkische und viertausend jemenitische Soldaten und Stammeskrieger in Richtung Aden vor, brachen bei Naubat Dukaim den Widerstand des mit den Engländern verbündeten Sultans von Lahedsch, der von den britisch-indischen Truppen versehentlich tödlich verwundet wurde, und besetzten Scheich Othman in Sichtweite Adens. Mit Ausnahme dieser Schlüsselstellung, die die Engländer bald zurückeroberten, hielten die Türken diese Position so lange, bis sich der geschickt taktierende Imam Yahya der Siegerseite des Ersten Weltkriegs zuwandte, erneut gegen die Türken zum Kampf aufrief und die beherrschenden Türkenbastionen des Jemen – Taizz, Mocha, Zabid, Hudaidah und Sanaa – unter blutigen Verlusten gestürmt wurden.

»Und morgen sind wir frei!«

Aufgrund ihrer Niederlage im Ersten Weltkrieg mußten sich die Türken aus dem Jemen zurückziehen und übergaben die letzten von ihnen gehaltenen Teile des Landes mit der gesamten Macht dem trickreichen Imam Yahya, der seither als Gründer des heutigen Jemen gilt. Im Vertrag von Sèvres wurde er 1920 auch von den Siegermächten als nunmehr weltlicher König von Jemen international bestätigt.

In mancher Hinsicht ist Imam Yahya ein großer Imam gewesen, hat er doch sein Land von den Türken befreit und den Jemen zumindest ab 1916 geeint. Auch auf den britisch besetzten Süden Jemens hat er stets Anspruch erhoben, was allerdings bald zu Grenzstreitigkeiten mit den Briten führte. Es kam sogar zu bewaffneten Konflikten und zur Bombardierung jemenitischer Dörfer durch britische Kampfflugzeuge.

Außenpolitisch blieb der imamitische Jemen aber ein vorsätzlich isoliertes Land. Imam Yahya erlaubte keine intensiven Beziehungen, die zur Modernisierung seines Landes hätten beitragen können. Er versuchte jedoch, die internationalen Rivalitäten der Weltmächte auszunutzen, um durch Anerkennung von seiten der Großmächte die Unabhängigkeit seines Königreiches zu sichern und diese Anerkennung als Druckmittel gegen eventuelle Bedrohungen durch die Engländer im Süden zu nutzen. So schloß er Freundschaftsverträge ab: 1926 mit Italien, 1927 mit der Sowjetunion, 1933 mit Holland, 1935 mit Äthiopien, 1936 mit Frankreich und Belgien und 1946 mit den USA. Diese Verträge hatten aber keine spürbaren Auswirkungen auf den Entwicklungsprozeß im Land und blieben praktisch bedeutungslos. An einer Änderung der primitiven Sozialstruktur seines Landes war Imam Yahya wenig gelegen. Er war bekannt für seine Habgier und seinen Geiz. Alles, was in seine Hände fiel, wurde für den sogenannten »Schwarzen Tag«, das heißt für Notzeiten, im Keller seines Palastes aufbewahrt. Er wußte genau, daß sein Absolutismus ohne Geld nicht von langer Dauer sein konnte und daß man für die Niederwerfung von Revolten oder sich empörender Stämme genügend Gold haben mußte. Deswegen verwarf er entschieden alle fortschrittlichen Ratschläge, das »ihm zustehende Staatsvermögen« in die Wirtschaft des Landes oder die Erziehung seiner Untertanen zu investieren. Die von Imam Yahya verfolgte Politik der Unwissenheit und des Despotismus verstärkte zunehmend die Unzufriedenheit im Land. Junge Intellektuelle, Händler und lokale Notabeln (Großgrundbesitzer und Stammesführer) strebten aus unterschiedlichen Motiven politische Reformen an, doch die meisten dieser »Rebellen« wurden gefaßt und eingekerkert.

Freilich gingen auch die Erschütterungen des Zweiten Weltkriegs am Jemen nicht spurlos vorüber: Am 4. Juni 1944 retteten sich vier prominente Jemeniten, Scheich Ahmed Mohammed Noman, Seijjid Zaid al-Mukki, al-Qadhi Mohammed Mahmud az-Zubairi und Ahmed Mohammed asch-Schami, vor Verfolgungen über die Grenze nach Aden und gaben von dort aus das Zeichen zum aktiven Widerstand gegen den Imam. Am 21. November 1946 wurde den Exilisten, die inzwischen einen Bund der »Freien Jemeniten« gegründet hatten, eine unerwartete Aufwertung zuteil: Imam Yahyas achter Sohn, Prinz Ibrahim, schloß sich in Aden den Rebellen an, die ihm nun den Namen Saif al-Haqq, »Schwert der Wahrheit«, statt seines ursprünglichen Titels Saif al-Islam, »Schwert des Islam«, verliehen und ihn zur Leitfigur des Widerstands machten. Die »Freien Jemeniten« beschlossen, den Despoten umzubringen. Ein erster Anschlag mißlang, aber die Rebellen warteten geduldig in ihren Verstecken auf ihre nächste Chance. Als der Herrscher Sanaa verließ, um seine Ländereien in Hazayiz zu inspizieren, lauerten sie ihm an einer Weggabelung auf. Von mehr als fünfzig Maschinengewehrkugeln zersiebt, starb der Imam.

Unverzüglich begaben sich die »Freien Jemeniten« auf den langen Marsch nach Sanaa, wo sich Abdullah bin Ahmed al-Wazir zum weltlichen Imam und zum »Führer des Landes und Oberhaupt der neuen Regierung« proklamieren ließ. Inzwischen hatten sich aber Schafiiten und Zeiditen – aus Angst vor einer Übervorteilung bei der bevorstehenden Ämtervergabe – dermaßen zerstritten, daß sich der Thronfolger Ahmed in Haddschah unwidersprochen zum rechtmäßigen Imam ausrufen lassen konnte. Al-Abbas, der neunte Sohn Yahyas, sammelte eine Stammesarmee von mehr als zwanzigtausend Kriegern und erstürmte am 11. März 1948 Sanaa. Der Rebell al-Wazir wurde am 8. April 1948 öffentlich geköpft und sein Haupt zur Abschreckung der Massen auf einen Pfahl am Südtor aufgespießt. Die siegreichen Imam-Dynasten verkündeten die Parole: »Lang lebe Imam Ahmed! Nieder mit der Verfassung!« So endete Jemens erste Revolution in einer politischen, religiösen und menschlichen Tragödie.

Der neue Imam Ahmed ließ es zu, daß seine Stammeskrieger Sanaa brandschatzten. Die Stämme überfielen die Stadt, plünderten sie und töteten alle, die sich zu verteidigen suchten. Dies hatte es in der langen Geschichte des Jemen noch nie gegeben. Der Herrscher selbst wich nach Taizz aus, das er zur Hauptstadt machte. Den Regierungsstil seines despotischen Vaters behielt er bei, aber inzwischen hatten sich viele Jemeniten die Freiheit zum Ziel gesetzt. Der Widerstand im Lande wuchs, und nur mit Mühe konnte der Imam einigen Attentaten entgehen. Vierzehn Jahre vermochte er die Entwicklung aufzuhalten. 1962 starb Imam Ahmed, der sich nicht zu einem »aufgeklärten« Imamat hatte durchringen können, andererseits aber eine Phase außenpolitischer Zusammenarbeit mit »progressiven« Araberstaaten als Schutz und Alibi für seine repressive Innenpolitik eingeleitet hatte, ausgerechnet im ungeliebten Sanaa einen friedlichen Tod. Als Todesursache wurde ein Herzleiden angegeben, doch war der stets und ständig bedrohte Willkürherrscher harten Drogen verfallen. So hatte er schließlich ohne seine tägliche Dosis Morphium, die er sich, wie er vorgab, nur zur Linderung seiner Attentatswunden injizieren ließ, weder reagieren noch regieren können.

Der Tod des Imams löste im Land unverhohlene Freude aus, denn im konservativen Lager erwartete man einen fortschrittlich denkenden und handelnden Nachfolger, den Kronprinzen al-Badr; im progressiven, revolutionsbereiten Untergrund indes setzte man auf eine freie Republik und auf die endgültige Abschaffung eines weltlich-geistlichen

Imamats. Die Ereignisse überstürzten sich, und sie nahmen für beide Seiten nicht den erhofften Verlauf. Nur eine Woche regierte der neue Imam al-Badr, dann fegte ihn der Putsch des Obristen Abdullah Sallal, Chef der Leibwache, vom Thron. Dennoch gelang es dem inhaftierten und bereits totgesagten Imam al-Badr zu entkommen. In glühender Mittagshitze, während die Wachen vor sich hindösten, ritt er auf einem Esel unbehelligt aus dem Gefängnistor. Er schlug sich zu königstreuen Stämmen durch und entfesselte mit ihrer Hilfe den Bürgerkrieg gegen die Republikaner. Immer wieder fügten die Malakis den republikanischen Verbänden schwerste Verluste zu, so daß Abdullah Sallal, um eine militärische Niederlage zu vermeiden, 1964 die Ägypter ins Land rief. Doch die Streitkräfte Nassers konnten sich im Bergland nicht gegen die Royalisten durchsetzen. Bald war auch das Lager Sallals gespalten. Nassers Divisionen, die man als Befreier begrüßt hatte, erwiesen sich als eine von überheblichen Offizieren geführte Soldateska, die das Land ausplünderte. Gegen diese neuen »Besatzer« und gegen Sallal stellten sich prominente Republikaner, darunter der ehemalige Verteidigungsminister al-Qadhi Abdul Rahman al-Iryani und der Stabsoffizier Hassan al-Amri, die in Kairo inhaftiert wurden, bis der Rais seinen Feldzug auf Sinai verlorengeben mußte.

Das war die Stunde des saudischen Königs Feisal, der die Royalisten unterstützte und nun dem unterlegenen Nasser androhte, er würde dessen Staatskasse nicht mehr auffüllen, falls die Ägypter nicht aus dem Jemen abzögen. Im November 1967 räumten Nassers dezimierte Divisionen den Jemen, nachdem der freigelassene al-Iryani den unfähigen Sallal gestürzt und eine Korrektur der Revolution vom 26. September 1962 vorgenommen hatte. Aber ohne die Waffenlieferungen aus Kairo waren die Republikaner den nun erst recht verbissen anrennenden Royalisten fast hilflos ausgeliefert. Nur mit Waffenhilfe aus der Sowjetunion, aus Algerien und dem Irak, aber auch aus China und Nordkorea konnten die Republikaner standhalten, doch die Einkesselung Sanaas im Dezember 1967 war nicht mehr zu verhindern.

Die belagerte Stadt

Weit hinter den Bergketten grollt das Feuer der Kanonen des bravourösen Farieq (Oberkommandierender) der Republik. Mit Entschlossenheit setzt al-Amri den flüchtenden Malakis nach, um sie einzukesseln und endgültig zu vernichten. Zwar haben al-Amris Truppen im Kampf Mann gegen Mann die Stämme der Royalisten Anfang Januar aufgesplittert und niedergerungen, doch die horrenden Verluste haben aus dem geglückten Ausbruch einen Pyrrhussieg gemacht: Al-Amri hat nicht genügend Truppen in Sanaa zurücklassen können, um den Schutz der Stadt militärisch sicherzustellen. Mit Schrecken sahen die leidgeplagten Bürger Sanaas die Rückkehr royalistischer Verbände auf die Bergriste um ihre Stadt.

Alles hängt jetzt davon ab, ob al-Amri seinen vernichtenden Rundumschlag gegen die Hauptmacht der Royalisten zeitig genug beenden kann, um die feindlichen Sperriegel um Sanaa von hinten aufzusprengen und die Metropole endgültig freizukämpfen. Angesichts dieser verzweifelten Lage hat sich der Vorsitzende des Präsidentschaftsrates der Jemenitischen Arabischen Republik, al-Qadhi Abdul Rahman al-Iryani, entschlossen, sich nach Sanaa einfliegen zu lassen. Er hat seine Amtsgeschäfte bisher von Taizz aus geführt, wohin auch das diplomatische Korps geflüchtet ist, als sich die Belagerung der Stadt abzeichnete. Jetzt will er auf eigenen Wunsch und gegen die Bedenken seiner Ratgeber nach Sanaa zurückkehren.

In selbstlosem Einsatz präparieren ergraute Milizionäre der Bürgerwehr und jugendliche Freiwillige am Stadtrand, wo auch wir gelandet sind, eine neue Landepiste. Unter ständigem Beschuß muß eine entsprechende Strecke von Steinen geräumt, müssen Einschlagskrater eingeebnet werden. Jeder Quadratmeter erfordert Opfer. Von den Höhenzügen halten imamitische Maschinenwaffen grausame Ernte, doch können sie nur eine Verzögerung bewirken. Macht am Tage der Geschoßhagel die Kärrnerarbeit unmöglich, so wird sie in den Nachtstunden und im Frühnebel wiederaufgenommen, wird weitergeschuftet, bis die Piste benutzbar ist. Dann werden die Nachschubflüge so angesetzt, daß sie zur Landung die Dunstbildung kurz vor Sonnenaufgang nutzen können. Schlägt das Wetter überraschend um, werden um Mitternacht Notflüge durchgeführt – oder wenn sich der Mond hinter größeren Wolkenbildungen verbirgt.

Mit dem »Vater« der jemenitischen Revolution kehren Mut und Zuversicht in die bedrohte Stadt zurück. Aber die Gefahr einer abermaligen Umzingelung bleibt bestehen. Eine neuerliche umfassende Belagerung der geschwächten Stadt muß das Ende bringen. Hunger und Munitionsmangel sind nicht mehr zu übersehen, und allenthalben breitet sich Furcht vor Seuchen aus.

Noch verteidigen die Republikmilizen den Dschebel Asr, aber unter enormem Materialeinsatz und hohen Menschenverlusten. Auch um den Dschebel Ayban sind neue Kämpfe entbrannt. Dafar ist von den Royalisten erobert, und auf dem Dschebel Nuqum nisten sich vorgeschobene Beobachter erneut ein.

Die republikanischen Bürger schwanken zwischen Bedrücktheit und

Zweifel, zwischen Todesangst und Zuversicht. Sie errichten neue oder bauen alte Verteidigungsstellungen aus. Überall auf meinen Rundgängen durch die Stadt sehe ich Ausschachtungen für Schützengräben; Steinaufhäufungen sollen Splitterschutz vor den feindlichen Steilwerfergeschossen verbürgen. An den Ausmündungen der Hauptstraßen nach Norden und Süden, besonders aber an der strategisch lebenswichtigen Verbindungsstraße zum Nachschubstützpunkt Hudaidah, wo sowjetische Waffen von sowjetischen Instrukteuren zurückgehalten werden, weil sich General al-Amri nicht zum russischen Befehlsempfänger degradieren lassen will, werden Panzersperren errichtet. Vor den acht mächtigen Stadttoren liegen riesige Stacheldrahtrollen. Wie ein endloser Dornenwurm ziehen sie sich an den Fundamenten der äußeren Befestigungswälle entlang. Wo die antiken Bastionen vom Feindbeschuß ramponiert sind, graben jetzt die Republikaner ihre Handvoll Panzer, für die kein Treibstoff mehr verfügbar ist, bis zum Drehkranz der Geschützkuppel ein. Die so noch nutzbare Feuerkraft soll gegnerische Durchbruchversuche vereiteln.

Ab und zu sind Panzerkanonen und schweres Maschinengewehrfeuer zu hören. Es wird alles niedergemäht, was sich auf dem Hochlandteller um Sanaa bewegt. Nachts blitzen hinter den wiedererstürmten Gebirgsketten Mündungsfeuer auf. Sekundenlang ist der Himmel um Sanaa taghell.

Die Stadt bietet in weiten Teilen ein Bild des Grauens: überall ausgebrannte Häuser, zerschossene Fensterscheiben, Holz- und Sandsackbarrikaden. Granateinschläge haben die Straßen aufgerissen. Auf dem Freiheitsplatz und auf den Vorhofquadraten des Regierungsviertels recken sich die Rohre der Flak in den Himmel. Mit letzter Willenskraft werden die zerschossenen Lehmwehren wieder instand gesetzt. Verwundete sind zu versorgen. Der spärlich eingeflogene Nachschub muß gerecht verteilt werden, um eine Revolte zu verhüten.

Soldaten, Milizionäre, Bürger und republiktreue Beduinen, bewaffnet mit antiquierten Vorderladern, englischen Lee-Enfield-Gewehren und modernsten Kalaschnikow-Maschinenpistolen, Handgranaten und scharfen Krummdolchen, bestimmen das Leben in dieser Stadt, die sich nicht ergeben will. Manche Kämpfer tragen Abzeichen Mao Tse-tungs an den Kampfblusen, andere Hammer und Sichel am Waffengürtel. Der Krieg im Jemen ist zu einem auch ideologisch spektakulären Kampf um das Herz der Republik geworden. Wer Sanaa erobert oder hält, wird den Bürgerkrieg zu seinen Gunsten entscheiden.

Überall im Land brennen Wadis und Weiler, liegen Tote zuhauf in sonst nie betretenen Gebirgsschluchten. Keineswegs nur die republikanischen Truppen, auch die Stammesverbände Imam al-Badrs erleiden entsetzliche Verluste. Im jemenitischen Bergkrieg gelten nicht die Bestimmungen der Genfer Konvention, sondern die Regeln des persönlichen Kampfeinsatzes bis zur Selbstaufopferung. Der mittelalterlich barbarische Kampf Mann gegen Mann endet zumeist mit einem Stoß der Dschambijja, dem Krummdolch, mit dem jemenitische Krieger seit alters her dem Gegner die Kehle durchschneiden oder den Brustkorb von unten nach oben aufschlitzen. Nicht selten folgt ein triumphierendes Vorzeigen von Trophäen: abgeschnittenen Ohren, Nasen und Lippen.

Was uns bis ins Mark schockiert, ist nicht nur Ausdruck des in fast sieben blutigen Jahren aufgestauten Hasses beider Seiten, sondern auch Erbe des Despotismus jener langen Reihe von Imamen, die ihre ihnen »von Gott gegebene« Gewalt mit todbringender Brutalität gegen das eigene Volk gekehrt haben. So nur konnten die alten, bestialischen Sitten überdauern. Angesichts der Kampftraditionen der Hochlandstämme sind die Gefangenen meist an einer Hand abzuzählen, wenn das Gemetzel zu Ende ist. Es gehört zur Stammestradition beider Seiten, die Leichen der Feinde vor die Füße der eigenen Anhänger zu legen, um dadurch die persönliche Tapferkeit unter Beweis zu stellen und so Ruhm und Ehre zu erlangen. Mit dem Abtransport von Gefangenen hält man sich auch in diesem für eine moderne Demokratie geführten Krieg nicht lange auf. Man nimmt ihnen, was von Wert ist, und oft schlägt man ihnen den Kopf ab, um ihn ins eigene Feldlager zu bringen.

Von beiden Seiten wurden solche Grausamkeiten begangen, nur hatten die Königlichen eine ihre Kampfesweise übertünchende Presse, waren doch die Malakis vom Westen gestützte Helden und die Republikaner von der Sowjetunion unterstützte Kommunisten. Von der Freiheit, um die die Republikaner gegen ein mittelalterliches System kämpften, konnte man – zumindest in deutschen Zeitungen – nicht gerade viel lesen. Wohl aber von den Kopftrophäen in den Nischen des ehemaligen Wesirpalastes von Sanaa.

Drei vom Rumpf geschlagene Köpfe zierten Ende Dezember 1967 die Mauerhöhlungen des Gebäudes aus den Tagen der Türkenherrschaft. Der Belagerungsring um Sanaa hatte sich kurz zuvor erst geschlossen, und es ist anzunehmen, daß die republikanische Führung der in Panik verfallenden Bevölkerung ihre Entschlossenheit demonstrieren wollte. Im Jemen gilt nur der als stark, der den Beweis dafür erbringen kann – und der Kopf des Gegners ist nach alter Kampfessitte der beste Beweis. Vier lange Tage standen die drei Schädel auf ihren Halsstümpfen – ein wahres Gruselkabinett. In der Hitze des Tages und der Kälte der Nacht verloren sie jeden menschlichen Ausdruck.

Warum wirbelte diese abschreckende Propagandaaktion der Republikaner dermaßen Staub auf? Vielleicht wäre sie in der Weltpresse eine Randnotiz geblieben, wären alle drei Köpfe von brauner Hautfarbe gewesen. So aber ließ ein weißhäutiger Kopf die Vermutung zu, ein europäischer Söldner sei unvermittelt um seinen Kriegslohn gebracht worden. Die Bilder von Claude Deffarge im »Stern« lösten zwar eine negative Reaktion gegen die Jemenitische Arabische Republik aus, sie bewiesen aber erstmalig eindeutig, daß westliche Söldner auf seiten des gestürzten Imam al-Badr kämpften. Seitdem ist von den Republikanern in Sanaa kein mumifizierter Kopf mehr ausgestellt worden, wie noch unter der Herrschaft der Imame, als sie immer wieder, das Volk schreckend, auf Lanzenspitzen das Stadttor »Bab al-Jemen« zierten.

Im Kellergeschoß eines ehemaligen Emir-Palastes am Freiheitsplatz zeigen mir die Republikaner Beweisstücke zuhauf für die merkwürdige Allianz von westlichen Söldnern und Königsstämmen: Gewehre, Bazookas, Mörser, Sprengstoff, Tarnanzüge, schwere Pistolen, Patronengurte, Handgranaten, Panzerminen, Landkarten und Angriffsskizzen, Personalpapiere mit europäischen Namen, vergilbte Fotos von Frauen, Kindern oder Freundinnen, Fallschirmjägerstiefel und Maschinenpistolen – überwiegend amerikanischer Herkunft. Auch öffnet man eine Beutekiste mit Büchern in englischer und französischer Sprache, die man in einem eroberten Söldnerlager gefunden hat.

Weiße Gefangene aber hat man nicht gemacht, obwohl mir republikanische Offiziere von amerikanischen, belgischen, französischen und iranischen Mietsoldaten berichten. Einer der französischen oder belgischen Militärs sei im Range eines Brigadegenerals und heiße Rinier, erfahre ich. Ihr Hauptgegenspieler im Lager des strategisch unbegabten Kommandostabs Imam al-Badrs aber sei der Amerikaner Conde, der vom Rang eines Majors bis zum Generalleutnant und zur Prinzenwürde des Imamats aufgestiegen sei. Er arbeite mit dem royalistischen Oberbefehlshaber, Prinz Mohammed al-Hussein, dem einzigen kompetenten und energischen Heerführer aus dem Prinzenlager, zusammen.

Interview mit al-Qadhi al-Iryani

Am späten Nachmittag des 7. März 1968 wird mir mitgeteilt, al-Qadhi Abdul Rahman al-Iryani, der Vorsitzende des Republikanischen Rats, erwarte mich um 18 Uhr zu einem Interview. Ich würde von seiner Leibwache abgeholt und zu jenem Ort gebracht, an dem sich der Präsident dann aufhalten werde.

Warum man ein solches Geheimnis darum macht, wird mir von Abdullah, dem Faktotum des »Al-Makha«, erklärt. Zur Zeit der gegenwärtigen Gefahr regiert der große alte Mann des Jemen wie auf einer Wanderbühne im Stadtbereich. Denn in Sanaa kämpft man nicht nur gegen den von draußen angreifenden Feind, sondern nachts auch gegen immer wieder einsickernde Todeskommandos der Royalisten, die durch unterirdische Gänge des alten Festungssystems in Sanaa eindringen und nur den einen Seelenwunsch haben, den Revolutionsheros zu massakrieren. Wenn al-Iryani getötet wird, stirbt auch die Revolution – davon ist man im königlichen Hauptquartier überzeugt –, und der ausgesetzte Kopfpreis reizt manche Stammesrotte, das schier Unmögliche zu versuchen. Keine hat es überlebt. Aber al-Iryani ist gezwungen, jede Nacht in einem anderen Versteck unterzutauchen, bis zum Morgengrauen zu planen, zu organisieren, zu regieren, bis er – von Leibwächtern wohlbewacht – vor Erschöpfung in einen todesähnlichen Schlaf fällt.

Während ich meine Foto- und Interviewgeräte überprüfe, rufe ich mir ins Gedächtnis, was ich über diese Vaterfigur der »neuen« Revolution (seit 1967) habe in Erfahrung bringen können.

Im Februar 1912 in einem kleinen Dorf westlich von Ibb geboren, entstammt al-Iryani einer achtbaren Familie des Mittelstands. Der Clan der Eryani legte zusammen, um dem intelligenten Jungen ein Studium der Koranlehre und der Auslegung des islamischen Rechts zu ermöglichen. Bereits im Februar 1948 spielte der junge al-Qadhi (Richter) eine maßgebliche Rolle in der Rebellenbewegung der Freiheitlichen, die damals von al-Wazir, Ahmed Mohammed Noman und dem jemenitischen Widerstandspoeten Muhammad Mahmud az-Zubairi geführt wurde und mit der Ermordung des greisen Imam Yahya endete. Der neue Imam Ahmad ließ den ihm zu intelligenten Revolutionär mehrmals einsperren, mußte ihn aber auf Druck von al-Iryanis Heimatgaustämmen 1954 freigeben. Al-Iryani war sich bewußt, daß ihm nur ein Aufstieg in ein hohes Amt die Möglichkeit geben würde, im Kreis des imamitischen Diwan zu konspirieren und sich eine Hausmacht im Volk zu verschaffen. Er wurde Oberster Richter des Hohen Gerichtshofs im Jemen und machte landauf, landab durch seine salomonischen Rechtsauslegungen von sich reden. Wer das Recht achtet, achtet auch das Urteil des weisen Mannes aus dem Herzstück Jemens, und sei es auch zu seinem Nachteil. Das gilt heute noch.

Als Oberst Sallal am 26. September 1962 zum Putsch und Sturz des just inthronisierten Imam al-Badr blies, wurde al-Iryani zum Verteidigungsminister der jungen Republik ernannt und außerdem Mitglied des Republikanischen Präsidentschaftsrats, dem der inzwischen zum Marschall avancierte Sallal vorstand. 1965 wurde al-Iryani von den Stammesföderationen zum verantwortlichen Führer ihres Rates ernannt. Dies brachte ihn auch innenpolitisch in Widerstreit mit Marschall Sallal, dessen außenpolitische Revolutionslinie – die Vereinbarung mit Gamal Abdel Nasser, ihm ägyptische Divisionen gegen die starken Royalisten in den Jemen zu Hilfe zu schicken – er strikt ablehnte. Al-Iryani ist Nationalist und wollte keine fremden Stiefel auf jemenitischer Erde sehen. Als die Mißverständnisse unüberwindbar wurden, schickte ihn der listige Sallal mit einer Delegation nach Kairo, wo auf Nassers Geheiß alle verhaftet und hinter Schloß und Riegel gebracht wurden. Zwar ließ Präsident Nasser sich erweichen, die Inhaftierten nur unter Hausarrest zu stellen, aber erst im Oktober 1967 gelangte der Rais zur Einsicht, daß Sallal nicht länger regierungsfähig war. Um Nassers zerzausten Divisionen einen ehrenhaften Abzug aus dem Jemen zu ermöglichen, erhielten al-Iryani und seine Mannschaft die Erlaubnis, in den kriegsumtobten Jemen heimzukehren. Nur wenig später zwang al-Iryani den glücklosen und inzwischen unpopulär gewordenen Sallal zum Rücktritt und übernahm selbst das Amt des neugeschaffenen Ersten Vorsitzenden des Republikanischen Rats, dem auch – der einst mitinhaftierte – Generalleutnant Hassan al-Amri angehörte. Al-Amri wurde zum Ministerpräsidenten ernannt, vor allem aber wieder zum Oberbefehlshaber der jemenitischen Republikstreitkräfte.

Pünktlich um halb sechs Uhr abends, als die Dämmerung hereinbricht und die Bergkimmen sich wie schartige Dschambijja-Klingen von der untergehenden Sonne abheben, holt mich al-Iryanis Leibwache ab. Abdallah wünscht mit hochgehaltenem Daumen Glück. Er weiß, wie wählerisch und scharfzüngig der Präsident Journalisten gegenüber sein kann. Wir fahren kreuz und quer, versteckt unter der Plane des Landrovers – ein Wagen wie viele andere auf dem Weg irgendwohin. Dann halten wir vor einem unscheinbaren Haus. Blitzschnell werden die Tore geöffnet und wieder geschlossen. Ein kleiner Vorhof, ein kleines Vorzimmer: Die an den Wänden lehnenden Wachen taxieren mich mit abschätzenden Blicken bis auf die Haut. Aber Fotokoffer und Tonbandgerät bleiben unangetastet.

Dann werde ich in das abgedunkelte Arbeitszimmer al-Iryanis geführt. Die Fenster sind mit schweren Decken verhängt. Hinter einem Metallschreibtisch, auf dem eine schwarzsamtene Decke, ein steinernes Set mit Federschale, Federhalter und Tintenglas liegen, sitzt Jemens großer Mann: Richter und Revolutionär, Politiker und Präsident. Der jahrzehntelange Kampf gegen drei Imame hat unübersehbare Spuren im Gesicht des 56jährigen hinterlassen; er wirkt erschöpft und zehn Jahre älter. Trotz aller Versteckwechsel macht al-Iryani einen gepflegten Eindruck. Sein traditioneller Umhang und sein Turban, eine Art Fez, um den eine Binde gewunden ist, sind blendendweiß. Am Gürtel trägt er eine silberne Dschambijja, den Stolz jedes freien Jemeniten.

Vom ersten Augenblick an bin ich von der Würde und Ausgeglichenheit dieses Mannes fasziniert. Kein wildes Gestikulieren wie bei seinen arabischen Präsidentenbrüdern. Kluge, alerte Augen hinter der Hornbrille, ein schmales, ausdrucksvolles Gesicht. Feingliedrige Finger streichen über die Samtdecke. Al-Iryani winkt mich in einen Stuhl und lächelt. Da weiß ich, daß ich die Augenprobe positiv überstanden habe. Außer meinem Begleiter Josef Graf, dem Dolmetscher al-Kibsi sowie einem persönlichen Sekretär al-Iryanis und dessen Schreiber, der auch das Tonbandgerät in Gang setzt, ist niemand anwesend. Das Gespräch soll als Ganzes aufgezeichnet werden. Denn ein Interview mit Westdeutschen mit dem von syrischer, algerischer und irakischer, vornehmlich aber von sowjetischer Hilfe abhängigen Jemen-Präsidenten, könnte auch innenpolitische Kritik auslösen. Nach nur wenigen Gesprächsminuten wird mir klar, al-Iryani hat meine südjemenitischen Referenzen gut durchgelesen und mein Verhalten der letzten Tage bewerten lassen. Offenbar sieht er einen aufgeschlossenen Journalisten in mir, dessen Hilfe als Mittler er sich bedienen kann, ohne hintergangen zu werden.

Etwas süffisant spricht al-Iryani mich an: »Wir freuen uns immer, Vertreter der freien Presse in Sanaa zu sehen. Doch leider haben wir feststellen müssen, daß viele ihre Eindrücke nicht wahrheitsgetreu wiedergegeben haben!«

Während der obligatorische Tee gereicht wird, äußert er sich zum Fortgang des Krieges: »Vor wenigen Wochen hat der uns ergebene Stamm der Naham [Nehm] im nördlichen Grenzgebiet einen feindlichen Konvoi von 145 Lastwagen angegriffen und die Ladungen erbeutet. Schweres Kriegsmaterial und zehn Kisten Gold sind in unsere Hände gefallen. Der Konvoi kam aus dem Gebiet von Nadschran [Grenzoase], also aus Saudi-Arabien. Hinter Saudi-Arabien aber stehen die USA. Trotzdem geben wir die Hoffnung nicht auf, eines Tages zu siegen.«

Von der Aufnahme diplomatischer Beziehungen zwischen Bonn und Tel Aviv ist die Rede und dem daraufhin erfolgten Abbruch der Beziehungen der Jemenitischen Arabischen Republik zur Bundesrepublik Deutschland, obwohl diese der erste Staat war, der die neue Regierung in Sanaa anerkannt hatte. Als arabischem Staat, der sich den Beschlüssen seiner arabischen Brüder angeschlossen habe, sei ein anderer Weg gar nicht möglich gewesen. Große Sorgen bereite ihm, sagt al-Iryani, daß ein Emir der Royalisten in Deutschland um Waffenhilfe nachsuchen und Kriegsmaterial aufkaufen wolle. Komme das Geschäft zustande, so müsse das den Krieg zwangsläufig verlängern, und unsere Beziehungen könnten sich nicht verbessern.

Zur Frage einer Wiedervereinigung der beiden jemenitischen Staaten nimmt al-Iryani nur zögernd Stellung: »Wir arbeiten schon heute daran.« Die Grenzen zum Südjemen würden eines Tages fallen, denn das Gefühl der Zusammengehörigkeit sei in beiden Staaten das gleiche. »Das Volk ist *ein* Volk. Es ist das jemenitische Volk!«

Und zum Schluß folgt die Botschaft, um die es dem Präsidenten offensichtlich zu tun ist: »Die Regierung der Jemenitischen Arabischen Republik und das jemenitische Volk strecken in Freundschaft allen Ländern der Welt ihre Hand entgegen, denn wir sind vorurteilsfrei und frei von politischen Bündnissen. Saudi-Arabien verbreitet, daß im Jemen die Kommunisten herrschten. Sie haben den republikanischen Jemen und Sanaa besucht und keinen Russen gesehen. Wenn Sie nach Hudaidah kommen, werden sie russische Ärzte in einem Hospital vorfinden. Die Russen haben alle Pläne und Projekte eingestellt, um die Propaganda der Kolonialisten gegen uns zu entkräften.«

Tatsächlich hat General Hassan al-Amri dem Druck der sowjetischen Militärs um mehr Einfluß im Jemen konsequent widerstanden. Zwar akzeptiert er Waffen, von wem immer er sie bekommen kann – auch sowjetischen Ursprungs –, aber al-Amri war und ist ein entschiedener Gegner einer politischen Einflußnahme der UdSSR auf den Jemen, ob in Nord oder Süd.

Diplomatisch fährt al-Iryani fort: »Trotz all dieser Gründe ist die Hilfe der Sowjetunion großzügig und ohne jegliche Konditionen. Ich möchte Sie bitten, all diese Tatsachen, die wir erörtert haben, in der Bundesrepublik Deutschland bekannt zu machen!«

Noch eine Schale Tee, und ein herbeizitierter Fotograf macht ein gleichsam historisches Foto. Damit ist das Interview beendet.

Die Sensation ist perfekt: Meine Frage nach erneuter Aufnahme voller diplomatischer Beziehungen ist zwar diplomatisch verklausuliert, jedoch jemenitisch klar positiv beschieden worden. Die Konditionen sind akzeptabel. Gleich nach meiner Rückkehr ins Camp des Reststabes der deutschen Mission in Taizz würde ich Missionschef Dr. Hans-Friedrich Landau detailliert berichten: Würden wir die Absichten der Royalisten, in der Bundesrepublik Waffen zu kaufen, durchkreuzen können, hätten wir die einmalige Chance, den seit 1965 andauernden Boykott der Araberstaaten im republikanischen Jemen zu durchbrechen. Die Aufnahme diplomatischer Beziehungen zu diesem Bergstaat würde eine Bresche schlagen in die Ablehnungsfront gegen uns, und sie könnte zum Anfang einer neuen deutschen Nahostpolitik in den Hauptstädten der arabischen Welt werden.

Am Dschebel Asr

Ob al-Iryanis Zweckoptimismus eine Chance haben und es gelingen würde, die Republik und ihre bedrängte Hauptstadt den beutegierigen Malakistämmen endgültig zu entreißen und einen ehrenhaften Frieden zustande zu bringen – mit der Konsequenz, sein Land zu neutralisieren –, ist zu diesem Zeitpunkt fraglich. Noch ist nichts entschieden.

In den öden Felstälern im Hochland gibt es keine festen Fronten. Die kriegsmüden Bauern haben sich in ihren Lehmziegelburgen verschanzt gegen marodierende Kriegsleute von hüben und drüben. Die großen Städte, Taizz und vor allem Sanaa, gleichen waffenstarrenden Festungen. Alle Zufahrtsstraßen nach Sanaa sind von königlichen Stämmen, die auf saudisches Gold und die Wiederkehr der alten Zeiten hoffen, verbarrikadiert. Kein Nachschub aus dem Süden kann die belagerte Hauptstadt entlasten. Sanaa ist nach wie vor eine isolierte, von vielen bereits aufgegebene Stadt.

Nur dem unbezwingbaren Widerstandswillen der Bürger und Soldaten ist es zu danken, daß die Verteidigung nicht zusammenbricht. Aber die Gesichter der Schützer werden Tag für Tag mehr von Auszehrung und Sorge gezeichnet. Munition und Lebensmittel werden knapp.

Tag und Nacht werden in den umliegenden Bergkesseln kriegerische Kleinstaktionen ausgefochten, die nur wenig Terrain einbringen, aber einen hohen Blutzoll fordern. Wenn »al-Guhwa«, die Feuerkraft der Gewehre, schweigt, bleiben Berge von Toten auf der Walstatt gegnerischer Weltanschauungen zurück. Mit sowjetischen MIGs beschießen die Republikaner die mit amerikanischen Waffen ausgerüsteten Malakiverbände, die im Gänsemarsch von Bergeshöhen in die Schluchten und Wadis heruntereilen, um das Vorfeld Sanaas anzugreifen. Noch ist die militärische Macht der Königlichen stark, wenn auch nicht homogen geführt.

Auch al-Iryanis Gegenspieler, Prinz Mohammed al-Hussein, hat Sorgen. Seit seinem Rückschlag vor Sanaa im Januar 1968 hat er viel an Gesicht verloren. Nun muß er die oft maßlosen Forderungen der wankelmütigen Stämme nach Geld und Waffen erfüllen, will er seine militärischen Ziele erreichen und seine strategischen Positionen verbessern. Da hat die in Lumpen marschierende Republikarmee des Generals Hassan al-Amri einen entscheidenden Vorteil: Sie ist ein verschworener Haufen, der nichts mehr zu verlieren hat. Und sie ringt Gefecht um Gefecht, Schlacht um Schlacht die Stämme Imam al-Badrs zwischen Sanaa und Taizz nieder, um die Versorgungswege wieder benutzbar zu machen. Mit dem gleichen Elan kämpft sie sich auf der Hochlandstraße in Richtung Hudaidah vor, um an das auf Reede liegende Kriegsmaterial den sowjetischen Logistikexperten, die wegen politischer Divergenzen mit der jemenitischen Polit- und Armeeführung ein zügiges Löschen verweigern, zu entreißen. Aber während alle Welt gebannt auf al-Amris Wettlauf nach Süden und Westen starrt, rücken die Royalisten schon wieder auf Sanaa vor.

In der Nacht nach dem Interview mit al-Iryani verlieren die Republikaner in unmittelbarer Nähe der Stadt an die 240 Kämpfer, darunter auch ihren Sicherheitschef. Als die übriggebliebenen sechzig Verteidiger des Dschebel Asr in Todesnot geraten, sammelt sich in Sanaa das allerletzte Aufgebot. Ich sehe Jugendliche und Alte, Milizionäre und Verwundete der regulären Armee, die im »Hospital Republican« von dem seit vielen Jahren im Jemen wirkenden Dr. Mario Liviodetti behandelt werden, nochmals zu den Waffen greifen. Es gibt keine andere Wahl, denn auf al-Amri zu warten, könnte das Ende aller bedeuten und den Fall Sanaas besiegeln.

Was dem Feuer der Wind ist, soll dieses letzte »Regiment« den heldenhaften Verteidigern des Dschebel Asr werden, so erklärt man mir. Die Männer besteigen requirierte Lastkraftwagen, Taxis und Privatautos. Beladen mit sich gegenseitig anfeuernden Republikkämpfern und Kisten mit Gewehr- und Maschinengewehrmunition und Panzerabwehrgeschossen, rast der Konvoi aus dem Nordtor Bab Schaub, hinweg über den Hochlandteller, dann nach Nordnordwest. Die Wagenkolonne steht unter dem Befehl des verwundeten Majors der Miliz al-Adhi. Im Januar hat man ihm das Bein zerschossen, das er nun hinter sich hierzieht wie einen steifen Holzprügel.

Auf seine Frage, warum ich mitten in den Kugelhagel mit hinausfahre, in das Ringen um die letzte beherrschende Bastion, den entscheidenden Riegel vor Sanaa, kann ich keine plausible Antwort geben. Es ist einfach so gekommen, sage ich ihm. Aber ich weiß, daß ich einfach nicht passiv abwarten kann, wenn es um die Entscheidung auf den Höhenzügen des Dschebel Asr geht. Ob ich meine Fotoausrüstung einsetzen kann, bleibt angesichts des uns allmählich eindeckenden Beschusses der Königlichen mehr als fraglich.

Wo das Gebirgsmassiv den Hochlandteller berührt, finden wir in einem Wadi eine nicht einsehbare Lücke. In einer Schlucht, die sich zu einem Talkessel ohne Auslaß weitet, sammeln sich die Fahrzeuge. Major al-Adhi treibt seine Mannschaften an wie ein Teufel, denn jede Sekunde ist kostbar. Hoch über uns, auf der Bergkimme, ist die Rundumstellung der Republikaner. Die 600 Meter zum Adlerhorst hinauf sind ein steiler, fast senkrechter Kletterweg. Um nicht nur als nutzloser Zuschauer herumzustehen, packe auch ich mir unter den erstaunten Blicken von al-Adhi, den Milizionären, Soldaten und Jugendlichen zwei Kästen mit Gewehrmunition auf und folge der Trägerkolonne den Steilweg nach oben. Im Zickzackkurs auf einem nur zwei Fuß breiten Pfad steigen wir hinauf. Während die Jemeniten wie Bergziegen hinaufklettern, schwerbeladen mit Panzerfäusten und Mörserkartuschen, muß ich alle 50 Meter verhalten, um nach Luft zu schnappen. Immer wieder feuern sie den Alemani an, strecken mir helfend die Hände entgegen, ziehen mich um Karstecken. Meter um Meter keuche ich unter der Munitionslast nach oben. Bis ich endlich als letzter oben angekommen bin, sind die Lasten längst verteilt. Als die erstaunte Besatzung merkt, daß ich nicht ein gefangener Söldner der Royalisten, sondern ein Helfer in der Not bin, werde ich mit typisch jemenitischem Temperament umarmt und auf die Wangen geküßt. Die Männer riechen nach Schweiß und Blut; sie sehen ausgemergelt aus, aber die Munition und die zwei Dutzend neuangekommenen Kameraden geben ihnen frischen Mut. Nun können sie die vorgeschobenen Laufgräben wieder besetzen und die Königlichen unter gezieltes Feuer nehmen. In einem Notunterstand bekomme ich erst einmal etwas Tee eingeflößt, bis mein Pulsschlag in der dünnen Höhenluft, fast 3000 Meter über Meereshöhe, wieder auf Normalwerte absinkt.

Im Splittergewirr der Granatwerferkanonade mache ich mich an den Abstieg. Noch habe ich nicht ein einziges Bild geschossen, aber ich bin dermaßen erschöpft, daß mir alles gleichgültig ist. Unten klopft mir Major al-Adhi kameradschaftlich auf die Schulter. Er, der den Berg mit seinem steifgeschossenen Bein nicht mehr hinaufklettern kann, freut sich über jeden Mann, der Munition nach oben schleppt. Am Nachmittag mache ich mich zum zweiten Aufstieg bereit. Wieder dauert er fast zwei Stunden. Als ich in der anbrechenden Abenddämmerung den Berggrat erreiche, hat das konzentrierte Abwehrfeuer der Republikaner beim Feind offenbar moralisch verheerende Wirkung gezeitigt. Mit einmal zieht er sich außer Schußweite zurück.

Durch das Fernglas können wir in den royalistischen Stellungen Unruhe beobachten. Was sie ausgelöst hat, wissen wir nicht. Aber plötzlich reißt das inzwischen wieder auf etwa sechzig Mann aufgestockte Potential der Verteidiger in der einbrechenden Dunkelheit siegestrunken die Gewehre hoch. So komme ich doch noch zu meinen authentischen Kriegsbildern vom Dschebel Asr: Das Gegenlicht der untergehenden Sonne läßt die scharfen Profile der Männer, die Gewehre und Kalaschnikows wie einen Scherenschnitt wirken – Aura des Sieges, der mit dem Tod so vieler tapferer junger Menschen erkauft wurde.

Sie verabschieden mich mit Umarmungen und Bruderküssen. Ich bin ihr »Sadierq«, ihr Freund, geworden in den Stunden zwischen zwölf

Uhr mittags und sechs Uhr abends. Unten erwartet mich al-Adhi mit anerkennenden Worten. Vor Erschöpfung kann ich kaum antworten. Der Major packt mich auf den Beifahrersitz, gibt mir zu trinken und glüht vor Stolz, daß die Rettungsaktion doch noch erfolgreich war. Kaum haben wir den Seitenstrang des Wadi verlassen, um auf die Hauptstraße einzubiegen, kommt uns ein hupender Konvoi von Militärfahrzeugen und Geschützlafetten entgegen. Im Hintergrund rumpeln einige Panzer nach. Der Führungswagen mit den Maschinengewehren auf Drehkränzen stoppt uns. Meine Mitfahrer brechen in mir unverständlichen Jubel aus: Al-Amri hat es geschafft, beizeiten zurückzukommen und die royalistische Front des Dschebel Asr von hinten aufzurollen. Damit ist der nachmittägliche Rückzug der Royalisten erklärbar geworden.

Dem Kommandowagen entsteigt ein untersetzter Militär in der Uniform eines einfachen Soldaten, mit der Maschinenpistole in der Faust. Die Mannschaften beider Kolonnen verfallen in Euphorie und Ekstase: Vor mir steht der legendäre Generalleutnant Hassan al-Amri, der »Farieq« der Republik. Aus dem lobenden Wortschwall meiner Begleiter erfährt er von meiner Exkursion auf den Dschebel Asr. Ich kann zwar sein Augenspiel hinter der dunklen Sonnenbrille nicht erkennen, aber seine Mundwinkel lächeln Anerkennung, und sein Mund spendet Lobesworte. Nach Landessitte werde ich an seine Brust gezogen und abgeküßt. Immer wieder Umarmungen und sein »Befehl«, ich solle ihn unbedingt vor meiner Abreise im al-Kasr al-Gumhouri, dem Regierungspalast, der jetzt wieder benutzt werden könne, aufsuchen.

Erst allmählich wird mir die Bedeutung dieser Einladung klar. Al-Amri ist nicht nur Heerführer, er ist auch Ministerpräsident und wird ein gewichtiges Wort mitsprechen, wenn es um die Wiederaufnahme der Beziehungen zur Bundesrepublik geht. Ist al-Amri wegen seines cholerischen Temperaments auch nie ein ganz Großer in der Politik geworden, der Mann, der selbst mit der Maschinenpistole ins Feld zog und alle Wankelmütigen mitriß, ist ein Vorbild an Tapferkeit und die legendäre Heerführergestalt in der Kriegsgeschichte des Freien Jemen.

Bis zu meiner Abreise wird mir in den Basargassen, auf dem Fleischmarkt und in den Tee- und Kaffeestuben einprägsam bewußt, wie sehr die Jemeniten mein Einstehen für ihre Sache honorieren. Vor Dankesgeschenken – Obst und Eiern – kann ich mich kaum noch retten. Freudestrahlend bäckt Abdallah mir Riesenomeletts, die wir uns getreulich teilen. Freunde finde ich nicht nur in der Medina, sondern auch in den mir plötzlich weit offenstehenden Zirkeln der Republikverantwortlichen. Diese Bande sollten sich in den kommenden Jahren nicht nur menschlich, sondern auch politisch bewähren und festigen. Ein Ukas, ausgestellt von General Hassan al-Amri, öffnet mir alle militärischen Verteidigungszentren.

Von der Qalah-Zitadelle verfolge ich mit dem Fernglas den wieder aufmunitionierten Troß der Streitkräfte, bis er hinter die Höhenzüge des eben freigekämpften Dschebel Asr und Dschebel Ayban verschwindet. Noch sind aus der Ferne Panzerkanonen zu hören, noch hängt Brandgeruch über Sanaas Dächern, ziehen Elendszüge Verwundeter durch das Nordtor ins Stadtinnere. Aber ich sehe auch Religionseiferer, die sich in die Haare geraten, und nicht einmal ein halbes Jahr später züngelt auch tatsächlich der »Glaubenskrieg« in Sanaas Mauern: Zeiditen und Schafiiten liefern sich im Basargewirre einen hohen Blutzoll fordernden Kampf. Mehr als fünfhundert Tote bleiben als Anklage gegen die immer wieder auflodernde religiöse Unversöhnlichkeit tagelang unbeerdigt auf den Straßen liegen.

Im März 1968 bin ich mir der Gefährlichkeit dieser Glaubenszwistigkeiten inmitten der Republikaner freilich nicht so recht bewußt. Ich bin von der Standfestigkeit aller Republikaner überzeugt. Als Augenzeuge erlebe ich, wie tief die Idee der Freiheit bereits Wurzeln geschlagen hat. Ein Rückfall ins imamitisch-feudalistische Mittelalter scheint ausgeschlossen. Auch das erneute Zusammenraffen königlicher Stämme mindert das Ausmaß des jetzigen militärischen Erfolgs der Republikaner nicht.

Der Krieg im Jemen freilich ist noch lange nicht zu Ende. Denn er ist zum Probierfeld für Waffen und Großmachtpolitik von Ost und West geworden. Leidtragende sind die Jemeniten, Republikaner wie Royalisten.

Frühmorgens umarmt mich der stachelbärtige Abdallah zum Abschied. Seine Segenswünsche und die Bitte wiederzukommen begleiten mich auf dem Rückweg. Eine Ehreneskorte al-Amris bringt mich zum Flugfeld, wo die Präsidentenmaschine wartet. In Taizz berichte ich Dr. Landau von meinem Interview mit al-Iryani, das uns neue Horizonte öffnen soll.

Seither nennen mich die Jemeniten »Roddolf as-Sahafi«. As-Sahafi heißt eigentlich nur Journalist, aber in bezug auf meine Aktivität bedeutet es mehr als das. Jene ungewöhnliche Koppelung von Namen und Beruf soll besagen: »Er, der die Wahrheit gesehen hat und sie niederschreibt...«

Anatomie eines Wunders

Der Aufmarsch

Über die siebzigtägige Belagerung von Sanaa, den Ausbruch der Republikaner und die an manchen strategischen Schlüsselstellungen doch wieder an die republikanische Hauptstadt vorrückenden Malaki-Verbände ist viel Heroisches berichtet worden. Von Übernatürlichem, von göttlichem Willen gar war da die Rede. Nur, fragte man die später wieder in die Republik heimkehrenden Ex-Royalisten über die wahren Ursachen des ausgebliebenen Erfolgs und recherchierte man etwas genauer, so begannen sich die Ereignisse zu entzaubern, und das »Wunder von Sanaa« entpuppte sich als eine fatale Folge von Fehlleistungen. Um die weitere politische Entwicklung zu verstehen, scheint an dieser Stelle ein Rückblick auf »die andere Seite« angebracht.
Prinz Mohammed al-Hussein, der als »bedeutendster Schwertarm des Imams« Gepriesene, war ein Stratege von Format und beliebt in seiner Armee, allerdings war er kein Politiker. Zwischen ihm und dem zaudernden al-Badr kam es oft zu schweren Meinungsverschiedenheiten. Mohammed al-Hussein gelang es nicht, die Wankelmütigkeit seines Imams in Entschlossenheit umzuwandeln. Innerhalb der königlichen Führung brachen Gräben auf, die sich nicht mehr einebnen ließen. Mit aller Deutlichkeit zeichneten sich die sehr großen Unterschiede in den Charakteren der Privilegierten ab; sie waren so abnorm, daß eine übereinstimmende, militärische Planung oft nicht mehr von der Karte in die Praxis umgesetzt werden konnte.

Das königliche Hauptquartier hatte den Angriff auf Sanaa deshalb als dringlich eingestuft, weil zu befürchten stand, daß die von den Ägyptern ohne Waffenausrüstung zurückgelassenen Republikaner baldigst von der Sowjetunion aufgerüstet werden würden. Jetzt zuschlagen, hieß die Devise! Prinz al-Husseins Angriffsplan blieb bei Imam al-Badr jedoch lange ohne Resonanz. War es Mißtrauen, der populäre Heerführer würde mit einem alles entscheidenden Sieg den Königsglanz überstrahlen?

Imam al-Badr jedenfalls, der sich der Treue des Königs Feisal sicher wähnte, mochte sich nicht zum Feldzug gegen Sanaa aufraffen. Er war außerstande, das Spiel des saudischen Ölmonarchen im Süden Arabiens zu durchschauen. Als die Waffenlieferungen aus Saudi-Arabien ausblieben und sich al-Badr den Argumenten der jungen, dynamischen

Prinzenschar nicht mehr widersetzen konnte, traten weitere – ebenfalls historisch bedingte – Schwierigkeiten auf.

Seit alters her hatte der regierende Imam die Nachbarstämme zur Bestrafung eines aufständigen Einzelstammes eingesetzt. Nun, in einem volksweiten Krieg, hatten es die royalistischen Abschnittskommandeure schwer, dieses von ihren Vorvätern praktizierte Reglement auf einen modernen Strategienenner zu bringen. Große Schlachten, in denen sich Hunderttausende gegenüberstanden wie in europäischen Kriegen, hatte es im Jemen zu keiner Zeit gegeben. So ergab sich aus der gemeinsamen Aktion gegen Sanaa das Handikap einer konzentrierten Militäroperation mit Stammesföderationen, die sich seit Jahr und Tag in den Haaren lagen. Die Zusammenfassung der monarchistischen Kräfte, welche die Imame wohlweislich seit Generationen gegeneinander ausspielten, um die eigene Macht zu stärken und zu erhalten, war eine Aufgabe, der die Prinzen kaum gewachsen waren. Wie hätten sie die alten Fehden auch im Eiltempo schlichten können? Vielmehr ging es den Stammesherrschern darum, sich beizeiten den Anspruch auf Sonderprivilegien für die Zeit nach dem Sieg zu sichern.

Als die königlichen Verbände »Al-Medina«, die (*ihre*) Stadt, endlich unter sich liegen sahen, scheinbar eine leichte Beute nach den unaufhörlichen Mühen und Blutopfern des Bruderkrieges, verdichtete sich die stammesbedingte Disharmonie der Belagerer zu einem gefährlichen, unkontrollierbaren Sprengsatz. Nicht nur, daß sie vom Streit im königlichen Hauptquartier erfahren hatten, der den Angriff auf Sanaa vorerst aussetzte; die Zeit der Untätigkeit ließ Diskussionen für oder wider den Imam aufkommen. Fehden untereinander wachten wieder auf. Mißtrauen ging um an den Feuerstellen rund um das Hochlandplateau des fruchtbaren Wadi Kharid. Die Hiobsbotschaften über Zwist und Hader in der prinzlichen Führungsspitze waren für die grad- oder krummlinig denkenden Stammeshäuptlinge erst recht ein Anlaß, auf den eigenen Vorteil bedacht zu sein. Mochten sich die Blaublütigen im Befehlsstand streiten, solange sie wollten, die reiche und verehrte Stadt zu ihren Füßen gehörte ihnen allein. So wurde Sanaa schon zum Beutegut, obgleich man nicht wußte, wer auch immer im Führungsstreit des royalistischen Kronrats die Oberhand behalten sollte.

Doch wem würde der Löwenanteil an der Beute zufallen? Dem, der zuerst durch ein Stadttor stürmte? Oder dem Imam allein? Zweifel nagte in den Hirnen der Scheichs. Gab es womöglich Geheimabsprachen zwischen dem Prinzenrat und den großen Stammesföderationen, wie z. B. den Bakilis? Wenig wäre dann den kleinen Stammesverbänden geblieben.

Unzufriedenheit ob der ungewissen Beuteverteilung, die nicht durch einen Schiedsspruch der königlichen Familie geregelt wurde, ließ aus dem dankerfüllten »al-hamdulillah«, dem Gottlob, die Stadt ist erreicht, nach wenigen Tagen Vorwürfe und Querelen werden. Doch dann fanden die Stammesoberen einen Modus vivendi.

In einem endlosen Palaver verteilten sie die imposantesten Bauten und ansehnlichsten Wohntürme Sanaas untereinander. Und jeder, der etwas auf sich und seinen Einfluß hielt, wollte seinen »Besitzstand« gewahrt wissen. Zu schön und zu wohlhabend war das geliebte Sanaa, um es bis auf die Grundmauern zu zerstören.

Was sich hier wie ein orientalisches Märchen anhört, sind Tatsachen: Von beiden Seiten ist mir hernach die Zungenrauferei um das noch nicht eroberte Sanaa bestätigt worden. Zwar sollten Söldner aus Belgien, aus Frankreich, dem Iran und insgeheim von der amerikanischen Armee freigestellte Offiziere die Feuerkraft der schweren Granatwerfer und die fast zwei Meter langen Raketenbüchsen auf Standbeinen, die die Gabilis mühselig über Hunderte von Kilometern hergeschleppt hatten, auf Sanaas wichtigste Militärstützpunkte einjustieren, aber der Beschuß der Stadt begann nur zögernd, nur sporadisch, nicht mit einem Feuerschlag, der die Mauern zerfetzt hätte. Keiner der Stammesverbände der Königlichen wollte einsehen, warum die so viele Kostbarkeiten enthaltenden Häuser, warum die märchenhafte Silhouette der Stadt nun in Schutt und Asche kanoniert werden sollten.

Als sich die Kanonade dann doch verstärkte, erhob sich bei den Stammesoberen bald unüberhörbares Gezeter. Jeder Treffer in die Stadt traf sie selber ins Mark, ging es doch um ihren »Besitz«. Fortan wachte während der wochenlangen Beschießung einer über den anderen; damit »seine« Beute, »sein« Haus durch Granaten nicht zu arg an Wert verloren.

Notgedrungen konzentrierte sich das großangesagte Bombardement der Royalisten hauptsächlich auf die winkligen Armenviertel der Medina, die militärisch ohne jegliche Bedeutung waren. Psychologisch hatte dies entscheidende Folgen. Denn der in den brennenden Elendsquartieren aufflammende Haß stärkte den Widerstandswillen der Verteidiger. Die in aller Eile von General Hassan al-Amri aufgestellten Milizverbände, zu der sich auch Dreizehn- bis Fünfzehnjährige freiwillig meldeten, entstammten allesamt den Elendsvierteln Sanaas.

Einer der fatalsten Fehler, der diesen Verteidigungswillen überhaupt erst freisetzte, ist freilich gleich zu Beginn der Belagerung passiert. Die Royalisten hatten Sanaa ein Ultimatum gestellt: Binnen vierzig Stunden sollte die Stadt übergeben werden, andernfalls werde zum Sturm geblasen und kein Einwohner verschont. Sanaa werde geplündert – wie schon einmal nach der Revolte des Jahres 1948. Sendboten wurden mit schlimmer Kunde über den zügellosen Rachedurst der royalistischen Krieger in die Stadt geschickt, was den Widerstand erst recht anheizte. Hätten die siegestrunkenen Malakis auf den Höhen um Sanaa nur ein Fünkchen Großmut gezeigt, die Kapitale wäre ihnen wie eine reife Frucht zugefallen, und Imam al-Badr wäre im Triumph in die alte Königsstadt eingezogen. So aber waren die Sanaanis zum Äußersten entschlossen. Und je länger sich die Stadt hielt, desto weiter schritt die Demoralisierung der Malakis fort.

Der Streit der Prinzen im Ohr, gerieten die royalistischen Kriegerstämme schnell außer Kontrolle ihrer Befehlshaber. Durch Androhen des Abzugs ihrer Kämpfer aus dem Umklammerungsring wollten die Stammesoberen ihre Machtbasis erweitern und sich beim Sturm auf die Hauptstadt Vorteile sichern. Ihnen schien nun der Augenblick gekommen, den Prinzen Forderungen zu stellen, die aller militärischen Strategie Hohn sprachen. Wollten die Kommandeure die schon angekündigte letzte große Schlacht des Jemen-Krieges nicht gleich wieder abblasen, mußten sie sich der Nötigung beugen. Und dadurch entstand für die Royalistenführer das, was man die Schuld der Duldung nennt. Aber den wankelmütigen al-Badr im Rücken und den undurchsichtigen Feisal vor Augen, wagte es kein Prinz, diese prekäre Situation mit einem Machtwort zu klären. Man versäumte es, den aufmuckenden Stämmen noch einmal Räson nach alter Manier beizubringen. Das Resultat war ein Fiasko.

Als es kein Kommandeur mehr vermochte, Aufsässige unehrenhaft auszustoßen, wie es die Sitte gebot, wenn Mann oder Sippe dem König den Gehorsam verweigerte, war es um die Autorität der Prinzen geschehen. Den ungebändigten Stämmen auch nur einmal nachzugeben, war gleichbedeutend mit dem Eingeständnis des Zerfalls des Herrscherhauses. Für die Bergkrieger bedeutete dies den Zusammenbruch ihres traditionellen Weltbilds.

Das Gottesurteil

Noch viel schlimmere Folgen hatte ein Ereignis, dessen Tragweite man erst im nachhinein ermessen konnte. Als sich die royalistischen Verbände der Stadt näherten, rückte von Westen Prinz Ahmed al-Hussein, ein Bruder des Oberkommandierenden Mohammed al-Hussein, mit seinem Heerbann in Eilmärschen heran. Schon hatte er den Weiler Haddah, an der Ost-West-Verbindung Sanaa–Hudaidah, erreicht. Nur eine einzige Wegstunde trennte ihn von den uralten Lehmwällen der Imam-Metropole. Und da kam es zu jenem Zwischenfall!

Im Ringen um Haddah wurde die alte Türkenbrücke zerstört. Die Einwohner Haddahs waren darob so erbost, daß sie die einziehenden Befreier mit Schmährufen empfingen. Auf der Stelle bewies der junge Emir typisch orientalische Mentalität. Nach dem Fall Sanaas, so versprach er, würde die zerstörte Türkenbrücke aus purem Gold wiederaufgebaut. Zumindest vermeldet man solches an den Herdfeuern von Haddah noch heute, nachträglich mit einem gewissen Bedauern. Doch zur Einlösung des Versprechens kam es nicht. Am Quellwasserbrunnen von Haddah versammelten sich die Offiziere, erschöpft von Kämpfen und Gewaltmärschen um ihren Prinzen.

Die kurze Verschnaufpause sollte dazu genutzt werden, um letzte Instruktionen für den weiteren Vormarsch an die Westwälle Sanaas den Sippenkolonnen auszugeben. Auch galt es, den ermatteten Gabilis für die letzte Wegstunde Mut zuzusprechen, sie mit einem Schluck Wasser wiederzubeleben. Nach altem Brauch hielt man dem Emir als erstem die hölzerne Schöpfkelle hin. Doch als Prinz Ahmed sie zum Mund hob, zischte eine Panzerfaust in die auf Befehle wartende Gruppe am Brunnen. Wie durch ein Wunder blieb der Abschnittskommandeur unversehrt, doch zwei seiner wichtigsten Ratgeber wurden zerfetzt, und viele der Umstehenden sanken schwerverwundet zu Boden. In diesen Minuten leisteten nur noch wenige Republikaner am Ostrand des Weilers hinhaltenden Widerstand. Das Gros hatte sich bereits abgesetzt, um den nachdrängenden Königlichen zu entkommen. Fast war der sporadische Feuerwechsel zwischen Malakis und Republikanern verebbt, da gelang einem Einzelkämpfer dieser »Glückstreffer«.

Lähmendes Entsetzen erfaßte die abergläubischen Gabilis und ihre gleichermaßen böse Omen fürchtenden Emire und Oberen. Nichts auf der Welt schien von größerem Übel als ein Wink der Ungnade Allahs. Wie zur Zeit der Priesterkönige des Altertums glaubt man im Jemen auch heute noch an die Macht des Orakels. Jeder versteht und erklärt sich »sein Omen« nach dem Stand seines Weltbilds und seiner Aufgeklärtheit. War den Tapferen des Hochlandes nicht der Schutz des Göttlichen versprochen worden, als man sie in den Heiligen Krieg gegen die Republikaner zu den Waffen rief? Und nun diese Katastrophe vor aller Augen!

Dieser Treffer aus der Bazooka eines unbekannt gebliebenen Republikaners wurde – so unwahrscheinlich dies klingt – zum Ursprung nagenden Zweifels an der Imamschen Sache. Konnte man sich weiterhin sicher sein, daß Allah auch jetzt noch seinen göttlichen Willen aufrechterhielt, den zwar republikanischen Feind, dennoch aber islamischen Bruder niederzuzwingen? Augenscheinlich war die Stimme Gottes in der Bannmeile des Dorfweilers Haddah voller Zorn explodiert.

In Windeseile verbreitete sich die Kunde vom bösen Omen im gesamten Frontabschnitt. Was hier geschehen war, wog weit schwerer als eine Niederlage in offener Feldschlacht. Der Zweifel wuchs, der wahren Sache zu dienen, den richtigen Gegner zu bekämpfen. Offenbar war es falsch, die eigenen Söhne fernerhin zu opfern und die Nation ausbluten zu lassen.

Nur mühsam hielt Prinz Ahmed seine bangenden Mannen zusammen. Geschickt interpretierte der Emir seine Rettung als Beweis seiner Sendung – doch der eben noch so elanvoll vorgetragene Sturmlauf mit dem Ziel, Sanaa vom Westen her im Handstreich zu erobern, war jäh unterbrochen.

Um der Wahrheit willen muß man dem unglücklichen Prinzen bescheinigen: Er gab sein Bestes, um seine an ihm zweifelnde Armee moralisch wieder aufzurüsten. Doch es dauerte zu lange, bis sie wieder kampfbereit und willens war, den Marsch auf Sanaa fortzusetzen.

In der erzwungenen Untätigkeit vor der belagerten Stadt aber wurde diese Geschichte der Truppe zum Verhängnis.

Die Gegenspieler

Zwei Männer wurden schließlich ausschlaggebend für die Neugestaltung der innerjemenitischen Beziehungen zwischen Republikanern und Royalisten: General Hassan al-Amri, der sich und den Jemen von den Sowjets zutiefst enttäuscht und gedemütigt fühlte, und sein ebenso mutiger Kontrahent, der Stammesgeneral Qassem Munasser, Idol des royalistischen Fußvolkes und leitender Kopf der Operation vor Sanaa, bis ihn die Prinzen im Oberbefehl ablösten, um selber in den Genuß des zu erwartenden Sieges zu kommen. Munasser und sein Gegner al-Amri, sie waren die profiliertesten Heerfürsten auf Jemens Schlachtfeldern. Und dennoch waren sie nicht immer Feinde gewesen.

Al-Amri und Munasser hatten beide ihre Offizierspatente zur Zeit Imam Ahmads aus der Hand des jemenitischen Herrschers erhalten. Beide standen zu Beginn des Sturzes der Monarchie in den ersten Reihen der Revolutionäre, wenn auch aus recht unterschiedlichen Gründen.

Al-Amri, der aus einer alten Wesirfamilie stammt, hatte sich aus dem Zwang seines Standes gelöst und mit seinen Soldaten auf gleicher Stufe gelebt, was ihm den Zorn des Imams eintrug. Doch al-Amri war nicht bereit, sich um der Karriere willen dem Herrscher zu beugen – eine Haltung, die er niemals aufgab.

Wie al-Amri verstand auch Munasser von den Intrigen der Politik nur wenig. Seine Gradlinigkeit bewog ihn dazu, das Republiklager zu verlassen, als pro-ägyptische Agitatoren des Sallal-Kabinetts und die Besatzer vom Nil seine Träume von einer freien Republik zunichte machten. Auf royalistischer Seite versuchte er seinen Idealen eines von Fremden freien Jemen näherzukommen. Daraus erwuchs die Anfangsphase der jemenitischen Aussöhnung.

Qassem Munasser war einst Hirtenjunge seines Stammes Bani Huscheisch, nordöstlich von Sanaa, gewesen. Nur zwei Fußwegstunden trennten das Stammeszentrum ar-Rauda von der Hauptstadt. So gering war die Entfernung zur Macht, daß die unnachsichtige Hand des Imams jederzeit bedrückend auf dem kleinen Stamm lastete. Als Munasser noch ein Kind war, stellten die Bani Huscheisch nur eintausendfünfhundert Mann, wenn Kriegsleistungen für den Herrscher gefordert wurden. Nach jedem Scharmützel für die Ehre des Imams, gegen Osmanen oder aufsässige Stämme der Nachbarschaft hatten die Huscheisch-Krieger wieder zu kuschen. Unter den wachen Augen der imamitischen Heerführer mußten sie die ausgeliehenen Waffen wieder in den Wehrkammern Sanaas deponieren. Nur vereinzelt blieben Gewehre im Besitz der Stammesnotabeln. Gerade genug, um deren Ansehen vor dem eigenen Stamm zu wahren – und zuwenig, um die Herrschaft des Despoten ernsthaft zu bedrohen. Trotz dieser mittelbaren Sklaverei breiteten sich die Sippen im Laufe der Jahre im Wadi Sirr, im Wadi Sawan und bis zum beherrschenden Dschebel Nuqum, am Rande Sanaas, aus.

Der damalige Oberscheich, Muhsin al-Jamrah, war ein weiser Mann. Er setzte auf die Zeit und auf sonst nichts. Al-Jamrah war zu klug, seinen winzigen Stamm dem Zorn des Gebieters und damit der Vernichtung durch die Heere des Imams auszusetzen. Im Haß gegen die türkischen Erbfeinde fand der Stammesobere einen gangbaren Weg, mit dem ungeliebten Imamat zu leben.

1969 zählten die Bani Huscheisch fünftausend Krieger. Durch Heirat und Verschwägerung waren insgesamt einhunderttausend Menschen mit ihnen durch die Traditionsgesetze des Urf verbunden. Aus einem winzigen Völkchen war eine lose Föderation von nationalem Gewicht geworden. So sammelte sich bei Ausbruch des Bürgerkriegs eine stattliche Streitmacht, um für al-Badr ins Feld zu ziehen. Munasser erwies sich als willensstarke und strategisch begabte Persönlichkeit. Er wurde zum Idol, als sein Elan den vorher geschmähten Bani Huscheisch Ruhm einbrachte. Durch weitausholenden Handschlag pflegte er seine Getreuen vor den Mauern ar-Raudas zu verpflichten. Sein Prinzip war die sippenbindende Gefolgstreue.

Der bürgerliche Emporkömmling Munasser wußte die strategische

Schlüsselstellung seines Stammesgebiets sehr wohl ins Spiel zu bringen, wenn er im royalistischen Lager auf seine Entscheidungsfreiheit pochte. Aber im illustren Kreis der Imamschen Prinzen sah man von Beginn an mit scheelen Augen auf den starken Mann aus den Bergen, den man nicht entbehren konnte. Denn nicht allein die Lage seines Gebiets und die Kampfkraft seiner Bani Huscheisch machten Munasser zu einem der ganz Großen im Jemen; es war vielmehr seine sagenhafte Tapferkeit, die seine Anhänger auch in den aussichtslosesten Situationen mitriß und eine Reihe glänzendster Siege an die Fahne des Imams heftete. Qassem, der Gabili, wurde zum Idol der Bergkrieger, die zwar für den Imam kämpften, doch einen neuen Jemen, eine Lockerung des Absolutismus, vor Augen hatten.

Al-Amri, »der Löwe«, hatte einen ebenbürtigen Gegner in Munasser, »dem Panther«. Wie kein anderer verkörperte der Gabili den Typ des stahlharten Stammesführers, der sich und seinen Leuten nichts schenkte. Ob des mörderischen Ringens in der Bergwelt des Jemen wäre es widersinnig, beide glorifizieren zu wollen. Doch hatten sie jenen Respekt großer Heerführer voreinander, der sich nur schwer in Worte fassen läßt.

Solange Ägypter im Jemen marschierten und Sallal regierte, standen sich beide Heerführer unbeugsam gegenüber. Als al-Iryani am 5. November 1967 die Macht übernahm und Sallal für abgesetzt erklärte, dauerte es nur eine Woche, bis Qassem Munasser ans Portal der neuen Regierung klopfte. Am 12. November 1967 schloß das neue Regime der Republik mit dem Generalmajor Qassem Munasser, »dem einflußreichen Stammesführer des Jemen, der gegen Sallal gekämpft hatte«, ein Abkommen. Es kam jedoch nie zum Tragen. Der neue Staatspräsident, al-Iryani, mußte ein Übergangskabinett bilden, dem auch Ultralinke angehörten. Alle Sallal-Anhänger waren auf einmal nicht auszubooten. Diese Linken nun kritisierten, Munasser sei ein Feind, der die Nation erheblichen Blutzoll gekostet habe. Mit ihm könne man nicht kooperieren. Enttäuscht kehrte der Abgewiesene ins royalistische Lager zurück.

Obwohl man dort wußte, daß Munasser einen Ausgleich zwischen beiden Parteien gesucht hatte, konnten es sich die Königlichen nicht leisten, ihren besten und beliebtesten Heerführer zu ächten. Als die Ägypter am 29. November 1967 den Jemen verließen und sich al-Badr dennoch zu keiner Blitzaktion gegen die geschwächten Republikstreitkräfte aufraffen wollte, gab Qassem Munasser seine allerletzte Hoffnung auf das Haus Hamid ad-Din auf. Er fühlte sich von der Schwäche des Imams angewidert, der es nicht über sich brachte, die um seinen Thron rivalisierenden Prinzen zur Ordnung zu rufen. Auch schien

Munasser die Chance vertan, ein Koalitionskabinett mit den Republikanern zu formieren und sich in die Machtausübung einer Islamischen Republik Jemen zu teilen. Am Ende seiner Überlegungen um den Fortgang des grausamen Bruderkrieges stand eine allmähliche Integration von Stammestradition und gemäßigtem Sozialismus. Hier formierte sich zum erstenmal Munassers Plan, ein Ausbluten der gesamten jemenitischen Nation zu verhindern. Aber als man zum Sammeln gegen Sanaa blies, hielt Munasser sich an sein Wort zu kämpfen. Es wäre ihm ehrenwidrig vorgekommen, seine Mitstreiter in der allerletzten Schlacht im Stich zu lassen.

Der Kampf um Sanaa strebte seinem Höhepunkt entgegen, als sich der Republikoberkommandierende und der Stammesheros am Nordostabschnitt begegneten. Im Nahkampf um jeden Meter Boden an der chinesischen Fabrik, nahe dem Notflughafen, lieferten sie sich Duelle, die Furore machten. Allen voran stürmten beide Heerführer aufeinander zu, Tod und Verderben verbreitend. Wären die Maschinenpistolen nicht gewesen, hätte man an einen mittelalterlichen Zweikampf denken können.

Munasser ließ keinen seiner Leute im Stich. Wurde einer im Gefecht verwundet oder gefangengenommen, so holte er ihn zurück, oft unter Einsatz des eigenen Lebens. Selbst Sanaas vierzig Fuß hohe Lehmwälle konnten ihn nicht daran hindern, nachts in die belagerte Stadt einzudringen und seine Anhänger herauszuhauen. Doch auch al-Amri ließ sich nicht lumpen, wenn es um die Bravour ging. Schlich Munasser sich in die Stadt, stieß al-Amri mit einem Kommando heraus, um seinerseits die Camps der Royalisten zu überrennen.

Wie man nach Sanaa hineinkommen konnte, ohne überirdische Kräfte zu bemühen, war schon den türkischen Truppen im Ersten Weltkrieg ein Rätsel geblieben. Immer wieder wurden sie von Stammeskriegern des Imam Yahya innerhalb ihrer Zitadelle überrascht. Auch fünfzig Jahre später nahm Munasser denselben Weg: Sanaas Quellfluß Alaf nimmt seinen Weg unterirdisch aus der Stadt heraus; er fließt unter dem Nordwall hindurch bis zum Dschebel Nuqum und weiter zum Wadi Kharid. Vom Dschebel Nuqum kommend fließt merkwürdigerweise aber noch ein anderer Fluß ebenso unterirdisch in die Stadt hinein. Ideale Verbindungswege für sagenumwobene Heroen! Stillgelegte Brunnen in der Altstadt fungierten seit alters her als getarnte Aus- oder Eingänge, wenn Sanaa eingeschlossen war. Wie viele solcher »Löcher« im Wallring zu finden waren, darüber schweigt jeder Bürger von Sanaa wohlweislich. So kam und verschwand Munasser wie ein Dschinn, ein Geist der Nacht.

Weil General al-Amri sich über eine beachtliche Gegnerschaft der

Ultralinken im eigenen Lager ärgerte, blieb er oft »unerreichbar«, wenn ihm Munassers Eindringen – bis ins Innenministerium! – gemeldet werden sollte. Aus Qassem und Hassan wurden Sympathisanten, ohne daß sie sich auf offenem Schlachtfeld geschont hätten.

Beide verband, daß sie von ihren Verbündeten enttäuscht wurden und dennoch sehen mußten, wie sie ihre Sache zu einem guten Ende brachten. Al-Amri wurde von den sowjetischen Militärs geschurigelt, die ihm Munition nur gegen innenpolitischen Einfluß zubilligen wollten. Qassem Munasser erlitt andere Schmach: Er wurde vom Adel gedemütigt. Solange er den Oberbefehl über die Einkesselung Sanaas allein verantwortlich führte, setzte er alles daran, die Stadt schnell niederzuringen. Es könnte für al-Amri akzeptabel gewesen sein, die unrettbar verloren scheinende Bastion lieber dem Stammesführer Munasser übergeben zu müssen als einem Prinzen mit unregierbaren Verbänden, die keine Gnade walten lassen wollten. Alles änderte sich schlagartig, als Prinz Mohammed al-Hussein vor Sanaa den Oberbefehl übernahm, obgleich er selber noch nicht an der Front eingetroffen war. Dem Bürgerlichen wollte man den Siegeslorbeer nicht überlassen. Ihn jedoch kurz vor dem Sieg abzulösen, hatte schlachtentscheidende Nachwirkungen. Munasser war tief in seinem Stolz getroffen. Er fühlte sich vor seinen Kriegern degradiert.

Und damit wird auch der Ausbruch al-Amris durch den Belagerungsring erklärlich. Es gab unzweideutige Fährten, die von Munasser zu al-Amri führten – wiederum durch die unterirdischen Kanäle der Stadt. Allem Anschein nach trafen sich beide Generäle mehrfach, um sich miteinander abzustimmen. Munasser wollte seine Bani Huscheisch nicht länger dem Ruhm eines Imams opfern, der ihn und sein Volk der Schande ausgesetzt hatte. Ergo war auch al-Amri nicht länger willens, die wankende Stadt dem Prinzen zu übergeben, denn mit Qassem war der Mann seines Vertrauens verschwunden. Al-Amri wollte mit keinem der Prinzen eine feste Vereinbarung treffen. Überdies wollte er den Sowjets beweisen, daß er den Jemen in seiner ärgsten Not verkörperte. Ehe er sich ihnen beugte, wollte er den Tod im Kampf suchen.

Was die beiden Männer, im Flackern eines Öllichts im Haus eines angesehenen Notablen Sanaas, besprochen haben, blieb Staatsgeheimnis. Aber das Übereinkommen von »Löwe« und »Panther« zeitigte historische Folgen: Al-Amri stellte seine Elite zu einem Stoßkeil zusammen. Zwischen zwei Uhr morgens und vier Uhr früh kletterten seine Soldaten die als unbesteigbar geltenden Steilhänge des Dschebel Asr und des Dschebel Ayban nebst ihren Seitenkuppen empor. Als der Tag graute, zerschlugen sie die Camps und Geschützstellungen der miteinander im Hader liegenden Stämme.

Auffällig war: Al-Amri schlug dort zu, wo die zerstrittensten Truppenkonzentrationen der Royalisten zu finden waren. Daß al-Amri den Ausbruchversuch nicht an Munassers Frontabschnitt wagte, wird niemanden verwundern. Auch daß er alle Kräfte zur Verfolgungsschlacht gegen die Flüchtenden einsetzte und Sanaa damit fast völlig entblößte, ist kein Rätsel. Dort stand Munasser!

Nach jemenitischem Gesetz beging Munasser keineswegs Verrat, als er al-Amri gewähren ließ, denn er war seiner Ehre beraubt worden, als man seine jahrelangen Opfer in den Wind schrieb. Sanaas Rettung war unzweifelhaft dem Durchhaltevermögen al-Amris zuzuschreiben, aber sie entsprang auch der verletzten Stammesehre, die das königliche Hauptquartier hoffärtig mißachtet hatte.

Zwei Revolutionen – zwei Welten

Als Pendler zwischen Nord und Süd

Die Endphase der Kämpfe um Sanaa und seine Nachschubwege habe ich nicht mehr selbst miterlebt, da ich durch das NLF-Generalkommando in Aden die Möglichkeit bekam, das legendenumwobene Schabwa zu besuchen. Die antike Metropole des ersten Großreiches Hadhramaut, die von den Raubstämmen der Kurab und Buraiq eifersüchtig vor Fremden abgeschirmt wurde, öffnete sich mir durch das Aushandeln eines befristeten Burgfriedens durch mein Begleitkommando, das sich aus Militär- und Polizeieinheiten der jungen Südjemen-Republik zusammensetzte. Nach dem Deutschen H. Helfritz (1934), dem legendären Arabienforscher H. Philby (1936/37) und den beiden Ingrams (1939) sowie dem Britenmajor A. Hamilton (1940) waren mein Begleiter Josef Graf und ich die nächsten Fremden, die Ende März 1968 wieder in dieses gefährliche Gebiet eindringen und die über die Hügel verstreuten Überreste Schabwas inspizieren konnten. Ohne die Hilfe der NLF und meines Freundes Saeed Hadi Awad, damals Sekretär des verantwortlichen Gouverneurs für dieses instabile Stammesgebiet, wären diese Vorstöße ins Herzstück der vorislamischen Glorie der versunkenen »Arabia felix« unmöglich gewesen.

Bereits 1966/67 hatte ich mit einigen der vornehmsten Adelsfamilien des südjemenitischen Hinterlandes in gutem Kontakt gestanden. Reisen durch ihre Stammesgebiete bedurften ihrer Genehmigung, und die wiederum fiel nur positiv aus, wenn die Instinktentscheidung der jeweiligen Herrscher »dem uns willkommenen Alemani« nicht nur Gastfreundschaft, sondern auch den Schutz für sein Leben garantierte. So hatte ich mit der Unterstützung der Landesedlen sogar die kartographisch nicht verzeichnete, namenlose Zentrumssiedlung des Reiches von Ausan erreicht, deren äußere Ringwälle auf Kniehohe zusammengefallen sind und nur noch die etwa zwei Meter hohen Reste eines Wachturms aufweisen.

Aus Gastfreundschaft erwuchs Vertrauen. Es ergab sich wie selbstverständlich, daß bei den abendlichen Diskussionen in den Lehmpalästen der Ruler die Politik zum Mittelpunkt hitziger Diskussionen wurde. Man war sich nicht mehr sicher, ob Großbritannien seine treuesten Vasallen nicht doch opfern würde, um sich einen ehrenvollen Abzug zu ermöglichen. Oft war der Rat des – sich keineswegs kompetent fühlenden – Alemani gefragt, hatten doch die Deutschen in zwei Weltkriegen gegen die Briten gekämpft und mußten sie eigentlich besser einschätzen können als ihre Untertanen am Rande der Rub'al-Khali. Aber was ich während meiner Expeditionsreisen auch an sozialen Mißständen mitbekam, ließ tiefe Zweifel in mir aufkommen, ob sich das überalterte System noch lange würde halten können. Von Britannien dazu erzogen, in ihren Gebieten autark zu herrschen, standen die Stammesstrukturvertreter plötzlich in einem Vakuum, als sich ihre Lehrmeister von ihnen absetzten. Verantwortungsgefühl für ihre Stämme bedeutete für die Mächtigen immer noch, ihre Gefolgschaften durch Subsidien – einer Apanage des britischen Schatzamtes an die Ruler – bei der Stange zu halten. Wieviel davon wohl den Nomaden zuteil geworden ist? Bestimmt blieb das meiste im Säckel der Sultane, die auf der Bank von England stattliche Vermögen anhäuften, ihre Söhne auf renommierten britischen Schulen studieren ließen, um sie zu Hause in der Armee und Politik in einflußreichen Positionen unterzubringen.

Ein wirkliches Zuhause und sogar eine echte familiäre Bindung hatte ich nur im äußersten Norden, in Beihan, gefunden. Dort wirkte als Naib (Statthalter) von Nuqub und als »Wächter von Timna«, der einstigen Marmormetropole des Reiches Qataban, Scherif Saleh bin Nasir. Er war das Gegenteil seines dämonisch wirkenden und mit harter Hand regierenden Bruders, Scherif Hussein von Beihan. Der tieffromme, herzensgütige und philanthropische Patriarch Saleh bin Nasir wurde geliebt und verehrt, sein herrschender Bruder indes wurde respektiert und mit fatalistischem Stammesgehorsam ertragen. Die mir in Salehs Lehmpalast zuteilgewordene Zuneigung ging weit über den üblichen Rahmen der Gastfreundschaft hinaus, und es war mir eine Ehre, von ihm als achter Sohn in seine Familie aufgenommen zu werden. Sieben Söhne hatte ihm Allah geschenkt, davon waren zwei bereits in gehobenen Positionen. Scherif Khedar Haider war Oberst in der Südarabischen Föderationsarmee, und Mohammed Saleh, im britischen Devonshire erzogen, war Parlamentsmitglied in al-Ittihad, der Föderationshauptstadt 20 Kilometer vor den Toren Adens. Mein Ziehvater Saleh, ein sonnengegerbter Mann mit silbrigschimmernder Bartkrause und sechs Zehen an jedem Fuß – eine Auszeichnung Allahs! –, hatte mich adoptiert, wahrscheinlich weil er einen erfahrenen, vertrauenswürdigen Sohn suchte, der den Parlamentarier Mohammed politisch unterweisen und beraten sollte.

Die Gelegenheit, meinen Freunden einen lebensrettenden Rat zu erweisen, ergab sich schneller als vorausberechenbar. In Aden war schon Mitte 1966 die Föderationsregierung wie ein Kartenhaus in sich zusammengefallen, und die Briten versuchten mit List und Tücke, den starken Beihan-Scherifen nach Aden zu locken, damit er dort das Amt des Innenministers übernähme. Mit seinem Bal-Harith-Stamm sollte er schließlich die Unruhen niederschlagen. Aber Scherif Hussein weigerte sich hartnäckig. Er wußte, zu Hause war er ein Gigant, in Aden aber nur eine von den Briten abschreibare Figur. Obwohl die Briten immer wieder auf einen festen Zeitplan ihres Abzugs verwiesen, hatten sie bereits Fäden zur NLF gesponnen, über die ich gut unterrichtet war. Von einer Erhaltung der alten Stammeshierarchien war darin keine Rede. Ob der zaudernde Herrscher dem Bürgerkrieg in Aden eine Wendung hätte geben können, muß bezweifelt werden. Vorerst richtete sich sein Zorn gegen Briten und Nationalisten. Er war fest entschlossen, König Feisal, mit dem ihn eine geheime Schutzabmachung verband, um eine Intervention in Beihan und den anderen Nordprovinzen zu bitten.

Als ich im März 1967 in Aden davon erfuhr, war mir klar, daß die NLF einen Mittelsmann brauchte, um eine Wende in Beihan herbeizuführen. Es war vorauszusehen und jetzt auch nicht mehr auszuschließen, daß sich an der südjemenitisch-saudischen Grenze ein jahrelanger Krieg entwickeln könnte. Ein »Vietnam in der Wüste« hätte zu einem internationalen Konflikt zwischen dem Süd- und Nordjemen einerseits und Saudi-Arabien andererseits führen müssen, und die Supermächte wären auf den Plan gerufen worden.

Ich befand mich in einem Gewissenskonflikt. Zur NLF zog mich ihr berechtigter Freiheitskampf gegen Kolonial-England hin, zu der altarabischen Traditionsfamilie der Beihanis meine familiären Bindungen und meine Bewunderung für das einst so große und märchenhafte Arabien, das unweigerlich dem Untergang bestimmt war.

Die NLF war wohlinformiert, daß eine britische Delegation nach Beihan reisen und daß ich mit von der Partie sein würde. Die Sonderdelegation sollte den sich sperrenden Herrscher mit Subsidien dazu bringen, seinen Kopf doch noch in Aden hinzuhalten. Selbstverständlich flogen auch der CID-Mann John E. H. D. Rose und David Ledger, der ebenfalls in diesem Gewerbe tätig war, mit. In Beihan zeigte das Haus al-Habili wohl zum letzten Male seine Pracht und Herrlichkeit. Doch bereits nach dem opulenten Festschmaus gerieten Gastgeber und Gäste aneinander. Die Engländer versuchten Scherif Hussein unter Druck zu setzen, was dessen Widerstand nur noch mehr entflammen ließ. Plötzlich sprang der Herrscher zornentbrannt auf: »Ihr habt mich mit Ehren und Orden ködern wollen – und mit Geld, wenn Euch meine Stärke willkommen war, um gegen meine Sultansbrüder Repressalien durchsetzen zu können. An meine Ehre habt Ihr nie gedacht. Nun wollt Ihr mir das einzige stehlen, was noch zu stehlen ist. Ist das das

Gesetz der Wüste? Wir waren nur Mittel zum Zweck! Und nun erwartet Ihr von mir, für Euch nach Aden zu gehen, um dort das Blut meiner Brüder zu vergießen. Ich bin nicht gekommen, als Ihr mich ohne meine Einwilligung gewählt habt, und ich werde erst recht nicht kommen, wenn Ihr mich zwingen wollt!«

Der offene Affront zwang die Briten zum Abzug. Man winkte mir zu bleiben, auf den Ehrensitz neben Hussein aufzurücken. Der Herrscher fragte nach meinen Gedanken – nicht nach meiner Meinung –, wie es Brauch ist, wenn man als Höherer um einen Rat nachsucht. Ich sagte ihm, daß die Delegation nicht gekommen sei, um den Fortbestand Beihans und seiner Familie zu garantieren, sondern um mit ihm ihren letzten Trumpf in Aden auszuspielen. Ich versicherte, daß es zwischen dem Hochkommissariat und der NLF geheime Fäden gab und daß die Beihanis nur noch ein Tauschobjekt im Handel zwischen Briten und NLF wären, rüstete die Untergrundorganisation doch schon zum ersten Schlag gegen Beihan. »Sucht Schutz bei Euren Freunden [König Feisal]. Besprecht in einer asch-Schura mit den Treuesten an der Grenze, wie Ihr Euch entschieden habt.«

Fürst Hussein bin Ahmed al-Habili streckte mir seine Hand entgegen. Ein langer Druck besiegelte seinen Dank. Für mich sollte es der letzte Händedruck eines regierenden südarabischen Herrschers sein. In den folgenden Tagen konnte ich beobachten, daß die rote Ford-Limousine Husseins – ein Geschenk König Feisals – immer wieder auf der kurzen Wüstenpiste hin- und herfuhr. Drinnen wurde heftig debattiert – dann war die Entscheidung gefallen: Die Scherifenfamilie von Beihan wollte sich mit den Getreuesten der Bal-Harith und den Musabein über die Grenze nach Saudi-Arabien absetzen und das Exilangebot König Feisals annehmen. Es würde keinen Krieg geben.

Als ich beim Abschied meinen »Vater« Saleh bin Nasir fragte, was er sich für die Zukunft wünschte, sagte er elegisch: »Beihan – und sonst nichts.« Ich war von meinen Sorgen befreit, denn aus der Wahrheit hatte sich eine für alle Seiten vorteilhafte Lösung ergeben. Das Leben »meiner Familie« war gerettet – und die Angst der NLF vor einem langen Grenzkrieg im Norden war ausgeräumt worden.

Als ich ein Jahr später Aden wieder betrat, erwartete mich ein Schock. Was war aus der Demokratischen Volksrepublik Südjemen geworden? Ich hoffte, ein einiges und aufbauwilliges Staatsgebilde vorzufinden, und stand vor einem innenpolitischen Chaos. Das stolze Kampflied der NLF, »Die Freude kam, und wir haben gesiegt, denn niemand verkauft sein Recht«, war verklungen. Südjemens Nationalisten hielten sich zwar mir gegenüber an das Gesetz, dem Helfer in Notzeiten ihre weitere Geneigtheit zu bezeugen, und unterstützten mich bei den Vorbereitungen für meine Weiterreise nach Sanaa, aber untereinander waren sie bereits heillos zerstritten. Bei den dauernden »Säuberungen« in der NLF wurden die verantwortlichen Positionen in Verwaltung und Finanz leergefegt. Nichtlinientreue Fachexperten wurden ersetzt durch NLF-Veteranen, die sich in den Straßenkämpfen gegen Briten und FLOSY (»Front for the Liberation of South Yemen«) ausgezeichnet hatten. Aber der Aufbau einer modernen Staatsverwaltung war für sie ungleich schwieriger, als mit geschlossenen Augen die Teile ihrer Maschinenpistolen zusammenzusetzen. Nichts war leichter in dieser Zeit, als ein Ministeramt zu erhalten, und nichts gefährlicher, als diesen Sessel im Regierungssitz Madinat asch-Schaab, der »Stadt des Volkes«, behaupten zu wollen. Der geringste Anlaß genügte, die bewaffneten Parteigänger der NLF aus ihren Wachstuben stürmen zu lassen, fest entschlossen, die Sache der sozialistischen Revolution auch unter einer gespaltenen Führung, unter einem immer schwächer reagierenden Präsidenten Qahtan asch-Schaabi, zu verteidigen.

Wirtschaftliche Not, die ideologischen Zerwürfnisse im Zentralkomitee der NLF und das Ausbleiben belebender Finanzhilfe – vor allem von westlicher Seite –, die das Blatt noch hätte wenden können, hatten den revolutionären Schwung der ersten Monate der Freiheit erlahmen lassen. Adens Handel lag brach, und Englands Abzug aus Aden hatte den Verlust von mehr als fünfundzwanzigtausend Arbeitsplätzen verursacht. In den Garküchen von Crater City, die von den Bewohnern ganzer Straßenzüge gemeinschaftlich unterhalten wurden, versuchten sich Zehntausende von Adenis billigst zu ernähren. Neues Geld war nicht in Sicht, und das Ausbleiben belebender Finanzhilfen der reichen arabischen Brüder trug mit dazu bei, daß sich der radikale Flügel in Aden immer mehr durchsetzte. Dabei hätte nur eine Koalitionsregierung aller fortschrittlichen Kräfte im Südjemen die verfügbare Intelligenz des Landes in die verantwortlichen Schlüsselstellungen des jungen Staates bringen können. Erst dann wären Aufbau und Stabilität der Demokratischen Volksrepublik Südjemen zu sichern gewesen. Südarabiens Freiheit, nach 128 Jahren britischer Kolonialherrschaft unter Blut und Tränen erkämpft, hatte Besseres verdient, als in parteipolitischer Zänkerei zu enden.

Vielleicht waren meine Erwartungen zu idealistisch gewesen. Vielleicht konnte die bankrotte Südjemen-Regierung, die durch die Schließung des Suezkanals 1967 gezwungen war, ihren Freihafen stillzulegen, auch nichts mehr gegen den allgemeinen Verfall unternehmen. Außerdem hatte der Panarabist Nasser es der NLF nie verziehen, daß sie die von ihm unterstützte FLOSY mit aktiver Hilfe des britischen

Erzfeindes ausgelöscht hatte. So mußte jeder Versuch der neuen Adener Regierung, bei den unter der panarabischen Hypnose stehenden Bruderländern anzuklopfen, mit der Abweisung des radikalen südarabischen Bettlers enden. Daß sich das Zentralkomitee erbost dagegen wehrte, seine parteipolitische Souveränität zu »verkaufen«, war zwar eine stolze Geste, aber schlechte Diplomatie, die nichts einbrachte. Denn ohne Aufbauhilfe war die innere Stabilität nicht nur in Frage gestellt – sie führte auch zu bereits erkennbaren Ansätzen eines Machtkampfes sondergleichen. Die Machtrivalitäten lähmten vollends alle begrüßenswerten Versuche, dem Volk nach der Freiheit auch das verdiente Brot zu verschaffen.

Über die »revolutionären Mißstände« in der Demokratischen Volksrepublik Südjemen habe ich in einem Anfang April 1968 in der »Zeit« unter dem Titel »Wieder Alarm in Aden« berichtet. Kritik konnte oder wollte das ultralinks gewordene NLF-Lager nicht unwidersprochen hinnehmen – und gewisse Kreise warnten mich sogar vor einer Rückkehr nach Aden. Andere, moderate Gruppen, die immer noch auf den Einzug der Vernunft ins Zentralkomitee setzten, die zwar ebenfalls vom nationalen Sozialismus überzeugt waren, aber einem wirtschaftlichen Aufbau auch mit westlicher Hilfe das Wort redeten, standen für meinen politischen Leumund gerade.

Auch die Einreiseerlaubnis in den kriegsumtosten Nordjemen, zu dem die Bundesrepublik damals ja keine diplomatischen Beziehungen unterhielt, hatte ich nur meinen Protektoren zu verdanken. Niemand wußte, was aus der jungen Südjemen-Republik werden würde. Aber ich war als »Mann des Südens« in den jemenitischen Norden gekommen, auf der Suche nach dem »wahren Gesicht« der Revolution im Südwesterker Arabiens. Was ich in Aden zurückgelassen hatte, entsprach jedenfalls nicht meinen Vorstellungen von einer Republik, in der gleiches Recht für alle und Freiheit für Geist und Person gelten sollten.

»Good bye, Aden!«

Die beiden jemenitischen Revolutionen waren grundverschieden in ihrem Ablauf, mehr aber noch in ihrem Ergebnis. Im Norden wehrte man sich gegen die ungerechte Sozialstruktur, die fast alle Imame durch ihre Willkürherrschaft festigten, statt für einen Ausgleich zu sorgen. Im Süden hingegen stellte man sich gegen die kolonialistische Ausbeutung, gegen den britischen Imperialismus, der aus Rassenunterschieden auch noch Klassenaufteilungen – weiße Briten, weiße Europäer, Inder und last not least Araber höheren oder niederen Standes bis hinunter zum Hafenstauer – ableitete, die durch den britisch-südjemenitischen Raj, eine Kolonialverwaltung nach indischem Zuschnitt, zementiert worden waren.

Im Imamat waren die Jemeniten in ihrer Art Leibeigenschaft kaum mit der Außenwelt in Berührung gekommen. Nur wenige Bevorzugte durften das Land verlassen, studieren, um dann am Diwan des Imams beratende Dienste zu leisten. Sobald sie jedoch »fremdes Gedankengut« von sich gaben und eine Änderung der herrschenden Verhältnisse befürworteten, fanden sie sich in den Kerkern wieder. So entstand erst über einen sehr langen Zeitraum, quasi seit dem Verlust des Berglandes Asir an Saudi-Arabien 1934, eine allmählich sich zusammenfindende Front, die den Putsch von 1948 und danach die Revolution von 1962 durchführte.

Im Süden hatten es die Jemeniten trotz der 128jährigen Fremdherrschaft leichter, mit der Außenwelt in Verbindung zu kommen. Zwar unterdrückten die Engländer mit Brachialgewalt jedweden Aufruhr gegen die britische Verwaltung, aber sie schürten auch die Unstimmigkeiten zwischen den Rulern und Sultanen, um vom Zwist der Schwachen mit einer Stärkung der eigenen Positionen im Hinterland zu profitieren. Bald saßen in jedem »Protektoratsscheichtum« oder Sultanat britische Political Officers, die auf die Rulers zwingend einwirkten, ihnen die Subsidien aushändigten und alles nach Aden vermeldeten, was sich im Lande eventuell gegen die Krone rührte. Aber die meisten der Kleinherrscher gaben sich zufrieden, wenn man ihren geminderten Weisungsbereich nicht noch mehr zugunsten des ungeliebten Nachbarn eingrenzte. Von einem geeinten Widerstand aller Provinzfürsten gegen das Kolonialjoch konnte zu keiner Zeit die Rede sein.

Anders hingegen in den dichter urbanisierten Teilen Südjemens, besonders aber in Aden selbst und innerhalb des engeren Umkreises. Hier war genug manuell schuftendes Arbeiterpotential vorhanden, ob als Stauer oder Lastenträger in den Basaren oder in den mittelmäßig gebildeten Schichten der Händler und Lagerverwalter.

Die Eröffnung des Suezkanals 1869 brachte dem seit 1850 zum Freihafen erklärten Aden noch mehr wirtschaftliche und militärische Bedeutung ein, ankerten doch jetzt Hunderte von Schiffen pro Jahr nicht mehr nur im alten Dhauhafen von Maalla, sondern an den neuerrichteten Piers von Steamer Point. Das brachte nicht nur das große Geld in die Kassen der Händler – und des Schatzamtes –, sondern weitete auch den Bildungshorizont der südjemenitischen Bevölkerung. Über den Pferch des Imams vermochte keiner zu schauen, wohl aber gab es im Naturhafen Aden freie Sicht auf die große weite Welt – und dazu ständig sich verdichtende Kontakte mit ausländischen Matrosen, Kapitänen und Passagieren, die nach Indien, Fernost und nach Australien reisten. Trotz alledem: Der britischen Kontrolle bis aufs Hemd, die von einem weitflächigen Netz britischer Geheimdienstler mit Informationen gefüttert wurde, konnte sich kein Adeni so leicht entziehen.

Als 1948 die »Freien Jemeniten« nach Sanaa marschierten, ging zum ersten Male seit 1728 wieder ein gemeinschaftlicher nationaler Impuls durch ganz Jemen. Auch die Briten in Aden sahen keine Veranlassung, die rebellierenden Nordjemeniten, die in Aden zusammenfanden und gegen den Imam konspirierten, an die Kandare zu nehmen, war doch der nordjemenitische Imam ihr unerklärter Feind geblieben, weil er immer noch auf seine angestammten Herrscherrechte über den gesamten Jemen pochte. Als der Aufstand fehlschlug, waren die Briten konsterniert, die Südjemeniten jedoch fielen in den gewohnten Fatalismus zurück, denn auf eine baldige Befreiung durch ihre nordjemenitischen Brüder konnten sie kaum noch hoffen. Dennoch begann schon Anfang der sechziger Jahre im Süden der geheime Widerstand gegen die immer drückendere und immer rabiater vorgehende Kolonialmacht England.

Schon 1956 hatten sich in Aden die Gewerkschaften im »Aden Trade Union Congress« (ATUC) zusammengefunden, die von nun an eine führende Rolle im Aufbau der Unabhängigkeitsorganisationen spielen sollten. 1961 wurde insgeheim die Gründung der »Nationalen Befreiungsfront« (National Liberation Front, NLF) vorbereitet. Parallel dazu entstand die nasseristische »Front for the Liberation of South Yemen« (FLOSY), die mit friedlichen Mitteln den Panarabismus nach Südjemen tragen wollte. Über die Führer der FLOSY und ihre spätere Etablierung gab es von Beginn an unterschiedliche Bewertungen. Hatte doch Abd al-Qawi Makkawi zuerst der NLF angehört, um dann einer der FLOSY-Führer zu werden, und war doch der Gewerkschaftsführer Abdullah al-Asnag nur auf Zureden zum Mitbegründer der Nasser-Partei geworden. Während die FLOSY stets schwankte, wie sie den Kampf mit friedlichen Mitteln zuwege bringen und gewinnen könnte, war sich die Zellen- und Kaderpartei, die supranationalistische NLF, nie darüber im Zweifel, daß nur der bewaffnete Kampf zum Ziel führen würde. Seit 1963 hatte ihr Führer Qahtan Mohammed asch-Schaabi die Fäden in seiner Hand vereinigt.

Der Mann aus Radfan, mittelgroß und von untersetzter Statur, hatte vordem im Verwaltungs- und Schuldienst gearbeitet. Dann kamen seine organisatorisch-pedantischen Fähigkeiten dem allmählichen, aber soliden Aufbau der NLF-Zellen landauf, landab zugute. Asch-Schaabi war wesentlich älter als seine energiegeladenen Guerillakämpfer, die in den Bergen von Radfan 1963 erstmals die Briten angriffen und dann die erbitterten Straßenschlachten in Adens Crater City schlagen sollten. Aber asch-Schaabi war so recht nach dem Geschmack des Volkes, denn er umgab sich schon vor der Machtübernahme mit der väterlichen Aura eines Bauern- und Beduinenpräsidenten. In den Zirkeln des Widerstands ließ er sich gerne als ein Mann des Islam, dann erst als Sozialist und wohl kaum als Linksradikaler ansprechen.

Obwohl die 1962 geglückte Absetzung Imam al-Badrs und die seit 1964 im Jemen einrückenden Ägypter der FLOSY alle nur erdenkliche Hilfe, in Form von Waffen und Hilfsgeldern, zukommen ließen, stand die jüngere Generation eisern zur NLF. Sie war nicht gewillt, ihre künftige Freiheit dem Befehl des Rais aus Ägypten unterzuordnen, was zur Folge hatte, daß ihre Repräsentanten in den Ostblockstaaten und in progressiven Araberstaaten, die links vom nasseristischen Kurs segelten, ideologisch geschult und auf die wissenschaftlich-leninistische Linie des Kommunismus eingeschworen wurden. Asch-Schaabi, ein Mann der halben Einsichten, der halben Lösungen und der großen Fiktionen, blieb zwar unumstrittener Führer, fungierte aber eigentlich nur noch als Galionsfigur der südjemenitischen NLF-Kader- und Kollektivpartei. Trotzdem war asch-Schaabi der von der Masse heroisierte Volksführer – und der große Gegenspieler der beiden letzten britischen Hochkommissare für Aden und die Protektorate, Sir Richard Turnbull und Lord Humphrey Trevelyan.

Im Dezember 1963 entsandte London Sir Richard Turnbull, einen erfahrenen Diplomaten, der seit 27 Jahren Englands Interessen in Kenia und Tanganjika gedient hatte, nach Aden. Mit den blutigen Erfahrungen der Mau-Mau-Aufstände versehen, sollte er nun dem aufflammenden südjemenitischen Nationalismus harte Zügel anlegen. Die von den alarmierten Briten vorsichtshalber als Abstützung der eigenen Macht 1959 gegründete Südarabische Föderation, der 1963 auch der Stadtstaat Aden beigetreten war, fand Turnbull in einem desolaten Zustand vor. Die Föderationsregierung in al-Ittihad (»Die Union«), das spätere Madinat asch-Schaab, war kaum noch beschlußfähig, trugen doch die Sultane, Emire und Scheichs ihre alten Fehden nun auf den Parlamentsbänken aus. Die Bänke leerten sich vollends, als die Abgeordneten vor den Morddrohungen der NLF und der FLOSY schleunigst in ihre Provinzen zurückreisten, von wo sie die »Schlacht um Aden« angstschlotternd verlorengehen sahen. Nur wenige wirklich starke Persönlichkeiten, wie der Verteidigungsminister Sultan Saleh bin Hussein Audhali aus Mukeiras und der Scherif von Beihan, wären imstande gewesen, die auseinanderbrechende Front der Südarabischen Föderation noch einmal zusammenzukitten. Aber da war Englands Entscheidung bereits gefallen: zugunsten der NLF und gegen die Marionettenregierung in al-Ittihad.

Weil sich Sir Richard Turnbull im erfolglosen Kampf gegen die Unabhängigkeitsbewegungen nicht durchgesetzt, sondern verschlissen hatte, wurde er im Mai 1967 von Lord Humphrey Trevelyan abgelöst, was die sowieso tagtäglich sich in Crater City abspielenden blutigen Straßenschlachten zum Fanal des Widerstands in der letzten Phase aufflammen ließ. Die wirklichen Führer der NLF saßen den Briten geradezu vor der Nase: in der BP (»British Petroleum Company«), in den Vorzimmern der ausländischen Konsulate, in den mittleren Verwaltungsstellen, im Schuldienst und im Amt für Tourismus, den es allerdings 1966/67 nicht mehr gab.

In dieser Zeit begannen meine Kontakte zum freiheitlichen Untergrund, unbemerkt von den mich ständig überwachenden Augen des britischen Geheimdienstes, die sich Jahre später, 1972 bei der Entführung der LH649 »Baden-Württemberg« nach Aden und 1975 beim Austausch der Terroristen in Aden gegen die Freilassung von Peter Lorenz, auszahlen sollten.

Wie mir indische Geschäftsleute in Aden zutrugen, versuchte Lord Trevelyan zunächst einmal nach alter Kolonialtradition, die Feindseligkeiten von Einheimischen bewerten zu lassen. Er vergab sich nichts, als er den reichen und ehrenwerten Scheich Ali Mohammed al-Jabili, Berater von Königen, Präsidenten, Premiers und Sultanen, um Rat anging. In seiner Art war der in Asmara Geschäfte tätigende Südjemen-Scheich von größerer Bedeutung als ein Regierender – eine Rolle, die der Geheimdiplomat jedem Amt vorzog. Seine Antwort an den in Nöten befindlichen Briten war nicht nur klug, sondern auch lyrisch anklagend zugleich: »Auf die Sultane [der Südarabischen Föderationsregierung] kannst du nicht hoffen. Denn du [England] hast sie mit Absicht gegeneinander aufgebracht, um sie schwach zu halten. Von der FLOSY erwartet dich [England] ein schlimmes Los. Denn wenn Nasser die Macht über den Südjemen gewinnt, werden deine [Britanniens] Ölquellen vom Golf bis Libyen in Flammen aufgehen, und Nassers Panarabismus wird die arabische Welt regieren. So bleibt dir nur dein ärgster und stärkster Feind als treuester Freund: die NLF. Gewinnst du sie für dich, wird Nasser deine [Englands] Besitzungen nicht erobern können. Denn der Jemen ist der Schlüssel zum Überleben der Freiheit, die du solange in einem Museum verschlossen hieltest.«

Fortan liefen über al-Jabilis Anwesen in Aden die Kontakte der Briten zur NLF. Man beschloß, die FLOSY gemeinsam auszulöschen. Britische Offiziere standen hinter den Blitzaktionen gegen die Nasseristen. In drei mörderischen Tagen wurde die Massenpartei zur Bedeutungslosigkeit dezimiert. Doch entkamen ihre Führer, al-Asnag und Abd al-Qawi Makkawi, dem Massaker auf wundersame Weise. Dem Gewerkschaftsboß sagte die siegreiche NLF nach, er habe die Kasse der organisierten Arbeiterschaft mit über die nordjemenitische Grenze genommen.

Nach vierjährigen, horrenden Blutzoll fordernden Kämpfen beschlossen die Briten, vorzeitig abzuziehen. Bei den Endverhandlungen in Genf forderte der NLF-Führer und designierte erste Präsident Südjemens, Qahtan Mohammed asch-Schaabi, demonstrativ 100 Millionen Pfund Sterling als Wiedergutmachung für die 128jährige Kolonialherrschaft. Aber England ließ sich zu seiner Schmach nicht auch noch erpressen, sagte eine kleine Summe zu, in Raten, wann auch immer. Durch dieses geschickte Taktieren bewahrte sich England nicht nur seinen Ruf, es blieb auch weiterhin auf südjemenitischem Boden diplomatisch vertreten, eine bewundernswerte Leistung für eine Kolonialmacht, die über viele Generationen hinweg die Freiheit Südjemens mit Füßen getreten hatte.

Als ich 1967 Aden verließ, fragte ich meinen Spezialbewacher John Edward Horace Derek Rose, Englands besten CID-Mann in Aden, warum er mich, seinen doch wohl als NLF-Sympathisanten erkannten »Gegenspieler«, im letzten Zivilflugzeug, das die enttäuschte UN-Delegation ausflog, untergebracht habe. Rose antwortete ernüchternd britisch: »Because you are white!«

Eine Woche vor dem Abzug der britischen Truppen wurde Rose am Pier von Steamer Point erschossen. Trotz des Abkommens mit Großbritannien wollte die NLF den Mann, der ihnen das Leben am schwersten gemacht hatte und der bis an die Grenze der Folter gegen sie vorgegangen war, nicht lebendig aus dem Lande lassen.

Am 29. November 1967 verließen die Highlanders Aden mit dem Großen Zapfenstreich. Britanniens letzter Hochkommissar meinte mit typisch spröder Distinguiertheit: »In der arabischen Welt ist alles möglich.«

Der allerletzte Brite, ein Major, flog erst am 30. November 1967 mit einem Hubschrauber aus. Unter den Rotorblättern des Helikopters wurde er um einiges deutlicher: »Es war eine ziemlich schmutzige Sache, aber am Ende eine gute Show. Good bye, Aden – and all the best!«

Geheime Fäden

Mein Kairoer Gastgeber Ahmed M. Marzouk beobachtete mich sorgenvoll, während ich mein Gepäck für den langen Weg in den Jemen fertig machte. Meine Reisen in den »wilden, ungebildeten Süden« hatte er nie vorbehaltlos akzeptiert, und die wechselvollen Ereignisse schienen ihm recht zu geben. Oft genug hatte er mich nach meinen kräftezehrenden Streifzügen durch das unerforschte Alt-Arabien wie einen Sohn wieder aufgepäppelt.

Wortlos schob mir Marzouk einen Ausschnitt aus »Al-Ahram«, der halbamtlichen Kairoer Regierungszeitung, zu:

»8. März 1969. Der siebenjährige Bruderkrieg zwischen den Royalisten und den Republikanern ist beendet. Imam al-Badr hat sich entschlossen, den nördlichen Jemen zu verlassen und für immer nach Saudi-Arabien ins Exil zu gehen.«

Nur mit Rücksicht auf König Feisal war die Kürze dieser Meldung erklärlich. (Denn seitdem der Sinai 1967 verlorenging, füllte Riyadh den durch die Schließung des Suezkanals geschrumpften Staatssäckel des ungeliebten Bruders Gamals Abdel Nasser auf.) Im Klartext besagten die wenigen Zeilen, daß König Feisal, jener unerbittliche Realpolitiker, seinen »Bruder Mohammed« fallenließ, als klar wurde, daß die Republik im Nordjemen militärisch nicht mehr in die Knie gezwungen werden konnte.

Am königlichen Diwan Feisals hatte es schon lange Diskussionen über die Verwendbarkeit der Royalisten, über weitere Treue oder ein Ausspielen des Imams gegeben. Im Kronrat Feisals rivalisierten mindestens zwei Parteien – erst insgeheim, dann aber offen – über die Bedingungen einer eventuellen Einstellung der Kämpfe. Das saudische Königshaus sollte sein Gesicht wahren können, aber der Imam und das Prinzenlager waren entbehrlich geworden. Die royalistische Führung wußte um diese Ränke, nur der labile al-Badr setzte immer noch auf seinen Protektor Feisal, wurde getäuscht, überspielt – und verlor so den letzten Rest seiner Autorität: Er war offenbar nicht fähig zu durchschauen, daß er nur noch eine politisch abschreibbare Figur auf dem Königsbrett war, während es Feisal bereits darum ging, die Südflanke seines Ölreichs gegen die junge Nordjemen-Republik und später gegen die national-radikale Volksrepublik Südjemen abzusichern.

Als Sohn des legendären Abdul Aziz III. ibn Saud, der Saudi-Arabien mit dem Schwert erobert und mit dem Schwert zusammengehalten hatte, fühlte sich König Feisal zu Großem berufen. Nachdem der Familienrat den Nachfolger des Reichsgründers, den mit vollen Händen das Geld um sich werfenden Beduinenkönig Saud ibn Saud, abgesetzt und Feisal zum König bestimmt hatte, wollte er vorrangig versuchen, die Ruhe und Ordnung im eigenen Land aufrechtzuerhalten und die Südgrenze seines Staates zu schützen. In sich stark, asketisch im Lebensstil und als unerbittlich strenger Herrscher, wollte Feisal die Untugenden seines Vorgängers, dessen Porträt übrigens bis heute in keinem Audienzsaal Saudi-Arabiens zu finden ist, vergessen machen. Das saudische Öl und König Feisals Stärke waren für das angeschlagene Königreich zweifellos ein Gewinn, und die von ihm eingeleitete Politik machte ihn zu einem der mächtigsten arabischen Staatsmänner seiner Zeit. Aber unangefochten blieb sein autoritärer Führungsstil weder im eigenen Kronrat noch im Rat der Älteren Prinzen des Reiches; auch bei den arabischen Brüdern machte sich Unmut breit, als König Feisal versuchte, auf ihre Politik und Souveränität durch den Einsatz seiner Ölmilliarden Einfluß zu nehmen. Vor allem im progressiven Lager fand er wenig Gegenliebe.

Der verlorene Jemen-Krieg hatte König Feisals Ansehen lädiert. Er hatte mit seiner Politik weder die Republik in die Knie zwingen noch die Position von al-Qadhi Abdul Rahman al-Iryani, dem Vorsitzenden des Präsidentschaftsrats der Jemenitischen Arabischen Republik, erschüttern können. Ganz im Gegenteil: Nachdem Sanaa nicht gefallen war, wurde der Einfluß des starken Mannes aus Ibb schier unüberwindbar. Die von al-Iryani immer wieder propagierte Wiedervereinigung vom Nordjemen mit dem Südjemen beunruhigte den um den Bestand seines Reiches bangenden König mehr als alle anderen Konfliktkonstellationen im gesamtarabischen Raum, und nicht nur wegen der größeren Einwohnerzahl der beiden Jemen.

Man machte sich in Riyadh also daran, den Nordjemen allmählich unter saudische Kuratel zu zwingen – koste es, was es wolle – und den künftigen Vasallen gegen das zutiefst verhaßte Regime in Aden marschieren zu lassen, wie vordem die Royalisten saudischen Expansionsgelüsten geopfert wurden. Zwar wurde der abgeschriebene Imam mit einer angemessenen Apanage ausgestattet, doch schon nach einem Jahr fand er sich als zwar gelittener, aber wenig gefragter Bürger zweiter Klasse im Exil wieder, was ihn dazu bewog, teils in Beirut, teils in England ein seinem Stand angemessenes Leben zu führen. Enttäuscht mußte er mit ansehen, in welchem Maß sich seine einstige Welt veränderte. Der saudischen Gnade überdrüssig und von Heimweh geplagt, richtete er schließlich ein Geheimschreiben an Präsident al-Iryani: »Laß mich zurückkehren in unseren Jemen, nach dem ich mich so viele Jahre gesehnt habe. Ein kleines Haus, nichts sonst, ist mein Anspruch; zu leben und zu sterben auf heimatlichem Boden – nicht in der Fremde...« Wochen später hielt Imam al-Badr die Antwort in den

Händen: »Lieber Bruder al-Badr. Wir haben gelesen, was Dir Dein Herz diktiert hat. Wir sind berührt von der Tiefe Deiner Empfindungen, aber – wir möchten Deinen Schmerz nicht sehen müssen...«

In Riyadh leitete der damalige Geheimdienstchef Raschid Pharaon die gedanklichen Vorgaben seines Königs in die richtigen Kanäle. Doch wer waren die richtigen Kontaktleute und Gesprächspartner für das mühselige Unternehmen, einen Status quo zu finden? Die Suche nach einem Vertrauensmann endete mit der Wiederentdeckung eines alten, geschätzten Bekannten, der bereits in Aden dem Hochkommissar Lord Humphrey Trevelyan aus der Bredouille geholfen haben soll: Scheich Ali Mohammed al-Jabili. Der weise Scheich war von wahrhaft beeindruckender Statur, fast zwei Meter groß, mit einem vom Kinn bis zur Brust reichenden, tiefschwarzen Bart – eine echte Zierde an jedem Verhandlungstisch. Die Südjemeniten hatten ihn, als sie den Übergabevertrag mit England in der Tasche hatten, statt ihm für seine Dienste zu danken und ihm sein im Südjemen angehäuftes Vermögen zu belassen, mit der Begründung, er sei viel zu klug, als daß man ihn im Lande behalten könne, ins Exil geschickt. Verärgert, auf das falsche Pferd gesetzt zu haben, war al-Jabili in seinen zweiten Wohnsitz, ins eritreische Asmara, ausgewichen. Als geschätzter Intimus von König Feisal, Kaiser Haile Selassie und Präsident Gamal Abdel Nasser war er in allen Scheichtümern am Golf und im fernen Maghreb jederzeit willkommen.

König Feisals Entschluß, sich dem Regime in Sanaa anzunähern, um die linksradikalen Südjemeniten auf ihrem ideologischen Vormarsch zu stoppen, brachte den nach Revanche dürstenden Scheich al-Jabili erneut ins Zentrum der Geschehnisse. Saudische, royalistische und republikanische Beobachter schrieben es seiner Finesse zu, daß bei den ersten Verhandlungen die mit eingepackten Kontroversen in den Aktenköfferchen blieben. Beim republikanischen al-Iryani wie beim feudalistischen Feisal verhinderte der unvorstellbar flexible Scheich, daß sie sich wegen Nichtigkeiten in die Haare gerieten, was den sofortigen Abbruch der ersten Kontakte heraufbeschworen hätte. Dank der mit Geduld und Raffinesse zelebrierten Kunst des Aussparens – dem Mut zur politischen Lücke – konnte man bald in medias res und zu fundamentalen Diskussionspunkten übergehen. Von da an, sagt man, liefen über Scheich Ali Mohammed al-Jabilis P.O. Box 1243 in Addis Abeba die schriftlichen Vorschläge für einen Status quo aus der Feder Nassers, König Feisals und al-Iryanis.

Den geheimen Fäden folgten bald darauf direkte Dialoge in Sanaa. In Aden wurde die unerwartete Aktivität der beiden Antipoden al-Iryani und Feisal mit Unwillen und Sorge registriert, ging es doch um die eigene Existenz. In einem offiziellen Presse-Bulletin Adens hieß es:

»Von unterrichteten Kreisen in Sanaa, die von der regierenden Clique verfolgt werden, wurde bestätigt, daß reaktionäre und imperialistische wie auch kolonialistische Planungen gegen das fortschrittliche und revolutionäre Regime des Südjemen gefaßt wurden. In Sanaa wurde Übereinstimmung darüber erzielt, daß sich diese Kräfte wider die NLF mobilisieren sollen. Wir sind der Auffassung, daß die Regierung in Sanaa die Quittung für den Versuch, unser Revolutionsregime zu gefährden, erhalten sollte.«

Adens Schreckschuß verhallte ohne Wirkung. Nachdem sich Saudis und Republikaner gegenseitig begutachtet und für ertragbar befunden hatten, wurden konkrete Beschlüsse gefaßt, die beinhalteten, daß sich der Nordjemen gegen die subversiven Aktivitäten der NLF-Zellen zu wehren hätte. Da die Sowjetunion ihre Militärhilfe an den Südjemen ständig erhöhte und das Zentralkomitee der NLF durch ihren Mann in Aden, Abdul-Fattah Ismail, darin bestärkte, den Nordjemen als Volksfeind bloßzustellen, ging Präsident al-Iryani – um Zeit zu gewinnen – auf den Notkontrakt mit Feisal ein. Am 8. März 1969 war der Status quo perfekt. Es war jener denkwürdige Tag, an dem Imam al-Badr ins saudische Exil gehen mußte.

Trotz der Verhandlungen behielt sich König Feisal vorerst ein Druckmittel gegen Präsident al-Iryani vor: Prinz Mohammed al-Hussein, der fähige, aber auch machtbesessene Heerführer der Royalisten, sollte weiterhin in den nördlichen Gebieten um Saada den Widerstand gegen die Republikaner fortsetzen. Ein Status quo war zwar gefunden worden, aber die Stammesformationen im Norden standen immer noch in saudischem Sold und waren ein ständiger Unruheherd im Norden der Republik. Auf dieses Unterpfand wollte Feisal nicht verzichten. Das Fallenlassen der imamitischen Führungsspitze bedeutete noch lange nicht das Ende des Krieges im Jemen. Ein Friede war nur möglich, wenn König Feisal ihn selbst diktierte, und zwar zu seinen Bedingungen und nach seiner Auffassung, die er mit seiner dominierenden Stellung in Arabien verband.

Daß aber der Nordjemen-Präsident öffentlich Abbitte leisten und seine Unterwerfung kundtun würde – womit er vor seinem Volk das Gesicht verloren hätte –, das war von seiner starken Persönlichkeit und seines Volkes Stolz kaum zu erwarten.

Der neue Weg

Versöhnung in Sanaa

Im Durcheinander der Basargassen flackert Gewehrfeuer auf. Pulverdampf treibt in gelblichen Schwaden über das Gemengsel der Flachdächer.

Am Bab al-Jemen, Sanaas uraltem Karawanentor, dessen eindrucksvoller Bogen die Metropole dem Süden öffnet, herrscht Verbrüderung auf jemenitisch: Da drängen sich wildblickende Stammeskrieger, die das lange Haar offen tragen, Straßenhändler, die Ware gratis verteilen, Republiksoldaten, Arm in Arm mit ihren ehemaligen Gegnern, Halbwüchsige und Kinder, mit Blicken, aus denen die Furcht noch nicht gewichen ist, Frauen und Witwen, deren Schleier die Tränen der Trauer unsichtbar machen soll. Waffen blitzen. Mit gellendem Kriegsruf reißt ein mähnenhaariger Bergkrieger der Dhu Hussein die erbeutete Maschinenpistole hoch. Ratterndes Stakkato. Unbändiger Applaus.
Schon recken sich die überlangen Läufe alter Steinschloßflinten über die wirren Haarschöpfe der jauchzenden Menge. Oft auch moderne Karabiner mit eingesetztem Magazin. Wie im Schlaf finden die Finger die abgewetzten Abzugshähne. Wer kein Gewehr sein eigen nennt, greift zur Dschambijja, dem Krummdolch, vererbtes Zeichen der Mannbarkeit. Der Tanz der gebogenen Klingen, bei dem Stahl gegen Stahl zuckt, ist das Sinnbild unbeugsamen Mutes. Dann, wie ein Paukenschlag, entladen sich alle Feuerwaffen mit einemmal. Erneut blitzen Mündungsfeuer auf, wilde Kampfgesänge steigern sich zur Ekstase. »Die Gabilis sind da!«

Noch wenige Wochen zuvor war dies ein Schreckensruf. Unter den republikanischen Verteidigern Sanaas hat er oft genug Panik und Verzweiflung bewirkt. Heute aber melden die knatternden Flinten eine Freudenbotschaft: Der Bruderkrieg im Jemen ist zu Ende. Die Todfeinde von gestern haben sich versöhnt!

Von den bizarren Gebirgsgraten herab, aus dem Nichts der Staubwadis hervor, aus entlegenen Dörfern, ziehen sie nun in Scharen auf die rötlichbraune Hochebene im Schatten des massigen Dschebel Nuqum. Fern, im Nordosten, steigen feine Staubschleier auf. Die Malakis sind wieder auf dem Marsch. Einzeln kommen sie oder zu dreien und auch im Dutzend – so wie sie sieben lange Jahre wacker für die niedergerungene Monarchie gekämpft haben –, eilen die Furchtlosen der Berge erneut dem alten Traumziel entgegen, das ihnen wie eine Fata Morgana immer wieder entschwunden war.

Traditionsgebundenheit und der Glaube an den islamischen Sendboten Allahs im Jemen haben den Großteil der Föderationen für Imam al-Badr einstehen lassen. Unter dem purpurnen Banner mit den fünf leuchtenden Sternen sind sie, Gott vertrauend, ins Feld gezogen: die Arhabis aus ihrem bitterarmen Steinland, mit ihren Sippen Bani Busan, Bani Adham, Bani Afar unter der Führung ihrer kriegstüchtigen Scheichs Sinan und Habary. Als noch überragender gilt die Stammesföderation der Bakil mit ihren mächtigen Gefolgschaften Dhu Mohammed, al-Qaeiti, Nihim, Bani Jabr und Bani Malik. Seite an Seite mit Teilen der Bruderföderation der Haschid, deren Hauptstämme, die Himran, Dhu Udhrah und Dhu Fari, sich zeitweise im Widerstreit über die Lauterkeit der Imamschen Dogmen befunden haben.

Die Haschid-Föderation, in der Mehrheit Anhänger der Republik, hatte schon 1911 fast vierzigtausend Krieger gegen die Türken aufzubieten vermocht. Damals nannte sich die Föderation Haschid-wa-Bakil und umfaßte beide ethnischen Hauptgruppen des Jemen, die sich durch gleiches Stammesgesetz gebunden hatten. Die Haschiolis führen sich auf die berühmten Himjariten zurück, die Bakilis auf den legendenumwobenen Qahtan.

Vor mehr als sieben Jahren sind sie als Hüter des zeiditischen Glaubens in den Bruderkrieg gezogen, als Imam al-Badr seine Läufer in die Berge schickte: in den Kampf gegen eigenes Blut, gegen die wehrhaften Südstämme, deren sich die Republik versichert hatte. Am Ende war es ein vergebliches Ringen, eine Kampagne für den Feudalismus, der sich schon überlebt hatte.

Daß Mut und Glaube wankten, als sich die Prinzen in Diadochenkämpfen selbst schwächten, war eine natürliche Folge. Für die Stammesoberen, die für Zehntausende sorgen mußten, stellte sich die Frage nach dem Überleben ihrer Gemeinschaften, wie es das Urf (Stammesgesetz) befahl. Wie zu Zeiten der Türkeninvasion, als die Imame ihre Stämme nur bezahlten, wenn sie sie brauchten, wurde auch in diesem Krieg der Sold zur wichtigsten Sache. Für einen Mariatheresientaler mit 28 Gramm Silbergehalt hielt nun der jemenitische Landsknecht dem Meistbietenden – Monarchie oder Republik – die Tagestreue. Aber Allahs Wille hatte sich gegen die Monarchie und für die Republik entschieden.

Was sich am Bab al-Jemen kundtut, ist jemenitische Anpassung an diese höhere Gewalt, aber auch trotziges Zurschaustellen der Unbeugsamkeit. Es gilt, »den Glanz der Ehre aufstrahlen« zu lassen. Nicht als Besiegter kommt man in die Stadt.

Daß die kriegerisch-heldische Vergangenheit nun für alle Zeit Erinnerung werden soll, ist den Menschen hier noch nicht so richtig bewußt, obgleich beide Seiten sich bis zur Selbstzerfleischung duelliert haben, obwohl in jeder Familie Anhänger der Royalisten und Republikaner zu finden sind, die gegeneinander gekämpft haben – hier am Bab al-Jemen ist es die gemeinsame Tradition, in der sie sich wiederentdekken. Der Abschied von der Vergangenheit, der Aufbruch in eine neue Staatsform oder die Frage nach dem künftigen Stellenwert der Religion – all das spielt keine Rolle am Tag der Erfüllung. Mit dramatischer Beredsamkeit erzählen die Malakis noch einmal von ihren Siegen über die ägyptischen Truppen. Erinnerungen an den eben zu Ende gegangenen Krieg werden ausgetauscht. Bei aller Gnadenlosigkeit, die die mittelalterliche Kampfesweise mit sich brachte, haben die Malakis einen ehrenhaften Widerstand geleistet.

Ein Gefangenenaustausch findet hier nicht statt. Nur wenige Verwundete sind in feindliche Hand gefallen. Nach altem Kodex überführt sich ein kampffähiger Jemenit selber der Feigheit, läßt er sich gefangennehmen. Ein Weichling aber ist vom eigenen Stamm auszulöschen, dessen Ehre er beschmutzt hat. Ein Jemenit kämpft bis zum Tod.

Wer überlebt hat, zieht nach Sanaa. Endlich hat die unbezwungene Zentrale freiwillig ihre acht antiken Tore geöffnet. Sanaa doch in der Hand der Malakis!

Durch Tore und Gassen schieben sich verwegene Gestalten, die langen Schaltücher locker über die Schultern geworfen, die Waffen fest im Griff. Allmählich mengen sie sich unter die Milizsoldaten, die ihre erdbraunen Uniformhemden und schwere Patronengurte um die Hüften tragen. Würdevoll bieten Prophetenabkömmlinge, die glaubensstarken Seijjids, die Hand zum Gruß. In die Verbrüderung wird der ungläubige Fremde einbezogen, ohne die Spur eines Mißtrauens.

Die Auszehrung hat tiefe Spuren in den Gesichtern der Bergkrieger hinterlassen. Bei solchem Anblick kommt Mitleid auf. Tief greifen die hölzernen Meßlöffel der Händler in die Getreidesäcke. Mehl, Linsen und Negerhirse werden den Malakis zum Geschenk gemacht. Und wie der Prophet es vorschreibt: »Wo ihr meßt, so gebt ein volles Maß, und gebt richtiges Gewicht.« Wer sich aus Stolz nicht entschließen kann, Gaben anzunehmen, zahlt einen Bruchteil des Wertes. In Beuteltaschen, in die Innenseiten der Dreivierteljacken eingenäht, in denen der freie Nomade alles mit sich trägt, was für sein karges Leben ausreichen muß, werden die Gaben verstaut.

Von der anderen Seite des Platzes winkt ein mehlbestaubter Fladenbäcker einladend herüber. Mit langen Schiebern holen die »Backknechte« knuspriges Brot aus dem Steinofen. Aus der Luft fangen die Gabilis das Brot auf. Garküchenbesitzer schieben zerbeulte Topfdeckel weg: Ein Duft von orientalisch gewürzten Bohnen und Hammelfleisch breitet sich aus. Die Sanaanis geben freiwillig, was sie dem Angreifer verwehrten.

Der Zeremonie des Teilens folgt ein frenetisch geforderter Tanz. Von irgendwoher taucht eine Trommlergruppe auf. Harte, wilde Schläge wechseln rhythmisch mit sanften Wirbeln ab, die zum majestätischen Schreittanz einladen. Krieger aus Khaulan beginnen, ausgemergelt und mit scharfkantigen Schädeln, sich in den Hüften zu wiegen. Blaue, braune, rote und grüne Turbane zucken im Bann der musikalischen Herausforderung. Buntscheckige Futas, Beinröcke, die bis zu den Waden fallen, wirbeln.

Flach streichen rosarote Handballen übers Fell der Tabl, wie die rundbauchigen Trommeln heißen. Hier tanzen negroide Royalisten vom Stamme der Abid. Als Negersklaven waren die Abid einst um die Jahrtausendwende in Ostafrika eingefangen und in den Jemen gebracht worden. Am Hof Imamscher Dynasten trugen sie das Joch der Leibeigenschaft, bis ihnen der mächtige al-Mansur, dem der Jemen eine kulturelle Hochblüte und herrliche, heute noch erhaltene Bauten verdankt, um 1290 n. Chr. die alles bedeutende Freiheit wiedergab.

Um zu verhindern, daß die Abid unter die Knechtschaft lokaler Stammesfürsten gerieten, verfügte al-Mansur per Dekret, daß die Freigelassenen von anderen Stämmen zu isolieren seien. Auf sein königliches Geheiß wurden sie im Wadi Hirran, zwischen der Provinz Dschauf und dem Besitztum der Arhab, angesiedelt. Zum Dank behielten die Abid ihren Namen, der nichts anderes als Sklave bedeutet, und hielten dem Königshaus der Mansur fortan die unbedingte Treue. Bei allen Zwistigkeiten haben sie stets auf der Seite des regierenden Imams gefochten. Im Jemen-Krieg haben ihre Stoßtrupps voll Verbissenheit gegen Ägypter und Sallal-Republikaner gestritten.

Mit befreiendem Jubelruf springen zwei schlanke Burschen in die Mitte. Bakilis sind es, von den Oasen des Barat, von Ruhub und Khabb. Hochgeschlossen im Wuchs und sehnig. Auf den entblößten Oberkörpern zeigen kaum geschlossene Narben frische Wundränder. Voll Pathos halten sie das Gewehr vor der Brust, blicken sich hypnotisierend gegenseitig in die mit antimonhaltiger schwarzer Augenschminke umrandeten Augen. Weitere Tänzer treten hinzu. Dann beginnt das Umkreisen. Schrittgenau, in fast zeitlupenartigen Bewegungen, formt sich, immer schneller werdend, eine Kette. Zentimeternah sind sich die Köpfe, unbeweglich plötzlich die Leiber mitten im Schritt. Stille. Dann, mit einemmal reißen die Finger gleichzeitig am Hahn der Gewehre. Der betäubendscharfe Doppelknall hat ein einziges Echo.

Wer sein geladenes Gewehr bei sich hat, hebt es himmelan und feuert es ab. Salut schießt man zu Ehren der Tapferen aus dem Bakil-Land.

Zwei neue Tänzer, in der olivgrünen Futa des Südlandes, hechten ins brodelnde Oval. Die verwegenen Bani Huscheisch wollen nicht zurückstehen, wollen den Bakilis zeigen, was auch sie können. Kreisende Turbanzipfel schwingen um Gesicht und Schulter.

»Al-Bara«, ruft die verzückte Menge. Sie fordert den »Mannestanz« mit gezückter Dschambijja. Schartig sind die tödlichen Waffen, wohlerprobt im Kampf Mann gegen Mann. Noch schätzen sich die Tänzer mit den Augen ab, dann setzt das Spiel der Verfolgung ein. Wer ist hier Jäger, wer Gejagter? Enger und geschwinder wird der weitausholende Schritt nach der Ferse des Vordermanns. Lange, sehr lange dauert das Lauern auf jegliche Unachtsamkeit. Und hitziger, aufpeitschender wird die Forderung im Rund. Denn mit blitzhafter Körperdrehung kann dem Gejagten gelingen, selber zum Jäger zu werden, und schon stößt er die Dschambijja herunter, um Millimeter vor der Brust des Gegners innezuhalten.

Den Jemeniten ist al-Bara mehr als eine Choreographie tödlicher Verfolgung mit dem Krummdolch. Er versinnbildlicht das Fatum des Jemen. Nur wer den Gegner tötet – oder ihm das Leben schenkt und ihn dadurch für immer als Bruder an sich bindet –, bewahrt seine Familie, seinen Stamm, sein Volk vor dem Untergang.

Ein neuer Klang erhebt sich hinter dem Kreisbogen, eine andersgeartete Intrade. Der tapfere Süden meldet sich sanft, doch eindrucksvoll. Magisch öffnet sich der Kreis, läßt eintreten, was Sanaa in seinen dunkelsten Stunden, als allerletztes Aufgebot, ins Ringen um die Republik schickte: Akdams aus der Kaste der Gerber, Töpfer und Schlächter. Sie bringen ihre Musik ins Rondell. Und dann folgt die stets gedemütigte Unterklasse der Abdecker und Straßenkehrer; um den Leib bunte Glöckchen, an den Bauchriemen genäht. Wandernde Musikanten wurden sie auf Hochzeiten und Festlichkeiten in reicher Leute Haus. Schiere Artisten im Auffangen klingender Bugschamünzen aus der Hand protziger Gastgeber. Und weil Geld weniger stinkt als Gerbsäure und Spott mehr ätzt, als guter Ruf teuer ist, so blieben sie beim Musizieren.

Im Diskant erklingt die Bardenstimme. Als Sänger sind die Schumr überall begehrt, sie gelten als die Minnesänger des Landes. Zwei vom Stamm der Bani Matar sind hergekommen, um zu zeigen, wie man in den fruchtbaren Felderebenen zwischen Waalan und Mefhak zu werben versteht. Augenblicklich sind die Bani Matar dem Ruf nach Freiheit gefolgt. Über sechzig Jahre haben sie als Erbfeinde der Dynastie gegolten. 1905 hatte Imam Yahya, ein Jahr nach seiner Thronbesteigung, den wohl unsühnbarsten Vertrauensbruch begangen, dessen sich ein freier Jemenit schuldig machen kann: Während eines huldreich gebotenen Mahls, zu dem er den Großscheich der zeiditischen Bani Matar, Ibn Ramah, eingeladen hatte, brach er die ungeschriebenen Gesetze der Gastfreundschaft. Er ließ seinen Gast meuchlings ermorden, um seinen eigenen Einfluß zu festigen. Um des neugewonnenen Friedens willen verzichten die beiden Bani Matar auf die sonst üblichen Schmäh- und Spottlieder gegen die Königlichen.

Es ist ein Tanz, der Jünglingen erlaubt ist, Ventil einer Askese, der sich jeder Mann zu beugen hat, bis er eine Frau heimführt, über die freilich die Familie und die geforderte Mitgift entscheiden, wie es die Sitte fordert. Das Stampfen der Füße, die Bewegungen der Leiber beinhalten rituelle Posen. Wie sehr auch die Bani Matar derwischgleich mit den Schultern zucken, mit Köpfen und Augäpfeln rollen oder sich werbend in den Hüften wiegen, sie machen weiter, bis sie kraftlos in den Staub sinken. Die Anerkennung ist typisch jemenitisch: Den Erschöpften fliegen haufenweise Qatbündel entgegen.

Die Eskorte der Schumr beginnt sich um sich selber zu drehen, bis ihre Bauchglöckchen bimmeln. Elektrisierend der Auftritt der beiden Anazah. Nur hin und wieder war ihre sunnitische Staubgeborenheit einem Imam genehm gewesen. Seit einem halben Jahrhundert gab es innerhalb ihrer Großsippe nicht zu schlichtende Divergenzen. Der Kern allen Übels waren die Intrigen des Herrschers Yahya. So geschickt hatte dieser die Zwietracht zu schüren gewußt, daß der Großstamm Anazah in zwei fast gleichstarke Teile zerfiel. Zündstoff der Aufsplitterung war die ebenso emotionelle wie politische Frage, ob der Asir-Bergfürst Idrisi zu unterstützen oder zu bekämpfen sei, ein Widerstreit, der 1911/12 den gesamten Jemen mit zerstörerischem Feuer ergriffen hatte. Obgleich Freiheitshelden zum Kampf gegen die türkischen Okkupanten aufriefen und antraten, waren dennoch ausgedehnte Gebiete und die Person des Imam Yahya selber türkischer Käuflichkeit erlegen. Ein Stillhalteabkommen mit der Pforte – es sicherte dem jemenitischen Herrscher selbständige Besteuerungsrechte zu – hatte diesen vollends unglaubwürdig werden lassen. An diesem Verrat litt jeder, der sein Gewehr und sein Leben gegen die Invasoren eingesetzt hatte. Seinerzeit schien der gegen den Imam angetretene Bergfürst Idrisi aus härterem Holz geschnitzt und besser zur nationalen Führung geeignet als der von Gott gesandte Yahya, der Stellvertreter Allahs im Jemen.

Hauptleidtragende dieses Dauerkonflikts waren die Anazah des Süddistrikts, seßhaft am Dschebel Reimah. Ihr dahingegangener Fürst, der achtbare Großscheich Ali ibn Yahya, hatte dem Ansinnen auf Unterstützung des Asir-Führers Idrisi Beachtung geschenkt und ihm ein Treueversprechen zukommen lassen. Mit der Treuepflicht zur nationalen Einheit war der Südstamm fortan der Verfolgung des Despoten Yahya und seiner türkischen Protektoren ausgesetzt. In sich über Jahre hinziehenden Treibjagden wurden die Süd-Anazahs dezimiert, Vogelfreie für des Imams wie der Türken Schergen. Dennoch hat der Südstamm alle Ausrottungsversuche überstanden. Ohne Zaudern entschieden sich seine Kämpfer für die republikanische Sache, als das Donnergrollen der Revolution den Thron der Dynastie wanken ließ. Der dem Alt-Imam Yahya ergeben gebliebene Nordstamm jedoch folgte dem royalistischen Banner des Imam-Enkels al-Badr in den Bruderkrieg.

Aus der Tabl kommt das Zwiegespräch der jemenitischen Erstgeborenen Ahmed und Qassem. Die Anazahs stehen wie angewurzelt. Dann, wie in einem Zittern, lösen sich die Glieder. Die Gewehre fest vor die Brust gepreßt, weichen die Tänzer zwei Ellen voneinander, um sich dann einander wieder katzenhaft anzunähern. Für die beiden ist der Jemen, ist diese Welt nicht mehr existent; sie sind jetzt nur noch zwei winzige Staubgeborene, und was sie zeigen, ist eine tänzerische Ausdeutung des Ringens von der Geburt bis zum Tod. Unerbittlich ist der Existenzkampf gegen Fatum und Natur; nur zu zweit und in verschworener Gemeinschaft kann er überstanden werden. In Zweiergruppen haben sie gegen Imam Yahya und die Türken gekämpft, als ihre geschlossenen Heerhaufen unterlegen waren. In ebensolcher Formation sind sie für die Republik ins Feld gezogen, in Erfüllung des ungeschriebenen Gesetzes füreinander einzustehen, was immer auch kommen möge.

Die Ehre zählt immer noch, vor allem aber das Gewehr. Hoch lassen die Anazahs ihre Guhwa über dem Kopf kreisen: zwei blitzende Radkränze mit hölzernen Speichen, scheint es. Kurz darauf, nach warnendem Ruf, heben sich die Gewehre durch eigene Fliehkraft aus der Fingerachse und kreiseln in die begeisterte Menge. Wieder einmal wird krachend Salut geschossen.

Pathetisch strecken sie sich die Hände entgegen, und indem sie sich gegenseitig halten, drehen sie sich grazil und über Kreuz auf den Hornballen der Fersen. Dann stehen die Anazahs wie eine Skulptur: unbeweglich. Die rechte Hand am Dolch belassend, streckt die linke sich der Waffe des Freundes zu, umfaßt dessen Dschambijja-Griff. Ebenso legt der andere Hand an. Das Gelübde ist bekräftigt: »Meine Waffe sei auch die deine. Freunde sind wir in Not und Gefahr. Wer dein Leben fordert, muß meines zuerst auslöschen!«

Hart und rasch ruft die Tabl zum Finale. Jeder hat des anderen

Dschambijja aus dessen Scheide gezogen. Unversehens stürmen sie aufeinander zu, stoßen einen schrillen Kriegsruf aus und rennen dann, den schreckerregenden Spaß belachend, diametral aus dem Rund. Des einen Waffe ist von nun an die des anderen.

Der Haufen teilt sich in davontanzende Gruppen, die sich fröhlich stadteinwärts in die Unordnung der Basare bewegen.

Von einem der erhabenen Minarette klingt das al-Asr: »Im Namen Allahs, des Allbarmherzigen, bei der Zeit des Nachmittags – der Mensch stürzt sich selbst ins Verderben, nur die nicht, die glauben und rechtschaffen handeln und sich gegenseitig zur Wahrheit und Geduld anspornen...«

Stumme Klage

Nach den turbulenten Stunden der Versöhnung zieht es mich zur Zitadelle hinauf, von deren oberem Befestigungsgürtel ich vor einem Jahr die Verfolgungsoperationen der Republikaner habe beobachten können. Die gewaltige Anlage, die jetzt völlig verlassen und ruhig daliegt, schützt Sanaa seit dem 6. Jahrhundert in ständig sich verändernder Form. Schon ein halbes Jahrtausend zuvor scheint es Sanaa als städtisches Zentrum gegeben zu haben, das sich allmählich an dieses vorgeschobene Verteidigungsterrain heranbaute. An vielen Nahtstellen lehnen sich die Bürgerbehausungen auch heute noch direkt an die vierzig Fuß hohen Verteidigungswälle an, die im Laufe der Jahrhunderte aus Stein und Lehm aufgemauert worden sind. Die schützende Wallmauer ist sozusagen mit den Gefahren gewachsen. Bezwungen wurde sie nie.

Die Barriere wurde erweitert, als die aufblühende Metropole und ihre neuerbauten Vororte in die Selbstverteidigung einbezogen werden mußten. Dies gilt vor allem für die westlichen Stadtausläufer Bir al-Azab und das noch westlicher liegende Ga al-Jahud, das Judenviertel, die zu florierenden Handelszentren expandierten.

Als 1774 das Wahlkalifat auf die Osmanen überging und die Pforte unter dem Vorwand, als Schutzmacht des legalen Kalifats auftreten zu müssen, erneut Truppen in den Jemen schickte, wurden als erstes die Festungsmauern verstärkt und den Erfordernissen der modernen Kriegführung angepaßt. Daß die türkischen Ingenieure ihr Bestes gaben, daß sie ihr Metier verstanden, war lebenswichtig für die Besatzungstruppen, denn die Jemeniten wehrten sich mit allen ihnen zu Gebote stehenden Mitteln. Vor plötzlichen Überfällen und Operationen aus dem Untergrund blieb den Türken oft keine andere Wahl, als sich hinter die Mauern der Zitadelle zu retten, bis Entsatz eintraf. Die vom Bosporus herbeibeorderten Festungsbaumeister bewunderten den antiken Wehrkörper Ghamdan, der sich auf minäischen, sabäischen, himjaritischen, persischen und imamitischen Fundamenten zu einem eindrucksvollen Komplex entwickelt hatte. Da die Innenstruktur nicht noch stärker auszubauen war, als bereits geschehen, entschlossen sie sich, moderne Eckbastionen hochzuziehen, mit Aussparungen für die mitgeführten Feldschlangen.

Augenfälligstes Ergebnis der Anpassung an die zeitgenössische Strategie ist das typisch osmanische Ausfalltor der Zitadelle, die nun Qalah, die Festung, hieß. Sie verleiht dem Ostteil Sanaas ein mediävales Gepräge, wie es in keiner anderen Stadt Arabiens vorhanden ist. Das Festungswerk bedeckt eine beträchtliche Bodenfläche. Sie wurde mit granatensicheren Unterständen und Munitionskavernen ausgestattet, die oft letzte Zuflucht der Türken waren, wenn es jemenitischen Stämmen gelang, in die Stadt einzudringen. Für alle Fälle hatten sich die Osmanen eine doppelte Sicherung des Ausfalltors ausgedacht. Der Hohlweg wurde in massiver Stärke erstellt und in unregelmäßiger Zickzackform angelegt. Kein Unbefugter kam in die Schlüsselstellung hinein, die es ermöglichte, den Kampf auch dann noch fortzusetzen, wenn eine der Harmonikakrümmungen im Nahkampf an den Gegner verlorengegangen war.

Die Gesamtanlage mit ihren rund zehn Quadratkilometern Gesichtsfeldgröße ist exorbitant und widerspricht eigentlich allen Regeln der Kriegskunst, die vorschreibt, eine Festung solchen Ausmaßes sei nur in erhöhter Lage von Nutzen. Die Qalah aber liegt auf einem Plateau, keineswegs beherrschend und mit einem natürlich begrenzten Vorfeld. Von Bergausläufern in bedrohlicher Nähe der Stadt war es sogar mit primitiven Feuerwaffen bereits möglich, den Verteidigern das Leben schwer zu machen. Im letzten Krieg forderten Maschinengewehre und Granatwerfer grauenhafte Opfer.

Heute sind die mächtigen Tore offen, der Weg ist frei. Verebbt ist der Schlachtenlärm, ungewohnt die Stille. Gähnend leer die Unterstände. Irgendwie drängt sich der Vergleich mit den Sperrforts der Materialschlachten des Ersten Weltkriegs auf: Verdun, Fort Douamont...

Zögernd gehe ich an den Aushöhlungen vorbei, hinter deren Krümmung die Verteidiger Schutz vor dem royalistischen Splitterhagel suchten. In der Erinnerung vollziehe ich die Hölle der Kanonade noch einmal nach.

Auf der oberen Plattform hinter der kniehohen Zinne steht ein Mann und blickt statuenhaft zu den Felsformationen des Vorfelds hinüber. Es ist kein ehemaliger Verteidiger, vielmehr ein tapferer königstreuer Bakil. In Gedanken versunken, hält er Ausschau ins Gestrige, den Bunduq (sein Gewehr) umklammernd, als wolle er sich mit dem Makel der Niederlage nicht abfinden.

Nach geziemender Weile wechseln wir einige Worte. Stolz zeigt er zur Felsklippe hinüber. Von dort aus hat er mit seiner Sippe einen Ausfall der Verteidiger vereitelt. Verzweifelt ruft er die Tage zurück, als der Fall Sanaas nur noch eine Frage von Stunden schien. Es ist im jetzt noch unverständlich, daß al-Amris Gegenangriff den Belagerungsring sprengte.

Nun auf der anderen Seite der Front stehend, ist der Bakil-Krieger Masud al-Barak schmerzlich berührt. Nur wenige hundert Meter hätten genügt, um den Sieg für immer an die Fahne mit dem Schwert und den fünf Sternen zu heften. Masud al-Barak verzehrt sich im Stolz. Daß ein Bakil ein Gefecht verloren hat, ist ein Schandmal. Die stumme Klage ist mehr als verletztes Selbstbewußtsein. Den Stämmen unter der Imamfahne fehlt die offizielle Rehabilitierung, das Lob der Republik für den auch von den Kämpfern der Gegenseite bewiesenen Mut. Denn diesen wollen sie anerkannt wissen, wenngleich sie als Verlierer das Schlachtfeld haben räumen müssen.

Indes, auf der Plattform der Qalah sind Jemens fundamentale Probleme nicht zu lösen. Ich verlasse Masud al-Barak, der auf den Trümmern seiner Hoffnungen unfähig scheint, den Blick von der Vergangenheit zu wenden. Aber sooft auch seine scharfen Augen die Distanz zwischen Hügel und Festungsmauer, zwischen Sieg und Niederlage nachmessen – das Fatum hat sich erfüllt.

Die Dämmerung bricht herein. Frieden über Sanaa. Die erste Nacht, in der die Tore weit offenbleiben und keiner Wache halten muß. Das erste Mal, daß die Bürger ruhig schlafen werden. Kriegsmüde liegen die einst feuerspeienden Eckforts mit ihren Haubitzen, die Mündungsschoner übergestülpt. Mannschaften der Flakgeschütze haben die Rohre in die Horizontale heruntergekurbelt. Aus den Verschlüssen festeingebauter Maschinengewehre sind die Munitionsgurte herausgenommen. Jemens Soldaten feiern.

Über Dächer und Türme schallt das islamische Nachtgebet »Al-Lail«. Aus den Kapillareinfassungen der Bettürme ertönen die Suren über die gottesfürchtigen Menschen. Vom entgegengesetzten Ende der Altstadt weht der Abendwind den Schlußteil herüber: »Weit fern davon [vom Elend] aber bleibt der Fromme, der zur Läuterung seiner Seele sein Vermögen als Almosen hingibt und der von keinem Wiedervergeltung seiner Wohltaten verlangt, sondern nur dahin strebt, das Angesicht seines Herrn, des Allerhöchsten, zu schauen. Dieser wird einst mit seiner Belohnung sehr zufrieden sein ...«

Sanaa hat seinen Frieden mit Gott und der Welt gemacht.

Die Samsarah der Republik

»Al-Makha« ist Labyrinth, ist Fuchsbau für Freund und Feind. Vermutlich hat in alter Zeit hier eine Samsarah, eine Karawanserei, den Reisenden Obdach geboten. Damals, als das uralte Sanaa sich noch nicht aus den äußeren Wehrwällen befreit hatte. Erst allmählich verließen die Neubauhäuser des Bir al-Azab den Schatten der Schanzen, um sich ein eigenes Gebiet mit breiten Geschäftsstraßen zu erobern. Neue Verkehrstechniken lösten die in die Stadt schaukelnden Kamel- und Maultierkarawanen mit ihrem herrischen Händlergefolge und streitsüchtigen Kriegergeleit ab. Eine zentrale Bleibe war nicht mehr vonnöten.

Der verlassene alte Sammelpunkt wurde drastisch von der Bildfläche entfernt; die nur mannshohen, handaufgeschichteten Lehmmauern wurden angezündet. Auch die von Menschen und Tierballen ausgetretene Lagerfläche wurde durch das Feuer gereinigt, denn die Furcht vor eingeschlepptem Ungeziefer und Seuchen war groß. Der aus gebrannten Ziegeln errichtete Neubau erhielt den Namen »Al-Makha«. Er ist abgeleitet vom altarabischen Mocha, dem einst bedeutenden Kaffeehafen an der Rotmeerküste, dessen verwaiste Schilfhütten heute nach und nach wegknicken.

Im Allerinnersten der zum »Hotel« erklärten Neukonstruktion gibt es aber immer noch ein bißchen Vergangenheit. Wie zum Gedenken an Jemens große Kaffeemachttage strömt aromatischer Gahwa-Geruch durch die Etagen. Hinter der fortschrittlichen Schauseite geht es zu wie in der Karawanserei von einst. Wider alle Vernunft enden Flure in Sackgassen ohne Räume, wechseln Zimmernummern ohne ersichtlichen Grund, erweisen sich Abstellkammern als Verliese. Ein bemerkenswertes Chaos. Nischen und Kammern sind vollgepfropft mit Pritschen, Tischen, Stühlen und Bettzeug; doch hat das Horten in diesem Fall sogar Sinn. Begehrt ein Gast etwa mit einer achtköpfigen Familie ein Obdach, so muß es möglich sein, die Betten in Windeseile herzurichten. Als mobiles Wohnen könnte man das bezeichnen. Familien und Mobiliar wandern gleich Karawanen durch die Stockwerke. Wer hier wohnt, ist nie allein. Hilflos lächelnd verirren sich fremde Mieter ins eigene Gemach. Andererseits steht man perplex vor des Nachbarn Weiberschar, argwöhnisch vom Hüter fixiert, und versucht sich aus der Klemme heraus zu fraternisieren.

Auch das Karawanenpalaver ist gebräuchlich wie anno dazumal. Noch immer debattieren im Schlauchgang, der die Wirtsstube vom »Foyer« abgrenzt, Bauchladenhändler, Fuhrpersonal und Limonade schlürfende Stammeskrieger. Zugegeben, die Nachrichtenvermittler hocken nicht mehr überm offenen Feuer, sondern vielsagend an kunststoffbezogenen Tischen im Erdgeschoß. Während der Belagerung Sanaas liefen hier zeitweise sogar die Kommandofäden zusammen. Von hier aus haben Politiker ihre Karriere eingeleitet, indem sie bei süßem Tee neue Gefolgsleute anzuwerben begannen. »Al-Makha« ist ein durchaus ehrbarer Rahmen, um sich mit bühnenreifer Gestik an die richtigen Leute zu bringen.

Mir ist diese Nachrichtenbörse der Republik in schlechten wie in guten Tagen zum zweiten Wohnsitz geworden. Unrasiert wie immer rollt das Faktotum Abdallah vor Wiedersehensfreude mit den Augäpfeln. Dem beseligten »bismillah« (im Namen Gottes) folgt stehenden Fußes eine Anpreisung des neuen Nationalgetränks Coca-Cola! Der Westen ist noch nicht vollends abgeschrieben!

Draußen ist stockfinstere Nacht. Mein Fahrer Hussein avisiert, er würde sich zu Verwandten absetzen, aber morgen stünde er wieder zur Verfügung. Ein Mann meines Standes könne unmöglich ohne Beförderungsmöglichkeit bleiben, sonst wäre mein Ansehen dahin – eine Erniedrigung, der er mich höchst ungern ausgeliefert sähe. Einwände meinerseits wecken eine ungeahnte Beharrlichkeit – und das Duell gespannt verfolgende Zuschauer. Der Handel um Prestige und Bugschas endet mit einem Vergleich. Hussein wird zwischendurch andere Fahrgäste befördern und meine Tagespauschale etwas senken.

Ich fühle mich müde und leer. Die Reise war anstrengend. Mit den Eindrücken des Tages jetzt fertig werden zu wollen, scheint mir im Moment sinnlos. Besser ist es, die Matratzen auf eventuelle Einnister zu überprüfen. Bei der Liegeprobe schlafe ich ein.

Ein Rütteln schreckt mich hoch. Es ist Abdallah mit der Abendmahlzeit. Wie er durch die verschlossene Tür hereinkam, bleibt besser ungefragt. »Heute mußt du auf dem Zimmer essen, Sadierq. Das Foyer und das Restaurant bleiben geschlossen. Der Präsident verabschiedet eine nordkoreanische Regierungsdelegation!«

Motorengeräusch wird laut. Mit aufheulenden Sirenen fährt al-Iryanis Begleitkommando vor. Durch schußbereite Maschinenwaffen wird die ZIL-Limousine abgesichert. Im Flur Sicherheitsbeamte, ein buntes Gewimmel von Zivilisten, Militärs und Stammeskriegern der Leibwache. Jeder schützt jeden. Im Souterrain herrscht Staatsstimmung. Die Fahne der Republik schmückt den Raum. Stuhlreihen, links und rechts an den Wänden aufgestellt, füllen sich. Wie an einer Perlenschnur aufgereiht sitzen die Männer aus Hanoi, einheitlich gekleidet und eines Geistes, ein Kollektiv gleichen Willens, gleicher Ideologie. Jemenitisch leger dagegen verhält sich das republikanische Gegenüber. Sanaas Prominenz ist orientalisch gelockert. Steifen Rückgrats an der Stuhllehne zu kleben, Arme auf den Oberschenkeln, wäre schon ein Zeichen persönlicher Unfreiheit. Scheinbare Kleinigkeiten in der Mentalität scheiden die Geister der Politik.

Es sind vornehmlich Vertreter der sozialistischen Welt, die sich in Sanaa ansagen und in der Jemenitischen Arabischen Republik einen Partner sehen. Die sich verabschiedenden Nordkoreaner sind nur eine der politischen Reisegruppen – und eine unbedeutende dazu –, die nun der siegreichen Staatsführung ihre Reverenz erweisen. Dennoch wird die Abordnung Hanois hier lieber gesehen als die anderer Blockstaaten, weil sie keine egoistischen Überlegungen hegt.

Die Freundschaftsbezeugungen beschränken sich auf feierliche Worte. Eine gegenseitige finanzielle oder wirtschaftliche Hilfe ist bei der Misere beider Staaten unmöglich. Beim näheren Hinsehen sind aber auch die Grundsätze der beiderseitigen Weltanschauungen zu verschieden, als daß von einer gemeinsamen Volksfront die Rede sein könnte. Was in Nordkorea als ideologisches Volkskollektiv in den Rang der Staatsreligion erhoben wurde – im Jemen, mit seiner individualistischen Freiheitsliebe, wäre ein Gleichschalten von Person und Politik nicht machbar. So muß das Band sozialistischer Freundschaft eher als publikumswirksamer Beweis für gute Beziehungen herhalten.

Das große Staatstheater im »Al-Makha« ist geprägt von einem merkwürdigen Lokalkolorit, das finster blickende Leibwachen, die Finger am Abzugshahn, Hotelpersonal in Schürzen, die Tabletts untergeklemmt, Gäste, manch einer schon im Pyjama, und von der Straße hereindrängende Neugierige gleichermaßen zu faszinieren scheint.

Mit rhythmischem Händeklatschen feiern die Nordkoreaner al-Iryani. Er trägt über dem weißen Gewand einen überbreiten, mit Koransuren bestickten Gürtel und einen silberziselierten Krummdolch – eine würdevolle Erscheinung, die Autorität ausstrahlt und Vertrauen weckt.

Ein Kordon Menschenleiber schützt den Qadhi. Hände versuchen ihm gerollte Petitionsschreiben zuzustecken. Ein Leibwächter sammelt sie ein und stopft sie in seine Taschen. In Arabien ist es üblich, von einem großen Mann Wunder zu erwarten. Und wer wäre größer als dieser, der die Revolution durchgesetzt hat? Nur Schritt für Schritt kann das schwerbewaffnete Geleit dem Präsidenten den Weg bahnen.

Niemand weiß, wem er morgen den Ministersessel entziehen oder unterschieben wird. Aber sicher sind die Weichen im al-Kasr al-Gumhouri, dem Regierungspalast, bereits gestellt.

Abdallah, der jeden von Kindesbeinen an kennt und einen angeborenen Instinkt für ministrable Personen besitzt, hat bereits diejenigen erspäht, die mir auch übermorgen noch nützlich sein werden. Weil man in Arabien immer bei sich trägt, was von Belang ist, habe ich meine vier »Uaragas« (Schutzbriefe) immer in der Brusttasche. Als Abdallah mich mit Finesse einigen Persönlichkeiten zuführt, bin ich also gut präpariert und kann der Prominenz von morgen bereits heute meine erste private Aufwartung machen. Damit ist die lange Karawane durch die Amtsstuben überflüssig, weil man sich im »Al-Makha« unter vier Augen vorab gesprochen hat.

Schach dem Krieg – Matt der Entzweiung

Schach heißt auf arabisch: König, und es war das Lieblingsspiel altarabischer Menschen. Daran muß ich oft denken, wenn ich mir das politische Spiel um die Wiedervereinigung der beiden jemenitischen Staaten zu vergegenwärtigen versuche.

Die Eröffnungszüge trugen den unverwechselbaren Stempel des Strategen al-Iryani. Aus scheinbar unerschöpflichen Reserven heraus erschütterte der Mann der einsamen Entscheidungen die Positionen seiner übermächtigen Gegner im Kampf um die Zukunft Südarabiens. Wie kein anderer Jemenit beherrschte er das königliche Spiel um Macht, Zeit und Raum, erkämpfte er sich Feld um Feld, selbst unter Gefährdung der politischen »Türme« seiner Republik, bis der Gegner matt gesetzt war.

Vom Typ her war al-Iryani nie ein waghalsiger Spieler. Taktisch wägend wartete er ab, bis er seiner Sache sicher war. Er sinnierte oft tagelang über einer einzigen Erklärung und manchmal Monate, bis er einen entscheidenden Schritt wagte, den er dann aber auch allein verantwortete. Sein Wahlspruch lautete: »Einsamkeit verschafft mir Unabhängigkeit im Handeln!«

Angesichts der politischen Gegenoffensive der südjemenitischen NLF, die als »Bewahrerin der revolutionären Tugenden« auftrat, ist es möglich, daß al-Iryani den Südjemen-Präsidenten Qahtan asch-Schaabi der extremen NLF als zu opfernden »Bauern« überließ, um südjemenitische Exilpolitiker in Sanaa in eine bessere Position zu bringen. Die Devise der »Nationalen Befreiungsfront« Südjemens lautete zwar: »Regierung des Volkes durch das Volk für das Volk!« Doch die Realität und Adens Erfahrung mit der Volksdemokratie hatten al-Iryani gelehrt, daß kommunistische Regime sich auf den totalen Ausschluß des Volkes von allen Regierungsangelegenheiten gründen und einen Parlamentarismus als Grundlage der freien Willensäußerung und Gesetzgebung nicht zulassen. Das Volk Südjemens hatte nicht die geringste Ahnung, warum die Staatspartei diese oder jene Entscheidung traf, und noch weniger, daß es, von der Außenwelt abgekapselt, in die außenpolitische Isolation geriet. Über die wirklichen Gründe des Pakts mit der Sowjetunion wurde es im unklaren gelassen, bis dann der sowjetische Vorhang über den Südjemen fallen sollte.

Vielleicht hat al-Iryani diese Entwicklung mit heraufbeschworen. Zuvor hatte er stets unter der Kampfparole der Revolution gehandelt: »Friede den Hütten, Krieg den Palästen!« Nun näherte er sich seinem Erzgegner König Feisal an – wenn auch aus taktischen Gründen. Nur, gebeugt für alle Zeiten hat er sich vor den Saudis nicht. Über allem stand für ihn die Wiedervereinigung beider Jemen. Um dieses Ziel erreichen zu können, strebte er einen Konsens an. Saudi-Arabien willigte in den Status quo ein, aber nicht um der Befriedung des jemenitischen Nordens willen, sondern allein aus der Überlegung heraus, daß sich mit nordjemenitischen, saudiphilen Politikern eine Front gegen den dem marxistischen Kommunismus anheimfallenden Süden aufbauen und so eine saudische Hegemonie über beide Jementeile anstreben ließ. Von dieser Zielsetzung sind weder die Saudis noch die im Hintergrund die Fäden ziehenden Amerikaner abgegangen. Doch liefen al-Iryanis und Feisals Interessen nur scheinbar parallel. Tatsächlich baute jeder seine Figuren auf dem Brett auf, sorgsam darauf bedacht, nicht schon beim Eröffnungszug die Gesamtstrategie preiszugeben. Weder in Aden noch in Sanaa vermochte man die Gesamtstrategie al-Iryanis zu erkennen. Es ging ihm nicht um eine Korrektur der Revolution, wohl aber um den Weg des geringsten Widerstands, um König Feisal zuvorzukommen und den Jemen als Nation unlösbar zu einen. Saudi-Arabien hatte dem jemenitischen Stammesvolk mehr als sieben Jahre einen ungeheuren Blutzoll abverlangt. Andererseits hätte al-Iryani einem so kühnen Spiel kaum seine Hand geliehen, wäre er sich der pragmatisch-konservativen Kräfte in seiner Republik nicht zuvor sicher gewesen.

Der Mantel der Diskretion, der über die damaligen Geheimgespräche in Asmara und Dschidda zwischen dem Nord- und Südjemen ausgebreitet blieb, erschwerte es zusätzlich, sich ein zutreffendes Bild vom Stand der Verhandlungen und ihren Zukunftsauswirkungen für den gesamten Jemen zu machen. Tatsache war, daß al-Iryani hart und unnachgiebig die Souveränität seiner Republik vertrat und die Wiedervereinigung mit dem Süden betrieb, während Qahtan asch-Schaabi die NLF als primäre Partei im gesamten Jemen zu sehen wünschte. Eisern beharrte al-Iryani darauf, daß es zwischen den beiden Jemen-Staaten nicht nur föderative Beziehungen geben könne, wie sie dritte arabische Länder erfolglos unterhielten. Präsident al-Iryani, den viele Geheimdossiers der Großmächte und noch mehr Berichte in der Weltpresse als einen ultralinken Extremisten und überzeugten Anhänger der Moskauer Dogmatik abqualifizierten, war in Wirklichkeit ein Politiker, der Tradition und Fortschritt seines Landes über alle Parteiideologien stellte. Seine Republik war ein freiheitlicher islamischer Staat, und sein patriotisches Trachten galt naturgemäß der nationalen Einheit des Gesamtjemen. Im Gegensatz dazu gab die totale Machtausübung des NLF-Generalkommandos im Süden dem Volk keine Gelegenheit, demokratisch über die Zukunft abzustimmen. Al-Iryani wußte: Würde die jemenitische Teilung auch innerstaatlich in aller Form, also auch völkerrechtlich, von Aden durch den Verzicht auf die Klammer der jemenitischen Nation und durch die widersätzliche Tendenz des radikalen Flügels der NLF sanktioniert, so wäre der letzte Schimmer Hoffnung dahin, daß beide Teile eines Tages wieder zusammenfinden könnten.

Ob die NLF im März 1969 nur gepokert hatte – niemand weiß es genau. Aber bei der zunehmenden Verhärtung der Standpunkte und der Passivität des Südjemen-Präsidenten Qathan asch-Schaabi, der sich nicht für die jemenitische Nation und wider die Allmacht des Parteikollektivs entscheiden wollte, konnten freie Wahlen und ein alljemenitischer Grundvertrag damals nicht unter Dach und Fach kommen.

Zwischen dem Befreiungsheros Qathan asch-Schaabi und dem Richterpräsidenten al-Iryani lagen Welten. Der charismatische, aber politisch ungeschickte Südjemenit geriet in die zentrifugalen Kräfte seiner eigenen Staatspartei, die ihn zermalmten. Der besonnene Taktiker al-Iryani hingegen war dabei, eine Kette von Kompromissen mit den mächtigen Stammesföderationen zu schließen, um die Republik vor der saudiarabischen Hegemonie zu retten.

Die Reaktion im Volk war entsprechend: Im Süden sagten die Einwohner über die NLF-Radikalen: »Mögen sie gehen und niemals zurückkehren ...« Im Norden fragten sich die progressiven Kräfte, als sie al-Iryanis Hinwendung zu Saudi-Arabien mit Bestürzung wahrnahmen: »Wer aber hat den Preis für seine Sünden zu zahlen ...?«

Aden hielt aus parteipolitischen Gründen zäh daran fest, daß die beiden jemenitischen Staaten nur »in einem besonderen Verhältnis« zueinander stehen könnten. Qahtan asch-Schaabis Wollen und Nichtkönnen, wie er es durch seinen Emissär Abdullatif in Sanaa andeuten ließ, beinhaltete offenbar keine Elemente, die es der nordjemenitischen Regierung ermöglicht hätten, neue und zerreißfeste Gesprächsfäden mit dem Süden zu knüpfen.

Umgekehrt klangen al-Iryanis Interpretationen der friedvollen Absichten Saudi-Arabiens, die er nun später Einsicht des saudischen Königs zuschrieb, für die Südjemeniten so unbefriedigend, daß sich die

Volksrepublikaner darauf einrichten mußten, noch lange die Flagge der jemenitischen Revolution allein weiter zu tragen. Daß radikale Parteikräfte in Aden dies begrüßten, um ungeschoren am Ruder bleiben zu können, nimmt nicht wunder. Solange Saudi-Arabien sich huldvoll geneigt zeigte, nur den Norden als Staat anzuerkennen, um ihn als Sturmbock seiner Interessen gegen den Süden einsetzen zu können, war die NLF im Südjemen fast unangreifbar. Alle Jemeniten – gleich, ob pragmatische Nordrepublikaner oder progressive Südvolksdemokraten – lehnten es ab, von König Feisals Gnaden einen jemenitischen Großstaat zu errichten, der von Riyadh aus dirigiert worden wäre.

Al-Iryani geriet dadurch in Zugzwang. Wenn seine nächste Kombination mißlang, mußte der ganze Jemen in Flammen aufgehen. Noch sprach al-Iryani in seinen Reden und Kommentaren weiterhin von den moskowitischen Waffenbrüdern. Noch lobte er den großen Freund Sowjetunion als den wichtigsten Partner des Jemen. Doch zugleich verfestigte er seine Kontakte zu König Feisal, dem zähesten Gegenspieler der sowjetischen Expansionspolitik in Südarabien.

Der Nord- und Südjemen sollten ihre Scheinsouveränität so lange wahren, bis man sich einerseits aus dem saudischen und andererseits aus dem sowjetischen Machtbereich herausgelöst haben würde. Beide Jemen konnten auf sowjetische Waffenlieferungen nicht verzichten. So kurios es klingt, Nord und Süd – wenn auch nicht eines politischen Sinnes – fanden sich nationalbewußt geeint gegen das übermächtige Ölreich Feisals und – blieben deshalb abhängig von der Sowjetunion!

Al-Iryani verstand es, die Zwielichtigkeit der sowjetischen Machtpolitik allmählich bloßzulegen. Seine Geduld und Intelligenz waren erstaunlich – so urteilen heute Freunde und Feinde nachträglich über den Mann, der es als erster arabischer Staatsmann wagen sollte, sich der sowjetischen Fessel zu entledigen. Darüber ist kein Zweifel mehr möglich: In voller Übereinstimmung mit allen Jemeniten wollte al-Iryani eine Situation beenden, in der beide Jemen auf den Status von Satelliten der Sowjetunion abzusinken drohten. Vielleicht hätte man, auf ein nationales Abwehrbündnis gegen Saudi-Arabien hoffend, die Sowjets wohl noch eine Weile ertragen. Aber auf Souveränitätsrechte zu verzichten, die man gerade dem Imamat und den Briten abgerungen hatte –, das war für beide Jemenstaaten unannehmbar. Freilich mangelte es auch am gegenseitigen Vertrauen zwischen den Machtausübenden in Sanaa wie in Aden. Der Versuch, den Südjemen-Präsidenten Qahtan asch-Schaabi ins nordjemenitische Interessenlager herüberzuziehen, ließ das NLF-Generalkommando vollends an der gemeinsamen nationalen Aufgabe zweifeln. Die Amtsenthebung des schwankenden Präsidenten setzte allen gemeinsamen Bemühungen ein Ende.

Die Frage war nur: Hatte al-Iryani den richtigen Zeitpunkt für die Wende gewählt? Hätte er nicht in offizielle Gespräche mit der NLF und mithin deren liberalem Flügel eintreten sollen? Aber als Nordjemenit mußte er vor allem die innere Entwicklung in seinem Weisungsbereich beachten. Zellenbildungen der NLF im Nordjemen hatten den Unmut der Nordarmee heraufbeschworen. Demütigungen durch die Sowjets hatten den Unmut bis zur Siedehitze entfacht. An der Nordgrenze drohte Feisal erneut, die geschlagenen Royalisten für sich verbluten zu lassen, würde Sanaa nicht auf bestimmte Konzessionen eingehen. Vielleicht hat der einsetzende Sinneswandel einiger, vordem königlich gesinnter Stammesföderationen den Nordjemen-Präsidenten ermuntert, mit ihnen zum Ausgleich zu kommen. Jeder Großstamm, der vom Banner Imam al-Badrs ließ, bedeutete neue republikanische Lebenskraft. Insgeheim traf man sich mit den Föderationsoberen im Bani-Huscheisch-Gebiet. Im Wadi Sirr wurden zwischen Scheichs und Staatsmandataren nächtelange Verhandlungen geführt. Kriegerfürsten fast aller Berg- und Wanderstämme reisten aus ihren Wohn- und Verteidigungstürmen oder Nomadenlagern an.

Al-Iryani, Sinan Abu Luhum, der mächtige Wohlgeborene mit hervorragenden Verbindungen zum Marib-Gebiet in der großen Senke, und Mohsin Alaini, das große Talent der jungen politischen Generation, begannen das große Feilschen mit den Stammesnotabeln, die entscheidenden Palaver um die Zukunft des Landes. Häufig wurden die fast konspirativ zu bezeichnenden Sitzungen von Ort zu Ort, vom Gehöft zum Zelt im offenen Land verlegt.

Aufgrund des von der Regierung bewiesenen Entgegenkommens und der eingehaltenen Schweigepflicht waren die Stämme der Auffassung, die Republik würde keinen Frieden mit Saudi-Arabien schließen, ohne ihre Privilegien in einem sogenannten Autonomievertrag zu schützen. Doch sosehr al-Iryani an einem Ausgleich mit den Ex-Royalisten gelegen sein mußte, vordringlich hatte er sich mit dem gewichtigsten Gegner, mit König Feisal, zu arrangieren. Ohne dessen Stillhalten waren ihm gegen die sowjetischen »Freunde« die Hände gebunden. Al-Iryani beließ die Föderationen im Glauben, sie seien wichtig. Weitaus wichtiger für seine Planungen aber war es, die saudische Expansionspolitik lahmzulegen – und am wichtigsten: sich aus dem russischen Joch zu befreien.

Oft sah es nicht danach aus. Aber nun schien sich die Fama im Jemen-Basar endlich zu bewahrheiten: Al-Iryani schickte Moskaus ideologische Unterwanderer, die nach dem Abzug der Ägypter ihre Positionen zu Bastionen auszubauen gedachten, an Don und Wolga zurück. Nach den im Ausland vielfach unbeachtet gebliebenen inneren

Veränderungen in der nordjemenitischen Regierungsspitze begann al-Iryani das vorletzte – und wichtigste – Stück der sowjetischen Expansionspolitik im Nordjemen zu unterhöhlen: die politische und militärische Bindung an Moskau auf Gedeih und Verderb. »Die einzigen, die von der Entzweiung der jemenitischen Nation profitieren, sind die Sowjets«, flüsterte man sich in den Amtsstuben im al-Kasr al-Gumhouri zu. In Hudaidah, dem sowjetisch kontrollierten Rotmeerhafen an der tihamischen Küste, stritten sich moskowitische Militärberater mit al-Amris Stabsoffizieren. In Taizz, der Südstadt, machten die russischen Diplomaten aus ihrem exterritorialen Gebiet eine Zentrale des Propagandakriegs gegen die Sanaaer Regierung – und boten den NLF-Zellen Schützenhilfe zum Umsturz an.

Tag für Tag wuchs die antisowjetische Stimmung. Es ging die Furcht um, daß die Gottlosen die Pfeiler des islamischen Glaubens zum Einsturz bringen wollten. Mit Besorgnis verwies man auf das Schicksal der südjemenitischen Brüder. Realisten warnten vor einem Putsch der Radikalen in Sanaa und in Aden.

Der 16. März 1969

Von der hellblau gestrichenen Steinempore herab klingt die beschwörende Stimme des Staatspräsidenten al-Qadhi Abdul Rahman al-Iryani. Kopf an Kopf sitzen im Halbrund des Plenarsaals die Abgeordneten des ersten gewählten Parlaments im Jemen: verwegene Stammesführer der geretteten Republik neben den gefürchteten Bergkriegern der ehemaligen Royalisten; Gemäßigte und Konservative aus dem Lager der Anhänger al-Iryanis und seines Kriegspremiers, des Generals Hassan al-Amri, in Tuchfühlung mit linksradikalen Studenten und Anhängern der neuerdings so aktiven Baath-Partei – flankiert von ehemaligen royalistischen Militärs, deren neue Offiziersmonturen sich von den verschlissenen Waffenröcken des schon traditionsbewußten republikanischen Offizierskorps abheben. Ergänzt wird das farbenprächtige Bild durch die Repräsentanten der »Olma«, Vertreter der religiösen Richtungen, durch angesehene Geschäftsleute und die Ex-Politiker aller Staatsformen und Regierungen, die der Jemen in den letzten zwanzig Jahren hinter sich gebracht hat. Es ist die große Stunde des Jemen: die feierliche Eröffnung des ersten Parlaments seit den Tagen der legendären Königin von Saba.

Der sensibel wirkende Redner ist in Wirklichkeit Jemens stahlharter Lenker der jungen Republik. Zur Linken des Präsidenten findet man bei allen offiziellen Anlässen den Mann, der im Staat die Macht ausübt:

Hassan al-Amri, Generalstabschef und Ministerpräsident eines Kabinetts, das unter den Notsignalen des Bürgerkriegs nur politisch amtieren kann, wenn die Armee sich gegen die Royalistenverbände zu behaupten vermag.

Die beiden Großen der Republik sind gleichwertige Polarisierungsidole der »Staubgeborenen« des Jemen. Beider Anhang ist stark. Al-Amri stützt sich auf die ihn vergötternde Armee, al-Iryani auf die von ihm überzeugten mächtigen Stämme des jemenitischen Hochlands, die unter seinem ausgleichenden Einfluß alle unter der Fahne der Republik zusammengefunden haben. In seinem Bestreben gleicht al-Iryani den vorislamischen Mukarribbs, den südarabischen Priesterherrschern des Altertums, die sich als »Einiger der Stämme« Ruhm erwarben. Nun weist das neuzeitliche Phänomen al-Iryani dem Jemen nach tausendjähriger Theokratie und sieben Jahren Bürgerkrieg einen neuen Weg: Parlamentarische Demokratie und überlieferte Stammesformen sollen sich zum Besten des Landes verbinden.

Al-Iryani wirkt klein, fast zierlich. Es gibt Hunderttausende seiner Gestalt südlich des Hochplateaus Wadi Kharid, das die antike Metropole Sanaa krönt, nach denen sich keiner umdreht, deren Erscheinen nichts verändert und deren Ausstrahlung sich verliert wie ein Sandkorn in der Wüste. Abdul Rahman al-Iryani bewegt sich wie in einem Magnetfeld, das er nach seinem Belieben auf- und abbaut.

Hier, in einem Staatsakt eines Landes, das als Staat fast keine Erfahrungswerte einbringen kann, obwohl es eine der ältesten Kulturen der Menschheit sein eigen nennt, nimmt man an jenem historischen Montag Abschied von einer langen Tradition aus Blut, Kampf und Tränen. Zum ersten Male seit den großen Tagen Mains, Sabas und Himjars finden sich die zerrissenen Reichsstämme der Vorväter zusammen, um einem großen Wegbereiter zu lauschen. Und es ehrt al-Iryani, daß er in seiner dramatischen Rede beim Staatsakt einiges deutlich zurechtrückt, was die vorislamischen Reiche in den Dunstkreis der Historie hat zurückweichen lassen, als das Wort des Propheten den wahren Glauben verkündete. Eines Vaters Kinder sind die Jemeniten, so lautet die Beschwörungsformel; ob Nachfahre Mains, Sabas oder Himjars, neu erstarken sollen sie im Glauben an das gemeinsame Schicksal in einer neuen Welt, in einer freien Republik, auf dem Boden des alle bindenden Islam.

Der Plenarsaal ist dicht besetzt. Auf der Tribüne haben die Vertreter der ausländischen Botschaften und Missionen Platz genommen. Eine spürbare Lücke klafft zwischen den Repräsentanten der Sowjetunion und denen der Volksrepublik China. Die Vereinigten Staaten von Amerika sind nicht vertreten, weil sie die Republik noch nicht anerkannt haben. Und dennoch werden die Polarisierungsgegensätze des tripolaren Weltzeitalters in diesem vergessenen Bergstaat zum erstenmal drastisch sichtbar.

In der kargen, weißgekalkten Halle gibt es weder Blumenarrangements noch ein Orchester. Die Fahne der Republik ist der einzige Schmuck.

Ich bin der einzige westliche Journalist und sitze direkt unter der Rednertribüne. Al-Iryani hat mich, indem er die Seitenstufen zur Empore hinaufschritt, mit den Augen gesucht und gefunden; für einen kurzen, fast unmerklichen Moment ließ er die Augenlider niedersinken: Sein Gruß war staatsmännische Perfektion. Meine Anwesenheit hier ist genau vorgeplant und hat einen tieferen Sinn, das ist mir inzwischen klar.

Auf al-Amri, den starken Mann, richten sich die Blicke vieler im Plenarsaal. Ostentativ hat er darauf verzichtet, seine Tapferkeitsauszeichnungen, kompakte Reihen von Ordensbändern, anzulegen, als er sich seinen ehemaligen Gegnern im Frieden stellt. Diese Geste hat dem Feuerkopf ungeahnte Popularität in den Reihen der von ihm Besiegten eingebracht. Man sieht in ihm den designierten Nachfolger des alternden, aber noch unersetzbaren Staatspräsidenten.

Der zweite, dem unverhohlenes Interesse gilt, sitzt in der vordersten Reihe, den Sinnierenden den Rücken zukehrend. Qassem Munasser, Überläufer für den Frieden, einst wertvollster Degen des Imamats, nun in der Uniform der Republik mit den Kragenspiegeln eines Generals. Munassers Ruf als harter Kämpfer für das Recht blieb auch unbezweifelt, nachdem er die Fronten gewechselt hatte. Er gilt als Nachfolger al-Amris, sollte dieser eines Tages den Präsidentenstuhl einnehmen. Und als Oberbefehlshaber aller Streitkräfte würde Qassem Garant dafür sein, daß traditionelle Stammesverbände und moderne mechanisierte Armeeinheiten zusammengeschweißt würden.

Den drei Symbolfiguren lassen sich die wichtigsten innenpolitischen Gruppierungen zuordnen. Der unabhängige Block besonnener republikanischer Bürger, Bauern, Kaufleute und freiheitlicher Stammesföderationen sammelt sich unter der sanften Hand al-Iryanis. Der Block der Nationalen Mitte ist bedingungslos auf ihren Oberbefehlshaber al-Amri eingeschworen. Und als Randblock Mitte-Rechts zählen die Anhänger Qassem Munassers; sie rekrutieren sich aus seiner Bani-Huscheisch-Föderation und den Nachbar- und Bruderschaftsstämmen, die, vom Imamat enttäuscht, sich über mehrere Neutralitätsstufen ins Lager des Gabili-Generals gefiltert haben. Da al-Amri und Qassem Munasser in aufrichtiger Loyalität zueinander gefunden haben, bilden Munassers Gefolgsleute, aus Blutsbanden und Kriegserlebnissen zusammengeschweißt, eine wesentliche Verstärkung des nationalen Lagers.

Mit fundierten Bedenken sehen die traditionellen Kräfte auf das progressive Element der Republik. Was sie abwehrend als radikal links einstufen, besteht aus mehreren Schattierungen – von rosa bis dunkelrot.

Als besonnene Linke gelten die Anhänger Mohsin Alainis. Bereits vor der Belagerung Sanaas, 1967/68, hatte Alaini den Premierposten innegehabt. Als der nationale Notstand ausgerufen wurde, berief man al-Amri als Kriegspremier. Militärisch löste er seine Aufgabe so gut, daß er nach Bereinigung der Krise nicht mehr vom Stuhl des Kabinettschef lassen wollte. Zuvor galt Alaini als Sympathisant des syrischorientierten Baath, dessen Dogmen er in jungen Jahren in den Jemen einbringen wollte. Mit Alainis politischem Reifeprozeß kam die Einsicht, daß sich eine derartig straff geführte Partei mit sozialistischer Ideologie im stammes- und ständebewußten Jemen in absehbarer Zeit kaum verwirklichen lassen würde. Fortan ging Alaini auf sozialliberalen Kurs. Mit der Volksrepublik Südjemen und der NLF der ersten Stunde verbinden ihn vermutlich immer noch mehr als Exilerinnerungen. Doch wie die Dinge sich im Süden entwickelt haben, hält er es für nicht weiterhin vertretbar, einem extrem-marxistischen Regime im Norden in den Sattel zu helfen.

Der 38jährige ist ein brillanter Politiker, dessen Dynamik kaum ein anderer im Jemen aufzubringen vermag. Er hat alle Höhen und Tiefen des undankbaren Geschäfts am eigenen Leib verspürt. Alainis Fatum heißt al-Amri. Wo immer sie gingen und standen, sie waren sich im Wege. Al-Amri mag die diplomatische Klugheit seines Erzgegners bewundert haben. Und Alaini wird sich in mancher stillen Stunde der inneren Resignation die tausend zähen Leben eines al-Amri gewünscht haben. Ein beträchtlicher Teil der Jugend, die im Bürgerkrieg als Meldegänger und Trommler, als Sanitäter und Munitionsschlepper der Republik gedient hat, sieht in Alaini den Verfechter ihrer Ansprüche auf eine soziale Neuordnung in einem neuen Jemen. Er ist der einzige, der die Generationskluft zwischen alt und jung überbrücken kann. Unter Alainis Anhängern befinden sich Studenten aller Richtungen.

Obschon in der Jemenitischen Arabischen Republik keine Parteien zugelassen sind, gilt Alaini als Vertreter der Interessen der neuen Generation. Sie hat ihn oft durch ihre Impulsivität an den Rand des politischen Bankrotts gebracht. Sie hat ihm aber auch die Kraft gegeben, beharrlich auf eine neue große Stunde zu warten.

Das andere Lager besteht aus sowjetophilen Jemeniten, die sich darauf berufen, daß die Sowjetunion immerhin eine für den Jemen positive Entwicklungspolitik betrieben hat. Allerdings kann man diese linken Pragmatiker kaum überzeugte Kommunisten nennen, eher sozialistisch denkende Nationalisten. Von den Konservativen verachtet, von den Mittelständlern verspottet, von ausländischen Botschaften westlicher Provenienz als unheilbare Fanatiker verfemt, bilden sie, aufgrund ihrer weitverzweigten Kontakte zum Hinterland, dennoch eine nennenswerte Fraktion im Auf und Ab der Innenpolitik.

Das Lager der Extremisten addiert sich aus Radikalen aller bereits aufgezählten Richtungen, ausgenommen der erzkonservativen Kräfte der Stämme. Händler, Säckeschlepper in den Basaren, Polizisten der untersten Rangstufe, Studenten, die in Moskau und Prag nicht nur ihre Semester, sondern auch politische Schulungskurse absolviert haben, Techniker, die in Ost-Berlin oder Jena »aufgeklärt« worden sind; dazu geborene Oppositionelle, die gegen Gott, den Mariatheresientaler und den Eisenkopf al-Amri Sturm laufen.

Gefährdet scheint besonders die Armee. Immer wieder bildeten sich Kader im Korsett der Streitkräfte. Dies gilt besonders für die in Notzeiten aufgestellte Miliz, die al-Amri nach seinem Sieg von Sanaa vorsorglich ihre Waffen abliefern ließ. Einen Teil schickte er nach Hause, den besseren übernahm er in sein stehendes Heer. In der kleinen Jemen-Armee gibt es nicht genügend Chargen, um die Treue dieser Milizionäre öffentlich aufzuwerten. Dutzende hätten sich zu gerne gleich als Obristen gesehen, von den Erwartungen der Berufsoffiziere gar nicht zu reden. Aus Unzufriedenen im Heer wurden Widerständler gegen die Generalität, und das stellt eine ernsthafte Bedrohung dar. Immer wieder wurden Komplotte gegen al-Amri aufgedeckt, die in Wirklichkeit Putschversuche gegen die Regierung al-Iryani waren.

Alle Linksextremisten finden tätige Unterstützung von seiten der zuständigen Sektionen der Sowjetbotschaft und des extremen Flügels der NLF in Aden, geheim oder unverhohlen. Sind vordem Waffen Nassers aus dem Norden nach Südjemen geschmuggelt worden, ziehen heute Nachtkarawanen, beladen mit todbringendem Ballast, in umgekehrter Richtung. Propagandistisch stellt Aden diese Clique als »kämpfendes Proletariat des Nordens gegen das feudalistische und imperialistische System al-Iryanis« groß in Szene. Jedes Attentat, jeder Versuch der Unterhöhlung des Nordens finden zumindest die stillschweigende Billigung des harten Kerns der NLF im Süden. Und geht den Usurpatoren einmal die Münze aus, sie haben in Taizz und Sanaa keine langen Wege zurückzulegen, um wieder zahlungsfähig zu werden. Der immerwährend gärende Konflikt zwischen den Anhängern al-Amris und den Gefolgsleuten des sozialliberalen Alaini, den auch al-Iryani nicht beenden konnte oder wollte, hat diesen Extremisten viel zuviel politischen Spielraum belassen.

Nicht zuletzt reden die Ulama im politischen Tagesgeschehen mit: geistliche Räte, Religionsjuristen, die das aus dem Gemengsel des ungeordneten Prophetennachlasses von Sunna und Schia ausgesiebte Recht deuten. Ulama sind hochangesehene Leute. Dem einfachen Mann scheint es in seiner Gewissensnot dringlich, die anstehenden Glaubensprobleme im täglichen Leben durch berufenen Mund gelöst zu hören, denn im Koran sind die Richtlinien für ein gottgefälliges Verhalten oft nicht fest fixiert. Am mohammedanischen Ruhetag, dem Freitag, nehmen die Ulama oft auch zur politischen Entwicklung Stellung, und sei es nur anhand islamischer Gleichnisse oder Legenden von Geschehnissen an den heiligen Stätten des Landes. Begreiflicherweise gibt es im Jemen mehr geachtete Ulama als Politiker. Denn der Jemen hat überwiegend gottesfromme Weiler und kaum politikinteressierte Urbanisationszentren.

Die bereits erwähnten Angehörigen der Kaste der Seijjids, die als direkte Prophetennachfolger besondere Ehre genießen und deshalb ihre Dschambijjas an der Herzseite tragen dürfen, sind für die Ulama keine rivalisierende Partei; sie ergänzen sich eher. Weil sich Zeiditen und Schafiiten fortwährend in den Haaren lagen, gab es stets nach dem Recht Suchende und das Recht Findende. Seijjids und Ulama einigten sich oft gerade noch rechtzeitig auf eine genehme Kompromißformel, ehe sich ihre fanatisierten Anhänger gegenseitig den Garaus machen konnten.

Im Halbrund des Plenarsaals hat Jemens kugeliger Protokollchef, Abdallah al-Hamami, vom Volksmund die »Erbse« genannt, gute Arbeit geleistet. Den Ulama wurden bei Verteilung der Ehrenplätze den akkreditierten Diplomaten gleichrangige Prioritäten zugebilligt: Ohne Hilfestellung der geistlichen Räte, die nunmehr dem Hohen Haus die Würde des allvermögenden Islam als hoffähigen Rahmen gaben, würde auch ein al-Iryani nicht weit kommen. Wohin er seine Boten auch schickte, um den Notabeln des Hinterlandes die republikanische Parlamentarierwürden anzutragen – was bedeutete, daß sie automatisch zu Direktkandidaten wurden und damit als von ihrer Föderation gewählt galten –, die Listenplätze der kleinen Stämme wurden allesamt von Namen angeführt, die die Ulama auswendig hersagen können.

Neben den Ultralinken, die von Aden und Moskau mit dem Virus des Atheismus infiziert worden sind, gibt es das Mitte-Links-Lager, das progressiv handelt, aber die traditionellen Bande zur Religion beibehält. Dieser Fraktion muß sich al-Iryani sicher sein, soll sein Neutralitätsschachzug nicht schon nach der Eröffnung vom Brett gefegt werden. Dem Richterpräsidenten stehen die Juristen der großen Sekten des Jemen schon von Berufs wegen nahe. Ob Gesetz der Jurisprudenz oder des Islam, Juroren im Staat sind sie alle. Probleme von außerordentlicher Tragweite hat al-Iryani zuerst mit den Geistlichen Räten und dann mit seinen Politikern besprochen – und sich oftmals für die geistliche Lösung entschieden! Auf diese Weise soll ein festes Band ungetrübter Loyalität zwischen Zeiditen- und Schafiiten-Repräsentanz zur Staatsführung entstehen. Hinzu kommt, daß den Ulama jene Macht in der geistlichen Welt des Jemen zugefallen ist, die nach dem Zusammenbruch des Imamats frei geworden ist, deren innerer Stärke jedoch auch das republikanisierte Volk dringendst bedarf.

Zur letzten Fraktion im neuen Parlament: den Kaufleuten. Hoch kriegsverschuldet und nicht aufbaukreditwürdig, ist der Staat auf eine freie Marktwirtschaft angewiesen. Für Jemens Kaufmannschaft, die nun mit parlamentarischer Würde zur Staatskasse gebeten werden soll, ist der junge Staat freilich ein unbestimmbarer Kalkulationsfaktor künftiger Investitionen. Unter dem Imamat lag das Privileg, Handel zu treiben, ausschließlich beim Herrscher und dessen Protegés. Kaum ein Dutzend solventer Importeure im Rang eines Hoflieferanten, der teuer erkauft und noch teurer verteidigt sein wollte, erfreuten sich des begehrten Dekrets. Dennoch, ein Freibrief war das Papier keineswegs. Jedes Geschäft mußte vom Imam persönlich genehmigt und mit seiner Unterschrift bekräftigt werden. Das Honorar für erwiesene Huld war standesgemäß angesetzt. Jetzt stehen Jemens Kaufherren vor anderen Problemen. Würde die Republik sich tatsächlich dem Welthandel öffnen? Oder wird der Import an die Ostblockländer gekettet bleiben? Ein Kabinett mit radikalen Zentrifugalkräften würde jede freie Marktwirtschaft aus der Profitzone schleudern. Eine besonnene Regierungsmannschaft hingegen wäre Garant annehmbarer Investitionskonditionen für jedermann.

Zu jenen, die es verstehen, Politik und Handel über einen Leisten zu schlagen, gehört beispielsweise der Clan der Nomans. In der Südwestprovinz einflußreich und zugleich in der Kapitale energisch nach Staatsverantwortung strebend, achten sie darauf, daß ihre Politik auch finanziell nicht Schiffbruch erleidet. Das Image eines Diplomaten oder Ministers muß allerdings aus der Börse des Patriarchen vorfinanziert werden. In einem rückständigen Land wie dem Jemen, das keinen Mittelstand hat, ist Karriere von Geld nicht zu trennen.

Allerdings, um Profit zu machen, müssen die Wegsperren alter Stammesfehden endgültig niedergerissen sein und gutnachbarliche Beziehungen der Stämme einen risikolosen Handel ermöglichen. Einige Großkaufleute, denen fruchtbare Landstreifen an der Tihamaküste oder in den Plantagen- und Kaffeezonen des westlichen Hochlandsattels gehören, fanden sich schnell zu konzilianten Gegengeschäften mit den Bergkriegerfürsten der Ostregion bereit. Die Herren der Steinlande wollen sich am Rotmeergebiet oder im Südwestteil in die guten Ernten einkaufen, als Äquivalent bieten sie ihr Wort für die Sicherheit von Mensch und Ware innerhalb ihrer Region. In den Wochen des sich abzeichnenden Burgfriedens ist ein Wust von Verträgen über beiderseitige Interessen zustande gekommen. Doch die Frage bleibt offen, ob sich die Regierung im Hinterland auf Dauer durchsetzen kann.

Das Konsortium wohlhabender Kaufleute setzt auf drei prominente Namen: erstens den nationalen Gleichmacher al-Iryani; er hat praktisch jeden Kredit, falls es ihm gelingt, sich von der Vorherrschaft Moskaus zu lösen. Ohne ihn wäre der Jemen im Chaos versunken.

Die zweite Partei, auf die Verlaß scheint, besteht aus einem Doppelelement: General Hassan al-Amri und dem Gabili Qassem Munasser. Al-Amri, einer alten Sanaaer Familie entstammend, ist jähzornig, doch bis zur Selbstzerfleischung vom Gerechtigkeitsfanatismus besessen. Über seine Kriegsverdienste bestehen keine Zweifel, wohl aber über seine Zukunftspläne. Man kann nicht ausschließen, daß er eines Tages auf die Position des Präsidenten nicht länger warten will. Al-Amris Pendant bei den Stämmen, Munasser, bietet die Gewähr für eine Öffnung des Hinterlandes.

Kandidat Nummer drei ist der Clan der Nomans. Ahmed Mohammed Noman, der Altrevolutionär, bürgt seit dem Aufstand von 1948 für das liberale Element des Jemen. In ihm verkörpert sich die philosophische Lehre, die im sachlich-geschäftstüchtigen Handeln das Wesen der Menschen erblickt – eine absolute Ausnahmeerscheinung bei den emotional denkenden Jemeniten. Altvater Noman, Mitglied des Republikanischen Rates, der fünfköpfigen kollektiven Staatsspitze unter dem Vorsitz al-Iryanis, ist es gewohnt, wichtige Entscheidungen nur im Einvernehmen aller relevanten Kräfte zu fällen. Mit dem Vorsitzenden, der als »Staatspräsident« Primus inter pares ist, gibt es wohl politische Diskrepanzen, jedoch nicht, wenn es um nationale Belange geht. Sohn Mohammed Ahmed Noman fungiert im al-Kasr al-Gumhouri als nach außen quicker, nach innen kühl abwägender politischer Berater al-Iryanis, der die Fäden zu westlichen Missionen spinnt: Während ihres Exils in Beirut haben die Nomans Kontakte zu Großbritannien und den Vereinigten Staaten geknüpft.

Al-Qadhi Abdul Rahman al-Iryani spricht von der neuen Zeit, von der Staatsform und dem künftigen Kurs der Republik.

»Wir haben eine republikanische Staatsform gegründet, nachdem wir fast tausend Jahre autokratisch regiert worden sind. Wir haben diese Republik auf eine sozialistische Basis gestellt. Wenn andere glauben, Sozialismus müsse das sein, was sie darunter verstehen, oder daß dieser Sozialismus wiederum von anderen undemokratisch gedeutet wird, so ist dies ein Irrtum. Jemens sozialistische Grundlage ist keineswegs eine politische Aussage. Vielmehr soll dieser Begriff die soziale Verbesserung aller erkennbar machen. Wir haben uns bemüht, den jemenitischen Sozialismus jedem Bürger unserer Republik als sein Recht an einem besseren Lebensstandard für alle darzustellen. Immer wieder wurden Zweifel laut, ob unsere Art Sozialismus nicht dennoch von anderen Mächten geprägt würde. Die Tatsachen widerlegen diesen Verdacht. Wir haben niemanden enteignet, wie es fremde Versionen des Sozialismus auf jemenitischem Boden fertiggebracht haben. In der Jemenitischen Arabischen Republik wird die Kluft zwischen Arm und Reich nicht durch die Verstaatlichung des Besitztums geschlossen werden, sondern durch die Verbesserung der Lebensverhältnisse in einer freiheitlichen Ordnung. Die Struktur unserer Republik ist eine faktische Demokratie. Das Gefüge unseres isolierten Landes muß aber noch solider gestaltet werden, soll die Freiheit des einzelnen gewahrt bleiben. Es wäre für ein Land, dessen Bildungsstand erst auf der untersten Stufe steht, verfrüht, Parteien oder politische Gruppen zuzulassen, die uns daran hindern möchten, planvoll für unsere Zukunft zu arbeiten. Allen Zweiflern rufe ich zu: Von nun an wird die Jemenitische Arabische Republik einen liberalen Kurs einschlagen! Unser Motto ist: Parlamentarische Demokratie für die Jemenitische Arabische Republik! Unser Ziel ist: Freiheit und absolute Unabhängigkeit für jeden Bürger unserer Republik! Souveränität und nicht Abhängigkeit von den Großmächten der Welt!«

Al-Iryanis flammende Rhetorik, sein Plädoyer für die Unabhängigkeit und seine kaum noch verhüllte Kampfansage an die östliche Hegemoniemacht reißen die Anwesenden zu Begeisterungsstürmen hin. Das diplomatische Korps lauscht gespannt. Die der arabischen Sprache mächtigen Russendiplomaten, innerlich immer noch überzeugt davon, al-Iryani würde diesen Bruch nicht wagen, zeigen erst überraschte Mienen, dann kantig-verbitterte Gesichter. Auf der anderen Seite des Rangs lächeln die Chinesen höflich, tiefsinnig und undurchdringlich.

Wie die Militärs denken? Mit al-Amri als Heros und Munasser in den eigenen Reihen hat man keine Sorge um einen dritten Konkurrenten. Bedenken ergeben sich nur daraus, daß al-Amri und Munasser jedem links eingestellten Offizier die Karriere bremsen würden.

Für die Armee gilt Alarmstufe eins. Alle wichtigen Knotenpunkte sind von Panzerverbänden besetzt, alle Garnisonen zum Einsatz bereit, die Artillerie mit letzten Beständen aufmunitioniert. Die Bani Huscheisch haben Anweisung, die nördlichen Zugangswege nach Sanaa zu verteidigen.

Der Redner fährt fort: »Wir sind ein ausgeblutetes Land und nicht fähig, aus eigener Kraft unsere Aufgaben zu meistern. Die Republik benötigt beim Wiederaufbau des Landes Hilfe von allen Regierungen der Welt! Wir sind bereit, dieses Land jedem zu öffnen, der willens ist, an der Entwicklungsarbeit teilzunehmen. Für die Jemenitische Arabische Republik erhoffe ich eine schnelle Verbesserung des Lebensstandards für alle Bürger und raschen, wahrnehmbaren Fortschritt auf unserem Weg in eine neue Zeit. Ich bitte Gott, uns allen, in unserem aufrichtigen Bestreben, diese neue Zeit Wirklichkeit werden zu lassen, hierbei zur Seite zu stehen. Möge Gott uns helfen, dieser Aufgabe gerecht zu werden!«

Der Greis Abdul Kadr bin Abdullah hält etliche sich rollende Blätter in der Hand, von denen er feierlich die Namen abzulesen beginnt. Als Erstverlesener erhebt sich ein Mächtiger, schreitet gravitätisch die Empore hinauf. Eine sonnverbrannte Hand legt sich auf den Koranfolianten. Ein kraftvolles Organ füllt den Raum: »Im Namen Allahs, des Allbarmherzigen! Ich schwöre beim allmächtigen Gott...«

Mit jedem neuen, ellenlangen Namen, dem die Bezeichnung des Stammes angefügt ist, brandet im Hause Beifall auf. »Seht, er ist den langen Weg gekommen!«, so rufen die Männer, um sich, einen Augenblick danach, selber lobpreisen zu lassen.

Die Großföderierten werden auf den Schultern ihrer sturmerprobten Leibwachen herangetragen. Anders und deshalb um so rührender vollzieht sich das Auftreten derer, die unbemittelt, leidend und von Entbehrungen tief gezeichnet sind. Sie stützen sich auf ihre von der Kriegsfurie verschont gebliebenen Söhne, Eidame oder Neffen.

Manch einer verwechselt die Satzesformel, was Revolution und Republik oft weidlich durcheinanderbringt. Aber er sagt's – und das allein zählt!

Als Hochrufe den Präsidenten »umgürten wie seine silberbestickte Schärpe« und bin Abdullah, sichtbar ermattet, sich von der Empore geleiten lassen muß, ist die traditionelle Geschlossenheit des Jemen der Welt offenkundig geworden. Dem davonziehenden al-Iryani wird bescheinigt, »unser jemenitisches Ansehen in Arabien und in der Welt gemehrt zu haben...«.

Geänderte Spielregeln

Dramatischer hätte die Notwendigkeit, die totale Ausblutung des Jemen durch den Bürgerkrieg ein für allemal zu beenden, nicht unterstrichen werden, noch plötzlicher hätten die Vorbehalte der Royalisten-Sympathisanten im unwegsamen Hochland nicht zusammenbrechen können als durch die Einigungsrede al-Iryanis vor dem ersten frei gewählten Parlament der Jemenitischen Arabischen Republik. Am Wendepunkt der jungen Republik, die sich nun die Form einer parlamentarisch-demokratischen Staatsform gab, stellte er sich bewußt als erster den parlamentarischen Spielregeln. Sein angekündigter Rücktritt hinterließ betretenes Erstaunen. Bislang hatte, wer im Sattel saß, sein Pferd so hart an der Kandare gehalten, bis es unter ihm zusammenbrach oder willenlos wurde. Nun war das jemenitische Volk aufgerufen, sich selbst einen Präsidenten zu wählen.

Im Augenblick der verzehrenden Worte des Jemen-Präsidenten liefen die ersten authentischen Depeschen vom Ende des Bürgerkriegs und dem Kurswechsel zur Mitte um die Welt. Der lange »verschwiegene Krieg« im jemenitischen Hochland hatte endlich aufgehört, das bißchen Gewissen der großen Machtblöcke zu belasten, die tatenlos dem Blutbad zugesehen oder ihm gar Vorschub geleistet hatten.

Auch Saudi-Arabien und die Volksrepublik Südjemen wurden durch al-Iryanis Erklärung gezwungen, für oder wider die Republik Stellung zu beziehen. Nun würde sich zeigen, wie die Schachpartie al-Iryanis über den Status quo mit Saudi-Arabien, die zur Wiedervereinigung mit dem Süden des Jemen führen sollte, weiterging. Die republikanische Vernunftehe mit König Feisal hat, wie bereits erwähnt, al-Iryani zu keiner Zeit von seinem Ziel abgebracht, die beiden Landesteile des Jemen doch noch zu einen. Dafür spricht auch, daß al-Iryani den sehr fähigen Politiker Mohsin Alaini seit Jahren aufgebaut hat.

Dem physisch überforderten Staatspräsidenten mag bewußt gewesen sein, daß ihm die Zeit unter den Händen zerrann. Ausschließlich seine ungeheure Energie und der unerschütterliche Glaube an seine Mission hielten ihn aufrecht. Al-Iryani, der mit König Feisal ein Arrangement zum Einfrieren des Bürgerkriegs getroffen hatte, konnte nicht damit rechnen, ehrliches Verständnis für die jemenitische Nation in Riyadh zu finden. Fraglos würden die Saudis auch weiterhin versuchen, die Republik im Norden gegen die Volksrepublik im Süden genauso verbluten zu lassen, wie sie die traditionsbewußten Stämme des Imamats gegen die republikanischen Stämme der Republik in den für Saudi-Arabien nützlichen Untergang gehetzt hatten, um ihre Hegemonie über ganz Südarabien auszuweiten.

Auch wird der saudische König sich seine Gedanken über den neuen »Bruder in Sanaa« gemacht haben. Die Mentalität Arabiens, auf zwei Ebenen zu denken und diese durch drei Kompromisse abzustützen, um das ursprüngliche Ziel, im Strom der Zeit mitschwimmend, doch zu erreichen, ist bei den großen Gegenspielern al-Iryani und Feisal besonders gravierend hervorgetreten. König Feisal mag es mit den Worten des chinesischen Kaisers Dschou Ming gehalten haben, der um das Jahr 1000, von den Mongolen bedrängt, den Fürsten der Tartaren mit den Worten empfing: »Ein Willkommen dir, den ich Freund nennen möchte. Nicht, um ehrlich zu sein, im Sinne eines ersten Freundes, vielmehr im Sinne eines zweiten Freundes, den ich meinem ersten Feind vorzuziehen gezwungen bin.«

Wie lange die neugeknüpfte Beziehung zu Saudi-Arabien sich als haltbar oder gar bindend erweisen würde, lag weder in al-Iryanis noch in Feisals direktem Entscheidungsbereich. Ob es über kurz oder lang zur jemenitischen Wiedervereinigung kommen würde, dies war den Staatsverantwortlichen in Aden überlassen.

Südjemens Nationale Befreiungsfront hatte mit äußerster Wachsamkeit den Besuch des ägyptischen Vermittlers Dr. Hassan al-Khouli in Aden und Sanaa vermerkt. Was am 23. Februar 1969 zwischen dem südjemenitischen Außenminister Abdullatif asch-Schaabi, Khouli und dem Republikanischen Rat in Sanaa ausgehandelt worden ist, ist zweifellos Wort für Wort auf verschlungenen Wegen in die Adener Parteispitze gelangt. Al-Iryanis Angebot an den sehr ichbezogenen Südjemen-Präsidenten Qahtan asch-Schaabi, zuerst eine Föderation, dann freie Wahlen im gesamten Jemen sowie die nachfolgende Fusion beider Landesteile zu vollziehen, war eigentlich für Südjemens Präsidenten die letzte Chance, sich im Zenit politischer Mitverantwortung zu behaupten. Aber als Khouli am 24. Februar 1969 Aden verließ, blieb ein wie immer entschlußloser Qahtan asch-Schaabi zurück, der sich nicht dazu aufraffen konnte, die dringliche Botschaft Nassers, sich am 13. März 1969 mit dem Nordjemen-Präsidenten al-Iryani an einen Tisch zu setzen, anzunehmen. Die Intervention Nassers wurde vom Adener Zentralkomitee als »viel Rauch und wenig Asche« abgetan, die Wiedervereinigung auf Kosten der Selbstauflösung der NLF abgelehnt.

Wann sich Südjemens Präsident bewußt wurde, daß er auf einem Ast jonglierte, den seine eigene Passivität absterben ließ, ist nicht ganz sicher. Es dürfte aber zwischen Februar und Mitte März 1969 gewesen sein. Obwohl er sich zu dem Vorschlag, al-Iryani in »Aden oder irgendwo im Jemen« zu treffen, wie es ihm Nasser nahegelegt hatte, nicht direkt äußerte, muß angenommen werden, daß sein Blutsverwandter, Außenminister Abdullatif asch-Schaabi, in Sanaa einige Möglichkeiten der indirekten Kommunikation offenließ. Wenn daraufhin Allergeheimstes durch Sanaaer NLF-Sympathisanten aus den Mauern des al-Kasr al-Gumhouri unkontrollierbare Schlupflöcher ins Adener NLF-Tabernakel fand, galt dies gleichermaßen für die internen Beschlüsse des südjemenitischen Zentralkomitees, die anderntags bereits auf Sanaas Kabinettstisch lagen. Geheimhaltung auf jemenitisch – eine transparente Illusion! Noch saßen die Anhänger asch-Schaabis, die ihr Idol in Gefahr und die Parteispitze ins marxistische Fahrwasser abdriften sahen, in höchst einflußreichen Positionen. Nach Dr. Khoulis Abreise vergaß man Nassers mahnende Worte, und beide Jemen-Regierungen holten gleichzeitig zum Gegenschlag aus.

Ein auch für arabische Verhältnisse mysteriöses und trotz des Ernstes der Lage höchst vergnügliches Ränkespiel setzte ein. Geheimdienstoffiziere des Nordens, ansonsten in respektabler Uniform und jedermann per Namen und Habitus bestens bekannt, wechselten ins Kaufmannsgewand, in Kätnerkittel oder Bettlerlumpen und suchten geheime Kontakte zur Südjemen-Armee. Sanaa war sich wohl bewußt, und dies wird der südjemenitische Außenminister Abdullatif asch-Schaabi während seiner Gespräche dort noch verstärkt haben, daß ausschließlich mit Hilfe der straff geführten Südjemen-Streitkräfte unter ihrem Verteidigungsminister Mohammed Saleh Aulaqi das Ruder im Süden herumzureißen war. Südjemenitische Bataillone hatten im April 1968 in letzter Minute einen Staatsstreich des harten Kerns der NLF-Spitze gegen den Bauern- und Beduinenpräsidenten Qathan asch-Schaabi verhindert, danach aber neutrale Position bezogen, als die Einheitspartei unvorhersehbares Stehvermögen zeigte. Seither stand sie Gewehr bei Fuß; einerseits in Achtung vor dem Befreier vom Kolonialismus asch-Schaabi, andererseits mit wägendem Respekt vor der Entschlossenheit dieser supernationalistischen Staatspartei, die sich von keinem und niemandem aushungern ließ. Südjemens Offizierskorps schien Sanaa – und auch asch-Schaabi – der einzig verwertbare Schlüssel für eine unblutige Revolte.

Dem esoterischen Kontakt von Offizier zu Offizier folgte auf dem Fuß die politische Fühlungnahme mit den traditionalistisch denkenden Anhängern asch-Schaabis. Sanaas Politemissäre fanden gleichwohl plötzlich gangbare Wege durch vordem verbarrikadierte Regierungstüren in Adens Madinat asch-Schaab. Umgehend wandte die Volksrepublik Südjemen die gleiche Taktik an! Kadertreue Südjemen-Offiziere passierten vermummt die Südtore des Grenzfleckens Rahida oder zogen zu Fuß durch das südöstlich gelegene Harib nach Sanaa. Auf Saumpfaden und bei Nacht und Nebel reisten NLF-Funktionäre zu den Anlaufstellen ihrer Sympathisantenzirkel am Weichbild der Republikkapitale. Über Weg und Steg müssen Nord- und Süd-Geheimdienstler fast übereinander gestolpert sein. Derart gründlich unterwanderte man sich gegenseitig, daß am Ende jedes Lager vor Überschläue so ausgehöhlt war wie zuvor.

Letztlich war das Festival der Informationssappeure zur Tarnung eines Staatskomplotts für keine Seite mehr verwendbar. Obschon es um grundlegende Veränderungen ihrer Staatsformen ging, beobachteten die Jemeniten diesseits und jenseits der Grenze das Tun ihrer Obrigkeiten mit verhaltenem Spott. So erzählte man, ein aus Aden in allergeheimster Mission in den Norden zurückeilender Nachrichtler, in härenes Gewand gehüllt, wurde, als er in Verve die Südstadt Taizz nordwärts durcheilte, zutiefst desavouiert. Erkannte ihn doch mitten auf dem Markt trotz aller Camouflage ein Verwandter und rief ihm zu: »Bei Allah, Vetter, muß ich dich in Lumpen erblicken? Hat dich der Geheimdienst entlassen? Gräme dich nicht, ich werde schon für dich sorgen!«

Jemens Wiedervereinigung blieb im gegenseitigen Ringergriff stekken. Als beide Seiten sich erfolglos abgenützt hatten, schürte Aden Brandreden gegen al-Iryani: An der NLF läge es nicht, wenn sich dessen Pläne für die Einheit der Nation nicht erfüllten. Vielmehr sei es die Aversion eines noch halbfeudalistisch geführten Staates gegen alle Parteitätigkeiten, die sich im wesentlichen nicht vom Absolutismus des gestürzten Imamats unterschieden. Al-Iryani schwieg. Eine offene Konfrontation mit der NLF hätte König Feisal nur in die Hände gespielt und die eigenen Traditionalisten wieder auf den Plan gerufen. Die erdrückende Mehrheit aller Jemeniten teilte al-Iryanis Ansicht. Nach jahrhundertelanger Trennung erwuchs dem Jemen mit al-Iryani jedoch ein unerschrockener Gegner der Spaltung.

Auf der Suche nach dem politischen Alltag

Im Auftrag keiner Regierung

Blicke ich heute auf die seinerzeitigen Divergenzen zwischen Sanaa und Aden zurück, finde ich immer noch erstaunlich, wie vorurteilsfrei und freundschaftlich mich Adens Regierungsträger auch dann noch akzeptierten, als die Südjemen-Politik der Bundesrepublik Deutschland Adens verletzte Ehre in Wallung brachte. Denn im »Haus der tausend Fenster«, im Bonner Auswärtigen Amt, betrachtete man das nationalistisch-revolutionäre Parteiprogramm mit wenig Sympathie. Diese Voreingenommenheit hat uns später unsere Präsenz in Aden gekostet. Als wir als vierter Staat die Volksrepublik Südjemen anerkannten, schien sich zwar zunächst ein hoffnungsvoller Schimmer in der Dunkelheit unserer Boykottperiode durch die Araberstaaten abzuzeichnen, aber bald verdüsterte sich der politische Horizont, wobei die Deutschen mehr zu dieser Entwicklung beitrugen als die Jemeniten.

Zu den gravierendsten Fehlschlüssen gehörte die bundesrepublikanische Reaktion auf den Tod des beliebten Fernsehreporters Walter Mechtel. Die Berichte in den deutschen Medien, aber auch die offizielle Darstellung des Presse- und Informationsamtes entsprachen nicht in allem den Tatsachen. Aus eigener Anschauung kann ich bezeugen, daß viele Reporter sowohl von den noch regierenden Briten als auch insgeheim von den beiden nationalistischen Freiheitsbewegungen NLF und FLOSY Nachrichten zugesteckt bekamen, wo und wann sich der nächste Straßenkampf im Basarviertel abspielen würde. Mit einem Rückentuch, auf dem »PRESS« aufgemalt war, begaben sich die Reporter dann truppweise in sichere Positionen am Rande des Kampfareals, von wo aus sie über die dann pünktlich ausbrechenden Guerillaschlachten berichteten.

Als das Ringen einen erbarmungslosen Höhepunkt erreichte, forderten die Briten wie auch ihre Widersacher die Medienelite auf, Aden sofort zu verlassen. Prompt gingen die meisten, da es keinerlei Rücksichten mehr gab. Doch Walter Mechtel blieb – aus welchen Gründen auch immer – in Aden zurück. Wollte oder sollte er die historische Reportage des Jahrhunderts machen, den letzten Briten Aden verlassen sehen? Als Krisenexperte mußte er wissen: Wenn in Arabien ein »Schutzbrief« ausläuft, begibt man sich in Lebensgefahr.

Am Morgen des 18. September 1967 wurde der in Khaki gekleidete

Deutsche, der an diesem Tag kein »PRESS«-Schild auf dem Rücken trug, vor dem Postamt Steamer Point erschossen. Der Attentäter, der sich zuerst seiner Tat rühmte, wurde im Dezember 1968 durch die Sicherheitsorgane des neuen Staates Volksrepublik Südjemen verhaftet. Er gab an, es habe sich um eine Verwechslung gehandelt – eigentlich habe er einen britischen Major töten wollen. Doch Ahmed Hamathi war Sprecher beim Rundfunk in Aden und mußte Mechtel demnach gekannt haben. Die Hintergründe für diesen Mord sind nie ganz geklärt worden.

In einer späteren Verhandlung in Aden hat sich die neue Regierung der Volksrepublik Südjemen (NLF) für diese Tat eines unberechenbaren Einzelgängers entschuldigt, doch nahm die deutsche Bundesregierung den Fall Mechtel zum Anlaß einer Demonstration politischer Stärke. Hatte Bonn bei der Aufnahme diplomatischer Beziehungen immer betont, die von ihr zugesagte Entwicklungshilfe sei an keinerlei politische Auflagen geknüpft, kam es jetzt zu einer vorsätzlichen Verzögerung seiner Zusagen, was in Aden als Herausforderung bezeichnet wurde. Die neue Südjemen-Regierung antwortete mit der Ablehnung der für uns verbindlichen Berlin-Klausel, die zuvor für Aden kein unumgängliches Kriterium gewesen war.

Meine kritischen Artikel über die Entwicklung des Südjemen nach der Unabhängigkeit paßten manchem NLF-Funktionär nicht ins Konzept, was mich aber nicht davon abhielt, weiterhin über Aden zu reisen, wenn ich nach Sanaa wollte. Nur der Fürsprache moderater südjemenitischer Freunde hatte ich es zu danken, daß mir kein Haar gekrümmt wurde.

Mit der nun eintretenden offenen Konfrontation beider Jemen-Teile bot sich allerdings die Möglichkeit, wenigstens in Sanaa zu erreichen, was wir in Aden nicht realisieren konnten: über die jemenitische Brücke wieder mit allen arabischen Staaten diplomatische Beziehungen aufzunehmen. Aden war fast verloren. So blieb nur ein Weg, überhaupt im Jemen präsent zu bleiben: ein fester diplomatischer Verbund mit Sanaa. Die Schwierigkeiten schienen unüberwindlich.

Seitens der Bundesregierung geschah die offizielle Anbahnung äußerst behutsam. Es mag den klassischen Regeln aller Auswärtigen Ämter entsprechen, daß vor den Aktivitäten die Richtlinien kommen. Jedoch haben andere europäische Außenämter, insbesondere das britische und französische, merklich schneller gehandelt, wenn sich ihren Staaten verwertbare Chancen boten. Nach der Spielregel der damaligen Hallstein-Doktrin – und der dieser unelastischen Einstellung nachfolgenden Schlappe des Abbruchs der Beziehungen durch die Staaten der Arabischen Liga – schien das Thema Arabien in den Bonner Amtsstuben tabu. Im Falle Jemen war dies offensichtlich. Mitten im Galopp, so meinte man, dürfe man das jemenitische Pferd nicht wechseln. Daß das südjemenitische schon am Ausbrechen war, davon nahm kaum jemand Notiz. Wahrscheinlich wollte man auch Saudi-Arabiens Interessen nicht zu nahe treten. Obgleich auch Riyadh keine Beziehungen zu uns unterhielt, erteilte es deutschen Großfirmen profitable Aufträge, die wirtschaftlich zu Buche schlugen, uns aber politisch paralysierten. Gewisse Lobbyisten in Bonn verwiesen darauf, daß man einen Auftraggeber wie König Feisal nicht verärgern dürfe. Wirtschaftliche Interessen in diesem autark geführten Königreich, das über eine ungeheure Kauf- und Orderkraft verfügt, haben nicht nur zu diesem Zeitpunkt unsere Neuordnung der Orientpolitik behindert. Wann immer die Frage zur Aufnahme von Beziehungen zu progressiven Araber-Staaten auf dem Plan stand, lautete der sorgenvolle Einwand: Was wird Saudi-Arabien dazu sagen?

Dieser Mangel an Selbstbewußtsein kam wohl auch in der Jemen-Frage zur Debatte. Monate verstrichen, seit die ersten Sympathiebezeugungen der jemenitischen Republikaner nach Bonn gemeldet worden waren. Erst nach dem 8. März 1969 rührte sich in Bonn neuerliches Interesse am Armenstaat Jemen. Fast zu spät. Das Zaudern der Bundesrepublik Deutschland hatte nun auch die Nordjemeniten in ihrem Stolz verletzt. Und die Konkurrenz schlief nicht. Im Südjemen auf dem Marsch, unsere Position einzunehmen, schickte sich die DDR an, auch im Norden ihr Ziel zu erreichen. Der DDR-Geschäftsträger in Sanaa, Generalkonsul Goldenbaum, offerierte den jemenitischen Regierungsspitzen einen Katalog wirtschaftlicher Aufbauversprechungen. Der Preis: Aufwertung der DDR durch die Jemenitische Arabische Republik. Daß das von uns als bedeutungslos eingestufte Hochland diesen Verlockungen nicht erlegen ist, war vornehmlich das Verdienst unseres Missionschef Dr. Landau, der die Bonner Funkstille mit seinem diplomatischen Geschick zu überbrücken wußte. Während Bonn zögerte, ob es die zur Versöhnung ausgestreckte republikanische Jemenhand ergreifen sollte oder nicht, verbreitete er Zuversicht und erinnerte sein Amt immer wieder an das, was auf dem Spiel stand. Verpaßten wir den günstigen Moment, war unser Abzug aus Südarabien unwiderruflich. Jahre konnten vergehen, bis sich wieder eine solche Gelegenheit ergeben würde.

Al-Iryani mußte in den Märztagen 1969 sehr spitzfindige Attacken von seiten des Kabinetts und Teilen der Bevölkerung über sich ergehen lassen. Die Nordleute mokierten sich über die »Eselsgeduld« ihrer Regierung, die auf bitteren Hafer wartete, wo doch andere goldene Sättel versprachen. Es war ein Wettlauf mit der Zeit. Ob man sich jetzt noch für oder wider die Bundesrepublik Deutschland entscheiden sollte? Dazu wollte mir Präsident al-Iryani ein Interview geben.

Asch-Schura: die Beratung

Mit Absicht stelle ich die 42. Sure des Koran, betitelt: »Asch-Schura – Die Beratung«, meinem Bericht über dieses wichtige Interview mit al-Iryani voran. In ihrem 16. Vers wird die Bedeutung der »Entscheidung dessen, worüber ihr uneinig seid ...« und worüber beraten werden sollte, erwähnt: »Ich glaube an die Schriften, welche Allah offenbart hat, und mir ward befohlen, Gerechtigkeit unter euch herzustellen. Allah ist unser Herr und euer Herr; unsere Werke haben wir, und ihr habt die eurigen zu verantworten. Kein Streit sei daher zwischen uns und euch; denn Allah wird uns alle einst einigen, und zu ihm kehren wir zurück ...«

Al-Iryani, dem die Jemeniten nachsagen, er sei einer derer, nach deren Wirken nichts mehr sein wird, wie es vorher war, hielt sich an das überlieferte Koranwort, das den Gläubigen nahelegt, sich miteinander zu beraten, um endgültige Spaltungen in Sippe und Stamm zu vermeiden, auch in der großen Politik. Seit unserer ersten Begegnung im März 1968 hatte ich intuitiv zum Innersten al-Iryanis gefunden: Er liebte speergerade Offenheit, ein ehrenwörtlich zu bezeichnendes Einhalten von Absprachen und das befruchtende Gespräch, in dem Worte und Sätze wie Gewichte hin und her gehen, bis sich die Waagschalen einjustiert und als beiderseits rechtens erwiesen haben.

Wie auch immer sich arabische Politiker ausländischen Nichtmuslimen als labil und undurchschaubar demonstrieren mögen, die Passepartouts für eine erfolgreiche Arabien-Politik sind immer die gleichen: Unablässige Aufrichtigkeit, auch unter Inkaufnahme von Fehlschlägen oder Minderung des persönlichen Ansehens, beschämt auch den trickreichsten Widerpart und legt einen Weg zu selbstloser Freundschaft frei. So hatte ich es während der letzten zwölf Jahre meiner Arabien-Reisen gehalten, und in al-Iryani fand ich einen Gesprächspartner, der diese Einstellung vorbehaltlos anerkannte. Berücksichtigt man die zitierte 42. Sure des Koran, kann man ermessen, warum so viele Journalisten, die mit einem Feuerwerk von gezielten Fragen anrücken und deren direkte Beantwortung Orientalen als unziemlich empfinden, mit magerer Beute davonziehen müssen. Welcher arabische Staatsmann hat jemals während eines »Interviews« sich durch noch so bohrende Fragen bis auf den Kern seiner Ansicht von Wahrheit aushöhlen lassen? Was auch immer der Ausforschende an direkter Alternative unterschwellig anbietet, er bekommt fünf Möglichkeiten, die zu deuten allein in seinem Ermessen stehen, als Gastgeschenk zurück. Denn »die Entscheidung dessen, worüber ihr uneinig seid ...« – und dies sind alle konträren Standpunkte der Politik, die der Interviewer mit dem Stemmeisen direkter Fragen aufzubrechen versucht –, sollte nach orientalischem Brauch »... beraten sein«. Erzwingen kann der Fragesteller kaum etwas, ohne sein Prestige aufs Spiel zu setzen. Unter Zugrundelegung dieser Anpassungsgebote ist verständlich, daß meine als Interviews bezeichneten Begegnungen Unterredungen mit beratendem Aspekt waren und wohlversehen mit den unabdingbaren Arabesken der Rhetorik.

Vor einem Jahr hatte al-Iryani eindringlich betont, obgleich er es bei einer Andeutung hätte belassen können, daß es eine Möglichkeit für eine Verbesserung der Beziehungen gab; das Wort Verschlechterung hatte al-Iryani wohlweislich vermieden. Die Rolle des journalistischen Meldegängers in die deutsche Publizität war mir in dem Moment zugefallen, als man sich in der Bundesrepublik taub stellte, die Probleme des Jemen-Krieges in der republikanischen Interpretation anzuhören. Nicht nur für meine journalistische Informationspflicht, auch für den Mittler ergab sich hier eine brisante, doch ebenso reizvolle Aufgabe, eine allmähliche Annäherung der Standpunkte einzuleiten. Für al-Iryani war es außerdem ein Test meiner Person, wie er ihn zuvor bereits mit mehreren anderen Journalisten – und negativem Ausgang – durchgeführt hatte.

Unter dem Titel »Waffen für den Imam? Die Republikaner mißtrauen der Bonner Politik« hatte ich am 3. Mai 1968 in der »Zeit« (Nr. 18, S. 6) al-Iryanis Sorge veröffentlicht. Bonn betonte wenig später, es würde keine Waffen in Spannungsgebiete liefern. Tatsächlich haben es daraufhin die in Beirut abreisebereiten Prinzen aufgegeben, in der Bundesrepublik Kriegsmaterial aus NATO-Restbeständen aufkaufen zu wollen. Sie wurden in England fündig.

Von der Wirkung dieses Hundert-Zeilen-Berichts, dessen pazifistische Aussage den bedrängten Republikanern mehr half als zwanzig gewonnene Scharmützel, der den ausgebluteten Königstreuen klarmachte, daß ihre Führung noch immer nicht friedensbereit war, und Bonn wieder wachsenden Respekt im Jemen verschaffte, haben mir nachträglich nicht allein meine republikanischen Freunde berichtet. Auch der zur Zeit des Artikels noch auf königlicher Seite streitende Gabili-General Qassem Munasser bestätigte mir dies später: »Ihre Feder hat bei den Unsrigen eine latent-demobilisierende, alle Hoffnung fahrenlassende Reaktion ausgelöst.« Er mußte es schließlich wissen!

Was die gegenwärtige Situation betraf, war mit meiner Funktion als einfacher Statist auf der Politbühne niemandem geholfen. Dienlich war, das Spiel vom Benutzen und Benutztwerden – was in übertragenem Sinne das Koranwort von der Beratung anklingen läßt – zu versuchen.

Es gibt in der Politik keine Dankbarkeit, wohl aber eine unausgesprochene Sympathie eines Staatsverantwortlichen. Sie zeigt sich, wenn die Zeit für Entscheidungen herangereift ist: Entscheidungen, die man noch nicht authentisch und mithin bindend verkünden kann, weil offizielle Verhandlungen stagnieren oder gar von der anderen Seite ignoriert werden. Jeder arabische Politiker hat einen journalistischen Favoriten, dessen Objektivität ihm politischen Spielraum beläßt.

Al-Iryani hätte in seiner Rede vor dem Parlament, die auch außenpolitische Akzente von eminenter Bedeutung setzte, die Frage der Beziehungen zur Bundesrepublik Deutschland berühren können. Aber er sparte sie aus und auf. Meine Rolle, diese heikle Frage in einem öffentlichen Interview zu behandeln, das über den jemenitischen Rundfunk und über die Landeszeitungen verbreitet werden sollte, war jene Art von »politischer Dankbarkeit«, wie al-Iryani sie vergab.

Weder war ich angehalten, meine Fragen vorher schriftlich einzureichen, noch gab es sonstige Auflagen. Dieses Gespräch war tatsächlich eine asch-Schura. Zu viele von Kritikern angeprangerte und von Opponenten verhöhnte Schritte hatte al-Iryani in unsere Richtung einleiten lassen, als daß er sich weitere Blößen hätte erlauben können. Allein durch eine andere Zunge konnten seine Gedanken über uns inoffiziell und wahrscheinlich ein allerletztes Mal interpretiert werden. Und die Wirkung in der deutschen Öffentlichkeit, mehr aber noch die Beschlußfassung des Auswärtigen Amts, würde ausschlaggebend sein für eine endgültige positive oder negative Entscheidung seitens der Nordjemeniten.

Die 24 Stunden vom Beifallsorkan im neugewählten Parlament bis zur »Thing«-Stunde mit al-Iryani zogen sich endlos hin. Im Foyer des »Al-Makha« sinnierte ich über zahllosen Schälchen Gahwa über al-Iryanis Parlamentsrede nach, die inzwischen jede Armenfeuerstelle in den Nischen der Altstadt erreicht hatte. In den Botschaften der Ostblockstaaten sorgte man sich schon um den angekündigten schwindenden Einfluß.

Gegen sechs Uhr abends tauchte Abdul Malek auf und meldete stolz seine Berufung als Dolmetscher für das morgige Gespräch mit dem Präsidenten. Kaum war er gegangen, senkte das Faktotum Abdallah respektvoll den Blick vor dem zwei Kopf kleineren Namensvetter Abdallah al-Hamami, Protokollchef der Republik: »Um neun Uhr«, mahnte er; ein Wunder, daß er nicht um Uhrenvergleich bat. Der nächste war Ahmed al-Kibsi, der in der Bundesrepublik studiert und das Ohr von al-Iryani und al-Amri hatte. Er meinte, General al-Amri würde mich offiziell zu einem Gespräch bitten, sei aber auch an meinem Zusammentreffen mit Qassem Munasser nicht minder interessiert. Außerdem stünde eine Begegnung mit Außenminister Yahya Geghman an. Erfolg oder Mißerfolg der asch-Schura mit al-Iryani würde meine weitere Nützlichkeit bestimmen.

Wie ein Alp legte sich mir die unvermutet aufgelastete Verantwortung auf die Brust. Die Nacht kam und mit ihr der letzte Ruf des Muezzin. Schlaflos auf meiner Pritsche liegend, grübelte ich über die Möglichkeiten der vier Konsekutivinterviews nach. Eine Strategie fand ich nicht. Alles wäre verloren, würde ich beim Eröffnungszug mit al-Iryani versagen. Niemand würde dann noch eine neue Solo-Partie mit mir wagen.

Offenbar alle Taxifahrer, die vor der Tür ihren Anfahrplatz haben, wußten vom Weg des Sahafi zum Palast. Mit einem »bismillah« – im Namen Gottes – wies ich sogar jenen zurück, der mich rein um der Ehre willen vor al-Iryanis Tür abladen wollte. Es gehört zu meinen Eigenarten, wichtige Ereignisse zu Fuß anzugehen, ein kleiner Zeitgewinn für die durch den Kopf jagenden Gedanken.

Im »Vorhof der Republik« lagert allerlei Volk. Beileibe will nicht jeder gleich zum Präsidenten selber. Reisige sind's, die ihre hohen Stammesherren als Leibgardisten vor Gefahren über Weg und Steg schützen. Sie warten oft stundenlang auf die Rückkehr der patriarchalischen Gebieter, Qat kauend. Die Zeit ist ein Nichts in ihrem Sinn. Männer, die geographisch Stammeswelten voneinander wohnen, kommen an al-Iryanis Brunnen in ein erstes Gespräch. Es ist ein friedlicher Meinungsaustausch. Anderswo sind solche Erstbegegnungen ein schwieriges Unterfangen. Über dem »Brunnen der Gabilis« aber liegt ein unausgesprochenes Tabu. Es heischt »Bedacht, nicht Unbesonnenheit; Gesetzlichkeit, nicht Faustrecht« vor dem Auge des al-Qadhi, des Richters und Präsidenten.

Heute gehe ich den geraden Weg, die breite Steintreppe hinauf, bis Wachen mich anhalten. Das Wort vom Alemani findet von Mund zu Mund in den düsteren Hintergrund der großen Halle. Ich darf eintreten. Posten in Uniform und Wächter aus al-Iryanis Stamm, in Stiefeln und Sandalen. Dort drängeln sich die Honoratioren, die »scheich meschajich«, die Obersten der Oberen der Großföderationen. Im Dämmer sind oft nur die Silberbärte, das Waffengeschmeide oder das Augenblitzen wahrzunehmen. Hinzu gesellen sich Berater mit politischem Profil, Beamte von Rang, Ressortchefs mit steigender oder fallender Erfolgskurve. Ich warte abseits. Gegenseitiges Zunicken ist vorläufig alles. Ungebührlich wäre es, würde einer von ihnen das Wort an mich richten, ehe der Präsident dies getan hat.

Dann wuchten die Posten die Türflügel auf. Hinter al-Hamami schreite ich bis vor al-Iryanis »Richtertisch«. Ein Lächeln, ein Hinwinken zum ersten Sessel zu seiner Linken – Zeit, die Ruhe wiederzufinden. Neben mir Berater, Großscheichs, der ministerielle Proporz, einige Ulama, ein paar Militärs.

Nichts geht ohne den obligatorischen Tee. Zwei Masuls traben die Runde ab. Ein jeder nimmt, ein jeder hält, ein jeder schlürft vernehmlich sein Schälchen aus. Keineswegs ist das Ritual schiere Höflichkeit allein. Ein bißchen Zeit, die, während sie zerrinnt, Gelegenheit gibt, alle Anwesenden in Wohlerzogenheit zu würdigen und selbst dezent etikettiert zu werden. Ich mache meine Geräte aufnahmebereit. Dann wird Abdul Malek durch Handzeichen zur Rechten des Präsidenten, zu den jemenitischen Reportern, beordert.

Als ich al-Iryani jetzt wieder auf Reichweite nahe bin, erinnert nichts mehr an das graue Elend des Vorjahrs, ist nichts mehr von seelischer Verkrampfung zu spüren. Indes – gleichgültig läßt diesen Mann nichts. Entweder der erste Diener des Staates merzt Fehler und Verfehlende aus, bis hin zur leidenschaftlichen Ablehnung und ins eigene Ermessen gestellter Demission, oder die Dinge laufen wie vorausgeplant, dann gilt den Verantwortlichen rührende, fast väterliche Anhänglichkeit. Al-Iryani hätte seine Art, Politik zu machen, kaum durchführen können, ohne manch einen seiner Getreuen als Staffage zu benutzen oder zu opfern.

Auch die hier versammelte illustre Runde ist wohl kaum von Bestand. Die er heute hierher geladen hat sind seine Favoriten für die künftige Neutralitätsposition des Jemen. Mit allem Bedacht hat er Großscheichs und Provinznotable hergebeten, deren bodenständig-traditionelle Kräfte weit ins Hinterland der Republik wirken. Ein vor ihren Augen geführtes offenes Gespräch mit einem westlichen Journalisten würde auch Zaudernde von seiner Abkehr aus der östlichen Umarmung überzeugen.

Datum: 18. März 1969. Ort: Sanaa, al-Kasr al-Gumhouri.
Zeit: 09.00 bis 10.45 Uhr.

Präsident al-Qadhi Abdul Rahman al-Iryani begrüßt mich mit den Worten: »Wir sind glücklich, Sie heute in Sanaa in Wertschätzung wiederzusehen. Denn in Ihnen begrüßen wir einen Sahafi, dessen Verlangen der Wahrheitsfindung gilt, ungeachtet der politischen Haltung Ihrer Regierung uns gegenüber ...«

Friede, Freiheit, der künftige Platz der Republik Jemen in der Völkerfamilie sind die ersten Themen, die angesprochen werden. Zu einer eventuellen Aufnahme diplomatischer Beziehungen zwischen dem Jemen und der Bundesrepublik Deutschland sagt al-Iryani wägend: »Sie kennen unseren Standpunkt, daß wir nicht gegen irgendeine

Seite in der Welt sind. Wir stehen in der Mitte zwischen West und Ost, und wir würden es begrüßen, jede Art Hilfe seitens eines jeden Staates zu erhalten – vorausgesetzt, die uns erwiesene Hilfsbereitschaft ist nicht an irgendwelche Konditionen gebunden...«

Es geht wie beim Interview vom Vorjahr um den Beschluß der Arabischen Liga und das alle arabischen Staaten bindende Palästinenser-Problem: »Als die Bundesrepublik Deutschland sich entschloß, Israel in allen Belangen Unterstützung zukommen zu lassen, und die Arabische Liga daraufhin ihren Mitgliedern den Abbruch der diplomatischen Beziehungen zur Auflage machte, konnten wir uns, der Sie unserer allarabischen Bindung mit Verständnis begegnen, diesem Erlaß weder verschließen noch ihm entgegenhandeln. Unserem Bedauern über den nachfolgenden Verlauf der Dinge geben wir nochmals Ausdruck. Denn wir mußten wahrnehmen, daß die Bundesrepublik zu uns alle Bande zerriß. Sowohl die diplomatischen als auch die wirtschaftlichen und kulturellen Beziehungen. Über diese einseitige Alternative Ihrerseits waren wir betroffen und fassungslos. Ihre Regierung wußte: Unser Land ist auf Hilfe angewiesen, mehr als jeder andere Staat, und sie hat sie uns – trotz unserer damaligen Situation – versagt. Wir sind zuversichtlich, daß Ihr Land uns jetzt erneut zur Seite stehen und uns aus jenen uns zugesagten Mitteln unterstützen wird, die uns damals vorenthalten worden sind. Wie sehr wir im Jemen Not leiden, ist Ihnen nur zu gut vertraut. Ich möchte hoffen, daß es gelingen möge, binnen kurzem wieder diplomatische Beziehungen zu vereinbaren... Sie kennen unsere Mentalität und sind deshalb fähig, unsere Gefühle zu interpretieren. Sie sind willkommen, Ihren Teil dazu beizutragen, daß diplomatische Kontakte zwischen uns und Ihnen bald wiederhergestellt werden können. Unsererseits möchten wir Ihnen versichern, daß wir, sobald uns ein Hinstreben der Arabischen Liga zu Ihnen offenkundig wird, die ersten sein werden, mit Ihnen Kontakte auf offizieller Ebene aufzunehmen.«

Wirtschaftshilfe heißt das Gebot der Stunde. Darum kreist das Gespräch noch eine ganze Weile. Hoffnung und aufrichtiges Bemühen auf beiden Seiten – es sind Worte, aber keine Phrasen. Dann folgt die offizielle Verabschiedung.

Ich halte mich an den Brauch, einen privaten Wunsch zu äußern, und frage: »Exzellenz, darf ich mit Ihrer Unterstützung rechnen, nach Marib fahren zu dürfen?« Al-Iryani wendet sich seinen Ratgebern zu: »Wo ist Ahmed bin Saad?« Getuschel, dann die bedauernde Antwort al-Iryanis: »Wie mir soeben mitgeteilt wird, ist die Straße nach Marib nur bis Wadah befahrbar, danach aber total zerstört!« »Wäre es nicht eventuell möglich, einen Helikopter einzusetzen?« Raunen und Ratlosigkeit im Szenarium. Al-Iryani rundum fragend: »Besitzen wir denn einen Helikopter? Nein, wir haben keinen!« Daß al-Iryani mir einen persönlichen Wunsch abschlagen muß, bringt ihn um einiges mehr in meine Schuld. So antworte ich spaßeshalber: »Wir könnten Ihnen einen zur Verfügung stellen!« Diese Schlagfertigkeit entlastet ihn und sein Image. Überall langanhaltendes Gelächter. Hinter den Augengläsern al-Iryanis blitzt Humor auf.

»Hiermit möchte ich Ihnen ein Diktiergerät überreichen. Wir wissen, wie hart Sie im Dienste des Volkes arbeiten. Sollten Sie eine Rede konzipieren oder Gedanken festhalten wollen, mit diesem Miniaturgerät ist dies leicht überall möglich!« Al-Iryani beäugt das technische Wunderwerk: »Ich danke Ihnen für dieses Geschenk und versichere, es wird so genutzt werden, wie Sie es empfohlen haben!« Meine Schlußbemerkung: »Es soll Euer Exzellenz ein wenig von der Bürde des Amtes entlasten. Seine Handhabung ist letztlich doch auch ein Gewinn für die Republik, wie alles eine Bereicherung der Republik ist, was Euer Exzellenz zu tun gedenken!« Blitzschnell hat al-Iryani verstanden, und er lacht schallend auf.

Im Ehrengeleit werde ich nach Fotoprozedur und Händedruck in Gnaden entlassen. Dem Staatsmann wie dem as-Sahafi, so wird man es morgen in den Zeitungen lesen, hat diese asch-Schura das Ansehen gestärkt, mehr noch aber die Hoffnung entfacht, daß nun doch zwischen beiden Staaten eine neue Phase der Verständigung eingeleitet worden ist.

Wie mir später zugetragen wurde, hatte schon die mich auszeichnende Zulassung zur Parlamentseröffnung die seltsamsten Vermutungen laut werden lassen. Da waren die einen, die meinten, nun werde al-Iryani es den zaudernden Bonnern zeigen, indem er öffentlich gegen das entehrende Hickhack Stellung nähme, während andere gar herauslesen wollten, die Bundesrepublik Deutschland sage zwar früher oder später ja zur Wiederaufnahme der Beziehungen, meine aber immer ausschließlicher ihre eigenen Interessen; oder anders ausgedrückt, sie wolle alle Vorleistungen seitens der Jemeniten zuerst erbracht wissen. Die zweite Version war nicht ganz von der Hand zu weisen. Noch beharrte Bonn im sehr eng gezogenen Denkbereich, der Kleinstaat Jemen sei ein großzügiges Engagement nicht wert; obwohl die Jemenitische Arabische Republik ansetzte, einen Alleingang gegen die schon verkrustenden Beschlüsse der Arabischen Liga zu wagen.

Die amtliche Verlautbarung unmittelbar nach meiner freundlichen Verabschiedung war ein diplomatischer Fanfarenstoß in die tauben Ohren der egoistischen Europäer. Nicht nur in Bonn, sondern auch in den anderen westeuropäischen Hauptstädten sollte man ihn zur Kenntnis nehmen und Konsequenzen daraus ziehen.

Bis zum Ende des Bürgerkriegs hatte al-Iryani das Desinteresse der Europastaaten mit dem diplomatischen Grundsatz überbrücken müssen: »Warten ist besser als handeln!« Nun wies er auf die Dringlichkeit hin, daß eine nachkoloniale Rückkehr der europäischen Staaten als Partner Südarabiens von außerordentlicher Bedeutung für die Sicherung des Friedens in diesem Teil der Welt sei. Al-Iryani war gut informiert über die uns bevorstehende Schlappe im Süden, und er bot uns, selbstredend auch aus eigennützigen Gründen, eine letzte Möglichkeit, ehrenvoll von Aden nach Sanaa überzutreten.

Nach dem Ende der asch-Schura werde ich im Sog Standes- und Staubgeborener hinausgewirbelt. Im Nu bin ich von würdigen Männern umringt, die dem Alemani die Hand mit aller Muskelkraft schütteln; dieser Brauch des Jemen ist eine beeindrucken sollende, indes die eigene Hand strapazierende Übung. Abdul Malek meint: »Was wir erlebt haben, ist mehr als eine asch-Schura gewesen – ein Neubeginn gegenseitigen Vertrauens!«

Zum Handwerk einer asch-Schura gehört, daß man beiden Hauptrednern – wenn es gutgegangen ist – Huldigung widerfahren läßt. Auch mir wird sie nicht versagt. Die Jemeniten verausgaben sich geradezu bei der Verteilung von Artigkeiten.

Al-Iryani verläßt den Regierungspalast, winkt patriarchalisch und fährt mit seiner sowjetischen ZIL-Limousine davon. Eskorten, Sirenengeheul. Vom »Brunnen der Gabilis« strömen die Krieger herbei, an den Krummdolch oder den Schaft ihres Gewehrs schlagend – ein ehrendes Bekenntnis zur Waffentreue. Ich gehe, wie ich gekommen bin: allein und zu Fuß.

Im »Al-Makha« weiß Abdallah bereits über meinen jetzt schon illustren Kurswert besser Bescheid als ich selber. Anderthalb Stunden mit dem Präsidenten zu sprechen, ohne eine Staatskrise heraufbeschworen zu haben – an Vergleichbares konnte sich keiner erinnern.

Einigkeit und Freiheit

In alter Zeit übersetzte man Al-Yaman mit Land zur Rechten (von Mekka), doch galt im abergläubischen Jemen schon immer rechts als gut und links als böse. Und die 90. Sure des Koran »Al-Balad« (Die Landschaft) sagt in Vers 18: »... wer solches [Gutes] tut, gehört zu den Gläubigen, die sich gegenseitig zur Geduld und Barmherzigkeit anregen.« (19) »Diese sind Gefährten der rechten Hand!«

Vom ersten Zusammentreffen am 18. März 1969 bis heute ist mir Yahya Geghman, damals noch amtierender Außenminister der Jemenitischen Arabischen Republik, ein »Gefährte der rechten Hand« geblieben, ein aufrichtiger, uneigennütziger Begleiter meiner Wege im Jemen. Unzweifelhaft sind Geghmans Ansichten über den neuen politischen Kurs der Republik attraktiver als das ärmliche Gebäude, in dem er damals residierte, und weitaus moderner als sein mit Krummdolch und Gewehr bewaffneter Leibwächter, der auf einem niedrigen Stuhl vor seinem Amtszimmer kauerte. Später sagte er mir über unser erstes Treffen: »Du lebst stets am Rande – genau wie ich. Immer wenn du zu uns kommst, bringst du Geschehnisse mit dir, ohne daß wir sie im Augenblick deines Kommens erahnten. Es ist Allahs Wille...«

Yahya Geghman entstammte der ungebärdigen Khaulan-Region, jenem Hochtal- und Gebirgsschluchtengürtel, der sich zwischen Nehm und al-Arusch bis ins östliche Wadi Habab hinzieht. Von Haus aus patriarchalisch-konservativ erzogen und mit Gütern und Feldbesitz reich bedacht, war es eigentlich unvorstellbar, daß er alles aufgab, um für einen modernen Jemen zu streiten. Und prompt wurde er von der Stammesmajorität, als sie sich auf die Seite Imam al-Badrs schlug, als Renegat abgestempelt. Yahya Geghman gedachte, versierte Diplomatie mit sozialliberalen Reformen zu einer Großoffensive des gesamten Jemen-Volkes gegen jegliche Übergriffe aus Ost und West zu verbinden. Er war der Spitzendiplomat und erste Berater für externe Angelegenheiten des mächtigen al-Iryani, hegte aber keine egoistischen Ambitionen. Er trat schließlich ins zweite Glied der Großen des Jemen zurück, als emsiger Zuarbeiter auch des Vollblutpolitikers Alaini. Mit Geghman diskutierte ich geradeheraus über die gemeinsam einzuschlagende Richtung der Beziehungsaufnahme, die er mit zu entrieren und zu verantworten haben würde. Unser Plan war es, die Dinge ins Rollen zu bringen, ohne daß dem Jemen oder der Bundesrepublik Deutschland das Gesicht verlorenginge.

Als bekannt wurde, daß Yahya Geghman mir persönlich und vertrauensvoll die Fäden entwirrt hatte, an denen sein Meister al-Iryani zu ziehen gedachte, war ich in Sanaa endgültig »in«! Alles Interesse konzentrierte sich auf meine Person oder genauer gesagt: auf die Wirtschaftswundermacht Bundesrepublik Deutschland. Ich wurde freundlichst zum Nachtmahl zu Hussein al-Mukbili geladen – wie er in offiziellen Aktenvorgängen buchstabiert wird, obwohl er al-Moqbili heißt: Auf ähnliche Weise geistert Geghman als Dschagman oder Jagman durch die deutschen Botschaftsberichte. Der Wirrwarr von Phonetik und Diktion ist seit jeher jemenitisch-rasant. Zwischen Zungenschlag und Federeintunken verändern sich real existierende Personen zu mystischen Schemen, die jeder zu kennen glaubt, sich ihrer dann aber doch nicht so recht sicher ist. Selbst vor dem Namen des Präsidenten al-Iryani, der eigentlich Eryani heißt, oder dem des Mohsin Alaini, der sich unwidersprochen al-Aini schreiben läßt, macht weder der Volksmund noch die Beamtentinte halt. Der junge Senkrechtstarter der Jemen-Politik, Mohammed Ahmed Noman, der sein Leben oft als Numan fristen mußte und sich selber frotzelnd als Noman – und mithin als nicht faßbar – bezeichnet, will jedoch nicht von der Hand weisen, daß ihm auch Numan recht sei. Jemens Größen geben eben nicht nur in einer Hinsicht Rätsel auf.

Im neuen Kabinett übernahm al-Mukbili das Informationsministerium. Sowohl er als auch der am 5. April 1969 mit ihm ernannte neue Außenminister Ahmed Kaid Barakat – ab 1972 der zweite Botschafter der Jemenitischen Arabischen Republik in Bonn nach Dr. Hassan al-Makki – waren Befürworter einer Wiederaufnahme diplomatischer Beziehungen zu uns, obschon sie nicht die Initiatoren waren. Vielmehr war die für uns positive Einstimmung bereits im letzten Drittel des März 1969 im inneren Kreis der jemenitischen Spitzenpolitiker gefällt worden: von Präsident al-Iryani, von General Hassan al-Amri, von Abdusalam Sabrah und Hussein Ali al-Hubaischi, vom Wirtschaftsminister Mohammed Anam Ghaleb, dem Landwirtschaftsminister Mohammed al-Gunaid und von Yahya Geghman, inzwischen persönlicher Repräsentant des Staatspräsidenten, und Ahmad Dahmasch, dem stellvertretenden Minister für Information.

Wäre ich allein mit dem Vorsatz in den Jemen gekommen, für die Bundesrepublik und die Wiederaufnahme diplomatischer Beziehungen zu werben – mit den bisherigen Anzeichen hätte ich höchst zufrieden sein können. Aber es ging mir um mehr. Ich wollte Zeuge der Schaffung eines Arabien der Gleichen werden. Ich wollte miterleben, wie ein kleines Land den Weg aus dem Mittelalter in unsere Zeit und den Anschluß an die freie Völkergemeinschaft findet. Aus einem zerrissenen Land kommend, wollte ich einen Beweis dafür, daß Einflußsphären und ideologische Denkgebäude überwunden werden können und nicht zwangsläufig zu Zweiteilung und divergierenden Machtblöcken führen müssen. Ich war auf der Suche nach Vernunft und Fortschritt.

Doch was ich in Gesprächen mit Geghman und den anderen führenden Männern des neuen Jemen erfuhr, brachte meine Erwartungen und Hoffnungen nach und nach ins Wanken.

Dem Realitätssinn jener Pragmatiker aus dem Zentralkomitee der NLF Adens, deren Glaube an die Einheitspartei sich von Tag zu Tag verfestigte, stand in Sanaa eine Vielzahl von Wiedervereinigungsprojekten und außenpolitischen Entwürfen gegenüber, die sich auf keinen gemeinsamen Nenner bringen ließen. Nur der eiserne Wille des Staatspräsidenten hielt die auseinanderstrebenden Kräfte zusammen.

Meine Hoffnung, die kleine Nordrepublik werde ein einheitlich denkendes und handelndes Reservoir an fähigen Politikern hervorbringen, schwand zusehends. Offenbar gab es nur ein limitiertes Potential wegweisender Persönlichkeiten. Und was noch schlimmer war: Wer da keine Hausmacht besaß, wurde zum Spielball drahtziehender Mächtiger. Die beherrschenden Charaktere der nordjemenitischen Politbühne zeichneten sich allesamt aus durch Willensstärke, Ehrgeiz, List, diplomatische Geschmeidigkeit oder soldatische Tugenden. Aber allen gemeinsam war ein verhängnisvoller Hang zu weltfremder Flucht in Visionen. Jenes »Traum-Arabien« hatte mit den politischen Alltagsproblemen der sie ängstigenden Wirklichkeit erschreckend wenig zu tun.

Obwohl in den Grundprinzipien einig, blieben auch al-Iryani, al-Amri, Mohsin Alaini und der Außenminister Yahya Geghman typisch jemenitische Individualisten. Jeder dachte auf seine Weise der Republik den Weg ins Heil zu bahnen. Präsident al-Iryani versuchte sich in der Wiedervereinigungspolitik mit entspannungspolitischen Mitteln. Pragmatiker wie Vater und Sohn Noman setzten eher auf handelspolitische Erfolge eines erstarkenden Jemen. Beider Ziel war auf kommerzielle Reserven und vermutete Bodenschätze des Landes ausgelegt, und sie schienen bereit, diese als Anteile in eine Partnerschaft mit König Feisal – auch zu Lasten einer wirtschaftlichen Abhängigkeit von Riyadh – einzubringen. Der Repräsentant des sozialmoderaten Flügels, Mohsin Alaini, mehrmaliger Premierminister und ständiger politischer Rivale des Militärs al-Amri, war zu Konzessionen, nicht aber zu substantiellen Kompromissen zu Lasten seiner Politik bereit. Solange al-Amri das Sagen haben würde, galt als ausgeschlossen, daß die südjemenitische NLF auch im Nordjemen politisch wirken dürfte.

Meine ursprüngliche Erwartung einer geschlossenen Aufbauformation aller jemenitischen Politiker von Rang entpuppte sich als ebensolches Traumgebilde wie jenes, in dem der Orientale Zuflucht sucht. Dem knappen Dutzend Regierungsfähiger, das sich auch um der Sache willen nicht arrangieren wollte, drohte das langsame Zermahlen seines einstigen revolutionären Elans in der noch immer rotierenden Zentrifuge eines jetzt republikanischen Halbfeudalismus.

Al-Amri: einst ein Held...

Im Residenzsaal scheint al-Amri ein Gefecht zu liefern, dessen Lärm bis durch die dicken Holztüren dringt. Betreten schauen die Umstehenden zu Boden. Der General hat einen anderen Sahafi in der Mangel: Farouk M. Luqman, die Zierde seiner Zunft aus Aden. Wer aus Aden kam, um ihn zu beleidigen, den setzte er, wie jetzt, nicht gerade zimperlich vor die Tür.

Ich kann nicht behaupten, daß mir angesichts des Geräuschpegels, der von drinnen nach draußen gelangte, sehr wohl war. Ich hatte mit al-Amri nur einmal persönlich gesprochen: damals am Fuß des Dschebel Asr. Würde er sich daran noch erinnern? Wie würde er sich mir gegenüber geben? Und was wußte ich von diesem Mitglied einer Nobelsippe des Hohen Jemen?

In den Werken arabischer Historiker gibt es einige, die ihre im Jemen gewonnenen und veröffentlichen Erkenntnisse einem al-Amri dediziert haben. In dem von einem namhaften ägyptischen Geschichtsschreiber verfaßten Buch »Al-Yaman. A General, Social, Political and Economic Survey« – es wurde während der Regentschaft des Imams Ahmad recherchiert und limitiert aufgelegt – steht als Widmung: »Dem Gedanken an meinen alten Freund, dem Dahingeschiedenen As-Sayyid Abdullah al-Amri, einem großen Jemeniten und Gelehrten...«

Am Hof der Imame wirkten die al-Amris als geschätzte Berater. Nur eine Handvoll zog das sieg- oder todbringende Kriegshandwerk der höfischen Finesse am Diwan vor, und nur einer wurde zum großen Strategen, vielleicht zum bedeutendsten in der endlosen Schlachtengeschichte dieses unglücklichen Landes. Al-Amri galt als genialer Exekutor militärischer Planungen, die er unbeirrt durchsetzte, oft mit nur wenigen Patronen im Lauf. Wo immer er operierte, mußten Imam al-Badrs Abschnittskommandeure mit überraschenden Rückschlägen rechnen. Aufgewachsen in einer Welt, die nur den archaisch-überlieferten Waffendienst für den zeiditischen Imam kannte, erlernte der spätere Republikgeneral die altgewohnte Raubzugstaktik der Stammesverbände, die, wie anno dazumal, marodierend, die Provinzen kahlfressend, für Sold und Gold und für die Ehre des eigenen Namens kämpften und starben, um nach Allahs Willen ruhmbedeckt ins Paradies einzuziehen.

Man hat es sich zu leicht gemacht, indem man den General als herrisch und großspurig abtat. Von Jähzorn wie von übergroßer Vertrauensseligkeit geplagt, kämpften im Wesen al-Amris das starre Pflichtgefühl eines an Tradition geketteten Generalstabsoffiziers der Imam-Dynastie wider den freiheitlichen Geist eines modern taktierenden republikanischen Generals einen Kampf, der ihm Seele und Geist zerfleischte. Ob al-Amri die neuzeitliche Verkörperung eines dem Volk mehr Freiheit einräumenden und dennoch autarken Soldaten-Imam geworden wäre – wer will dies heute beurteilen? In seinen Tagträumen von einem mit starker Hand geführten modernen Jemen – der einzige Weg, die junge Republik vor dem inneren Zerfall zu schützen – konstruierte er ein künftiges Reichswesen aller Jemeniten – vom Rotmeerhafen Hudaidah bis zur Grenze von Oman und Maskat –, wie es die Dynastien der Imame seit alters her für unabdinglich hielten. Al-Amri blieb diesem antiken Traum verhaftet, aber er diente leidenschaftlich seiner Republik, wenngleich die Art, wie er es tat, nicht unwidersprochen blieb. Schonungslos aggressiv geißelte er die Karrieregelüste sich vor jedem Windstoß biegender Politiker, zuweilen sogar im Republikanischen Rat oder Kabinett, dem er mehrere Male vorstand. Freunde machte er sich dadurch nicht; und ob die offene Konfrontation immer klug war, sei dahingestellt.

Als glühender Patriot betonte er unablässig, daß er weder bereit sei, sich an die Kandare der sowjetischen Freunde noch an die Zunge der »chinesischen Schmeichler« legen zu lassen. Dennoch, als Kommandeur eines Haufens barfüßiger Soldaten, die den gutgerüsteten Königstreuen den Sieg abringen sollten, hat al-Amri genommen, was ihm sein Schicksal zuwies. Er kam aber zu der Ansicht, daß Sowjets und Chinesen sich am Stolz des freien Jemeniten bereichert hätten und der Regierung der freien Jemenitischen Arabischen Republik im übrigen dankbar sein müßten, daß dieses Land diesen alles unterhöhlenden Leuten seit mehr als zehn Jahren arabisches Gastrecht gewährt habe.

Zweifellos hielt der unbequeme Militär, gestützt auf die ihn noch verehrende Armee, die politischen Fronten des Nordjemen mit harter Hand zusammen. Er befand ironisch: »Im Olymp der Autoritäten [im Republikanischen Rat] sind einige zuviel.« Aber ob er die Situation richtig einschätzte, wenn er annahm, seine Siege, die die Republik gerettet hatten, würden ihn an der Macht lassen? Im Moment steht der Heros, der sich gar zu willig von Bürgern, Bauern und Kriegern die Handrücken küssen läßt, noch in Volkes Gunst. Selbst im Regierungspalast sitzt er einen Stock höher als al-Iryani.

Nachdem Luqman davongeschlichen ist, bin ich an der Reihe. Die Türflügel öffnen sich: Umringt von Buhlern und Günstlingen residiert al-Amri wie ein mittelalterlicher Fürst. Nachdem der Aggressionsstau verebbt ist, empfängt er mich mit überwältigender Freundlichkeit.

Ich sitze an seiner Ehrenseite. Aus der Uniformtasche nestelt er die Packung mit den »Drei Fünfen« (555). Jovial bietet er Zigarette und

Feuer an. Ein Interview beginnt, wie ich es nur dreimal zuvor geführt habe: mit dem Wüstenherrscher Saud ibn Saud, der mich zum Islam bekehren wollte und dem ich antwortete: »Majestät, ich bin schon ein schlechter Christ – warum soll ich ein noch schlechterer Moslem werden?«; mit dem Herrscher von Abu Dhabi, Scheich Schakbout, dem ich bei einer Wette – gegen seine Vorstellungskraft hatte ich es fertiggebracht, innerhalb von dreizehn Tagen mit landesüblichen Transportmitteln alle Landesherren zu sprechen – siebentausend Golf-Rupien abgewann; und mit dem greisen Scheich des Raubstammes der Kurab, mit dem ich um meinen freien Abzug aus der verbotenen Stadt Schabwa schacherte: Wir einigten uns auf ein Dutzend Aspirintabletten, und mein Glück war, daß ich entschwunden war, ehe die Wirkung der ersten nachließ.

Meine Einleitung: »Exzellenz, ich danke Ihnen für Ihre Einladung zu diesem Gespräch!« quittiert al-Amri, jetzt gutgelaunt: »Wir haben Ihnen zu danken und sind erfreut, Sie bei uns zu sehen. Das neue Jahr beginnt – und Sie sind mit uns!« Ich stelle einige Fragen zur Nationalversammlung, zum Rücktritt des Kabinetts und zur Regierungsumbildung: »Würden Sie im Amt bleiben, wenn das Volk Sie darum bäte?« Wenn das Volk ihn rufe: ja. Aber es sei an der Zeit, die junge Generation am Neuaufbau des Jemen zu beteiligen, Erfahrung und Weisheit weiterzugeben.

Themenwechsel: »Farieq, die ganze Welt blickt nun auf den Jemen, und sie fragt sich: Was wird dort passieren? Ihre Regierung ist zu der Ansicht gelangt, Hilfe von allen Hilfswilligen für den Wiederaufbau des Landes anzunehmen. ...« Die Kreditwürdigkeit des Jemen, die Bedingungen, die »Bürgschaft«, die profilierte Politiker zu leisten vermögen, all das beschäftigt ihn sehr. Aber er will seine eigene Wirkung nicht überbewertet sehen. Die Bundesrepublik Deutschland hat auf wirtschaftlichem Sektor in der Vergangenheit viel geholfen, bemerkt al-Amri, und sie möge bald noch mehr tun. Er bedauert den Abbruch der diplomatischen Beziehungen und hofft auf eine baldige Normalisierung. Ja, er würde Deutschland gern besuchen. »Käme Farieq al-Amri, hinter sich die große jemenitische Volksfamilie – die Dinge würden anders beurteilt.« Al-Amri schmunzelnd: »Da könnte ja ein anderer kommen und dasselbe behaupten!« Ich gebe retour: »Nein Exzellenz, es gibt nur einen General Hassan al-Amri!« Al-Amri wiehert vor Lachen; Scheichs und Kabinettsmitglieder schlagen sich vor Freude auf die Oberschenkel.

Dann wieder tiefer Ernst und ein intensives Gespräch über die Modernisierung des Jemen. Die Jugend drängt darauf, den Staat und die Gesellschaft den Erfordernissen der neuen Zeit anzupassen. Durch

Erweiterung von Anbauflächen und ein besseres Bewässerungssystem könnten die Stammesföderationen des Nordens dazu bewogen werden, das Nomaden- und Kriegerleben zu ändern, seßhaft zu werden und eigenes Weideland zu bebauen. Dies wäre der Beginn einer Zusammenführung der Bauern- und Kriegerstände, wie auch der alten und der jungen Generation. Jemens Kriegsadel würde klug abwägen, ob es sich weiterhin lohnt, ruhelos den Weiden und dem Ruhm vergangener Zeiten nachzuwandern! Aber, fügt al-Amri erklärend hinzu, »das wird nicht so einfach sein. Wir sind den Kampf gewohnt, sind freiheitsliebend, stolz im Wesen, aufrichtig unseren Freunden gegenüber, und die Kargheit unserer Landstriche hat uns zur Genügsamkeit erzogen. Dies verdanken wir unseren Vorvätern.« Was die heutige Jugend angeht, sei ihr angeraten: »Erziehung und Wissen aus Büchern allein ist nicht genug. Die Bereitwilligkeit zur Arbeit für unser Volk muß erst gewonnen sein. Noch gilt unsere Spruchweisheit: Erfahrung ist besser als reden!«

Dann eine letzte Frage: »Farieq, haben Sie während der Einkesselung von Sanaa ein Kriegstagebuch geführt?« »Ich bedauere sehr. Aber während der Siebzig-Tage-Krise hatte ich keine Zeit, meine Kriegsmemoiren zu Papier zu bringen.« Al-Amri grinst spitzbübisch: »Wissen Sie, daß man mir fünfzig Pfund Sterling für meine Erinnerungen geboten hat? Ist es nicht wirklich schade, daß ich keine freie Minute hatte, um alles niederzuschreiben? Aber – ich mußte kämpfen!... Selbst für eine Million wäre mir versagt, in Worte zu fassen, was ewig den ›Schleier‹ tragen muß. Die einzige Möglichkeit wäre, von allen Staatsämtern zurückzutreten. Dann könnte ich offenlegen, wie die Dinge während der Siebzig-Tage-Krise tatsächlich abgelaufen sind.« Damit spielt er auf die Politik der Sowjets an, Kriegsmaterial in Hudaidah zurückzuhalten, um strategische Stützpunktforderungen durchzusetzen. »Wenn ich zurückblicke auf diese siebzig schlimmen Kampftage, dann sehe ich nicht nur die militärischen Operationen, wie diese im erbitterten Abwehrringen oder in der bravourösen Ausfallattacke verlaufen sind und wie Sie sie gegen Ende der Belagerung selbst mitverfolgen konnten. Es sind vielmehr die Beweise des Mutes, der Ausdauer und der Opfergang meiner Truppen, die mich heute noch bedrücken. Es wird Ihnen befremdend klingen, aus meinem Mund zu hören: Dieses Leid lastet auf mir bis zum heutigen Tage!« Diese Einstellung ehrt den General und noch mehr den Menschen al-Amri.

Plötzlich gibt al-Amri Order, alle Aufzeichnungsgeräte, auch meinen Kassettenrekorder, abzuschalten. Er fragt mich, wie ich die gegenwärtige Situation im Südjemen einschätze – für mich eine prekäre Situation. Ich weiche aus. Mehr an die Anwesenden gerichtet als an mich sagt al-Amri: Seiner Meinung nach handle die dortige Regierung sehr einseitig und könne die Wünsche des Volkes im Süden nicht erfüllen. Er, al-Amri, sähe gegenwärtig keinerlei Chancen, die Wiedervereinigung in absehbarer Zeit zu realisieren. Die zwölf Sitze für die Vertreter des Südens würden wohl auch weiterhin leer bleiben. Al-Amris Devise klingt traditionalistisch: Der jahrhundertelange Anspruch des Imamats auf den Süden wird nicht aufgegeben! Schon aus der divergierenden machtpolitischen Konzeption der beiden mächtigsten Männer des Jemen ergibt sich: Früher oder später würde einer von beiden die Konsequenzen ziehen müssen.

Dem nordjemenitischen Generalissimus ist kaum zu verdenken, daß er nach seinen Erfahrungen nicht länger willens ist, den Sowjets über den Weg zu trauen. Glasklar sieht er die kommenden Schwierigkeiten voraus: Eine Umrüstung seiner mit Ostblockwaffen belieferten und trainierten Armee kann allein aus westlichen Armierungsbeständen erfolgen – die aber würden über König Feisal laufen! Mit von Arabien herangeführten US-Waffen den marxistischen Süden zu schlagen und die elitäre Parteischicht Adens davonzujagen, ist wohl al-Amris sehnlichster Wunsch. An eine politische Adaption im Sinne al-Iryanis glaubt er nicht. Durch eine gewaltsam erzwungene Wiedervereinigung des gesamten Jemen hofft er im Westen endlich Vertrauen zu gewinnen und die saudischen Okkupationsansprüche auf die Erdöl verheißenden Gebiete al-Wadeyiah und Bir Tamisch an der Nordgrenze ein für allemal abzublocken. Er visiert als Ziel eines Großjemen offenbar einen bewaffneten Neutralitätsblock an, den selbst die Supermächte zu respektieren hätten.

Das Ende des Interviews ist ebenso orientalisch wie das belangreiche Palaver. Den General hält es nicht mehr hinter seinem »Kommandostand«. Pathetisch breitet er beide Arme aus. Wer würde es schon wagen, solcher Huld entkommen zu wollen? Strategisches Handeln im Blut, schiebt al-Amri allerdings erst seine Zigarettenpackung in die Brusttasche, ehe ich auf Tuchfühlung heran bin.

Mein Retirieren gleicht einem ehrenvollen Abzug ohne Kapitulation. Defilee vorbei an den Spalier stehenden Honoratioren. Als die Türflügel aufgerissen werden und diesmal der Sahafi nicht kopfüber aus al-Amris Herrschaftsbereich hinauskatapultiert wird, entspannen sich die Gesichter der Wachen.

Noch ist al-Amri der mächtigste Mann des Jemen. Noch ist er der Heros. Aber er steht bereits im Trommelfeuer linker Propaganda.

Jemens neue Linke hat letzthin mit ungewohnter Schärfe zu einer grundlegenden Änderung der Verhältnisse im Lande aufgerufen. Von einem Reichsjemen à la al-Amri ist da keine Rede mehr.

Der Süden ist nicht bereit, seinen durch die NLF bestimmten radikal-progressiven Kurs mit sozialistischem Unterbau zu verlassen und mit dem liberalen Norden, der an den bestehenden gesellschaftlichen Verhältnissen – Tradition, Stammeswesen, Parteiverbot, Zulassen der Unregierbarkeit ganzer Provinzen – festhält –, eine Fusion zu wagen. Die NLF wirft al-Amri Verrat an der Revolution vor, und das um so mehr, als der Nordjemen die gegen die NLF agitierende »Front for the Liberation of the Occupied South-Yemen« (FLOSY) duldet, ja fördert. Al-Amri sei jener Mann, so hört man in den Basaren, der im Sinn haben könnte, die Zivilregierung durch eine Militärjunta abzulösen: Damit hat die Demontage seiner Glorie begonnen.

Warten auf den Mahdi

Das Volk sehnt sich nach einem Erneuerer, der eine einfache Sprache spricht und seine bescheidenen Wünsche erfüllt. Er soll Glaubenserneuerer, Impulsgeber und Zielsetzer der Revolution sein, er soll Standesunterschiede zwischen Bauern, Hirten, Händlern und Kriegern beseitigen und den Jemen zu einer nationalen Einheit verschweißen. Dieser moderne »Messias« braucht nicht erst gesucht zu werden, er befindet sich seit Monaten innerhalb der Stadtmauern Sanaas – und hält sich wohlweislich fern von jeglicher politischen Aktivität im brodelnden al-Kasr al-Gumhouri. Sein Name aber ist in aller Munde, wenn sich die Sananis zur nachmittäglichen Qat-Stunde in den Obergeschossen der Turmhäuser ein Stelldichein geben: Warten auf Munasser!

Nur ein Mann seiner Härte und Uneigennützigkeit scheint prädestiniert, jenen Kräften in der Republik energisch entgegenzutreten, die sich anschicken, in die eigenen Taschen zu wirtschaften. Welches Gewicht Qassem Munasser in dieser Phase der jemenitischen Geschichte zukommt, bezeugt die Tatsache, daß er zum Idol der Jugend geworden ist. Den königlichen Stämmen gilt der Gabili als letzter Ritter, als großer kämpfender Stammesführer, der die Ehre höher wertet als das eigene Leben. Den Republikanern indes hat sich Munasser zu einer Art Super-Guerillero verklärt, der imstande ist, reguläre Kampfeinheiten ins Leere stoßen zu lassen, ihnen Fallen zu stellen oder sie mit überfallartigen Attacken zu dezimieren und dabei seinen Stammeskriegern selber voranzustürmen. Sie sind erleichtert, den gefürchteten Gegner von gestern nun auf ihrer Seite zu wissen: einen Mann, der vor Leidenschaft brennt, wenn es darum geht, Unrecht und Infamie zu bekämpfen.

Qassem hat das imamitische Lager verlassen, um unter dem Banner des Islam die alljemenitische Einheit zu erreichen und eine neue, auf dem Selbstbewußtsein einer gewählten Demokratie beruhende Gesellschaftsordnung zu schaffen. Zweifellos bringt er für diese Mission alle notwendigen Voraussetzungen mit: nachhaltige Überzeugungskraft, absolute Selbstlosigkeit und einen eigenen unbeugsamen, oft aber auch abschreckenden Autoritätswillen.

Wie einst die Imam-Elite, so sehen jetzt die Republikverantwortlichen im al-Kasr al-Gumhouri teils respektvoll, teils beklommen auf den ruhmreichsten aller Stammesführer: Warten auf Munasser!

Es ist sieben Uhr. Mit der Abendkühle kommt Ahmed al-Kibsi. Aufbruch zu Qassem Munasser.

Al-Kibsi läßt aus der Küche eine Petroleumlampe holen. Wir ziehen in Richtung Stadtinneres. Schon am Platz der Freiheit gibt es keine elektrische Beleuchtung mehr. Verödet sind die Händlerstraßen. Ab und zu eine Nische, in deren Steinbögen Jemeniten beim Tee hocken. Wo Leben ist, markiert es eine Petroleumlampe. Ahmed trägt unsere Leuchte an einen Stock gebunden vor sich her.

Reminiszenzen an Sultan Said bin Taimur, Herrscher von Oman und Maskat, werden wach. Er hat ein Gesetz erlassen, das jeden bei Todesstrafe verpflichtet, des Abends eine Lampe bei sich zu haben, um nächtliche Zusammenrottungen zu verhindern. Seit 37 Jahren behauptete Said bin Taimur sich nun schon in seinem Feudalreich gegen alle Widersacher, nächtens argwöhnisch die Stablaternen zählend.

Auch uns pendelt die Lampe lebensbewahrend voran. Die Suche nach dem Gabili, der dem Frieden eine Gasse bahnte, scheint waghalsig und endlos. Die Vorstellung trog, den gefeierten Heros des Berglandes in der Neustadt, in einem alten Wesirsitz, vorzufinden. Ich weiß nicht, wie viele Gassen, wie viele Höfchen, wie tiefe Abwässergräben wir durchquerten. Aber ich kann mich des Elends entsinnen, auf das unser Lampenschein fiel.

Irgendwo innerhalb des Wallsaums im Nordosten ist die Wanderung zu Ende. Ein dominierendes Holzportal mit handgeschmiedeten Eisenbeschlägen. Die Wache sitzt, in einem aus Ziegenhaar und Schafwolle gewebten Mantel eingehüllt, am Poller der Scharnierhalterung: ein erdbrauner Pilz, aus dem der Lauf des Bunduq wie eine Lanze herausragt. Der Bergkrieger rappelt sich auf, zieht uns unsere Lampe vors Gesicht, forscht in unseren Gedanken. Asch-scharr, das Böse, ist nicht unser Weggenosse. Al-Kibsi spricht mit ihm, in der Art, wie die Leute aus den Bergen es zu tun pflegen: gemessen, würdevoll, ohne die

Zungenhast der Stadtsiedler. Mit dem Kolben des Gewehrs wird um Einlaß signalisiert. Gleich dumpf dröhnt die Antwort von innen zurück. Knarrend schiebt sich der Torflügel zentimeterweise auf.

Mit einem Schlag wähne ich mich in der Epoche des Dreißigjährigen Krieges: Wallensteins Lager – 1969! Zerschossene Planwagen wie eine Wagenburg im Geviert, Munassers dezimierter Troß. Da lagern die Treuesten der Treuen des jemenitischen Condottiere an aufprasselnden Lagerfeuern. In die Fugen des bröckeligen Mauerwerks der Einfriedung sind Pechfackeln eingesteckt. Sie sprühen und stieben Funken himmelan. Um die wärmenden Biwaks kampierende Gabilis. Über der Glut drehen sie Ziegenfleischstücke am Eisenspieß. Sieht man in die Gesichter der Krieger, wirkt am eindringlichsten ihr gelassener Stolz, der die Flicken ihrer Kleidung, ihre körperliche Auszehrung, Nachlaß von fast dreitausend Tagen und Nächten Krieg, vergessen läßt. Nur Munassers Elite ist ihm vor Monaten in die Republikhauptstadt gefolgt. Die schweigende Mehrheit seiner Bani Huscheisch bangt draußen bei ar-Rauda um das Leben ihres Kriegsfürsten.

Es ist eine verschworene Gemeinschaft, die hier Qassems Isolation teilt. Ihre Unbeugsamkeit ist ungebrochen wie ihr Stolz. Haben sie nicht Sallals Schergen geschlagen und die ägyptischen Besatzer in die Flucht getrieben?

Unsere Frage nach Munasser genügt, um sie zu besänftigen. Wer ihn sucht in dieser Stadt, die sie vergebens zu erobern trachteten und in der sie nun wie Wildhengste in einem Pferch leben, muß einer der wenigen Freunde sein.

In einem scheunengroßen Anbau hockt auf zerschlissenen Teppichen Munassers Auslese mit hellwachen Augen. Doch bestätigt sich: Ein ehrender Empfang muß nicht bedeuten, daß der Herr selber anwesend ist. Der General sei im al-Kasr al-Gumhouri, erfahren wir, um Wichtiges zu besprechen. Wir werden aufgefordert, uns niederzulassen, als seien wir unter Freunden: Warten auf Munasser!

Tee und Verzehr werden heranbefohlen. Doch nimmt das einsetzende Palaver einen anderen Verlauf als die gewohnten, austauschbaren Floskeln. Ein Sahafi sei ich? Aus Aleman? Einer, der aufschreibt, was er gesehen? So forschen sie mit listigen Blicken. Einer dieser verwegen aussehenden Männer, die ihre Narben wie Tapferkeitsauszeichnungen tragen, schleppt eine Kiste mit Dutzenden von Berichten ihrer Kriegstüchtigkeit heran. Den Gabilis ist dieses Kalendarium ihrer Kriegsjahre für die royalistische Seite ein unersetzlicher Leumund ihrer Tapferkeit.

Auch Fotografien werden herumgereicht: Munasser auf einem Hügel stehend, die befehlende Hand über zu eroberndes Land ausstrekkend; als junger Mann oder als gereifter Anführer, sein schmales Gesicht bestimmt jede Perspektive. Auch die, die im Dschihad fielen und unter Steinhaufen dem Paradies entgegenträumen, leben noch einmal auf in den zerknitterten Schwarzweißabzügen. Die Bani Huscheisch zelebrieren auf ihre Art ein Präludium auf die eigene Ewigkeit. Der gestrigen Traumwelt verfallen, finden sie keine Antwort auf die Fragen von heute. Qassem soll sie in dieses neue, unbekannte Land des Friedens führen, wie er sie einst in die Schlacht geschickt hat.

Stunden sind vergangen. Wir spüren – Munasser wird uns heute nicht mehr zuteil. Ein schlechter Tag ginge immer einem guten voran, lautet der Trost für den vergeblichen Weg.

Ahmed al-Kibsi greift nach glimmendem Reisig aus dem Feuerrand, um unsere Lampe anzuzünden. Es wird ihm verwehrt. Mutterseelenallein will man uns durch die totenstille Stadt nicht zurücklaufen lassen. Ein Landrover wird startklar gemacht, und alle, die die letzten Stunden mit uns geteilt haben, sitzen auf. Knarrend gibt das Tor den Weg frei. Auf und nieder wippen wir durch Wadis und Abflußrillen, die die Innenstadt zerschneiden. Vor dem »Al-Makha« laden sie uns ab. Der Lärm des Motors verschlingt die Wohlergebenheitssprüche. Der Wagen verschwindet im Nichts.

Ich klopfe dreimal an die Scheibe der Eingangstür. Der Nachtwächter schlurft herbei, läßt mich ein, bekommt die Lampe und zwanzig Bugschas. Er segnet mich mit schlaftrunkener Stimme. Ich denke bereits an morgen. Wie lauten die Worte des Trostes? Einem schlechten Tag soll ein guter folgen? Inschallah.

Qassem Munasser: der Asket

»Der gute Tag« meldet sich rabiat. Abdullah malträtiert die Tür, als sei er der Geheimdienst persönlich. Alles, was ich seinem Wortschwall zu entnehmen vermag, ist: Munasser! Unten röhrt der Landrover. Munassers Mannen blecken die gelblichen Zähne und ziehen grinsend den Sahafi an Bord. Ahmed al-Kibsi haben sie unterwegs schon gekapert. So ist die Mitternachtsrunde am Tag wieder komplett. Die hereinbrechende Hitze veranlaßt den Fahrer, sein Gefährt mit höchster Geschwindigkeit durch das Basargewirr zu steuern, so daß die Händlerstände von Staubwolken eingehüllt werden. Vor Munassers Gehöft wird der Wagen abrupt zum Stillstand gebracht. Lobheischend umfaßt uns des Fahrers Blick.

Nach den Stunden der letzten Nacht birgt der Fuchsbau am Tage kein Geheimnis mehr. Wir gehen wie an einer Schnur gezogen durch Flure und Vorräume. Auch am Tage bleibt Munassers Befehlsscheune abgedunkelt. Nur eine Sechzig-Watt-Birne pendelt am Leitungsdraht von der Decke. Ein Spalier Wachen, die heute hoffnungsfroher dreinschauen als in der Nacht zuvor, bringt uns bis vor Munassers Schreibtisch.

Qassem Munasser ist kein Riese von Statur, aber von erheblicher Ausstrahlung. Ahmed al-Kibsi, der Meldegänger zwischen al-Amri und Munasser, eilt in des Condottiere Arme. Ein kräftiger Händedruck heißt mich willkommen. Scharfe Augen fixieren mich. Dann nickt Munasser zufrieden und bietet mir einen Sitz an. Das Generalskäppi außer Reichweite schiebend, erwartet er meine Fragen.

Die Kernstücke seiner Aussagen seien hier im Wortlaut wiedergegeben. »Es war beschämend zu sehen, daß damals die von den führenden Männern der Republik [Sallal-Regierung] verheißenen Freiheiten überhaupt nichts gemein hatten mit den ethischen Forderungen, die sie propagierten. Allein Egoismus und Materialismus bestimmten ihr Tun. Deswegen habe ich gegen Elemente wie Sallal und seinesgleichen gekämpft und gegen die, die sie riefen, um sich an der Macht zu halten – die ägyptischen Okkupationsgruppen, die sich im Jemen breitmachten. Das ist nun vorbei! Aber zu dieser Clique stießen auch jene vaterlandswidrigen Jemeniten, die sich nicht schämten, für die Ägypter zu arbeiten. Die Skala reicht von den höchsten Positionen bis zum Leiter des Volksgerichtshofs, der wahrhaft brutale Urteile vollstrecken ließ...

Sie fragen, warum ich die Front gewechselt habe: Allein aus der Überzeugung, daß die jetzige Staatsführung allen Jemeniten Gelegenheit bietet, sich zu bilden, sich endlich in diesem Land als Menschen zu fühlen, sich die Welt erschließen zu können. Dies ist jetzt gesetzlich verbrieft. Das meine ich, wenn ich sage, daß der Jemenit in Sanaa einmal als Mensch wird leben und wohnen können.«

Ich will wissen: »Zu welchem Zeitpunkt kamen Sie zu dieser Überzeugung?« Munasser mit geschlossenen Augen: »Es war ein langer, mühseliger Weg bis zum Vertrauen. Zu einer hundertprozentigen Überzeugung bin ich erst nach der ›zweiten‹ Revolution vom 5. November 1967 gereift, die Qadhi Abdul Rahman al-Iryani geleitet hat. Und sicher war ich erst, als ich wußte, daß Sallal und seine Anhänger den Boden unseres Landes verlassen hatten.«

»Daß ich je eigenen Interessen gedient hätte – das ist nicht meine Art! Ich bin ein Jemenit, dem am Herzen liegt, seiner Heimat mit bestem Wissen und Gewissen beizustehen. Sei es in militärischer oder politischer Hinsicht oder jeder anderen. Ich diene, wo man mich braucht! Welch eine gewalttätige Zeit liegt hinter uns! Solange ich denken kann, habe ich eine Waffe tragen und benutzen müssen. Nichts sonst, sagt man draußen in der Welt, hätten wir im Blut, als zu kämpfen und zu töten. Und dazu: eigenhändig selbst den Bruder! Ich habe mich oft gefragt: Sind wir wirklich so, oder was hat uns dazu gemacht? Weil ich der Auffassung bin, mehr von unserem Kampf ums Überleben zu wissen als Außenstehende, muß ich dem entgegenhalten: Dieses Vorurteil ist unser nicht würdig. Es entehrt uns! Denn jene, die uns rufmorden, haben unser Schicksal der Isoliertheit wahrhaft genüßlich beobachtet. So als seien wir Hähne in einem zu engen Käfig, die sich um ein Körnchen Futter auf den Tod bekämpfen. Beigestanden, uns Wissen beigebracht und als Menschen geachtet hat uns kein einziger.«

Der Jugend könnte es eines Tages gelingen, die Einheit des Jemen zu erreichen. »Selbstverständlich sollte die Einheit durch eine friedliche Lösung ermöglicht werden können. Aber sollte es einige geben, die gegen uns mit allen Mitteln kämpfen wollen, sind wir zum Äußersten bereit. Jenen sagen wir unerbittlich den Kampf an. Einen offenen Krieg im Felde möchte ich jedoch nicht noch einmal erleben müssen.

Die Probleme der Wiedervereinigung sind aus eigener Kraft zu lösen. Wir sind selber in der Lage, das uns vorgezeichnete Ziel ohne eine Hilfe von hier oder dort zu erreichen.

Für die Nationalversammlung ist es eine patriotische Pflicht, die Söhne des Jemen – sowohl des Nordens wie des Südens – zueinander finden zu lassen. Dem Votum aller Jemeniten zur Wiedervereinigung wird wohl niemand auf Dauer entgegenarbeiten können!

Unserem Land den Namen ›der grüne Jemen‹ wiederzugeben – dies kann nicht in einem Kampf zwischen Siegern und Besiegten und Ressentiments, die im Gestern wurzeln, geschehen. Der Kampf ist vorbei, muß vorbei sein ..., dieser lange und unerbittliche Krieg! Jetzt müssen wir gegen die Armut, Krankheiten und ›daß man schon nicht mehr weiß, wann man einmal satt gewesen war‹, angehen. Dies alles sollte sich unter einer Flagge, dem Banner der Republik und der Revolution, verwirklichen lassen. Ich bin sehr froh darüber, daß sich die Jemeniten endlich einigen konnten und daß die Zeit vorüber ist, da sich Jemeniten gewünscht hatten, andere Jemeniten, ihre Brüder und Landsleute, umbringen zu können. Wir alle stehen und leben nun unter der Fahne der Republik und der Revolution! Der Tag der Versöhnung, der nationalen Einheit und ›des grünen Jemen‹ wird kommen. Und damit auch die Stunde, da Sie und ich zu Füßen der Marmorsäulen des Tempels Maribam in Marib den Tee in Frieden und Bruderschaft trinken werden.«

Nach dem letzten Wort erhebt er sich und reicht mir die Hand. Qassem unterfaßt meinen Ellenbogen mit seinem Unterarm, wie es in den Bergen Sitte ist, um Verbundenheit zu bezeugen.

Draußen stehen seine Mannen an der Kalkmauer aufgereiht. Es ist Brauch, das Defilee abzuschreiten, die willig hingehaltenen, mit Schwielen überdeckten Handflächen zu berühren, jeden Namen aufmerksam zur Kenntnis zu nehmen und ehrsam den Kopf nur einen Zentimeter zu beugen.

Noch einmal mustert Munasser meine Körpergröße und gerade Haltung – so als wolle er mich anwerben. Er meint, einen guten Leutnant müsse ich wohl abgegeben haben, damals, als Europa in Flammen stand. Und ich antworte ihm mit seinen eigenen Worten: Der Krieg ist vorbei, muß vorbei sein; und daß wir auch dabei seien, ein »grünes, ein friedliches Europa« zu schaffen.

Jetzt ist mir verständlich geworden, warum diesem Mann Sippen und Stämme beinahe bedingungslos folgen. Er ist wirklich der Typ des Mahdi, des Erneuerers, wie ihn sich die arabische, die jemenitische Welt erhofft. Zu seinem Charisma gehören Härte und Güte, Stärke und Großmut, patriarchalische Sorge um seine Bani Huscheisch und eine schier unglaubliche Besessenheit, für sein Land das Beste zu erreichen. Er scheint wirklich die Kraft zu haben, die Republik wieder zu einem »grünen Jemen« zu machen. Dieser Kriegsmann denkt sozialer als die meisten Revolutionsführer des Jemen. Und wohl auch liberaler, obgleich er – wie al-Amri – notfalls nicht davor zurückschrecken würde, die Stämme erneut zu den Waffen zu rufen und nach Süden zu marschieren, um dort, wie er schon des öfteren angedroht hat, »Ordnung zu schaffen«. Aber nach einem solchen Gewaltakt, den er sich nicht wünscht, soll endlich eine gemeinsame Geschichte in Frieden und Wohlstand beginnen: ein Programm, das eines Mahdi würdig ist.

Die gerechte Sache verliert einen Kampf

Vor Jemens grandioser Kulisse beginnt bald darauf, wie ich aus verläßlichen Quellen erfahren habe, ein Drama nationaler Dimension. Schauplatz des ersten Akts ist das Wadi Sirr, ein sichelförmiges Sippengebiet der Bani-Huscheisch-Föderation, etwa 50 Kilometer nordöstlich der Hauptstadt Sanaa.

Man schreibt den 29. Juni 1969. Über den Lehmbauten der Dorfsiedlung der al-Abna-Sippe, die den Nordrand des ausgetrockneten Flußbetts bewohnt, verflüchtigt sich allmählich der Frühnebel. Vor einem zweistöckigen Wohnhaus herrscht vielfarbiges Gedränge. Das Hin- und Hergeschiebe turbangekrönter Menschen verkündet ein morgenländisches Ritual: Nach Stammesbrauch verabschiedet die Elite der Bani-Huscheisch-Föderation Qassem Munasser, den nationalen Friedensmacher.

Um den Schweigsamen werden Flintenläufe in den Himmel gehoben. Schüsse knattern in den aufklarenden Morgen. Bruderküsse werden gewechselt. Nur wenige Eingeweihte wissen, was sich im Verlauf von zwei Stunden ein paar Meilen vor dem Flughafen Sanaa ar-Rahaba ereignen wird. Und sie schweigen, halten das drohende Verhängnis nicht auf.

Munasser setzt sich selbst ans Steuer und verweist seinen Fahrer Hussein Mahmud Serag auf die hinterste Rücksitzreihe des Landrovers. Neben Munasser nimmt Ahmed Muhsad, Stellvertreter in Macht und Führung der Sippen und Untersippen der Bani Huscheisch, Platz. Hinter diesem lehnen Bruder Mahmud und zwei weitere Muhsads, Mohammed und Abdallah, lässig auf den Mündungen ihrer kurzläufigen Maschinenkarabiner. Im Rückteil des Geländewagens wispern Yahya und Mohammed al-Gadi, Onkel und Neffe, Kommandant und Stabschef der Stammesarmeen der Kriegerföderation. Sie stammen aus al-Abna, die Muhsads jedoch aus dem Südteil des Wadi Sirr, dem Dorfweiler Rageesch im Wadi Rigam.

Mehr als eine Stunde später passiert man die verschachtelte Stadtsiedlung ar-Rauda, die vom Kampfgetümmel der Kriegswirren schwer gezeichnet ist. Fahrtziel ist der Flughafen. Hier soll dem aus Rabat heimkehrenden Republikpräsidenten al-Iryani Referenz erwiesen werden. Unterwegs herrscht bedrückende Stille; keine Stimmung, kein arabisches Palaver, das zur Reise gehört wie der Krummdolch zum gestickten Gürtel, kommt auf.

Ein paar Kilometer vor dem Ziel springt ein Mann auf die sandige Piste, eine im Jemen alltägliche Art, um um Mitfahrgelegenheit zu bitten. Landesüblich ist auch die Reaktion: Munasser hupt und gibt noch mehr Gas. Doch wankt und weicht der Fremde nicht. Irritiert von dessen beharrlicher und unwirscher Gebärdensprache bremst der Mann hinter dem Steuer resignierend ab. Zeitgleich kommt von einem der Männer in Munassers Rücken das verabredete Stichwort: »Mahmud, sag dem General doch endlich...« – und im Bruchteil einer Sekunde fällt Ahmed Muhsad dem »Friedensgeneral« ins Steuer, hält dessen Hände in eisernem Griff und Lenkrad nebst Wagen fest in der Spur. Wie ein Blitzstrahl zucken die Mündungsfeuer der Schnellfeuerwaffen auf. Elf Patronen faßt jedes Magazin, und Mohammed, Mahmud und Abdallah Muhsad zielen mit gewohnter Treffsicherheit.

Im Zeitraum zweier Herzschläge hat sich das Schicksal der »Stütze des Jemen« erfüllt. Der Gabili-General sinkt, an Hals, Jochbein und mehrfach in Kopf und Schläfe getroffen, leblos über dem Lenkrad zusammen. Ein einzelner Schuß hätte genügt, doch sie feuerten alle drei...

Die Meuchelmörder aus dem Wadi Rigam führten konsequent das Femeurteil aus, das im Schutz einer mondscheinarmen Nacht in der Abgelegenheit einer verlassenen Lehmhütte von den Konspiratoren gefällt worden war. Und die hinter dem Exekutionskommando kauernden Mitwisser aus al-Abna ließen die Untat mit geschlossenen Augen geschehen.

General Qassem Munasser, legendärer Condottiere des Jemen, der in der Uniform alle Kampagnen des grausamen Bürgerkriegs lebend überstanden hatte, starb in der selbstgewählten Montur des Friedens, verblutete in Zivil...

Schon in der Nacht hatten die Vorbereitungen zum spurlosen Verschwinden des Leichnams begonnen. Zwei Verschwörer gruben am Pistenrand eine Vertiefung und tarnten sie mit Gestrüpp und Dornbuschreisig. Beide warteten auf das Auftauchen des Wagens. Der eine hinter einer Erdaufschüttung verborgen, der andere sprang, als harmloser Anhalter getarnt, im rechten Moment wild gestikulierend vor den Wagen des Generals. Nach der Bluttat zog man den Erschossenen aus dem Landrover und schleifte ihn zu der vorbereiteten Stelle. Die entstandenen Spuren verwischte man mit aller Sorgfalt.

In Windeseile verscharrt, halb unter den festgewalzten Unterbau der Piste geschoben, lag der Körper des Mannes, der endlich Schluß machen wollte mit der Auszehrung seines Volkes, an unbekanntem Ort.

Eingedenk der Worte al-Iryanis: »Berichten Sie über den Jemen die Wahrheit und nur die Wahrheit!« habe ich nicht gezögert, dem Mord auf den Grund zu gehen. Die Tatsachen sind erst nach langem Recherchieren ans Licht gekommen.

Als Munasser unsichtbar bleibt, will das Gemunkel um den feigen Meuchelmord nicht verstummen. In den Basargassen tritt sich breit, was gestern noch als gutgehütetes Geheimnis galt: Gegen den in Sanaa residierenden Munasser sei zu Hause ein Femegericht einberufen worden.

Nur wenige zweifeln an den Gerüchten. Zu gut sitzt den Sanaanis die altjemenitische Spielregel im Gedächtnis: Der einzige Weg, einen Dynasten zu beseitigen, ist die Kugel eines Attentäters... Obwohl alle Hebel in Bewegung gesetzt werden, bleibt die Suche nach Munasser ohne Erfolg.

Nur zwei Persönlichkeiten stehen über den Dingen, Präsident al-Iryani, ohne den eine weltweit anerkannte Republik nicht vorstellbar ist, und sein Premier, General Hassan al-Amri, der Hauptbürge für die territoriale Sicherheit der immer noch umstrittenen Republik. Beide haben sich wortgetreu an ihre Zusagen gehalten, Munasser ohne Ressentiments in den Friedensprozeß einzugliedern.

Al-Amri wußte, daß Munassers Existenz seit dessen Übertritt ins republikanische Lager gefährdet war. Und die Extremisten warteten nur darauf, daß er seinem Vorgesetzten die Führung streitig machte: Al-Amri gegen Munasser – das wäre ein Geschenk des Himmels für die Verwirklichung ihrer Pläne gewesen.

Durch seinen militärischen Geheimdienst war al-Amri wenige Wochen zuvor zugetragen worden, vier NLF-Attentäter aus Aden seien auf dem Weg, um dem verhaßten Munasser ins Jenseits zu verhelfen. Als das Todeskommando die Grenze überschritt, ließ al-Amri Munasser eine persönliche Warnung zuspielen. Seitdem blieb das diabolische Quartett wie vom Erdboden verschwunden.

Viel später, als Munasser schon längst irgendwo begraben lag, sollte sich der lebensrettende Freundschaftsdienst für al-Amri auszahlen. Über den Tod hinaus rettet Munassers Wort bei den Stämmen, das Leben des Oberkommandierenden der Republikarmee zu schützen, als dieser die Sprossen der Erfolgsleiter hinabsteigen muß und sich in Kairo in tödlicher Gefahr befindet.

Auch am Vorabend der Tat der Bani Huscheisch versucht al-Amri den ehemaligen Gegenspieler zu retten. Er will ihn in Sanaa zurückhalten. Doch Munasser, gewohnt, mit dem Tod zu leben, läßt sich von Gerüchten allein nicht schrecken.

Seinem Verschwinden folgen pausenlose Beratungen des kollektiven Führungsgremiums, des Präsidialrats der Republik. Das Geheimnis liegt draußen vor der Stadt, verborgen wie die Leiche selbst. Präsident al-Iryani entsendet den amtierenden Außenminister Ahmed Kaid Barakat ins Bani-Huscheisch-Gebiet, um dort zu ermitteln. Sanaas Gesandter findet sich vor einer Stammesmauer des Schweigens. Aus Munassers Haus haben die Attentäter 670000 Rial entwendet; ebenfalls verschwunden bleiben 400000 Rial, die der getötete Reformer zur Ankurbelung der Agrarwirtschaft bereitgestellt hatte.

Beharrlich pochen die Altvorderen der Bani Huscheisch auf ihre traditionellen Vorrechte. Sie bezeichnen das makabre Geschehen als interne Stammesangelegenheit und verweigern Aussage und Schuldbekenntnis der ins Stammesasyl geflüchteten Täter. Entmutigt kehrt Barakat nach Sanaa zurück.

Die Weigerung des Stammes, sich dem Gesetz der Republik zu beugen, wirkt in Sanaa wie ein Kanonenschlag. Vor den Gremien der Exekutive sucht der aufrechte Militär al-Amri sein Heil im Angriff. Unnachsichtig fordert er die Ahndung des Verbrechens. Ihm bleibt unbegreiflich, daß Munasser nur um des Geldes willen kaltblütig ermordet worden sein soll und daß das Erbübel des Jemen, das Stammesdenken, noch einmal gegen den Fortschritt triumphiert haben soll. Al-Amri geht mit solcher Vehemenz vor, daß die schuldigen Muhsads ihre Köpfe schon in den Tornischen der Stadtpforte Bab al-Jemen sehen. Aber es gibt eine verwundbare Stelle der Republik. Das Angebot der Scheichs lautet: »Wollt ihr Munassers Körper, könnt ihr ihn haben – aber dann kehren wir zu den Royalisten zurück. Vergeßt ihr aber, was geschah, sühnen wir nach verbriefter Sitte und bleiben im Lager der Republik!«

Vor diesen Konsequenzen scheiden sich die Geister im al-Kasr al-Gumhouri. Al-Amri besteht darauf zu strafen. Lieber will er die Bani Huscheisch verlieren, als sich mit politischem Feilschen um ein kriminelles Delikt abzufinden. Der Beweis soll erbracht werden, daß die junge Republik stark genug ist, der Gerichtsbarkeit zum Sieg zu verhelfen. Doch bei den Altscheichs stößt er auf Granit...

Al-Amri betrauert den Tod seines Kriegsrivalen auf erschütternde Weise. Er ist tagelang nicht ansprechbar, vergräbt sich in seinem Anwesen in der Stadtmitte und geht nur bei Nacht auf die Straße, um frische Luft zu schöpfen. In sich gekehrt und verschlossen vor sich hinbrütend, wird er von Stunde zu Stunde dem Mann immer ähnlicher, dessen Tod er zu rächen versucht. Zum Einsamen wird er, wie der Gabili es gewesen ist...

Al-Amri fordert eine Kampfabstimmung, die über das Maß der Sühne beschließen soll. Damit hat er sich selbst isoliert. Mancher junge Offizier ist des alten Recken überdrüssig geworden und wittert hier die große Chance, sich des »Helden der Nation« zu entledigen, seine Doppelfunktion als Premierminister und Oberbefehlshaber der Armee zu zerschlagen.

Als auch die übernationale Linke gegen ihn mobil macht, droht die Regierung zu stürzen. Binnen weniger Tage wird die »Affäre Munasser« zu einer Existenzfrage der Republik.

Das aufsässige, junge Offizierskorps argumentiert strategisch: Ohne den Sperrgürtel der Bani Huscheisch wäre Sanaa erneut in unmittelbarer Gefahr. Doch eigentlich attackieren sie al-Amri. In ihm sehen sie einen konservativen Reaktionär, der sich nicht aus seiner Ämterfülle lösen will. Jemens junge Generation hat sich gegen das Establishment erhoben. Auch ein gutgerüstetes Heer hätte diesen Ansturm der Jugend nicht brechen können. Mit der Einführung einer parlamentarischen Regierungsform ist es zu einer Konfrontation zwischen den Revolutionären von gestern und morgen gekommen.

Al-Iryani ist fest entschlossen, der jemenitischen Wirrnis ein Ende zu setzen und weitere unabsehbare Verwicklungen zu verhüten. Besonnen zieht er Bilanz: Vor allem muß die Republik innenpolitisch abgesichert werden, soll sie die Krise um Munasser überleben. Es geht ums Ganze. Opfern oder geopfert werden heißt nunmehr die Devise.

Um der Republik willen ist die Gerechtigkeit hintanzustellen. Der salomonisch Amtierende spricht ein politisches Zweckurteil, wiewohl dem ehemaligen Obersten Richter die Wahrung der Gesetze nähergelegen haben wird. Für den Präsidenten erweist sich die Staatsräson als vorrangig: den schütteren Frieden zu erhalten und den Bestand der jungen Republik nicht aufs Spiel zu setzen. Er nimmt die Sühneofferte der Bani Huscheisch an. Sofort schlachten diese sieben weiße Kühe, der Tradition gemäß ihre Reue vor aller Augen bezeugend.

Al-Amri aber kann sich mit der politischen Zwecklösung nicht abfinden und zieht die Konsequenz: Am 8. Juli 1969 demissioniert er als Premierminister, legt das Oberkommando nieder, behält jedoch seine Position im republikanischen Dreierrat und den Rang eines Farieq. Der Soldat hat die Kampagne um die Gerechtigkeit verloren. Es ist seine erste und zugleich entscheidende Niederlage.

Rochade

Aden: Die Flagge nieder!

Die Lossagung Bonns von Aden erfolgte innerhalb von nur zwei Wochen. Das Freundlichste, was man darüber sagen kann, ist, daß es ein politischer Exitus ohne lange Qualen war.

Bonns Mann in Aden, Dr. Alfons Böker, war bereits nach einem Jahr Amtstätigkeit unter Dauerfeuer geraten. Denn nach der raschen Anerkennung des Jungstaates im November 1967 blieb die vereinbarte Aufbauhilfe aus. Zwar kann man nicht behaupten, die Bundesrepublik sei allein für die nachfolgende Verschlechterung der Beziehungen zum Südjemen verantwortlich gewesen. Aber sie hat es aus Gründen mangelnder Objektivität bezüglich der eigenständigen Entwicklung eines in Etablierungsnöten befindlichen Neustaates letztlich in Kauf genommen, daß dieser wirtschaftlich lebensunfähig blieb und so der rote Stern die Nationalfahne des Südjemen vollends ausfüllen konnte. Daß wir nach knapp dreißig Monaten frustriert das Feld räumten, braucht nicht zu verwundern: Wir befanden uns seinerzeit in einem Hallsteinschen Dämmerzustand, in dem krasse Fehleinschätzungen keine Seltenheit waren.

Dabei hätte der Südjemen nicht zwangsläufig in den Machtsog der UdSSR geraten müssen. Zumindest nicht, solange Aussicht bestand, daß die westliche Welt mit finanzieller Hilfe die innenpolitischen Verhältnisse Adens auf ein sichereres Fundament heben würde. Doch behielten weder die Vereinigten Staaten noch die Bundesrepublik die Nerven angesichts der ultraradikalen Beben am Bab al-Mandeb. Statt abzuwarten, versuchten die Amerikaner, die Innenpolitik der Volksrepublik durch Subversion von außen zu beieinflussen – was sich mit saudiarabischen Interessen deckte – und mit Unterstützung von restlichen FLOSY-Anhängern in Aden einen Umsturz herbeizuführen. Diese Einmischung in die inneren Angelegenheiten des Südjemen brachte den radikalen Flügel der NLF endgültig an die Macht, denn dieser führte das patriotische Element als für seine fundamentale nationale Zielsetzung alleinbestimmend ins Feld. Erst jetzt ritten die NLF-Spitzenfunktionäre fanatische Attacken gegen die westliche Weltanschauung, ja, sie zögerten nicht, sogar arabische Bruderstaaten mit sozialistischem Nationalcharakter zu verschrecken. Kategorischer Chauvinismus war das Motto dieser Adener Stunde, herrührend aus dem tiefgreifenden Komplex einer 128jährigen Unterdrückung durch die britische Krone und wirtschaftlicher Not.

Was den südjemenitischen Staat für Bonn nicht gesellschaftsfähig werden ließ, war, daß im Lager der NLF die Revolution ihre eigenen Kinder fraß, weil kein Geld in die Kasse kam. Es grenzt wohl an politische Bewußtseinsspaltung, wenn einerseits die Bundesregierung einen Aufbaukredit in Höhe von zehn Millionen Mark für die südjemenitische Landwirtschaft zusagte, andererseits aber die eigenständige Entwicklung Adens außenpolitisch nicht verkraften konnte oder wollte. Jedenfalls hat das Verschleppen der landwirtschaftlichen Entwicklungshilfe unsererseits Zehntausende südjemenitischer Hinterlandbauern in die Arme der Radikalen Adens geführt und mitgeholfen, die Trennung beider Jemen zu zementieren.

Allem Anschein nach haben die alarmierenden Berichte Dr. Bökers über seine Diskriminierung aufgrund der ausbleibenden Entwicklungsgelder eine unberechtigte Trotzreaktion ausgelöst. Obwohl sich die Hiobsbotschaften über die Offensive der Deutschen Demokratischen Republik in Arabien häuften, konnte sich Bonn nicht entschließen, Anfang 1969 die Hilfsgelder endlich freizugeben und damit unsere Position in Aden unangreifbar zu machen. In vertraulichen Dossiers des Auswärtigen Amts wurde die Kreditanstalt für Wiederaufbau über die prekäre Situation auf dem laufenden gehalten, worauf sie mehr als ein halbes Dutzend Mal verschreckt die Signaturreise nach Aden unter fadenscheinigen Gründen verschob. KfW-Banker fürchteten, die von ihr mitverantwortete Kredithilfe sei verloren, sobald sie freigegeben werde. Obgleich der Verwendungszweck klar definiert war – Wasserpumpen für die Gebiete um Nisab und Ataq und Steigerung der Anbauflächen für Baumwolle in Abian –, schlich man sich möglichst unauffällig aus dem Vertrag. Wen nimmt es wunder, daß Bökers Reports aus Aden sich bald wie Kriegsberichte lasen?

Nach zwei enttäuschenden Wartejahren hatte Aden alle Erwartungen in uns endgültig im Sand verscharrt. Was folgte, war Horror auf südjemenitisch: Von innen und von außen wurde unsere Botschaft nachrichtendienstlich observiert und jeder Besucher unverzüglich auf die Liste verdächtiger Konspiratoren gegen die Volksrepublik Jemen gesetzt. Unser Botschaftertor galt als »Verrätertor«.

Am 30. Juni 1969, vier Tage nach der Ankündigung der unmittelbar bevorstehenden Aufnahme diplomatischer Beziehungen der Demokratischen Volksrepublik Südjemen zur DDR durch Mohammed Ali Haitham und Ali Salem al-Beidh, reagierte Bonn mit einer Trotzerklärung. Fast zwei Jahre mundtot, wenn es um die Einhaltung von Zusagen ging, fand man nun eiligst die Sprache wieder: Bonn drohte Aden mit

Folgen. Ob das realitätsbezogen war, sei dahingestellt. Denn innerhalb von nur zwei Monaten hatten der Irak, der Sudan, Syrien und Kambodscha den zweiten Staat auf deutschen Boden anerkannt, ohne sich abschrecken zu lassen.

Adens Antwort beendete unsere Herausforderung. In der Nacht vom 30. Juni zum 1. Juli 1969 wurde beschlossen, die DDR diplomatisch anzuerkennen.

Am Mittwoch, dem 2. Juli, beriet und entschied das Bundeskabinett über einen Sachverhalt, den zuvor niemand in Bonn zur Kenntnis hatte nehmen wollen. Willy Brandt, damals Außenminister der Großen Koalition, stimmte der Schließung der bundesdeutschen Botschaft in der Volksrepublik Südjemen zu. Der Botschafter wurde abgezogen. Nichts wird Dr. Alfons Böker willkommener gewesen sein als die Aufforderung, unverzüglich aus dem Hexenkessel heimzukehren. Der stellvertretende Regierungssprecher Ahlers erklärte, die Bundesregierung bedauere es, zu diesem Schritt durch das Verhalten der Regierung des Südjemen gezwungen worden zu sein.

Auf welche Fakten sich Ahlers' mysteriöse Andeutung – »im übrigen könne man in Ruhe abwarten, wie lange sich das sowjetfreundliche Regime im Südjemen an der Macht halten werde...« – gründete, ist bis heute unklar. Wenn unsere Versäumnisse schon dazu beigetragen hatten, die moderate Regierung asch-Schaabi zu schwächen, indem alle Zusagen ignoriert wurden, war es ein noch schwererer und unverzeihlicherer Fehler, die nachfolgende Regierung Salem Rubay Ali sofort derart abzuqualifizieren, daß dieser jahrelang nicht mehr an einer Wiederaufnahme diplomatischer Beziehungen zu uns gelegen sein konnte. Dies war Bonns Bankrotterklärung im südarabischen Raum.

Als die bundesdeutsche Flagge in Aden niederging, waren wir auf dem Tiefpunkt unserer Arabiendiplomatie angelangt. Die DDR blieb in Aden aufgewertet; den Südjemeniten schien sie das einzig vertrauenswürdige Deutschland. Es ist auch heute noch eine Überlegung wert, daß wir aufgrund unserer eigenen Unbeweglichkeit die Flagge streichen mußten, während die elastischen Briten und Franzosen, vormals die meistgehaßten Kolonialisten in Arabien, nie in Gefahr kamen, ihre Repräsentanz räumen zu müssen.

Auch die Amerikaner hatten nichts dazugelernt. Am 6. Juni 1967 mußten sie den Nordjemen und am 24. Oktober 1969 den Südjemen innerhalb von 24 Stunden verlassen. Würde die Bundesrepublik auch aus dem Nordjemen abziehen müssen?

Sanaa: Die Flagge gehißt!

Soll über den immensen Stellenwert der Wiederaufnahme diplomatischer Beziehungen zwischen der Bundesrepublik Deutschland und der Jemenitischen Arabischen Republik objektiv geurteilt werden, kommt man nicht umhin, alte Wunden bloßzulegen. Unser Tapetenwechsel vom Süd- in den Nordjemen, der uns vor der Austreibung aus Südarabien bewahrte, war zugleich die erste Etappe unseres langen Weges zurück in die arabischen Metropolen. Leider wurde dieser wichtige Schritt bis zur Bedeutunglosigkeit heruntergespielt, obwohl er die entscheidende Wende eingeleitet hat.

Was schließlich offiziell als Begründung genannt wurde, war eine glatte Verdrehung der Tatsachen: Offensichtlich habe, so war zu lesen, die Anerkennung Ost-Berlins durch die Demokratische Volksrepublik Südjemen den Nachbarstaat – die Jemenitische Arabische Republik – im Entschluß bestärkt, die Beziehungen zu Bonn wiederaufzunehmen.

Tatsächlich lagen die Dinge anders. Beide Teile des Jemen haben ihre Entscheidung unabhängig voneinander und frei getroffen. Sie entsprach der selbstgewählten Zielrichtung, die sie für Jahre auseinanderführte – aber nie entfremdete. Sanaas neue Trasse war tatsächlich weitblickender ausgelegt, als für uns erkennbar.

Das Niedersinken der Imam-Standarte am 1. Januar 1969 verhieß Sanaa die Rettung, allerdings unter Konzessionszwang. Im republikanischen und royalistischen Jemen riefen die heiligen Ulama zu einem Waffenstillstand von Dauer auf. Dem Ruf vom Moscheeturm mußte die Republik gehorchen, wollte sie nicht den Islam in Frage stellen.

Sanaas neuer Kurs zur Mitte und zum Westen blieb vorerst ein gewagtes Experiment. Aden verurteilte es, wenn auch nur, um sich der drohenden Fusion vorerst zu entwinden. Dies erklärt, warum mir Adens Regierungsstellen während meiner Zwischenstation kein Haar krümmten. Boten mit gutem Ruf zwischen den Heimatfronten hält man nicht glühende Eisen an die Fußsohlen.

Geschwächt durch Fieber und Kolik, verfaßte ich zu Hause einen Artikel über die neue Lage in der Jemenitischen Arabischen Republik. Er enthielt die Bekenntnisse mir verbundener Persönlichkeiten und den dringenden Wunsch, Bonn und Sanaa wieder zu versöhnen. Unter dem Titel »Im Jemen ruhen die Waffen: Royalisten und Republikaner in einer Regierung« erschien er in der »Zeit«, eine der wenigen Zeitschriften, die damals objektiv über Südarabien berichtet haben.

Hierzulande wurde hervorgehoben, die Wiederaufnahme der Beziehungen sei von deutscher Seite lange vorbereitet worden, was nur bedingt den Tatsachen nahekommt. Denn al-Iryani hatte seine Entscheidung bereits mit seinem Kabinett positiv beraten – lange bevor die offizielle Verhandlungsrunde in Taizz mit den leitenden Chargen des Auswärtigen Amts im Juni begann. Schon im März hatte mich al-Iryani entsprechend informiert.

Passagen meiner vier Interviews geschickt nutzend, hatte die Regierung verlauten lassen, die Bundesrepublik Deutschland stehe positiv zu Hilfsleistungen an die notleidende Republik. Das brachte endlich wieder ins Rollen, was unsere Richtlinien bisher blockiert hatten: ohne Botschafteraustausch keine Hilfe für notleidende Araberstaaten. Damit war einerseits Sanaa die Möglichkeit gegeben, durch die Äußerung einer Privatperson das Gesicht zu wahren, und andererseits uns, die wir auf offiziellem Wege in der Sackgasse gelandet waren, wieder die Initiative zu ergreifen. Daraus resultierte der beiderseitige Wunsch, in Schlußverhandlungen einzutreten.

Ums Gesicht ging es auch am Abstimmungstag im Sanaaer Regierungssitz. Wer glaubt, unser Protektor al-Iryani hätte als erster die Hand hochgehalten, irrt. Mit Pokermiene verhielt sich Jemens großer Macher vorsorglich abwartend. Zuvorderst dafür stimmte Hassan al-Amri. Ihm folgten: Yahya Geghman, damals Minister ohne Portefeuille und persönlicher Repräsentant des Präsidenten, Ahmed Kaid Barakat, der Außenminister, und die vier neuen Ressortchefs al-Hubeischi, stellvertretender Premier, ar-Rabia, Wasa Ahmed und der neue Informationsminister Hussein al-Mukbili. Erst jetzt hob al-Iryani leicht die Hand; den präsidialen Wink attachierte Intimus Abdusalam Sabrah. Damit war für jene das Eis gebrochen, die Stimmenthaltung übten, was dem Minister für gesamtjemenitische Fragen, Mohammed Abdul Wasa Hameed, höchst zupaß kam. Jeder in der Runde konnte sich leicht ausmalen, wie Aden, das just den Möbelwagen für uns bestellte, auf unseren Wohnwechsel nach Sanaa reagieren mußte.

Al-Iryani ließ Dr. Landau das Ergebnis der Kabinettsberatung vertraulich nach Taizz übermitteln, was den Missionschef zu einem halsbrecherischen Autorennen über die lebensgefährliche Schotterstraße nach Sanaa bewog. Landau wollte offiziell hören, was dem deutschen Reststab im Jemen wie eine Fata Morgana vorkam. Die zuständige Abteilung des jemenitischen Außenministeriums – Sektion Europa – informierte Landau offiziell, doch war nicht zu überhören, daß Sanaa nun die Karten auf dem Tisch sehen wollte.

Landau war Landeskenner genug, um zu wissen, daß jede Stunde zählte. Seine Rückfahrt nach Taizz hat dem Hörensagen nach alle Rekorde gebrochen. Im Camp fieberte der kleine deutsche Reststab, als über Funk und mit Codeschlüssel zerhackt die Ankündigung von der Wende nach Bonn abgegeben wurde.

Abdallah al-Hamami, Protokollchef im Sanaaer Außenministerium, erhielt die delikate Mission, in den westeuropäischen Hauptstädten etwaige Reaktionen auf die »denkbare« Beziehungsaufnahme zu uns auszuforschen. Abdallah hat die große Ehre etliche Nervensubstanz gekostet. Wer hören will, muß sich auch fragen lassen. In London geriet der gutgläubige Jemenit unversehens ins Kreuzfeuer von BBC- und Zeitungsreportern, die wissen wollten, was eigentlich am Gemunkel Bonn–Sanaa glaubwürdig sei. Sie entrissen ihm Wort für Wort, was von Staats wegen noch nicht veröffentlichungsreif war. Entsetzt las Abdallah anderentags, was die Presse als »jemenitisches Geheimnis« genüßlich bloßlegte.

Deprimiert vom Ausmaß des Medienunglücks, das er nicht gewollt hatte, klingelte er am 24. April 1969 an meiner Haustür. Was ihm über Funk nach London übermittelt worden war, war kaum geeignet, sich Hoffnungen über seine weitere Verwendung hinzugeben. Am Vortag hatte ich die Belege meines Artikels aus Hamburg erhalten: für Abdallah al-Hamami ein Zeichen des Himmels. Mit sechs Exemplaren des Artikels ausgestattet, der die Aufnahme diplomatischer Beziehungen zur Jemenitischen Arabischen Republik als nützlich empfahl, hatte al-Hamami ein sechsfaches Alibi, war doch in der Bundesrepublik augenscheinlich die öffentliche Meinung zugunsten der diplomatischen Verbrüderung angesprochen worden.

Dr. Landau schrieb mir am 18. Juni 1969 aus Taizz:

»Lieber Herr Bollinger, besten Dank für Ihren Jemen-Artikel, den ich am Erscheinungstag in die Hand bekam und der rechtzeitig herauskam, die Gemüter für eine wichtige Besprechung in Bonn positiv zu beeinflussen. Mit gleicher Post schreibe ich auch Gräfin Dönhoff über den günstigen Einfluß, den Ihre Arbeit hervorrief. Mit besten Grüßen, stets Ihr H. F. Landau.«

Welchen Wert Bonn jetzt dem Jemen beimaß, ergab sich daraus, daß man den Orientkenner Ministerialdirigent Dr. Walther Gehlhoff nach Sanaa delegierte. Ende Juni 1969 schloß er die Verhandlungen in Taizz erfolgreich ab.

Die durch Staatssekretär Harkort empfohlene Ausstattung der Botschaft mit einigermaßen ausreichender Entwicklungshilfe war zweifellos als Anreiz für die noch abseits stehenden Araberstaaten zur Wiederaufnahme des diplomatischen Verkehrs mit Bonn gedacht.

Im offiziellen Kommuniqué hieß es denn auch, beide Staaten hätten beschlossen, auf wirtschaftlichem und technischem Gebiet eng zusammenzuarbeiten.

Als in Deutschland die amtliche Verlautbarung erfolgte, hatte die deutsche Mini-Equipe in Taizz schon längst gehandelt. Am 15. Juli

1969 war das deutsche Vorauskommando, Dr. Landau und Frau und der deutsche Mitarbeiter Hey, in aller Herrgottsfrühe Richtung Sanaa losgeprescht. Über unserem ehemaligen Botschaftsgebäude wehte noch die italienische Schutzmachtflagge, doch die Tore blieben bis spätmittags tabu. Erst nachdem Übereinstimmung über die Uhrzeit seitens der Jemeniten bestand, geschah, was mehr einem Handstreich glich. Zur Zeit der peinlich eingehaltenen Mittagsruhe – die Straßen leer, die Türen verschlossen – tat sich Geschichtliches: unglaublich im Männerland Jemen, wo Frauen sich ausschließlich am heimischen Herd tummeln. Frau Landau zog am 15. Juli 1969 um 15.01 Uhr, Ortszeit, eigenhändig das schwarzrotgoldene Tuch auf. Drei Stockwerke tiefer bemühte sich Dr. Landau vergeblich, per Funk den Richtstrahl aus Köln anzupeilen. An diesem namhaften Tag war die Deutsche Welle nicht auf Draht. Erst die Blitzmeldung der amerikanischen Associated Press machte die Schlagzeile des Tages – bis aus Bonn die amtliche Bestätigung eintraf.

Die Bundespresse honorierte die jemenitische Courage, sich gegen die Supermacht Sowjetunion, gegen die Ostblockstaaten und gegen die Bruderstaaten der Arabischen Liga zu stellen, mit ätzender Kritik. In ziemlich abwertenden Kommentaren wurde vor »verblasenen« Vorstellungen des neuen Freundes im Südwesterker Arabiens gewarnt. Da heißt es: »Dies ist ein Erfolg, freilich nicht gerade ein Triumph der deutschen Außenpolitik: nämlich die Wiederherstellung der diplomatischen Beziehungen mit der republikanischen Regierung des Jemen. Man wird ihn nicht überbewerten. Dafür ist das politische Schwergewicht des durch Bürgerkrieg, Okkupation und Hunger verelendeten Landes innerhalb der arabischen Staatenwelt doch zu gering. Der Bonner Unterhändler Dr. Gehlhoff, um die Monatswende Juni/Juli in Taizz, könnte sich des Erfolges richtig freuen, wenn der Akkord mit den Jemeniten den Saudi-König Feisal vom ägyptischen Wege nach Ost-Berlin ablielte.« Anzumerken bleibt, Dr. Gehlhoff erhielt die Genugtuung, die ihm gebührte. Saudi-Arabien hat die DDR nicht anerkannt.

Was in diesen Tagen hierzulande an propagandistischem Wirbel gegen die Wiederherstellung diplomatischer Beziehungen zum Jemen veranstaltet wurde, war ungerecht und beschämend. Am Kern der Sache, der Wende für unsere Orientpolitik, ging sie vollkommen vorbei. Es handelte sich in praxi um die dringend notwendig gewordene Änderung unserer Einstellung zur arabischen Welt. Was unsere Rückkehr nach Sanaa wert war, hat uns der ausländische Pressespiegel kritisch, aber objektiv zu Bewußtsein gebracht.

Die »Neue Zürcher Zeitung« bemerkt am 18. Juli 1969: »Die deutsche Bundesregierung hütet sich, über die Wiederaufnahme der Beziehungen mit der Republik Jemen in lauten Triumph auszubrechen. Sie ist sich natürlich der Tatsache bewußt, daß die Anerkennung der DDR durch die VAR, Syrien, den Sudan und den Irak ungleich schwerer wiegt als diese Wiederherstellung der Beziehungen Bonns mit Jemen. Aber eine gewisse Genugtuung ist in Bonn dennoch zu verzeichnen. Nach der Serie der Rückschläge hat die Bundesregierung zum ersten Male ein Zeichen dafür erhalten, daß in der arabischen Welt noch nicht alles verloren ist. Daß dieses Zeichen gerade von der Republik Jemen geliefert wird, die jahrelang als einer der ersten Anwärter auf Beziehungen zu Ost-Berlin galt, gibt dem Ereignis einen zusätzlichen Reiz. Es ist offensichtlich, daß in diesem Fall wirtschaftliche und finanzielle Angebote der Bundesregierung im rechten Augenblick in die Waagschale geworfen worden sind.«

Dr. Hassan al-Makki wurde mit Wirkung vom 11. August 1969 Sanaas akkreditierter Botschafter in der Bundesrepublik. Alfred B. Vestring, vormals persönlicher Referent des Parlamentarischen Staatssekretärs im Auswärtigen Amt, Gerhard Jahn, erhielt am 14. September 1969 sein Agreement als neuer deutscher Botschafter. Damit waren die Beziehungen wieder voll etabliert.

Schacher um den Frieden

Al-Wadeyiah – Annexionsgelüste in der Wüste

Während die Ramlat Sabatain, die »Sande des Todes«, die infernalische Sommerhitze unerträglich machen, brechen im Dreiländereck der Volksrepublik Südjemen, Saudi-Arabien und der Jemenitischen Arabischen Republik unerwartet Feindseligkeiten aus: Es geht um den vereinsamten, aber ölverdächtigen Stammesvorposten al-Wadeyiah. Bislang ist der unscheinbare Beduinenzeltplatz in der Weite der unentdeckten Horizonte Südarabiens nur ein Partikel an der Grenze zum Nichts gewesen. Doch als dem saudischen Kronrat profitverheißende Expertisen vorgelegt werden, setzt Riyadh Truppen in Marsch. Die Lunte des neuen Pulverfasses entzündet sich buchstäblich an einer Handvoll Testbohrlöcher algerischer Öldriller.

Am 24. November 1969 entdecken Kamelreiterpatrouillen der Nomaden den operativen Aufmarsch des Generationsfeindes. Die Beziehungen zwischen den so ungleichen Staaten gelten als permanent gespannt, hat doch auch die neue Regierung des Südjemen Grund zum Groll. Denn mit dem britischen Rückzug blieb weiterhin ungeklärt, wo tatsächlich die Nordgrenzen der ehemaligen Protektoratssultanate zu suchen seien. Als Nachfolgestaat erhielten die Südjemeniten die maximalen Gebietsforderungen aufrecht, die London einst im Interesse südarabischer Provinzsultane erhoben hatte.

Die Scheidelinie beider Staaten, insbesondere des neuen Südjemen, das bisher keine anerkannte Nordgrenze vorweisen kann, ist demnach auch zu Beginn der Kämpfe um al-Wadeyiah nicht eindeutig markiert. Als geographischer Begriff ist der Wüstenvorposten vollends unbekannt, da er sich nach einem Nomadenstamm benennt, dessen Wanderfläche sich mit dem Regenfall als Weidegebiet ständig verändert. Für die Volksrepublik spricht: Sie hat al-Wadeyiah als Grenzposten ausgebaut und dort die ersten Ölbohrungen niedergebracht, ohne daß Saudi-Arabien Einwände erhoben hätte. Erst nachdem Algerien und der Südjemen einen staatlichen Nutzungsvertrag für das zu erwartende »schwarze Gold« unterzeichnet haben, möchte Riyadh den in Sichtweite gerückten Gewinn selber einstreichen. Für die leere Staatskasse der isolierten Volksrepublik ist aber al-Wadeyiah der einzige Hoffnungsschimmer. Allein diese Erwägungen erklären die Rage, mit der Aden den Fundort verteidigt, als Feisals Einheiten dort einfallen.

Am 26. November 1969 ist es mit dem taktischen Rochieren der Saudis vorbei. In der Morgendämmerung treten sie zum Angriff an. Anders als beim fortwährenden Geplänkel um das nordjemenitische Saada, das im August nach herben Verlusten doch noch von der republiktreuen Stammesföderation der Haschid unter ihrem Großscheich al-Ahmar erobert werden konnte, geht man hier gleich in voller Kriegsmontur zur Sache. Funksprüche der Stammesbesatzung alarmieren Aden. Unverzüglich setzt es Bataillone der Armee und Volksmilizen in Marsch. Geht es doch nicht um das Niederschlagen einer inneren Revolte wie kürzlich bei as-Said, wo sich moderate Kräfte gegen die marxistische Zentralgewalt zum Kampf gestellt haben und niedergerungen worden sind, sondern um das Zurückwerfen eines äußeren Feindes. Dem patriotischen Fanatismus entspricht die Härte des Kampfes Mann gegen Mann.

Spätnachmittags greifen saudische Flugzeuge in die Erdkämpfe ein, und spätabends führen Infanterieeinheiten einen neuen Schlag gegen die zerschossenen Sandsackwehren der Verteidiger. Doch das saudische Innenministerium gibt bekannt, reguläre südjemenitische Einheiten seien plötzlich mit Schützenpanzerwagen gegen den saudischen Vorposten nahe der gemeinsamen Grenze vorgerückt und hätten ihn eingenommen. Gegen die »Aggressoren« habe man eigene Truppen in Marsch gesetzt, auch seien Maschinen der Luftwaffe eingesetzt worden.

Als der erste Tag des Ringens in der Wüste mit einem Patt endet, verbreitet Aden, von persischen, französischen und britischen Söldnern gesteuerte Jagdbomber hätten auf saudischer Seite in die Kämpfe eingegriffen. Ganz indiskutabel ist diese sensationell klingende Nachricht eigentlich nicht. Denn nur mit Mühe und Not hat die saudische Monarchie Mitte 1969 einen Umsturzversuch saudischer Offiziere überstehen können. Nur durch einen Wink in letzter Sekunde seitens der CIA wurde das Komplott – die Ermordung König Feisals und Ausrufung einer Islamischen-Saudischen Republik – aufgedeckt. Junge, technisch hochqualifizierte Offiziere, insbesondere der Luftwaffe, hatten angeblich beabsichtigt, Dschidda, Taif, Mekka und Medina und damit den gesamten urbanisierten Westen des Königreichs, einschließlich der Küstenlinie des Roten Meers, unter ihre Kontrolle zu bringen – das erste Warnzeichen für den Sturm auf die Große Moschee von Mekka zehn Jahre später, im November 1979! Nach dem Putschversuch von 1969 wurden dreißig Luftwaffenoffiziere binnen 24 Stunden hingerichtet. Deshalb müssen jetzt ausländische Söldnerpiloten britische Jagdbomber zum Tiefangriff auf die Nachschubpisten des Ölgebietes al-Wadeyiah fliegen.

Durch ihren Stardiplomaten, Muhammed Hadi Awad, dessen weltmännisches Auftreten in krassem Gegensatz zur radikalen Isolationspolitik seines Landes steht, läßt die Volksrepublik Südjemen dem Generalsekretär der Arabischen Liga, Hassuna, eine Protestnote überreichen. Man verlangt die unverzügliche Informierung aller Mitgliedsstaaten.

Tags zuvor haben sich beide Staaten vor den Vereinten Nationen gegenseitig für den Ausbruch der Feindseligkeiten verantwortlich gemacht. Mithin ist der anfänglich lokal begrenzte Konflikt unversehens zum Menetekel eines neuen Kriegsbrandes in Südarabien geworden, der nicht nur die direkt Beteiligten, sondern auch deren Protektoren, die USA und die UdSSR, in unsteuerbare Allianzstrudel mitzureißen droht. Kurz zuvor ist das libysche Feudalreich König Idris' aus dem Kreis des westfreundlichen monarchistischen Araber-Traditionalismus vom Revolutionsobristen Moammar al-Kathafi herauskatapultiert worden. Und es ist zu befürchten, daß auch die saudische Ölmonarchie einer zweiten Umsturzwelle erliegen könnte. Die Unfähigkeit der Vereinigten Staaten zu einer objektiven Nahostpolitik hatte der Sowjetunion in die Hände gespielt. Dies genügte, um die Fackel des »kleinen Krieges« um al-Wadeyiah unerwartet aufflammen zu lassen.

Im »Glashaus am East River« zuckt man verschreckt zusammen, als die Volksrepublik Südjemen anklagend von einer »amerikanischen Verschwörung« spricht, die gegen ihr revolutionäres Staatsgebilde gerichtet sei. Bevor noch das Trauma eines »südjemenitischen Vietnam« um sich greifen kann, setzt die UN allerletzte Hoffnungen ausgerechnet in ein arabisches Gipfeltreffen, das ohnehin demnächst in Rabat stattfinden soll. Unter islamischen Brüdern würde sich der Konflikt schneller beilegen lassen.

Die NLF-Führer Adens nutzen geschickt die »Gunst der Stunde«. Sie wissen – niemand will einen arabischen Bruderkrieg. Er würde die ständig zerbröckelnde Front gegen Israel, das seit dem Sechstagekrieg 1967 den Sinai okkupiert hält, vollends auflösen. Man weiß in Aden: Wenn es gegen den ihm unsympathischen König Feisal geht, stellt auch der Rais Nasser seine Ressentiments gegen die NLF, die seine südarabische FLOSY zerschlagen hat, aus panarabischen Leitmotiven zurück. Bald sind in der arabischen Welt die Leitartikel Kairoer Staatsgazetten zu lesen, die Saudi-Arabien anprangern. Der südjemenitische Außenminister Ali Salem al-Beidh gibt preis, man wisse, den saudischen Armee-Einheiten sollten fremde Prospektoren folgen. Ausländische Ölgiganten seien bereits im Besitz saudischer Konzessionen für den Südrand der Rub' al-Khali, an die das umstrittene Gebiet, die Ramlat Sabatain, anschließt.

Mittlerweile werden die Meldungen von der Front immer beunruhigender. Jede Seite depeschiert zweifelhafte Erfolge. Schon droht der lokale Konflikt über die menschenleere Sandwüste hinaus in bewohnte Gebiete überzugreifen. König Feisal befiehlt neue Truppen ins Kampfgebiet. Am Wochenende vom 6. zum 7. Dezember 1969 glückt seiner Truppenübermacht die »Wiedereroberung« al-Wadeyiahs. Ein saudischer Armeesprecher erklärt, saudiarabische Truppen würden nicht auf südjemenitisches Gebiet vorrücken, sondern an der »Grenzlinie« Stellungen beziehen.

Wo diese tatsächlich liegt? Selbst ein neuer Prophet könnte dies nicht sagen.

Nach Riyadhs Darstellung haben eigene Heeresverbände den südjemenitischen Einheiten am 6. Dezember 1969 erhebliche Menschen- und Materialverluste beigebracht. Wenige Tage zuvor hat sich der südjemenitische Verteidigungsminister Mohammed Saleh Aulaqi um eine Vermittlung Nassers bemüht. Papiere werden beschrieben, Papiere werden gelesen – und beiseite gelegt. Das allarabische Karussell der wohltönenden Botschaften nach überallhin beginnt sich wieder einmal in orientalischer Augenlust zu drehen – wie immer mit mäßiger Geschwindigkeit. König Hussein von Jordanien interveniert bei seinem »Bruder« König Feisal von Saudi-Arabien; Präsident Nasser schreibt an König Hassan von Marokko. Zwischendurch kommentiert Kairos halbamtliche Zeitung »Al-Ahram«, Ägypten habe nicht die Absicht, im Grenzkonflikt Stellung zu beziehen. Doch haben im Laufe der Zeit alle Politgrößen ihre Hände im Ölkonflikt.

Als es kurz vor Konferenzbeginn zum plötzlichen Stillstand der Grenzgefechte kommt, führt man dies auf die Vermittlungsgespräche mehrerer Bruderstaaten zurück, die erste Erfolge gezeitigt hätten. Wie wenig wirklich erreicht worden ist, sehen die Gipfeldelegierten in Rabat. Sobald die südjemenitische Equipe am Verhandlungstisch Platz genommen hat, wo gemeinsame Aktionen gegen Israel beschlossen werden sollen, droht sie mit Abreise, falls der Grenzstreit nicht auf die Tagesordnung gebracht werde. Daraufhin erklären die Vertreter Saudi-Arabiens, Rabat unverzüglich verlassen zu wollen. Zwei lange Stunden muß Nasser auf seine unduldsamen Brüder einreden, ehe diese zustimmen, eine Kommission aus Algeriern und Irakis unverzüglich vor Ort mit der Untersuchung des Wüstendebakels beginnen zu lassen. Nassers Schachzug löst einen panarabischen Druck auf seinen saudischen Geldgeber aus. Vor der entschlossen auftretenden progressiven Phalanx muß er zurückstecken und grollend wahrnehmen, daß Kairo und die Arabische Liga nicht bereit sind, wegen einer ölträchtigen Oase das Gipfeltreffen platzen zu lassen. Nasser zögert keinen Moment, dem progressiven Aden beizustehen, wenn er einen Ölpotentaten in seine monarchistischen Schranken weisen kann. Dank Nassers Hilfe geht Südjemens Rechnung doch noch auf. Der Name des heißumkämpften al-Wadeyiah verschwindet ebenso schnell aus den Schlagzeilen der Weltpresse, wie er darin aufgetaucht ist.

Zwar läßt König Feisal einige hundert aus Fertigteilen schnell zusammensetzbare Wohneinheiten in Sichtweite des Beduinenlagers aufstellen, doch seine Truppen und Söldner müssen sich vom südjemenitischen Territorium zurückziehen. Aden nimmt seinen Vorposten wieder in Besitz. Al-Wadeyiahs Stammesleute verpfropfen ihre Gewehrmündungen wieder mit Tuchfetzen als Schutz gegen den sirrenden Wüstenstaub. Erneut kehrt Stille ein in der sandigen Endlosigkeit.

In den Vereinten Nationen, die sich für eine Vogel-Strauß-Politik entschieden haben, kann aufgeatmet werden. Wie nahe man an einer Katastrophe vorbeigeschliddert ist, erfährt man erst später aus Papieren der Geheimdiplomatie. Augenscheinlich waren nicht nur Saudi-Arabien und der Südjemen in den Konflikt verwickelt, auch die Jemenitische Arabische Republik war, wenngleich unfreiwillig, zum Mitakteur geworden: Ehemals imamtreue Stämme und soldgierige Kampfsippen wurden, von den Saudis mit Waffen und Geld versehen, in die Kämpfe auf südjemenitischem Boden als Hilfstruppen eingeschleust. In Sanaa beobachtete man diese Entwicklung mit Sorge – konnten doch die nun modern bewaffneten Imam-Krieger frischen Mutes wieder gegen die Republik marschieren. Und zu allem Überdruß muß Sanaa in diesem Konflikt, von Aden aufgefordert, sein revolutionäres Gesicht wahren und sich mit der Volksrepublik solidarisch erklären.

Diese Finte beschwört eine militärische Einzelaktion herauf, die in den Kriegsannalen der Nordrepublik beispiellos ist. Ein von Adener NLF-Parolen patriotisch infizierter Nordjemen-Pilot schwingt sich in das Cockpit seines MIG-Düsenjägers und will das Duell um al-Wadeyiah im Alleingang entscheiden! Doch bringt der tollwütige Tiefangriff nicht den ersehnten Ruhm, sondern die um Frieden taktierende Sanaaer Regierungsmannschaft an den Rand einer dann wohl unverhüllten militärischen Auseinandersetzung mit Saudi-Arabien. Unverzüglich läßt al-Iryani den Piloten und Möchtegernhelden hinter Gitter bringen. Doch zwingt der von Riyadh als feindselig empfundene »Akt« zu sofortiger diplomatischer Demarche. Die Lage ist kritisch. Einerseits möchte man endlich mit Riyadh zu einer vertraglich abgesicherten Friedensvereinbarung kommen, andererseits will man aber auch dem südjemenitischen Bruder in seiner Not beigestanden haben. Ein Übergreifen des Wüstenkonflikts muß verhindert werden. Bis zur Grenze des Zumutbaren bringt Sanaa – über geheime Kanäle und private

Zwischenträger – sein Bedauern über den Vorfall zum Ausdruck. Doch König Feisal hüllt sich in drohendes Schweigen. Warum er nicht einlenkt, bleibt lange unverständlich.

Doch dann melden Späher republiktreuer Stämme dem Präsidenten, aus der saudischen Grenzoase Nadschran werde verstärkt militärischer Nachschub herangebracht und an dort sich sammelnde ex-royalistische Stammesverbände verteilt, die im August aus Saada haben fliehen müssen. Für den friedensbereiten Nordjemen ist dies eine Hiobsbotschaft. König Feisal ist offensichtlich dabei, wegen al-Wadeyiah den Status quo vom März 1969 zu überrollen.

Der letzte Salut

Ab Dezember 1969 dringen erneut sporadische Nachrichten über das Geschehen im Jemen in die Redaktionen der Weltpresse. Drei Tage vor Jahresende kommt es zu einem größeren Gefecht zwischen Regierungstruppen und Royalisten. Anfang Januar 1970 mehren sich die Scharmützel. Entlang der undefinierbaren Staatsgrenze kommt es immer wieder zu Überfällen und Hinterhalten. In den verstreut liegenden Ortschaften flüchten sich die Dörfler in Wohntürme, die wie Festungen ausgebaut sind und über unterirdische Wasserleitungen verfügen.

Im royalistischen Lager rüstet man zum letzten Waffengang. Die Königsjemeniten tragen alles zusammen, was Geschoßkopf und Zünder hat. Ein letztes Aufgebot bildet sich aus wieder republikabtrünnigen Stammesteilen der Arhab, Nehm und Khaulani. Beim Koordinieren der Sippen tritt ein junger Prinz hervor. Mohammed al-Muhsin zählt kaum 26 Jahre, ist jedoch ein erfahrener Frontkämpfer unter dem Banner des Imam. Fünf Jahre hat er von einem Hauptquartier im Schatten der höchsten Erhebung des Nehmlandes aus, dem Dschebel at-Talh (Akazienberg), Abschnitte an der Nordfront befehligt. Nun sammelt er, was noch zu sammeln ist. Loyale Truppenverbände aus dem Hochlandstreifen östlich und südöstlich von Sanaa fügen sich ein in die föderativen Kriegerstämme, deren Oberbefehl er übernimmt. Das Terrain der zahlreichen Aufklärungsgefechte verbreitert sich zu regionalen Kampfhandlungen. Auf der Lagekarte im königlichen Befehlsstand werden Fähnchen gesteckt.

Wenige Tage vor dem islamischen Adha-Fest, das Mitte Februar gefeiert wird, verstärkt sich der feindliche Druck auf die republikanischen Verbände. Guter Rat ist für die Kompanieführer teuer, die versuchen, ohne gesicherten Nachschub standzuhalten. Immer wieder müssen sie zurückweichen und dazu noch hinhaltende Gefechte liefern, die erhebliche Verluste fordern. Erschreckend treten die Folgen jenes stürmischen Vormarsches vom August zutage, als man nur daran dachte, möglichst weit nach Norden vorzustoßen. Nun sind die Versorgungswege lang und die Truppen weit von ihren Operationsbasen im Süden entfernt. Die Grenzvorposten müssen geräumt werden. Das Gros der Republikaner flutet nach Sanaa zurück. Eine überragende Führung der freiheitlichen Heeresverbände gibt es nicht. Al-Amri ist zurückgetreten; Munasser ist tot.

Während in Sanaa fieberhaft nach einer neuen, für alle akzeptablen Friedensregelung gesucht wird, rücken royalistische Vorhuten an die strategisch wichtigen Gipfelhöhen im Osten der in einer breiten Bergfalte gelegenen Zeiditenhauptstadt heran. Vom Scheitelpunkt der Bergriste herab rekognoszieren die Imamtreuen, was sich unten in Saada tut. Viel gibt es nicht zu sehen, dennoch Wichtiges: Die Freiheitlichen erhalten keinen Nachschub aus Sanaa.

So kommt im zweiten Drittel des Februar 1970 für die isolierten schafiitischen Republikbataillone – Sturmtruppen und Fallschirmjäger – die Stunde der Bitternis. Wie bei der Belagerung von Sanaa vor zwei Jahren graben die Verteidiger einige sowjetische T34 an den Stadtbegrenzungen bis zum Geschützturm ein. An den Zugangswegen werden sie zu feuerspeienden Bollwerken. Andere gepanzerte Fahrzeuge dienen als bewegliche Feuerleitstelle für Geschützbatterien. Funkgeräte melden SOS nach Sanaa. Doch außer dem dringenden Befehl zum Aushalten kommt keine Nachricht zurück.

Der erbitterte Häuserkampf um Saada dauert tagelang. Entmutigt müssen die unerfahrenen Kommandeure die Medina räumen, ohne letzten Widerstand zu leisten. Nach Einnahme der Altstadt säubern königstreue Bergkrieger das Wohngebiet. Verfallen auch die siegreichen Stammeskrieger des Prinzen Mohammed al-Muhsin in die eingewurzelte Art der Euphorie, indem sie singend, tanzend und in die Luft schießend durch die Basargassen ziehen, zu einem Blutbad an den Widerständlern kommt es nicht. Das Gros der Niedergerungenen zieht sich auf der befestigten Piste in Richtung al-Harf zurück. Von Ordnung und Übersicht ist keine Rede. Waffen und Tote liegen am Wegrand. Auf beiden Seiten hat es enorme Verluste gegeben.

Indessen läßt Prinz Mohammed al-Muhsin seinen Truppen keine Verschnaufpause. Ihm scheint der Traum, Sanaa doch noch zu nehmen, jetzt verwirklichungsreif. Al-Muhsins Entschlossenheit, den republikanischen Restverbänden nachzusetzen, führt dazu, daß sich seine Einheiten schneller aus dem Inneren der eroberten Stadt lösen müssen, als dies den siegestrunkenen Bergkriegern recht und billig scheint. Mit fester Hand befiehlt sie der Adlige auf die Bergzinnen südlich von Saada. Das gewonnene Terrain gibt beherrschenden Einblick auf die militärisch wichtige Lastwagenpiste, die Saada mit Sanaa verbindet. Aus dem Prinzenhauptquartier in Nehm verbreitet sich die Erfolgsmeldung mit Windeseile. Wo Drahtdepeschen nicht ortbar sind, wird die erfreuliche Kunde von der unverhofften, großen Wende durch Umlaufschreiben überbracht. Auf aus alten Autoreifen gefertigten Sandalen oder auf bloßen, hornhautbeschwielten Fußsohlen traben Boten mit handgeschriebenen und zu Röllchen gebundenen Pergamenten einen oft beschwerlichen Weg über windgepeitschte Höhenzüge und durch dürregeborstene Flußbette.

Plötzlich richtet sich das Haus Hamid ad-Din zu neuem Lebensmut auf. Von überall her strömen dem Prinzen Krieger entgegen, allen voran die wohl wildesten Hochlandkämpfer, die wieder aufsässigen Arhabis. Es folgen Unterstämme aus den Berggauen des Nehm und die Khaulanis.

Bald sind es nur noch 150 Kilometer bis zur Hauptstadt. Bedrohlicher noch: Die Bakilis, Khaulanis und Arhabis haben ihre Stammesvorposten auf 30 Kilometer an Sanaa herangeschoben. Kann man auch von einer absoluten Kontrolle nicht sprechen, eine Drohgebärde sind sie allemal. Es soll möglichst viel Territorium zurückgewonnen werden, ehe es zu den geplanten Friedensgesprächen zwischen den Republikanern und der saudiarabischen Führungsspitze in Dschidda kommt. Doch geht die Rechnung nicht auf. Wiederum ist der Jemen nicht logistisch erfaßbar, wie dies eine auf moderne Wehrtechnik aufgebaute Kriegführung voraussetzt: Den mächtigen Bakilis stellt sich der ebenso bedeutende Verband der Haschidis entgegen.

Zornentbrannt eilt Scheich Abdullah bin Hussein al-Ahmar an die Front. Bereits im August haben seine Formationen Saada berannt und eroberungsreif geschossen, aber einen horrenden Blutzoll entrichten müssen. Scheich Abdullah begegnet ebenso mutig und entschlossen Prinz al-Muhsin wie dieser ihm. Die Haschidis bieten den Bakilis, den Nehm, Arhabis und Khaulanis tapfer die Stirn, wie es die ungeschriebenen Gesetze der Gesellschaft freier Männer fordern. Mit aller Stärke schärft der Haschidobere seinen Gefolgsleuten ein, die wankenden Republiksoldaten nicht nach Süden zurückweichen zu lassen, fühlen sich Fürst und Krieger doch um den Ruf gebracht.

Wo von Osten her die Pilgerpiste von Harib über das Wadi Dschauf nach al-Harf führt und in die Straße nach Sanaa einmündet, kommt es zum Kampf um die Ehre. Erbarmungslos gehen Abdullahs Draufgänger mit den Flüchtenden ins Gericht. Sie versperren ihnen den Rückweg ins sichere Sanaa und halten die Erschöpften im Niemandsland fest. Der ungehaltene Haschid-Fürst droht: »Entweder ihr fallt vor der Stadt eurer Schande oder als Feiglinge durch die Kugeln meiner Männer!«

In die Zange genommen, machen die Verzweifelten kehrt und leisten al-Muhsins Kriegern erneut Widerstand. Es sind beileibe nicht alle, die sich abermals zur Wehr setzen. Manche entschlüpfen in die abgeschiedenen Trockenwadis oder irren ziellos im Ödland umher, obwohl sie wissen, nach dem ehernen Stammeskodex darf Feiglingen weder Fladenbrot noch Wasser gereicht werden. Ausgestoßen büßen sie das Gastrecht des Schutzlosen ein, das jedem gewährt werden muß, auch wenn er gefehlt, aber zumindest die Ehre behalten hat. Einige Offiziere stellen sich und werden nach Sanaa gebracht, wo sie der Prozeß erwartet. Andere fallen vor den Visieren der Königlichen, retten so aber Namen und Ruf.

Nur mit drakonischen Mitteln gelingt es Scheich Abdullah, die Lage zu meistern, die Front auszubauen und Entsatz heranzuschaffen. Die vielversprechende Offensive der Malakis kommt zum Stillstand. Ihre Zuversicht weicht der Resignation. Fast unbeachtet sinkt das Banner des Hauses Hamid ad-Din für immer nieder. Sind es doch die Großföderationen und ihre Krieger selber, die sich gegenseitig den letzten Salut schießen und damit den Großen Zapfenstreich des Jemen-Kriegs intonieren...

Schlechtes Timing mit Folgen

Sparsam verteilt trennen sieben bunte Perlschnüre das Foyer des »Al-Makha«-Hotels vom Restaurant, das Soldaten, Händlern und staubbedeckten, streunenden Kriegern als Rastplatz dient. Wie Zimbalklänge klimpern die Schmuckfäden bei jeder Berührung.

Abdallah meldet die Ankunft seines Vetters im Vornamen: Abdallah al-Hamami, Stütze der Etikette. Nach dem Desaster von London ist er nicht nur in Amt und Würden, sondern die Wiederaufnahme der Beziehungen zwischen Sanaa und Bonn hat seine Position erheblich gefestigt. Fast protokollwidrig will er in überschwenglicher Hurtigkeit zustande bringen, was sonst Tage dauert. Heute noch soll ich den neuen Premier Mohsin Alaini kennenlernen – und natürlich auch meinen »großen Bruder« General Hassan al-Amri wiedersehen, der inzwischen wieder das Oberkommando über alle jemenitischen Streitkräfte übernommen hat, versichert er augenzwinkernd. Selten sind sich gegensätzlichere Charaktere als Alaini und al-Amri im Regierungspalast an einem Tisch gegenüber gesessen. Zu einem Kompromiß dieser beiden

Taktiker, die al-Iryani offensichtlich und genüßlich gegeneinander ausspielte, ist es nie gekommen. Wer würde in diesem unergründlichen Hasardspiel auf der Strecke bleiben müssen? Al-Amri, Alaini oder gar der große al-Iryani?

Al-Hamami hat keine großen Bedenken, mich kurzerhand mitten in diesen Machtkampfstrudel hineinzuwerfen. Um die Mittagszeit soll ich Alaini begegnen und nur 15 Minuten (!) später al-Amri in seinem Militärhauptquartier an der Stadtgrenze wiedersehen. Meine Einwände, wie dies zeitlich zu realisieren sei, werden mit dem Segenswunsch: »Allah wird helfen« der göttlichen Vorsehung überlassen.

Um der Vorsehung ein wenig nachzuhelfen, mache ich mich lange vor der Zeit auf den Weg. Wachen schleusen mich durch das Labyrinth des al-Kasr al-Gumhouri. Ich bin versucht zu glauben, jeder Premier hat sich geweigert, das Arbeitszimmer seines Vorgängers zu benutzen, und trotzdem ein repräsentatives Domizil im Hause gefunden. Bedenkt man, daß inzwischen Dutzende Kabinettschefs im Amt waren, gibt dies Aufschluß über die schon von einem Imam-Architekten vorausgeahnten Bedürfnisse des Herrschens und Teilens im Jemen. Über düstere Treppenfluchten geht es hinauf in den dritten Stock. Unterwegs treffe ich alte Bekannte. Flurplausch läßt wichtige Missionen ins Stocken geraten. Fragen nach Bekannten aus früheren Tagen werden mit treuherzigem Lidsenken beantwortet, oder die Antwort lautet: »Er schläft!« Übersetzt heißt das: »Der Glückliche hat keine pflichtige Position...« Doch die »Unglücklichen« summen im Hohen Haus wie eh und je.

Im Schlepp einiger Hauspfadfinder werde ich zwei Stockwerke nach unten gebracht. Dies ist echte jemenitische Gastlichkeit. Da will man den Freund nicht im Vorzimmer warten lassen und führt ihn erst einmal zu jedermann hin, damit er sich nicht langweilt. Endlich lande ich in einem Seitentrakt, den sich der Jemen-Premier als Leitstelle erwählt hat. Im Vorzimmer der Macht werde ich dann doch meinem Schicksal überlassen. Kurzes Überdenken der Situation, der möglichen Gesprächsthemen.

Die seit Monaten festgefahrenen Verhandlungen über die Person des möglichen Delegationsleiters des Jemen für die Islamische Konferenz in Dschidda sind wieder in Bewegung geraten, als sich der Regent von Kuwait vermittelnd betätigt. König Feisal kann sich dem Wunsch seiner kuwaitischen Freunde nicht verschließen und ist nun bereit, den progressiven Premier Alaini eventuell als Verhandlungspartner zu akzeptieren. Hat er einsehen müssen, daß es jenseits des Friedens keine Existenz – auch für den Stärkeren – gibt?

Beobachter argwöhnen, König Feisal suche einen neuen Eklat, indem er den Jemen-Premier unverrichteterdinge heimkehren lassen wolle. Eines ist sicher: Würde Alaini in Dschidda scheitern, müßte er in Sanaa einem erzkonservativen Kabinettschef weichen. Gelänge ihm jedoch ein Erfolg, müßte man zugeben, mit ihm habe eine neue Phase im Nachkriegsjemen begonnen. Alaini müßte dann als präsumtiver Nachfolger des kränkelnden Staatschefs al-Iryani in Betracht gezogen werden. Nun kommt es darauf an, zu einer Bewußtseinsbildung beizutragen über die Dinge, die zwangsläufig zu tun sind. In Riyadh wie in Sanaa ist man mittlerweile erstmals zur selben Auffassung gekommen: nämlich, daß die UdSSR die Hegemonie über die im Islam ruhende arabische Welt anstrebt.

Für die mittleren und kleinen Mächte der Arabischen Liga kann schon ein einfacher Bewertungsfehler für ihren und ihres Glaubens Fortbestand fatal werden. Tatsächlich regte sich der bereits bei arabischen Stämmen und Reichen des Altertums nachweisbare Urinstinkt, allem Fremdeinfluß geeint zu widerstehen, auch bei den Königs- und Herrscherdynastien oder progressiven Republiken der Gegenwart. Sogar in den vom Ostblock hart auf atheistischen Kurs gedrängten Republiken ist man nicht bereit, dem Islam abzuschwören, um den Sozialismus als »Staatsreligion« einzusetzen. Die Konferenz der Außenminister von 22 islamischen Staaten in der saudiarabischen Hafenstadt Dschidda würde hinter verschlossenen Türen um das Ergebnis eines zäh auszuhandelnden Kompromisses ringen müssen.

Stillschweigend haben die Jemenitische Arabische Republik und das Königreich Saudi-Arabien einander großzügig »Vorschuß auf die Handelsbilanz des Friedens« gegeben, wie das in Sanaa blumig umschrieben wird. Seit Wochen wurde in Saada nicht ein Schuß abgegeben: Ein nicht erklärter Waffenstillstand erweist sich als haltbarer als viele Dekrete mit Siegeln versehener Unterschriften. Warten auf Dschidda!

Kaum wird die Tür zu Alainis Arbeitszimmer geöffnet, stürmen unangemeldet und waffenstarrend der Haschid-Scheich Abdullah al-Ahmar und sein Sohn herein: Scharfe Beduinenblicke fordern Ehrerbietung – aus unverhohlenem Geltungsbedürfnis, verbreiten sie doch Furcht in den republikanischen Amtsstuben. Aber Scheich Abdullah und der »Sohn seines Vertrauens« bringen gute Botschaft. Sie kommen aus Harf Sofyan und berichten, vor Saada sei alles ruhig, kein Pulverdampf wehe über die Ebenen. Dann stecken die Stammesfürsten und der Republikpremier die Köpfe zusammen. Wen wundert's, daß die republiktreuen Stämme befürchten, ihre staatlichen Privilegien gemindert zu sehen, falls die Stammesoberen unter al-Badrs Fahne exorbitante Forderungen stellen sollten. Die Haschidis wollen eine interne Machtabsicherung verbrieft haben, bevor Alaini nach Dschidda reist.

Es scheint ein schneller Handel; ehe zehn Minuten vorbei sind, brausen die Herren des Hochlandes wie eine Windbö wieder hinaus. Dem Premier haben die Haschidfürsten bedeutet, sie würden stillhalten, vorausgesetzt, die Einflußreichen blieben auch die Reichen in der Republik. Und Alaini hat ihnen zugesichert, ohne den Rückhalt der republiktreuen Stämme keine Sondervereinbarungen mit den imamergebenen Stämmen einzugehen.

Was immer auch über den fintenreichen Alaini an Gerüchten kursiert, schon im ersten Augenblick wird mir bewußt, daß hier der Repräsentant der jungen Generation des Jemen vor mir steht. Ich bin sicher, der ausgebuffte Politiker weiß mehr über meine Kontakte im Nord- und Südjemen, als ich selber zugeben würde. Dieser mittelgroße Mann mit seinen Moccaaugen scheint mir ein wahres Bündel an Aktivität und ausgeprägter Intelligenz. Von Anfang an hat Alaini mir gegenüber mit ungezinkten Karten gespielt und ohne diplomatisches Geflunkere auf ein persönliches Vertrauensverhältnis hingesteuert. Obwohl die brennenden Aktualitäten Vorrang haben und der überlastete Premier unter dem Druck des kommenden Ringens um den Frieden in Dschidda steht, nimmt er sich ein paar Minuten Zeit, um die Berichte und Gerüchte, die mit meiner Person verbunden zu sein scheinen, durch persönliche Kontaktaufnahme zu analysieren. Er bedauert, daß ich so lange habe warten müssen. Aber, ein Kopfwink zur Tür, die Haschidis seien nun mal wichtige Leute im Lande.

Alaini kommt gleich zur Sache. Zu prekär ist seine Lage, als daß er herumparlierte. Vor dem Dilemma des Drucks von drei Seiten – des Ostblocks, Saudi-Arabiens und seiner Brüder im Süden – gibt er sich als unbeugsamer Patriot: Er ist nicht bereit, vor irgend jemandem zu kapitulieren. Die schwelende Krise, meint er, gedenke er nicht durch ein lapidares Lippenbekenntnis einzudämmen. Klipp und klar offenbart er, seine Delegation werde in Dschidda um Vertrauen von Dauer kämpfen. Ist schon der Mut des sozialistisch orientierten Premiers, der in die Höhle des feudalistischen Löwen Feisal reist, anerkennenswert, mehr noch beeindruckt seine kluge Analyse: »Wir sind in einer schwierigen Situation, und es liegt nicht in unserer Macht, allein das Geschehen richtungweisend zu beeinflussen. Wir vertrauen auf die Einsicht unseres Verhandlungspartners, mit dem wir endlich in guter Nachbarschaft leben wollen.« Alainis Aktenkoffer sind gepackt, die Kiste mit seinen geliebten Havannazigarren liegt griffbereit. Es gibt Augenblicke, da wünscht man Erfolg, ohne den Mund aufzumachen. Ein herzlicher Händedruck besiegelt eine Freundschaft.

Ein mich suchender Stabsoffizier meldet im Armeehauptquartier, trotz seines unbestreitbaren Geschicks sei ich nicht aus Alainis Fängen zu lösen. Wer al-Amris cholerisches Temperament kennt, weiß, wie gewaltsam sich seine Emotionen entladen können. Der negative Rapport des Offiziers, der sich schleunigst aus der Schußlinie begibt, ist nur die Ouvertüre eines Donnerwetters seines Oberbefehlshabers, der nie mit der Zunge der feinen Worte umzugehen gelernt hat. Fuchsteufelswild läßt er sich mit Alainis Vorzimmer verbinden und sagt unser geplantes Treffen ab. Zu warten ist für ihn ein Affront und durch niemanden, der für mich und die Situation spricht, zu entschuldigen. Auch al-Hamamis verfehlte Terminplanung wird rigoros vom Kartentisch gefegt. Der Sieger von Sanaa ist stumm geworden für mich, der ihm nach seiner Auffassung politisch die Treue gebrochen hat.

Ich entschließe mich, al-Amri in seinem Privathaus einen Besuch abzustatten, um mich für die nicht von mir verursachte Unhöflichkeit zu entschuldigen. Die enge Straße, die zum Hauptportal führt, ist durch Mannschaftswagen seines Leibregiments abgeriegelt. Doch der Fuchsbau al-Amris verfügt über unterirdische Gänge, die erst weit entfernt in Seitengassen zutage treten. Ich begebe mich also zu einem der mir bekannten Seitenausgänge, wo Vertraute und Verfemte gleichermaßen diskret zugelassen werden. Nachdem ich an den Holzbohlen der schweren Tür angeklopft habe, muß ich eine Weile warten, bis sie mir einer der alten Leibwächter al-Amris einen Spalt öffnet. Erst ein gewohntes Schwätzchen um nichts als Gesundheit und Wohlergehen, dann Überreichen eines mitgebrachten Versöhnungsgeschenks. Wir vereinbaren, daß ich an der gegenüberliegenden Mauer warten solle, ob mir Absolution zuteil würde. Das Tor wird verriegelt. Nach einer Stunde steckt der Alte wieder den Kopf durch die Luke. Es ist ihm anzusehen, dem Armeechef ist an meiner ehrenhaften Kapitulation wenig gelegen, weil nicht sein kann, was nicht sein darf.

Immerhin ist er Stratege genug, mein Geschenk nicht zurückzuweisen; zur Vernunft kommen will er jedoch nicht. Er ist und bleibt bis in die Seele gekränkt, und die sich über fast achtzehn Monate hinziehenden Wiederversöhnungsversuche, die von ihm wie von mir mit jemenitischer Beharrlichkeit verwehrt und erneut entriert worden sind, wurden zum lustvoll interpretierten Gesprächsthema Sanaas. Mokant gesagt, die zähe Abnutzungsschlacht zwischen al-Amri und mir, die zu guter Letzt doch zur Versöhnung führen sollte, hat der Volksmund als zweite Belagerung al-Amris apostrophiert, und er gab mir nachträglich zu verstehen, es sei die einzige »Schlacht«, die er mit stillem Vergnügen verlorengegeben habe.

Rivalen mit nur einem Ziel

Nach meinem Cannae vor al-Amris Pforten wurde das militärische Desaster durch politischen Bodengewinn wieder wettgemacht: Al-Hamami, dem ich tüchtig die Leviten las, überbrachte die Einladung des Jemen-Präsidenten al-Iryani zu einem Interview. Er wollte mich am Sonntag, dem 22. März 1970, empfangen, einen Tag nach der geplanten Abreise seines Premiers Alaini nach Dschidda. Es war leicht zu erraten, daß al-Iryanis Ruf Hintergründe hatte und daß es sich dabei um innerjemenitische Belange handeln würde. Ich beschloß also, den Präsidenten über meine Fragen im voraus zu informieren, so daß er sich der Situation entsprechend äußern konnte.

In meiner Herbergskammer feilte ich also am Text des Interviews – kam ihm doch eine erhebliche Bedeutung zu. Scheiterten die Verhandlungen in Dschidda, war das Ausmaß der dann allein von al-Amri zu bestimmenden und durchzuführenden Abwehr- oder Angriffsoperationen diplomatisch kaum noch eindämmbar. Zwar lebte der Jemen seit Jahr und Tag in permanentem Notstand, der Reformvorstellungen fast als Utopie erscheinen ließ, doch ein erneutes Umherziehen sengender Stämme und Kämpfe gegen marodierende Armee-Einheiten wären der Untergang des jungen Staates gewesen. Nur zu gut konnte ich mich in die Lage der beiden Männer versetzen, denen das Fatum die Verantwortung für eine solche Tragödie aufbürden würde. Drüben in der Militärakademie brüteten al-Amris junge Generalstäbler überm Kartentisch, ob ihre hinfällige Truppe dem Ansturm von König Feisals wohlgerüsteten Freiwilligenkontingenten auf offener Ebene rund um Saada standhalten könne. Flach ist der Norden, und das Sanaa sichelförmig einschließende Hochland ist ohne Luftherrschaft, schwere Artillerie und rasche Panzerverbände von größter Feuerkraft nicht zu halten. Nichts dergleichen war in den Arsenalen. Auf Hudaidahs Pisten standen überalterte MIGs17, kaum fähig, von der Rollbahn abzuheben. Al-Amris Artillerie bestand aus nur wenigen noch intakten Haubitzen: Imstande, schüttere Lehmdörfer niederzukartätschen, hatten sie nicht das Kaliber, über große Distanz Sperrfeuerriegel zu legen. Aus den Tagen der Belagerung war eine Batterie Stalinorgeln in den Mauern verblieben, die Rohre leer und rostig, mehr Requisit als zeitgemäßes Kriegsmaterial. Die Munition lag unter Verschluß der sowjetischen Supermacht. Was den Haudegen al-Amri anging, war er nicht bereit, um den Preis der Aufgabe jemenitischer Souveränität darum zu schachern. Zwischen Todesmut und Todessehnsucht schwankend, wollte er lieber mit seiner Prätorianergarde verbluten, als Moskau noch einmal als Bittsteller anzugehen.

Auf der anderen Seite der Stadt, im al-Kasr al-Gumhouri, blieben die Lichter in dieser Nacht an. Umwölkt von Zigarrenrauch recherchierte und sinnierte der Jemen-Premier Mohsin Alaini über Methoden und Mechanismen, wie gerade er dem feudalistischen Feisal die progressive Republik als Partner von Vertrauen darstellen könne. Alaini, noch nicht vierzig Jahre alt, und Feisal, den die Bürde des Alters bereits beugte, würden schon aufgrund des Generationsunterschieds schwer zu Denkmodellen finden, die eine Koexistenz der unterschiedlichen Gesellschaftssysteme ermöglichten. Zwar hatte sich Alaini während des Bürgerkriegs als elastischer Panarabist, geschickter Verhandler und Mann mit politischem Instinkt einen Namen gemacht – ihm und Dr. Hassan al-Makki hatten die Republikaner zu verdanken, daß Moskau Jemens Waffenwünschen zustimmte –, aber ob nicht gerade das König Feisal gegen ihn einnahm, schien fraglich.

Mohsin Alaini, am Putsch gegen Sallal maßgeblich beteiligt, war am 7. November 1967 Kabinettschef geworden und hatte bereits wenige Tage später eine vorläufige Vereinbarung mit dem royalistischen Volksgeneral Qassem Munasser erreicht: Der außenpolitisch sehr fortschrittlich eingestellte Spitzenpolitiker und der als sozialer Erneuerer apostrophierte General unter gegnerischer Flagge kamen unerwartet schnell überein. Trotzdem sind Munasser und al-Amri später besser unter dieselbe Generalsmütze gekommen, als dies Alaini förderlich schien. Dennoch, auf der sozialpolitischen Leitlinie fuhren Alaini und Munasser navigatorisch denselben Kurs. Das »sozialrote« Intermezzo Alaini–Munasser blieb Royalisten wie Saudi-Arabern unvergessen. Mit Alainis Namen verband sich seither eine unterschwellige Furcht. Selbst der unantastbare al-Iryani hielt den jungen Senkrechtstarter von zu schnellem Höhenflug zurück. Er fürchtete sein Ziel, eine in Glanz und Gloria vollzogene Abdankung aus Altersgründen könne unfreiwillig vorverlegt oder gar mit einer wenig ruhmreichen Absetzung enden. Al-Iryani hat also die Antipoden al-Amri und Alaini vorsichtig gegeneinander ausgespielt. Denn geschwächte Nachfolger – so al-Iryani – sind keine ernsthaften Rivalen.

Alaini war breiten Kreisen des Handels und Wohlstands höchst suspekt. Das Wort der Propheten galt noch nie etwas im eigenen Lande, und gerade im Jemen, der fest wurzelte in den Sitten der Götter und Väter aus grauer Vorzeit, waren Veränderer unwillkommen. Es nimmt daher nicht wunder, den jungen Alaini nach Studium und Promotion weniger im nordjemenitischen Hochland als im südjemenitischen Brudergebiet zu finden. Nie hat er verhehlt, daß seiner Meinung nach das Imamat vom Volk gestürzt und durch eine Republik ersetzt werden müsse. Verständlich, daß er in Sanaa als Aufrührer, der ernst zu nehmen war, auf Imam Ahmeds schwarzer Liste einen führenden Platz einnahm. In Aden lebte Alaini einige Zeit im Exil, wo all die sich sammelten, die im Norden vom Richtschwert des Jemenkönigs bedroht waren. Den Briten, die Aden besetzt hielten, war die Schwächung des Imamats nur recht, denn sie schlugen Kapital aus den ständigen Fehden der sich in Grenzkriegen schwächenden Stammesföderationen. Als aber umstürzlerische Kräfte in Aden zum erstenmal den Union Jack vom Flaggenmast rissen, griffen die sonst unauffällig operierenden Herren vom Secret Service kategorisch durch. Ende der fünfziger, Anfang der sechziger Jahre flohen Hunderte von Rebellen aus dem Nord- und Südjemen ins Ausland oder gingen in den Untergrund. Alaini, noch Mann in der zweiten Reihe, ging nach Damaskus. Doch bald mußte er – wie viele arabische Politiker – erkennen, daß es kein fremdideologisches Allheilmittel für ihre rückständigen Länder gab, jedenfalls kein kommunistisches, das im Widerspruch zu den Lehren des Propheten Mohammed steht. Aber er blieb entschlossen, reformistisch auf das sozial mißgestaltete Gefüge des Jemen einzuwirken, mit dem Ziel einer neuen Gesellschaftsstruktur, kurzum einer gerechteren Verteilung dessen, was im kargen Bergstaat vorhanden war. Mit Vorbedacht stand Alaini lange im Schatten derer, die als Revolutionäre der ersten Stunde gefeiert und dann gefeuert wurden. Aber mit der Zeit wurde er unentbehrlich. Kein Kabinettschef wollte auf die kreativen Ideen des Jungpolitikers verzichten. Doch ebenso steht fest: Wann immer zwischen den Staatsverantwortlichen unüberbrückbare Gegensätze aufbrachen, zog Alaini beizeiten die weise Konsequenz, sich vor kritischen Situationen außer Landes zu begeben, um möglichen späteren Vorwürfen zu entgehen. Pessimistische Politiker sind Realpolitiker, die um die Vergänglichkeit der Macht wissen.

Gegenwärtig war General al-Amri ins Hintertreffen geraten, weil der Heerführer ungeeignet war, diffizile Fragen der Friedensmission, ohne mit dem Säbel zu rasseln, zu lösen. Hierin schien der geschmeidige Alaini besser versiert. Dies war al-Iryanis Entscheidung. Wie aber hat Alaini über diesen »Gunstbeweis« gedacht? Er stand mit dem Rücken zur Wand und wußte nur zu gut um seine geringe Erfolgschance. Dem saudischen Herrscher war der Revolutionspolitiker ein Dorn im Auge, während der Wesir-Nachfahre al-Amri Riyadh von vornherein besser ins Weltbild paßte. Doch ausgerechnet Alaini sollte jetzt in Dschidda einen knapp gewonnenen Krieg mit einem übermächtigen Herrscher vertraglich beenden, während schon ein neuer Krieg drohte, der mit Gewißheit verlorengehen mußte; er sollte das Wunder vollbringen, zu dem die Armee nicht mehr fähig war. Kehrte er ohne Vertrag zurück, war seine politische Karriere zu Ende.

Al-Amri stand schon auf dem Sprung, den ihm entrissenen Sessel wieder zu besetzen. Und der gewiefte al-Iryani würde keine Sekunde zögern, die Rivalen auszutauschen, wie und wann es ihm beliebte. So lag in Alainis Reisebündel der Erfolgszwang obenauf. König Feisals Lust am Desavouieren ihm nicht unterwürfig begegnender Persönlichkeiten war sattsam bekannt. Und der Zynismus des Jemen-Präsidenten stand dem des Saudi nicht nach. Flugs war der Qadhi mit beißenden, sarkastischen Bemerkungen zur Stelle, wenn es galt, einen Versager, dessen Mißgeschick seine Unfehlbarkeit tangierte, vor aller Öffentlichkeit bloßzustellen, und sei es nur als Schachzug.

Auf höchster Staatsebene war al-Iryani seinem Widersacher Feisal gegenüber natürlich im Nachteil, seine Republik ein Winzling im Vergleich zum überragenden Finanz- und Ölriesen Saudi-Arabien. Allerdings mehrten sich ringsum die mahnenden Stimmen der islamischen Armenbrüder, der große Feisal möge sich nicht im Zwist mit dem Jemen-Präsidenten verzehren, seien doch die im Pulverrauch verschwendeten Kriegssubsidien besser in ihren Staaten investiert. Diese Meinungsfront zu nutzen war al-Iryanis Bestreben. Seine geschickten Äußerungen über die Ultima ratio im Konflikt gegen Riyadh waren gleichwohl auch ein deutlicher Wink an den Westen, doch endlich zu helfen und mäßigend auf Saudi-Arabien einzuwirken. Daß al-Iryanis Kommentare über die mögliche Wiederausweitung des Krieges absichtlich neue Unruhe schürten, war ein durchdacht-gewollter Schachzug.

Deshalb machte mir dieses Interview so großes Kopfzerbrechen. Mehrere Fassungen verwarf ich; dem einen oder dem anderen hätten sie am Ansehen genagt. Ich war froh, als ein Bote der Deutschen Botschaft mit der Bitte eintraf, dringendst seinen Herrn aufzusuchen.

Alfred B. Vestring empfing mich diesmal nicht im Dienstbereich, sondern in seiner privaten Plauschecke. Was diese Auszeichnung auf sich hatte, wurde mir diplomatisch beigebracht. Er habe gehört, ich hätte ein wichtiges Interview mit dem Präsidenten. Dies sei eine günstige Gelegenheit für die Äußerung, den Westmächten sei an einem Kompromiß zwischen der Jemenitischen Arabischen Republik und Saudi-Arabien sehr gelegen. Die Vereinigten Staaten von Amerika, Großbritannien und Frankreich und andere Staaten der westlichen Allianz seien bestrebt, mäßigenden Einfluß auszuüben, damit der Konflikt endlich beendet werden könne. Dies sei auch das Anliegen der Bundesrepublik Deutschland, und sie wünsche an der gemeinsamen Aktion zu partizipieren. Allerdings ließ Vestring in der Schwebe, wie unsere in Sanaa neu etablierte Botschaft, die erstmals in einem progressiven arabischen Staat diplomatisch tätig geworden war, hier ernstlich mitreden könne.

In aller Höflichkeit deutete ich Vestring an, eine derart offiziöse Aufgabe sei für mich unannehmbar. Als Mittler hätte ich freiwillig im Rahmen meiner Möglichkeiten zur Beziehungsaufnahme beigetragen, im Sinne meiner Pflichten als Bürger der Bundesrepublik Deutschland. Was mir aber hier angetragen wurde, lag auf einer anderen Ebene. Von Natur aus mißtrauisch, würden die Jemeniten Vestrings durch mich vorgetragenen Versuch als Einmischung in ihre inneren Angelegenheiten auslegen und – Bonns neuen Mann in Schwierigkeiten bringen. Daß ich mitwirken wolle, die Dschidda-Konferenz positiv zu beeinflussen, sei selbstverständlich.

Abdallah klopft an, schiebt die Tür mit der Sandale auf und serviert auf einem Plastiktablett das übliche Abendessen: Brotfladen, gebratenes Huhn und heißen Tee. Der unrasierte Weggenosse äugt mir neugierig über die Schulter, findet aber den Stenoblock fast ohne Schriftzeichen. »Ein leerer Bauch bringt nichts Gutes zuwege«, brummelt er und klopft mir aufmunternd auf die Schulter. Als er mein handtuchschmales Zimmer verläßt, höre ich unten debattierende Stimmen: Die Sanaaer Politrunde ereifert sich über den Wert oder Unwert der Alaini-Delegation. Wie ich Abdallah kenne, wird er ihnen sagen, der Alemani sitze vor leerem Papier; seine Gedanken hätten ihn verlassen. Und flugs wird sich jemand erheben, zum al-Kasr al-Gumhouri eilen und dem Dolmetscher al-Iryanis, der den Text abholen soll, sagen, er könne in Ruhe noch eine Partie Brettspiel machen. Bald aber wird al-Iryanis Bote mahnend anklopfen. Einer urplötzlichen Inspiration folgend, schreibe ich den Text in Windeseile nieder. Dann warte ich im Foyer, nach alter Gewohnheit mit dem Rücken zur Wand in der hintersten Ecke, das Blickfeld für Menschen und Dinge frei. Von Abdallah ins Bild gesetzt, schauen wißbegierige Händler, Beamte und politische Tagesgrößen zu mir herüber, als wollten sie telepathische Fähigkeiten an mir erproben. Aber, typisch jemenitisch, keiner käme, um plumpe Fragen zu stellen. Ein Mann spricht, wann er will – ein ungeschriebenes Gesetz.

Am Eingang ein Raunen, dann kommt ein junger Mann auf mich zu. Eine zierliche Erscheinung, marmorne Haut, große, etwas schräggestellte Mandelaugen – der persönliche Dolmetscher des Präsidenten. Seine aus Hadhramaut stammenden Altvorderen hatten sich augenscheinlich mit malayischem Blut versippt, als sie dem Islam in Indonesien eine feste Heimstatt bauten. Höflich fragt er nach dem Interview-Text. Seine Kenntnisse des Englischen sind um vieles besser als mein Arabisch. Schnell ist der Schriftsatz durchgesehen, die wichtigen Stellen markiert. Mein Gegenüber hat im Nu begriffen. Wenig später wird er vor al-Iryanis Schreibtisch stehen.

Eine Stunde vergeht. Das Warten wird zur Qual. Wird al-Iryani den vorgelegten Text übernehmen oder grundlegende Änderungen vornehmen, die ich wiederum nicht auf meine Kappe nehmen kann? Plötzlich ist der Java-Hadhrami wieder im Raum – lächelnd. In wohlgesetzten Worten meldet er die guten Wünsche seines Präsidenten. Beruhigend hört sich die Mahnung an, ich solle zu dieser denkwürdigen Unterredung ja pünktlich sein. Als ich meine Kopie hervorziehe, um eventuelle Korrekturen zu diskutieren, legt er seine Hand vertrauensvoll auf meinen Arm. Es sei nicht vonnöten. Der Präsident habe keine Silbe gestrichen: Dies sei sonst kaum al-Iryanis Art, meint der Bote achtungsvoll. Al-Iryani habe geäußert, es sei eine gute Sache für die Menschen, den Jemen und die Republik. Morgen vormittag wird mein junger Freund offiziell dolmetschen, was er heute nacht auswendig lernen muß.

Der helle Tag

Nachdem die Maschine mit der jemenitischen Verhandlungsdelegation in Richtung Dschidda entschwunden ist, beginnt in Sanaa die orientalisch-typische Phase der Zeitverdrängung. Für 24 Stunden bleiben die Uhren stehen. Niemand ist zu erreichen, um nicht kommentieren und eventuell dann doch dementieren zu müssen.

Knapp 300 Meter vom »Al-Makha« entfernt liegt die Verkaufsnische der »Yemen Airlines«: ein schmales Kontor mit einer alten, quietschenden Lastwaage, auf deren übergroßer Plattform ein paar Kamele Platz fänden. Hinter dem vereinsamten Schreibtisch schirmt eine aus alter Preßpappe zusammengebastelte Trennwand den Funkraum ab. Vor dem technischen Gerät zwei Jemeniten, die Kopfhörer übergestülpt. Aus der Apparatur gluckst und blubbert es. Zwischendurch das Zirpen übermittlungsschwacher Frequenzen. Plötzlich preßt der eine den Hörer noch näher ans Ohr, während er mit dem Fuß die abgestreifte Sandale heranangelt. Blitzschnell kringelt die braune Hand ein paar Zeilen von rechts nach links aufs Papier. Dann schaltet er den Empfänger aus, lehnt sich erleichtert zurück: »Hamdulillah. Sie sind gut gelandet!«

Der Präsident muß sofort informiert werden, und so macht sich der Funker unverzüglich auf den Weg. Weil gute Nachrichten langsamer reisen als schlechte, wird er ab und zu Rast machen und seinen Freunden die Neuigkeit zu den schießschartenartigen Fensterbögen so vernehmlich hinaufrufen, daß das ganze Viertel jede Silbe mithören kann.

Sicher ist – al-Iryani wird von der Ankunft seiner Delegation in Dschidda früher aus dem Mund seiner Wachen oder seines Hauspersonals hören als vom dann außer Atem geratenen Boten selber. Das hat Folgen. Ab sofort werden die Verhandlungsetappen über Armeefunk gesteuert. Der Vorhang fällt: totale Nachrichtensperre für die Öffentlichkeit.

Dieser verlorene Tag, den die Jemeniten im Labyrinth ihrer Qat-Träume umherirrend verbringen, um dem Trauma eines vielleicht neuen, noch schrecklicheren Krieges zu entfliehen, ist nur als Kalenderabriß erhalten. Niemand kann und will sich so recht an den 21. März 1970 entsinnen, weil ein Sonnenumlauf, der weder Licht noch Schatten hat, in einer Dimension verborgen liegt, die nicht gegenstandsnah und somit nicht existent ist.

Als endlich am 22. März sich die Sonnenfluten aus dem Osten über das alte Sanaa ergießen, wird es augenscheinlich ein »heller Tag«, wie er in der 93. Sure des Koran beschrieben wird. An offiziellen Ereignissen steht meine Unterredung mit dem Jemen-Präsidenten auf der Prioritätenliste zuvorderst. Jeder fiebert den zu erwartenden Auslassungen al-Iryanis entgegen, die darüber entscheiden, ob er zum Pflug oder zum Gewehr greifen soll.

Diesmal bringt mich ein Regierungswagen ins al-Kasr al-Gumhouri. Im Erdgeschoß lagern Hochwohlgeborene und Arme einträchtig auf dem Boden vor al-Iryanis Tür oder wandeln parlierend umher. Kaum zwei Minuten später schieben mich die Wachen ins Arbeitszimmer. Unbestreitbar wird dies keine vertrauliche Unterredung im engsten Kreise sein. Hier ist alles an Offiziellen, an Presse und Rundfunk mobilisiert, was verfügbar ist. Auf dem Schreibtisch werden Mikrofone und Tonbänder für den Einsatz getestet. Auf den Stuhlreihen links und rechts die Gala der Ministrablen und Honorigen, die das Ohr des Präsidenten mit guten Ratschlägen zu füllen haben. Al-Iryani erstaunlich feierlich im großen Staatsornat in Schwarz. Um den Leib die breite, mit in Gold gestickten Koransprüchen verzierte Schärpe, die silberbeschlagene Dschambijja haltend. Auf ein leichtes Handanheben tritt Ruhe ein. Ein Sonnenstrahl findet durch den Mittelteil der Vorhänge, läßt al-Iryanis Brillengläser wie ein Blinkzeichen aufblitzen. Würdig neigt sich der »Große Turban« mir zu. Mit arabesken Höflichkeiten beginnt der Dialog, der hier allerdings nur in Auszügen wiedergegeben werden kann. (In Wirklichkeit dauerte er weit mehr als eine Stunde.)

»Euer Exzellenz, verehrter Vorsitzender des Republikanischen Rates! Ich möchte meiner Freude Ausdruck geben, Euer Exzellenz bei guter Gesundheit anzutreffen!«

Al-Iryani: »Auch uns ist es eine gute Stunde, Sie nun zum drittenmal willkommen zu heißen!«

»Ich erlaube mir, die besten Wünsche des deutschen Volkes an den Präsidenten der Jemenitischen Arabischen Republik und durch den Präsidenten an das jemenitische Volk zu richten. Euer Exzellenz! Nach meiner Reise durch die Tihama und von dort nach Sanaa kann ich nun bezeugen, daß in nur einem Jahr außerordentliche Fortschritte beim Wiederaufbau der Republik erzielt worden sind. Dafür möchte ich Sie und das jemenitische Volk beglückwünschen. Indes – es gilt einen noch sehr langen Weg zurückzulegen. Alle Bevölkerungsschichten in den Städten, Dörfern und der Traditionsstämme im Hochland – sie alle sollten nun in Eintracht zusammenstehen, um die Einheit der Republik zu festigen und zu dokumentieren. Dies ist unabdinglich, sollen jedem Republikbürger Friede und Fortschritt zuteil werden können, was die Vergangenheit auch immer an Wunden hinterlassen hat.

Es ist der Friede – und nur der Friede allein, der diesem Lande und seinen Bürgern eine gute Zukunft bringen kann, die sich zum Wohle des gesamten Jemen auswirken wird. Gäbe es aber Krieg, müßten befreundete Staaten erneut gebeten werden, der Jemenitischen Arabischen Republik Waffen zu liefern. Herrscht aber Friede, so werden befreundete Staaten bereit sein, Kapitalhilfe und Investitionen zum Wiederaufbau des Landes und zum Wohlergehen der jemenitischen Bevölkerung insgesamt zur Verfügung zu stellen. Deshalb ist es mein aufrichtiger Wunsch, daß die nunmehr in Dschidda beginnenden Verhandlungen mit positiven Erkenntnissen abschließen mögen.

Friede allein, um dessen Verwirklichung Euer Exzellenz sich Tag und Nacht bemühen, wird nach und nach Beständigkeit und in den Nachbarstaaten der Republik Vertrauen mit begründen. Auch unser Bestreben ist es, wie die neue Entspannungspolitik zeigt, in der Jemenitischen Arabischen Republik ausgleichend zu wirken. Wir sind der Auffassung, absolute Neutralität ist der beste Weg, um mit jedermann in Frieden zu leben.

Unsere Entwicklungshilfe ist nicht an politische Konditionen gebunden. Nachdem mein letzter Besuch das Ziel hatte, zwischen unseren Regierungen wieder diplomatische Beziehungen einleiten zu helfen, darf ich heute bestätigen, daß unsere Bevölkerung dem jemenitischen Volk wachsende Zuneigung entgegenbringt. Sie wird in der Unterstützung dieser schwergeprüften Republik unter Beweis gestellt. Es würde uns ehren, in Bonn baldmöglichst einen jemenitischen Botschafter begrüßen zu dürfen. Um die freundschaftlichen Beziehungen zwischen unseren Staaten noch enger zu gestalten, erlaube ich mir den Vorschlag zu machen, eine offizielle Deutsch-Jemenitische Gesellschaft ins Leben zu rufen. Es ist mir eine außerordentliche Ehre, hiermit Euer Exzellenz um die offizielle Genehmigung zu bitten, wie ich sie bereits mit Datum vom 19. März 1970 formuliert habe.«

Al-Iryani, der große Altrevolutionär, ist unbestritten eine Koryphäe orientalischer Darstellungskunst, der es – bei Allah – sowieso nicht an versierter Mimik mangelt. Kennt er auch im vorhinein meinen Vortrag Silbe für Silbe, so spiegelt sich auf dem eindrucksvollen Antlitz vor mir eine Skala von Gefühlsempfindungen wider: In-sich-Hineinlauschen, würdiges Nicken des Hauptes, Zurück- oder Vorbeugen des Oberkörpers, Tändelei mit dem goldenen Federhalter, zustimmendes oder reserviertes Mithören, grübelndes Nachsinnen in staatsmännischer Pose! Alle Herzitierten, die der politischen Séance jemenitischer Selbstüberwindung zum Frieden mit dem saudischen Nachbarn das nötige Gewicht verleihen sollen, verfallen der Suggestionskraft ihres offensichtlich mit sich ringenden Präsidenten. Mit dem Ende meiner eigenwilligen Rede, die feierlich übersetzt und aufgenommen worden ist, tritt Stille ein. Kein Löffel rührt im Teeglas, keine Verlagerung der Körperhaltungen in den Pfühlen. Langsam dämmert dem Kreis der Auserwählten, hier und jetzt würde die Antwort gegeben, die über Krieg oder Frieden bestimmt.

Al-Iryani wächst sichtbar in die Rolle eines weisen Schlichters. Ein kurzer Rundblick über die Schar der Reporter und Rundfunksprecher. Aufgrund meiner direkten Friedensanfrage kann der Präsident nun positiv antworten, ohne sein oder der Republik Gesicht zu verlieren. Wohl die größte Kunst orientalischer Rhetorik ist es, die Gewichtigkeit zu verkündender Überlegungen mit nicht enden wollender Stille vor dem ersten Wort zu dramatisieren. Derart soll der Verkündigung des Staatswillens geschichtliche Aureole verliehen werden. Leise erst, dann aber den Saal sonor füllend, ertönt al-Iryanis hohe Stimme:

»Sie sind einer der ersten, wenn nicht gar der erste gewesen, der die Wahrheit über unsere freie Republik berichtet hat. Deshalb sind und bleiben wir Ihnen und Ihrer Arbeit für unser Land stets verbunden.

Sie haben über den Frieden und für den Frieden gesprochen. In aller Offenheit möchte ich erklären: Friede ist allein der Weg, eine Atmosphäre des Vertrauens zu schaffen, um unserem Lande einen besseren Lebensstandard zu geben. Seit 1967 [Sallals Sturz und Regierungsübernahme durch al-Iryani] haben wir uns öffentlich zur nationalen Aussöhnung bekannt, *und wir heißen alle willkommen, die den Frieden wünschen!* Allen Jemeniten, die jenseits ihrer Heimatgrenzen leben, haben wir unsere Hand entgegengestreckt und sie zur Rückkehr eingeladen, um in Frieden mit ihnen zusammenzuleben. *Wir rufen den Frieden,* seit jenen Tagen bis zu dieser Stunde. Auch während der schweren

Bürde der Belagerung unserer Stadt Sanaa haben wir unseren Brüdern über die Frontlinien zugerufen: *Lebt mit uns in Frieden! Wir rufen nicht nach Frieden, weil wir schwach oder wehrlos wären. Wir rufen den Frieden, weil wir glauben, daß weiterhin kein Blut vergebens und gegeneinander vergossen werden sollte.*

Was die Gründung einer Deutsch-Jemenitischen Gesellschaft angeht, so habe ich Ihre Denkschrift wohlwollend zur Kenntnis genommen. Die darin aufgeführten Ziele sind nützlich und dienen der engeren Bindung unserer Völker. Rückblickend auf Ihren Hinweis erinnere ich mich gut an unser Gespräch in Sanaa Anfang 1968 und daran, daß wir unsere Ansicht bekundeten, daß sich die Völker in Menschlichkeit verbunden sind, unbeschadet differierender Gesichtspunkte ihrer Regierungen. Ich darf Ihnen versichern, die Gründung einer Deutsch-Jemenitischen Gesellschaft ist gleichermaßen im Sinne des jemenitischen Volkes wie seiner Regierung. Offene Türen finden alle, die uns in Freundschaft Beistand gewähren möchten. Der Jemen ist von einem Krieg ausgezehrt, der unsere Substanz in sieben Jahren und länger völlig ausgelaugt hat!«

(...)

Ich schließe den Dialog: »Exzellenz: Mich begleitet die Hoffnung, daß die Regierungsdelegation bald aus Dschidda zurückkommen wird. Es ist mein Wunsch, daß ein Zeichen der Ermutigung sichtbar werden möge!«

Nach dem obligatorischen Blitzlichtgezucke streckt mir al-Iryani die Hand zum Abschied entgegen. Der Druck ist lange – und dankbar. Worte wären zuviel gewesen. Nach Arabiens Sitte bilden die Anwesenden Spalier, als ich hinausgehe. Aus den Augenwinkeln sehe ich die Gesichter der Anwesenden wie auf einer Plakatwand, und es ist unschwer festzustellen, daß ihre Sehnsucht dem Frieden gilt – aber nicht um den Preis ihres Stolzes. Habe ich anfangs noch Blicke der Prüfung über mich ergehen lassen müssen, so sind sie jetzt einem offenen Zutrauen gewichen.

Als ich den bereitstehenden Wagen höflich zurückweise und zu Fuß davonziehe, spüre ich die erstaunten Blicke der Wachmannschaften im Rücken, als wäre ich ein Scheich ohne Stamm.

Vor dem Portal der Deutschen Botschaft muß ich diesmal nicht lange in der Sonne schwitzen. Botschafter Vestring läßt nicht bitten – er kommt mir mit gespannter Miene im Hausflur entgegen. Was habe ich an- oder ausgerichtet?

Ich halte es für unabdingbar, den Frage- und Antwortkomplex zwischen al-Iryani und mir vom Band wiederzugeben. Einerseits will ich penibel korrekt verfahren. Oftmals sind Dialogübermittlungen verwirrend und deshalb problematisch auszuwerten, weil Arabesken richtungweisender sind als die wörtliche Zusammenraffung zum Satz. Zum anderen spricht Vestring ein gutes Arabisch. Das Zwischen-den-Worten-Liegende im orientalischen Dialog kann ihm Einsicht in die jemenitische Methodik vermitteln, stachelige Probleme durch emotionale Überlagerungen wieder anfaßbar zu machen. Was er zu hören bekommt, versetzt ihn zuerst in Erstaunen, dann in gerade noch vertretbare Euphorie. Al-Iryanis einwilligende, doch kraftvolle Hinwendung zur Friedensbereitschaft läßt den Diplomaten nicht mehr stillsitzen. Ihm ist klargeworden – im Regierungspalast ist Entscheidendes gefragt und beantwortet worden.

Als das Band zu Ende ist, meint Vestring, nie zuvor habe er derartiges gehört, da könne man nur gratulieren. Er habe mit Klaus Gabelmann über mich gesprochen, und dieser sei festen Mutes geblieben: »Ich könne es eben mit den Arabern...«

Mit dieser Einschätzung sind meine Hoffnungen zerstoben: Vom Opfer jemenitischen Stolzes um eines vagen Friedens willen – davon bleibt des Diplomaten Seele unberührt. Für jeden Idealisten aber ist der Rücksturz zur Erde eine innerliche Tragödie.

Abdallah lehnt im Türrahmen des »Al-Makha« und nimmt mich samt technischem Gerät feierlich in Empfang.

Im Souterrain bugsiert er mich an einen Tisch, umstellt Sitz und Sahafi mit allerlei Krimskrams, winkt Einwände nieder und schlurft in Richtung Küche davon. Minuten danach bringt er das Teearrangement. Etwas ist im Busch. Händler, Müßiggänger und Stammesleute drängeln herein. Das Umfeld wird Palaverplatz. Abdallah dreht an den Knöpfen des ramponierten Radiokastens. Pfeifen, Knistern, Geisterstimmen. Dann füllt die Stimme des Sprechers von Radio Sanaa den Raum: Eine wichtige Mitteilung folgt in Kürze. Das Geraune verebbt, als Märsche aufklingen. Dann fünf Minuten lang die Meldung, die erst Erstaunen, dann aber Festfreude auslöst. Außer al-Iryanis Name und dem meinen, wie üblich phonetisch verballhornt, geht mir nichts ein. Aufklärend zeigt Abdallahs Daumen auf mich. Dieser Roddolf Bellinger, Bullinger oder Billenger ist der Sahafi drüben am Tisch.

Des Staatspräsidenten Unterredung mit dem deutschen Journalisten geht über Richtstrahler direkt zur Radiostation Dschidda. Al-Iryanis Bekenntnis zum Frieden – ein wahrhaft sensationeller Paukenschlag zur Konferenzeröffnung – kommt unverzüglich ans Ohr der saudiarabischen Verhandlungspartner. Dreimal im Verlauf des 22. und 23. März 1970 geht das Einverständnis zur Aussöhnung durch den Äther – und öffnet dem wartenden Republikpremier bis dahin verschlossene Türen und Ohren. Erleichterung, Hoffnung: Wird der Bruderkrieg bald Vergangenheit sein? Ist König Feisal einsichtig genug, der politischen Intelligenz der Rest-Royalisten das erste Wort der Verständigung mit den republikanischen Delegierten zu predigen? Kann es überhaupt eine Koexistenz zwischen der Monarchie Saudi-Arabien und der Jemenitischen Arabischen Republik für immer geben? Radiobotschaft und Fragenkomplex setzen neue Zielpunkte. Nicht nur in der Wirtsstube, sondern im ganzen Land.

Im Durcheinander kann ich mich absetzen. Abdallah bringt meine Utensilien nach. Mehrmals streicht er über die sowieso glatte Kolter meines Feldbetts. Sein Inneres ist aufgewühlt. Mit schwieligen Händen faßt er meine Schulter. Erstmals entdecke ich – seine Bartstoppel haben eisgraue Spitzen, seine Augen sind tausend Leiden alt. Jahre der Not, des Hungers, der Verzweiflung. Jemens Adler sind müde. Hier und überall. Er drückt mich. Seine Frage – nur zwei kleine Worte: »Harb k'hallas?« Ich nicke zuversichtlich: »Harb k'hallas, inschallah!« Der Krieg ist zu Ende. So Gott es will!

Bangen und Freude

Im ersten Morgenlicht singende Lobpreisung Allahs von der Minarett-höhe: »Sanaa, du Leidgeprüfte – dir einen friedlichen Morgen!«

Morgenmuffel Abdallah bringt Frühstück und Zeitungen. Gleich fünf Exemplare hat er für den Sahafi beiseite geschafft. Was gestern von Mund zu Mund ging – heute ist es schwarz auf weiß der große Aufmacher. Im Vergleich zu meinen Tonbandaufnahmen, deren Gegenstücke im al-Kasr al-Gumhouri verwahrt werden, ist die offizielle Lesart in der Regierungsgazette »At-Thaura« leicht polemisch angehaucht. Solange der Westen die Bergrepublik als nicht hoffähig bekrittelt, kann und will al-Iryani die gespannten Beziehungen zum sozialistischen Lager nicht der Zerreißprobe aussetzen. Obendrein droht innenpolitisches Gezeter. Revolutionäre Extremisten, für Adens Parolen anfällig, werden Sturm laufen gegen den Proporz der neuen Ämtervergabe, wie Alaini ihn rückkehrwilligen Politgrößen des royalistischen Lagers anbieten soll. Bis alles in Dschidda unter Dach und Fach ist, verdeckt al-Iryanis nationaldurchwirkter Umhang die ungleichen Stühle, zwischen denen er sitzt.

Schon 48 Stunden qualvollen Wartens. Keine Verlautbarung über den Stand der Verhandlungen. Im schwülheißen westsaudischen Hafen legt man Wert auf Diskretion, was die Friedensgespräche betrifft. Alainis Ringen mit den Vertretern der politischen Intelligenz der Ex-

Royalisten wird totgeschwiegen. Im Vordergrund steht allein die dort tagende Konferenz der Außenminister von 22 islamischen Staaten. So spärlich sind die Informationsfetzen von draußen, daß sie nicht einmal für die Gerüchteküche verwertbar sind. Nur Präsident al-Iryani und General al-Amri, über dessen militärisches Funknetz verschleierte Meldungen laufen, sind im Bild, lassen sich aber nicht ansprechen. Sobald die Dämmerung einfällt und aus dem Osten die Staubwinde stadteinwärts peitschen, eilt Abdallah diensteifrig ans Radio. Indes – das Wunder der Verkündung bleibt aus.

Harren der Dinge, die desgleichen böse Neuigkeiten bringen könnten, müssen jetzt auch wieder die in Sanaa akkreditierten Diplomaten. Im Kofferpacken und Verbrennen allergeheimster Papiere haben sie es im Verlauf der letzten unruhigen Jahre zu nicht preisgegebenen Schnelligkeitsrekorden gebracht. Alpdruck der Crème diplomatique ist ein neuer diplomatischer Flüchtlingstreck in Gegenrichtung: zurück ins sichere Südrefugium Taizz. Denn platzt die Dschidda-Konferenz, wird es dieses Mal nicht beim üblichen Bruderstreit bleiben. König Feisals Prestige kann keine Dekadenz am runden Tisch verkraften. Müßte er nicht unverzüglich mit dem Marschbefehl ans eigene Militär antworten?

Während Jemens Große schweigen, das diplomatische Korps wie auf heißen Kohlen sitzt und die Sanaanis sich der Bekümmernis von Stunde zu Stunde elegischer hingeben, was wiederum die Qat-Preise hochtreibt, gehe ich dorthin, wo es zuerst bekannt werden muß: zur »Yemen Airlines«! Im Kisten- und Kastenbüro sind mir die am Funkpeiler tastenden Airliner Vertraute geworden. Sie bieten Tee, ich Zigaretten und Smalltalk. So dienstags, so am Mittwoch. Qatkauen hält meine Freunde in Form. Das zermürbende Hinauslauschen in den Äther, der emotionelle Gezeitenwechsel von Hoffnung zu Niedergeschlagenheit – wie anders wäre dies durchzustehen. Der Ballon mit der Fata Morgana des großen Wunders treibt davon, als mit Einbruch der Nacht der Flugverkehr automatisch zum Erliegen kommt.

Da – beim Abschied – auf Sendung gepeiltes Zirpen! Wortfetzen finden sich zu Sätzen. Als sie beide Arme hochwerfen, weiß ich, daß es eine gute Botschaft sein muß. Der Dünne mit den ewig davonschliddernden Sandalen jauchzt: Dschidda fordert für morgen eine Sondermaschine an. Mit ihr sollen einige Delegationsmitglieder als Vorkommando nach Sanaa zurückfliegen. Gute Kunde, man spricht von überwältigenden Resultaten.

Hinausexpediert auf die Straße, höre ich die Rolladen ins Bodenscharnier knallen. Weg sind sie, alle ins Geheimste einzuweihen: Der Außenseiter Alaini hat es geschafft! Durch offene Fenster tönen erste

Rundfunkmeldungen: Die Stadt ist vom Bann der Angst befreit. Straßen und Gassen füllen sich. Jeder weiß mehr und Besseres. Gigantisch wächst die Nachrichtenschlange. Es wird eine denkwürdige Nacht. Jemens zweitausendjähriges Center im Fackelschein. Trommelschlag weist den Weg zum Bab al-Jemen: Kommt, Brüder, die Freude zu feiern! Blitzende Klingen beim symbolischen Tanz. »Hamdulillah. Im Heuschober des Mißtrauens ist endlich die Nadel der Einsicht gefunden!«

Tiefe Ruhe in mir. Jemens Graffiti (alte südarabische Ritzschriften in Felsen) sind fortgeschrieben – und ich bin dabeigewesen. In der Wirtsstube serviert ein Boy Trinkbares. Er bedeutet mir zu warten. Dann – unfaßbares Mirakel: Aufs reinlichste gekleidet wedelt mit offenen Armen Abdallah heran: glatt rasiert, nach Rosenöl duftend, Allah zu Ehren. Es ist seine Art, den Himmel zu preisen.

Jemens Generalissimus läßt es sich nicht nehmen, die erfolgreiche Delegation persönlich am Rollfeld zu begrüßen, mit standesgemäßer Militäreskorte, versteht sich. Unter infernalischem Sirenengeheul preschen seine Spezialkommandos nach Sanaa ar-Rahaba.

Als die Maschine zum Stillstand gekommen ist, folgt ein veritabler Handstreich: Wer aussteigt wird umarmt, abgeküßt und schnurstracks in die bereitstehenden Limousinen gezwängt. Los geht al-Amris wilde, verwegene Jagd – zur Regierungszentrale. Wohl erst nachdem die ziemlich verwirrt dreinschauenden Friedensvorboten die Freitreppe hinaufeskortiert sind, scheint man sich sicher, die Richtigen umzingelt, erobert und hinter die eigenen Linien gebracht zu haben.

Vorerst geheim bleibt das Ränkespiel von Dschidda. König Feisal, der sich auf den moralischen Auftrag der Westmächte berufen konnte, nutzte wenig islamisch die Zerbrechlichkeit der Schwachen, um ihnen seine Bedingungen zu diktieren.

Das Gros der Royalisten, die Prinzen und der rechtmäßige Imam hatten sich längst in Feisals Land begeben. Der Vertreter der Königlichen, asch-Schami, ein Kaufmann mit großem Vermögen in Beirut, wurde zur puren Marionette. Seinem republikanischen Antipoden Alaini drohte ähnliches. Hätte er dem Royalisten das fertige Positionspapier anzubietender Kabinettsposten unter vier Augen auf den Tisch gelegt – König Feisal hätte ihn wahrscheinlich des Landes verwiesen.

Daß die beiden Kontrahenten in dieser Form nicht zueinander finden durften, war beschlossene Sache. Doch Alainis Ziel, in Dschidda erfolgreich abzuschließen, war mit der offiziellen Verlautbarung seines Präsidenten bindend geworden: Friede um des Friedens willen!

König Feisal zeigte sich geneigt, die Unterstützung der Rest-Royalisten im Sande versickern zu lassen. Warum jetzt erst? Sieben bittere Jahre war auf sein Geheiß die Königliche Elite verblutet – ohne die Republik von seiner Südwestgrenze wegradieren zu können. Die erbarmungswürdige Schar Überlebender konnte nun abgeschrieben werden. Freilich – eine alljemenitische Wiedergeburt mußte verhindert werden.

Unter Feisals schwerer Hand zerfiel der jemenitische Friedensvertrag in zwei Teile. Des Friedens erster Teil war ein von Alaini und im Namen Feisals unterzeichnetes Dekret, das den Republikanern die Einstellung aller Subsidien an die Königlichen zusicherte. Obgleich Sanaa im Interesse einer nationalen Aussöhnung anbot, auch jene Mitglieder des Königshauses, die keine unmittelbaren Erbfolgeansprüche auf den Titel eines Imams stellten, heimzuholen, sah sich Alaini in dieser die Zukunft seines Landes bestimmenden Frage dem unbeugsamen Veto des saudischen Herrschers gegenüber. Denn nichts schreckte diesen mehr als eine etwaige Formierung eines zwar republikanischorientierten, dennoch der Theomantie weiterhin verhaftet bleibenden Jemenstaates, dessen innere Stabilität er dann nicht mehr hätte zerbrechen können. Der Kompromiß sah darum so aus: Nur die Notabeln der Malakis, deren Familiengefolge sowie einige Prominente nebst Anhängerschaft sollten in die Republik abwandern dürfen.

Des Friedens zweiter Teil kam in Verhandlungen zwischen dem Ministerpräsidenten der Republik, Mohsin Alaini, mit dem letzten Außenminister des zerfallenden königlichen Kabinetts, Ahmed asch-Schami, zustande. Die beiden Landesteile versicherten sich gegenseitiger Toleranz, aber die angestrebte Verschmelzung der beiden ethnologisch unterschiedlichen Volksgruppen – der wehrhaften Stammeshierarchien des Hochlandes mit den seßhaften Oligarchien der Landbesteller und Städter – war darin aufgegeben.

König Feisals Friede steckte voll tückischer Fußangeln: Vor der Welt bereit, den Konflikt beizulegen, ließ er einerseits die Oberschicht des jemenitischen Imamats fallen, andererseits war der »gute Mann von Arabien« huldvoll gewillt, Alaini die diplomatische Anerkennung der Jemenitischen Arabischen Republik verbindlich zuzusagen.

Eine Klausel des Dschidda-Vertrags besagte, allein die Republik habe das Recht, die Hochlandstämme nach Tradition und Gewohnheit finanziell auszustatten. Nach Aufnahme von diplomatischen Beziehungen sollte die Republik Kapitalhilfe aus dem saudiarabischen Budget beziehen, um dieser Verpflichtung nachkommen zu können. Es wäre ungerecht, Feisal zu zeihen, er habe dieses Versprechen nicht gehalten. Gleichwohl lag es in der Hand des Spenders, wieviel, wem und wann gezahlt wurde. Hieraus ergab sich die totale finanzielle Abhängigkeit der verarmten Republik, die es aus dieser Auflage nicht vermochte, die

Kriegerstämme des Nordens vom Gewehr an den Pflug zu bringen. Dies hieß im Klartext jedoch: Der jemenitischen Prinzen ledig, band der saudische König die Scheichs der Nordland- und Ostregionsstämme noch enger an sich als vordem. Bisher waren die Subsidien durch die Hände der Statthalter des Imamats an ihre Kriegerföderationen geflossen. Jetzt bestimmte Feisal, welcher Stamm es sich seiner Meinung nach »erdiente«, weiterhin unterstützt zu werden.

Zwischenlandung in Aden

Ich habe das Gefühl, höflich, aber kühler als sonst behandelt zu werden. Zwar gibt es keine Schwierigkeiten, doch die sprichwörtliche Freundlichkeit der Südjemeniten hat scheinbar heute einen freien Tag. Ist es die Hitze, die alles bleiern dösen läßt? Entleert die einst von Frachtern aus aller Welt gefüllten Ankerbecken von Steamer Point und Maalla. An der Kimm dümpeln einige Schiffe. Reis aus China, Kanonen aus sowjetischen Waffenschmieden. Freundschaft zur Volksrepublik Südjemen ist harter Konkurrenzkampf der sozialistischen Großmächte. Öde liegt der sonst von Fußball spielenden Jungen belebte Sandplatz vor dem »Crescent-Hotel«. Drinnen in der Lobby träge rotierende Deckenventilatoren. Ihre Halterungen vibrieren, wenn den Kreislauf des Stromzuflusses wieder einmal ein Schwächeanfall überkommt.

Instinktiv fordere ich den Reisepaß zurück, nachdem ich mich im Gästebuch verewigt habe. Die Kontrolle ist strikt. Pässe der Gäste müssen durch Boten umgehend der Polizeistation um die Ecke überbracht werden. Da ich versichere, gleich morgen früh in persona bei den Behörden vorstellig zu werden, gewährt mein Bekannter über den Holztresen Dispens. Ob ich über die Reaktionen meiner Reise in den Norden unterrichtet sei, fragt er drängend. Er fixiert mich, als wolle er telepathisch übermitteln, was der Mund zu verschweigen hat. Äußerlich unbeeindruckt verneine ich, worauf kommentarlos die neueste Ausgabe des »Daily Bulletin« der Aden News Agency einen interessierten Käufer findet. Preis: 50 Fils. Ich gebe ein Vielfaches und frage, ob etwaige Anrufe direkt durchgestellt werden könnten. Er versteht – und nickt einverständlich.

Im Gitterkäfig des Aufzugs entschwinde ich nach oben. Im Saalzimmer mit von Hitze gedörrten Möbeln aus britischer Kolonialherrlichkeit werfe ich mich aufs Bett. Unaufgefordert erscheint der Etagenkellner: ein Schlitzohr mit unstetem Blick, einst Lauscher in englischen Diensten. Inzwischen hat er den Zahlmeister, nicht aber das Metier gewechselt. Wie er sich freut, mich zu sehen! Lobeshymnen verströmend, mustert er meine Person und das Gepäck. Wohlweislich habe ich nichts geöffnet. Dreimal schleicht er herein, ohne anzuklopfen, bringt erst Gläser, dann Eiswasser, macht sich im Bad eine Ewigkeit zu schaffen. Stoisch bleibe ich liegen – bis er aufgibt.

Die Schlüssel in der Tasche, das Telefon ausgehängt, verschwinde ich durch jene altbekannten Seitenfluchten, über die Hintertreppen hinauf aufs Dach. Hier oben liegen seit Jahren ein paar Klappstühle herum. Hinter dem Mauergeviert der Schornstein- und Entlüftungsöffnungen sitze ich in Deckung und Schatten und lese das »Daily Bulletin«.

Es stand zu erwarten, daß die NLF als marxistisch orientierte Volkspartei mit der Friedensoffensive in Dschidda kaum konform gehen würde. Dementsprechend auch die offiziellen Kommentare: Gezielt scharfe Attacken gegen die »Clique in Sanaa«, die den Pfad der wahren Revolution verlassen und die Interessen des nordjemenitischen Volkes verraten habe. Im Zusammenhang mit al-Iryanis Friedensinterview bin ich namentlich vermerkt. Als westdeutscher Journalist, der zudem die Gründung einer Deutsch-Jemenitischen Gesellschaft sehr einseitig vereinbart habe.

Das Nachrichtenblatt wandert sofort in den Schlund des Schornsteins. Nichts möchte ich bei mir finden lassen, das bewiese, ich sei unterrichtet, zur Unperson womöglich subversiver Couleur geworden zu sein.

Seit Abbruch der diplomatischen Beziehungen zwischen Aden und Bonn bin ich einer der wenigen, die im Südjemen ungeschoren blieben: solange persona grata, als für Aden und Sanaa die jemenitische Wiedervereinigung erstrebenswert ist. Allem Anschein nach entfernen sich jetzt die beiden Jementeile voneinander – als Gefangene eines jeweils gegensätzlichen Magnetfeldes. Meinen goldenen Käfig werde ich heute nicht verlassen. Auf menschenleeren Straßen würde ich unweigerlich kontrolliert, sistiert – und der Paß wäre weg.

Im immerfort unterkühlten Dining-Room grüßt der dicke Oberkellner, diskret die Freundschaft erneuernd. Zwischen buttered toast und old-English jam flüstert er mir bange Fragen zu. Wird sich auch der Südjemen dem Joch fremder Lehrmeister entziehen können? Kann es noch gelingen, die auf ein rotes Riff aufgelaufene »Dhau der nationalen Revolution« in patriotisches Tiefwasser zu schleppen? Meine Antwort – keine Antwort!

Anderntags bei 40 Grad im Schatten und 92 Grad Luftfeuchtigkeit Herumstreunen in Maalla. Wenige Läden sind offen, die Auslagen dürftig. Auf dem Rückweg bleibe ich in sorgsamer Entfernung zur Polizeistelle. Anmelden? Lieber nicht.

Die Mittagsglut hat den Appetit umgebracht. Unter dem Windhauch der Zimmerventilatoren verdöse ich die Zeit. Ich habe gelernt, das kostbarste Gut unserer Zivilisation aus arabischer Lebensdimension mit Abstand verrinnen zu sehen. Ist das Stundenglas unten gefüllt, wird es umgedreht. Zeit, gleich Sand, ist ewig. Gegen fünf Uhr nachmittags ein Rundgang im Foyer. Später einige vorsätzlich demonstrativ geführte Telefonate vom öffentlichen Fernsprecher. In der Holzkabine staut sich die Hitze; der Vermittler gleich nebenan mit Drähten und Stöpseln vor dem Schaltbrett hört sicher mit oder wird auf Band speichern lassen. Da ich ausschließlich Regierungsnummern anwähle, die Auskünfte verweigern, ist nichts Subversives im Sinne der Aushorcher feststellbar. Vertrauliche Anrufe tätige ich außer Sicht von einem nicht angezapften Außenanschluß eines Etagenapparats. Vermutlich sind diese wenigen Kommunikationsmöglichkeiten, die auch der britische Geheimdienst nicht orten konnte, von nationalen Kräften in der NLF den Sicherheitsorganen fremder Mächte nicht preisgegeben worden.

Abends nach zehn Uhr verschwinde ich durch den Küchenausgang des Hotels. Auf der nächtlichen Suche nach Ahmed Kholedy, den alle kennen und niemand gesehen haben will. Bruder Ahmed war mein von der NLF 1968 gestellter Dolmetscher, als ich als VIP in das von Royalisten belagerte Sanaa reiste. Kholedy, ein Hansdampf in allen Gassen, hatte der NLF gefahrvolle Dienste geleistet, indem er im Ausland gedrucktes Propagandamaterial bei Nacht und Nebel durch die Sperren der Briten in den südjemenitischen Untergrund brachte. Er ist ein glühender Nationalist, der seine Haut den Bastonaden der britischen Spezialagenten öfter preisgeben mußte, als ihm dies lieb sein mochte. Als Individualist war er in kein Parteischema zu pressen, in das neue der Nach-Qahtan-asch-Schaabi-Ära schon gar nicht.

Mit Ahmed ging es bergab, als ostdeutsche Entwicklungshelfer auf dem Gebiet der Sicherheitsförderung in Adens Abwehrzentralen die Chefsessel besetzten. Gebrandmarkt als schwieriger, sich nicht ins System einfügender Zeitgenosse sah er sich ständiger Observierung ausgesetzt. Kholedy tat, wozu er unter den britischen Besatzern schon gezwungen war: Er ging in Adens Untergrund. Sein Widerstand richtete sich gegen die Einschränkung seiner persönlichen Freiheit durch fremde Mächte, die den Kurs »seiner« NLF immer maßgeblicher bestimmten. Die Fahndung nach Ahmed, der in der Sympathie der Adenis wie ein Fisch frei umherschwamm, verlief nicht nur ergebnislos, sondern gab zu Witzen und Gespött über die Häscher Anlaß. Meistens in fremden Betten, war Ahmed nicht zu fassen. Und oft, wenn ich Adens Boden betrat, fand er eher mich als ich ihn.

Mir ist in dieser Nacht hundeelend zumute, könnte doch meine Suchaktion zu Unannehmlichkeiten führen.

Von den nördlichen Trottoirs der Hauptstraße von Maalla gelangt man durch Basaradern hinauf in die Armenviertel. Maallas Rückfront ist volksnäher als seine Schaufassade. Vorbei an Buden und Lagerräumen gehe ich durch eine Art Kondensierung von Bedarf und Nachfrage. Trotz spähender Blicke im Rücken droht mir hier keine Gefahr. Dann ein Straßencafé an einem hellerleuchteten Platz. Ahmed ist passionierter Billardspieler! Der wuchtige Tisch ist auf der offenen Veranda aufgestellt. Silhouetten Spielender. Tief niederhängend überm Filzfeld pendeln dunkelgrüne Schirmlampen. Nur das Spiel ausleuchtend, bleiben Gesichter und Körper inkognito.

Umhereilende Kellner bringen Tee, Bier oder Undefinierbares. Eine giftgrüne Limonade in der Hand, dränge ich durch die Zuschauer. Nacheinander treten die Gladiatoren der Elfenbeinkugel ins Licht, wenn sie übernehmen. Einige Spiele dauert es, dann habe ich Ahmed gefunden! Mein großer Schatten über der Bande läßt ihn hochblicken. Gut hat er sich in der Gewalt. Kein Muskel zuckt im schmalgewordenen Gesicht, nur das linke Augenlid sinkt nieder, dann unmerkliches Drehen des Kopfes – nach draußen hin. Ich wandere hinüber in den Schatten der Gegenseite. Warten, rauchen – plötzlich ist er neben mir. Stille Umarmung. Wir gehen in Richtung Steamer Point. Im Komplex verstaatlichter Banken, die keiner Wache bedürfen, weil die Safes leer sind, finden wir Deckung hinter einer verschlossenen Losverkäuferbude. Hier können wir frei sprechen.

Ziemlich mitgenommen schaut er aus. Aber sein Stolz läßt nicht zu, daß er beklagt, was er zu berichten hat: bei Sonnenaufgang Ausspähen am Strand. Wenn die Fischerboote einlaufen, gibt's was ab vom Fang. Schnell eine Feuerstelle. Unter freiem Himmel – Steckfischbraten auf jemenitisch! Über Tag untertauchen in gähnendleeren Lagerhäusern. Wenn die Dunkelheit wie ein schützender Mantel fällt, Treff mit Freunden, die ihm etwas Geld zustecken, oder hier und dort ein paar Spielchen, die, wenn Allah will, ein paar hundert Fils einbringen. Bis fünf Uhr früh ständig wechselnde Verstecke. Ist die Luft rein, Unterschlupf beim Vater oder Bruder; im Hofverschlag wird das Magenknurren mit Hausgemachtem besänftigt: Ahmed, der Freiheitskämpfer von einst, lebt als Verfemter, ist Gejagter im Stadtproletariat.

Es würde unsere Freundschaft zerstören, würde ich ihm ein Bündel Dinare zustecken. Eher sind die Rollen vertauscht. Mittelsleute haben ihn wissen lassen, ich sei in selbstauferlegter Isolierung im »Crescent«.

Da das Renommierhotel als Treffpunkt der NLF-Funktionäre und ausländischer Delegationen gilt, hielt er es für zu riskant, dort gesehen zu werden. Jetzt ist er froh, mich warnen zu können. Verbindungsleute hätten durchsickern lassen, gewissen NLF-Funktionären sei ich ein Dorn im Auge. Der nordjemenitische Kurswechsel werde auch mit meiner Person in Zusammenhang gebracht. Mach dich aus dem Staub, ehe man in Madinat asch-Schaab über deine persönliche Freiheit beschließt! Jede Stunde ist kostbar.

Wo die Füchse sich gute Nacht sagen, sagen wir uns auf Wiedersehen. Kurz vor Mitternacht bin ich wieder im Hotel. Hinter dem Tresen döst der Nachtportier. Hochschreckend gibt er mir den steckengelassenen Zimmerschlüssel und einen Zettel: »Mr. Rudolf E. Bollinger is kindly requested to meet The Minister of Information and National Guidance for discussions on Monday, March 30th in his office.« Ohne Unterschrift. Gelesen, gebe ich die Nachricht retour; ja, alles ist in Ordnung! Aus dem Versteck in der Etage hole ich meine Tonbandkassetten. Im Schein der Nachttischlampe beginne ich zu packen. Koffer und Ausrüstung stehen vor der Zimmertür – innen! Angezogen liege ich zwei Stunden auf dem Bett, hellwach. Es ist ein wahrer Glücksfall, daß die »Middle East Airlines« ausgerechnet Sonntag morgens um zwei Uhr in Aden landet und um sechs Uhr zurück nach Beirut fliegt. Allah sei Dank.

Gegen vier Uhr schleppe ich meine Habseligkeiten eigenhändig zum Lift. Ruckend geht's abwärts. Durch den Schichtwechsel weiß der Neue nichts Genaues, ist froh, die Rechnung erstellen zu können, ein saftiges Trinkgeld obendrauf.

Aus sicherer Distanz wedele ich mit meinem Paß, was ihn sichtlich sorgenfrei macht. Per Taxi ab nach Khormaksar. Nachtfahrt unter schwülem, aber sternklarem Himmel. Zwanzig Minuten später geht die Schranke zur Einfahrt hoch. Der Soldat ist beruhigt – Passport und Flugschein sind Alibi genug. Schlaftrunken wankt er in die Wachbude zurück. Vor dem Abfertigungslokal der MEA steht ein Dutzend Reisender mit Sack, Pack und Sippe. Prüfend stehle ich mich ans Ende der Schlange; denn wird hier die Zeit knapp, fehlt sie bei der Paß- und Zollkontrolle. Alles geht gut. Die Inquisitoren haben Freischicht.

Quälendes Warten bis zur Startfreigabe. Mit dem Abheben der Maschine fällt die Spannung ab. Ganz offensichtlich hatte ich es weder meinem Glück noch Ahmeds Wendigkeit zu verdanken, daß ich auf freiem Fuß blieb. Gewiß, überall und jederzeit hätten Adens Sicherheitsdienste mir den Prozeß machen können. Dessenungeachtet lag auch in dieser prekären Situation eine schützende Hand über mir. Ungenannte Freunde – Dank euch allen! In diesen Minuten schwor ich mir, das Meinige dazu zu tun, um die Aufnahme diplomatischer Beziehungen zum Südjemen wieder in Gang zu setzen.

Meiner Freiheit jetzt sicher, wächst die Sorge um Ahmed Kholedy. Sechs Monate später steht er abgerissen vor meiner Tür. Er hat die Kontrollen überlistet, ist über Kairo nach Deutschland ausgeflogen. Ich unterstütze ihn und bürge für ihn. Nach zehn langen Jahren wird er als Deutscher, der inzwischen unsere Sprache fließend beherrscht, eingebürgert. Zwar meint Ahmed, er würde eines Tages gerne zurückkehren, denn es gibt keinen Jemeniten, dem das Heimweh nicht die Seele zernarbt. Er wird sein Aden umarmen, wie Aden ihn einst umarmen wird, wenn die Zeit gekommen ist – das ist sein Fatum.

Umverteilung der Kräfte

Palaver um Ex-Royalisten und Scheichs

Anfang Mai 1970 erhielt ich aus Sanaa einen Wink, es sei im Sinne der Regierung, mich möglichst bald im Jemen sehen zu lassen, damit ich die Auswirkungen des gemeinschaftlichen Handelns der Troika al-Iryani – Alaini – as-Sahafi selber in Augenschein nehmen könne. Am 9. Mai reiste ich also über Aden, wo ich mich zwei Tage unbehelligt aufhielt, wieder nach Sanaa. Mit den höchsten Regierungsträgern verbrachte ich dort noch elf lange Tage und Nächte zwischen Hangen und Bangen, bis dann die große Stunde der Heimkehr der verlorenen Söhne schlug.

In Sanaa brodelten Gerüchte. Im Kabinettssaal verhandelten Jemens Politstars, wie man sich mit Anstand einer brüderlichen Umarmung der Nordscheichs, die jetzt mit Macht in die zuvor als gottlos bezeichnete Republik drängten, entwinden könnte. Denn jeder Bergscheich hatte offenbar nur eines im Sinn: wie er seinen Kampfgefährten vom Nachbarstamm, an dessen Seite er vor kurzem noch stritt, jetzt in Sanaa an Einfluß ausstechen könnte. Der Jemen drohte in separatistischen Strömungen zu versinken. Statt an Fortschritt und Reformen zu denken, splitterten sich die angestammten Stammesföderationen in Hunderte neuer, Autonomie fordernder Sippenplätze auf.

Zum verwirrenden Erscheinungsbild trug weiter bei, daß das Bedeutungsfeld einiger politischer Begriffe von ehemals weit links nach neuerdings weit rechts verschoben werden sollte. Was der jemenitische Pluralismus zum Beispiel unter Parteienfreiheit verstand, war nur für die urbanisierten Gebiete des republikanischen Jemen anwendbar; der der Zentralgewalt immer entgegenwirkende traditionelle Stammesnorden blieb ein Relikt der Reaktion. Alaini hatte bestimmt nicht die Absicht, mit kommunistisch gesteuerten Grüppchen sozusagen Volksfronten zu bilden, aber die von ihm angestrebte »pluralistische Demokratie« hatte links von der Mitte anzufangen.

Im Mai war in Sanaa nicht gewiß, ob alle traditionellen Kräfte des Nordens, die nun nach Sanaa heimzukehren wünschten, die Folgen überhaupt übersahen. Indes, ihr Votum, in dieser Republik leben zu wollen, bewies, daß in sozial rückständigen Ländern große Teile der Bevölkerung für eine Neugestaltung des Staates zu mobilisieren sind, wenn dieser nur »diesseits des Kommunismus« haltzumachen bereit ist. Allerdings ist ein solcher abgewandelter, postrevolutionärer Nationalismus nur insofern nichtkommunistisch, als er gewissermaßen an die Möglichkeit der Freiheit in einem faktisch demokratischen Sozialismus glaubt.

Wie würden die unregierbaren Stammesfürsten des Jemen mit diesem System zurechtkommen?

Alaini erschienen die Führer der nördlichen Grenzregionen ungeeignet, in Fragen der alljemenitischen Gemeinschaft von Städtern und Stammesleuten mitzureden. Die noch intakte Sendestation der Royalisten half nach, den Premier und die Zentralfiguren in Sanaa als angepaßte Partisanenverbände des Marxismus um den Ruf zu bringen. Alainis gemäßigter Reformsozialismus wurde somit nicht nur von Aden angefeindet. Der Haschidfürst al-Ahmar, Republikaner der ersten Stunde wie al-Iryani, al-Amri und Alaini, war dabei, sich als Alternative der Macht in Sanaa aufzubauen. Auf al-Ahmars Wink nahmen nicht nur die Abgeordneten des Republikanischen Parlaments in ihrem Chorgestühl Platz, sondern würden auch 40000 Haschidkrieger zu den Waffen greifen, um dieses Parlament in alle Winde zu verjagen, falls der Stammeschef dies für nötig erachten sollte. Das entscheidende Merkmal dieses einst dem Volk vorbehalten sein sollenden Parlaments war seine mangelnde Abgrenzung gegenüber immer aggressiver auftretenden Kleinscheichs, die glaubten, hier forsch große Politik machen zu können. Niemand wehrte ihnen, war Parlamentspräsident Abdullah al-Ahmar doch selber Stammesfürst. Andererseits hatte auch er die größer werdende Bedrohung aus den anderen Föderationen zu fürchten, wenn er sie als Wortführer nicht mehr zügeln konnte.

Abdullah bin Hussein al-Ahmar war einer der reichsten und mächtigsten Männer im Jemen – und er wollte davon auch Gebrauch machen! Kein Wunder, daß sich die republikfeindlichen Scheichs zuvorderst an diesen mächtigen Fürsten wandten, wollten sie von der Zentralregierung in Sanaa eine Vorzugsbehandlung. Die Virulenz dieses scheinbar neuen Traditionalismus unter republikanischer Flagge kam aus einer vagen Heilserwartung, nach einem verlorenen Waffengang doch noch große Beute zu machen. Aber selbst wenn die republikanische Regierung mit diesen Autonomieforderungen fertig werden sollte, war sie noch lange nicht über den Berg. Denn sie sah sich zugleich einer wachsenden Opposition aus Aden gegenüber.

In den Nordjemen einsickernde linksradikale Kräfte der straff organisierten NLF hatten in den letzten Wochen eine Propagandaaktion größten Ausmaßes gestartet. Der Parteisender des Südens hetzte die Landbevölkerung um Taizz auf; zugleich war die Agitation in den

Streitkräften der Republikarmee verstärkt worden. Dazu kam, daß der moskauhörige Flügel unter Abdul-Fattah Ismail aufgrund der sich anbahnenden Rückkehr der Ex-Royalisten Rückenwind erhielt und fortan noch enger als bisher mit dem Ostblock zusammenarbeiten wollte. Adens Parteizentrale und die im Ostblock ausgebildeten Kommandeure der Armee der Demokratischen Volksrepublik Südjemen waren sich zumindest darin einig, die Entwicklung im Nordjemen als eine »Kapitulation vor den reaktionären Kräften« bitter zu kritisieren.

Wie tief besorgt Präsident al-Iryani über diese Reaktion aus Aden war, ließ sich an seinem äußeren Auftreten nicht ablesen. Nach langwierigen Experimenten, den Norden mit dem Süden doch noch zu vereinen, schien ein Ende der Verträglichkeit gekommen. Denn die Versöhnung der Städter mit den Stämmen schloß den Ausgleich mit den Brüdern im Süden aus.

Seit der Nacht zum 21. Mai 1970 geschieht nahe der Nordwestgrenze zu Saudi-Arabien, nur wenige Wegstunden vom Roten Meer entfernt, Ungewöhnliches. Über den Westsaum der Gebirgskette hinunterziehend, sammeln sich in der Bezirksresidenz Harad Scheichs und Oberscheichs aus dem jemenitischen Norden. Mit Leibwache und Troß eilen sie, eine gemeinsame Proklamation an die Machthaber in Sanaa zu formulieren. Brandheißes Diskussionsthema ist: Was an Zugeständnissen wird die Republikregierung zu geben bereit sein? Inwieweit wird den Regionalverbänden der Hochlandkriegerschaften zugestanden werden, weiterhin saudische Subsidien zu erhalten?

Auf der betagten, seit langem nicht mehr benutzten Flugpiste nahe Harad, die jetzt provisorisch als Landeplatz hergerichtet wird, berät die letzte prophetisch lamentierende Föderation der Hochlandstämme langatmig über die Wahrung ihrer altverbrieften Interessen. Längs der geborstenen Piste kauern und starren sie in den nördlichen Himmel, als kämen aus König Feisals Sternengewölbe die rettenden Engelscharen zu Hilfe. Aber der alte Herrscher ist stumm geworden, als ahne er den nahen Tod. In der Nacht vom 21. zum 22. Mai lodern die Lagerfeuer wie Rufzeichen weit ins Land, machen Qat und Lobreden der unvergeßlichen Tapferkeiten die Runde.

Unterdessen versammelt sich die verzagt hoffende Bürgerschaft Sanaas vor dem Regierungspalast. Drinnen wie draußen muß man fürchten, die Autorität des jungen Staates stehe auf dem Spiel. Es ist zu erfahren, daß sich al-Amris Militärs für hartes Durchgreifen ausgesprochen haben, sollten die Stämme widerspenstig bleiben. Zwar wiegelt ein Regierungssprecher ab, noch gebe es keine Anzeichen dafür, die bei Harad Versammelten könnten jene in Dschidda zwischen König

Feisal und Premier Alaini ausgehandelten Modalitäten für null und nichtig erklären. Aber Sanaas leidgeprüfte Bürger bleiben skeptisch. Wie oft in den letzten fünfzig Jahren waren Vereinbarungen der elitären Schicht nicht die Schrift auf den Papierrollen wert, waren Stammesföderationen vor Sanaas Wällen aufmarschiert, um erst die Imame und dann die Republikoberen unter Druck zu setzen.

Endlich, am frühen Morgen des 23. Mai 1970, ist das qualvolle Warten überstanden. Per Funk hat Sanaa sein bisheriges Angebot durch Nominierung zusätzlicher namhafter Persönlichkeiten des royalistischen Lagers für das Parlament erweitert. Ausschlaggebend ist, daß die Republik einwilligt, in sechs Monaten freie Wahlen in den Nordprovinzen abzuhalten – vorausgesetzt, die dortigen Stammesgebieter sind bereit, die Oberhoheit der Republik augenblicklich anzuerkennen.

Abs bei Harad, der Notlandestreifen, wird zum Zielpunkt zweier anfliegender Maschinen. Aus dem nördlichen Horizont trägt eine Sondermaschine der saudischen Fluggesellschaft die Ex-Königlichen auf Abs zu; aus Süden schwebt die Regierungs-DC-3 der »Yemen Airlines« ein, um die Heimkehrer nach Sanaa weiterzufliegen. Als die saudische Maschine gelandet ist, umringen Scheichs und Krieger die Ankömmlinge, um ihnen Petitionen, auf Papierröllchen gekritzelt, aufzudrängen. An wen man sich zu halten hat, weiß man aus den Nachrichten. Und weil jeder Scheich nicht nur eine Maschinenpistole, sondern auch ein Transistorradio mit sich führt, sind die Namen der neuernannten Würdenträger der Republik in aller Munde. Augenblicklich lichtet sich der Trubel, als der Nordjemen-Pilot die Motoren anläßt. Propellerblätter blasen Menschen und Gefühle auseinander wie Spreu.

Aufgeregtes Palaver. Als die Neurepublikaner an Bord klettern, stellt sich heraus, daß für viele kein Platz ist. Erbitterter Streit, wer zu wessen Gunsten dazubleiben habe. Da wirft manch einer wütend sein Gewehr zu Boden, als die Luke sich vor ihm schließt. Aber alles, was Rang und Namen hat, scheint schließlich an Bord, und als die alte Douglas endlich von der emotionsüberschwemmten Piste abhebt, feuern Macher und Mannen vom Landestreifen in Abs bis rings um das alte Harad Salut aus Sturmgewehren und Maschinenpistolen, was die Läufe hergeben.

Währenddessen hat in der sowieso schwierigen Dschauf-Region, deren Säkulargottheiten schmollend zu Hause geblieben, die Nachricht von der Neuernennnung eines Gouverneurs wie eine Bombe eingeschlagen. Erbost reagieren die Gebietsherren republik-allergisch. Der von ihrem Territorium ausstrahlende royalistische Sender »Al-Mutawakkil« – seine technische Leitung oblag während des Bürgerkriegs dem Deutschen Stoltz – verkündet die Fortführung des Kampfes gegen die Republik. Die Dschauf-Royalisten, heißt es, würden keinen Frieden mit Sanaa machen. Imamitische Verbände hätten den Sender in ihrem Namen besetzt – es gebe also noch geordnete und operationsbereite königliche Streitkräfte. Doch ehe der just ernannte Gouverneur um sein neues Amt bangen muß, kommt Hilfe, von wo man sie am wenigsten erwartet hat. Auf Befehl König Feisals überfliegen saudische Kampfflugzeuge den Rebellensender und feuern einige Abschreckungssalven ab. Saudiens König läßt verkünden, er werde mit aller Strenge gegen diejenigen vorgehen, die seinem Wort zuwiderhandeln.

Aus dieser Situation entstand später die jemenitische Dolchstoßlegende, Saudi-Arabien sei gegen die Royalisten im Jemen mit Waffengewalt vorgegangen. Hier muß objektiv unterschieden werden, wie sich König Feisal vor und nach dem Friedensvertrag verhalten hat: Seinerzeit setzte er die starken Verbände der Königlichen gegen die von ihm als kommunistisch interpretierte Bedrohung ein; nach dem Friedensarrangement mit Sanaa hielt er sich strikt an die Abmachungen.

Die Heimkehr der verlorenen Söhne

Die Meldung, die Ex-Royalisten seien bereits im Anflug auf Sanaa, wird bis zum letzten vertretbaren Zeitpunkt zurückgehalten. Im al-Kasr al-Gumhouri ist man sich wohl bewußt, was sich da an Volkes Emotionen durch die Innenstadt wälzen würde. Verständlicherweise gibt man den Sicherheitsvorkehrungen Priorität. Erst als al-Amris Armisten in den Stadtrandkasernen die Schützenpanzer besetzen und die alten Stalinorgeln aus den Hangars holen, beeilt man sich, die gute Kunde freizugeben. Sonst hätten gramgewohnte Sanaaer gar noch argwöhnen können, ein Putsch sei bereits auf halber Strecke.

Obwohl offiziell eingeladen, der Verbrüderung beizuwohnen, hätte ich dieses historische Ereignis um ein Haar verpaßt. An Fama gewöhnt, habe ich am Morgen des 24. Mai so Außergewöhnliches nicht feststellen können. Zwar sind Minister nicht auffindbar; doch was besagt das in einem Lande, in dem es keine festgelegten Amtsstunden gibt. Dann aber Sirenengeheul. Soviel Spektakel kann al-Amri allein nicht ausrichten. Gegen neun Uhr stürzt Abdallah herein. Der Fahrer Hussein warte samt Dienstwagen unten, es sei eilig. In einem Pulk werde ich in rasender Fahrt zum Flughafen ar-Rahaba gebracht. Dort hat der Posten den Schlagbaum hochgekurbelt, sich selbst aber fürsorglich in Sicherheit gebracht. Indessen ziehen al-Amris Truppen Sperrketten, um ein

Auto-Rodeo auf der Landebahn zu unterbinden. Am Rand der Piste hat sich würdig die Ministerriege aufgebaut, allen voran ihr Premier Alaini. Als die Maschine einschwebt und holpernd ausrollt, sind die Menschen nicht mehr zu halten.

Es ist genau 11.05 Uhr Ortszeit, als die Gangway an die Luke herangeschoben wird. Sie öffnet sich, bleibt aber leer. Es scheint noch Protokollprobleme zu geben. Dann sind auch diese gelöst. Als erster erscheint im schwarzen Anzug der Ex-Außenminister der Königlichen, Ahmed Mohammed asch-Schami. Mit frenetischem Jubel wird ihm sanft zu festem Boden verholfen. Ihm folgen sein früherer Stellvertreter Abdul Quddus al-Wazir; dann Hussein bin Ali Marfik, ehemaliger Botschafter des königlichen Jemen in Saudi-Arabien, und derer so viele mehr. Eines ist allen gemeinsam. Der erste suchende Blick gilt den im Ferndunst aufschimmernden Minarettspitzen Sanaas. Zu lange haben sie »Al-Medina«, die Stadt, missen müssen.

Der Republikpremier Mohsin Alaini setzt sich in Richtung Ahmed Mohammed asch-Schami in Bewegung. Mit Gewehrkolben müssen die Wachen die Phalanx der Bergscheichs durchbrechen. Offensichtlich zutiefst gerührt fallen sich die Rivalen von morgen in die Arme, tauschen den obligatorischen Bruderkuß, halten sich lange und stumm die Hände. Asch-Schamis Eintreffen in Sanaa und seine Berufung in den Republikanischen Rat schaffen eine neue politische Potenz im republikanischen Jemen – das weiß jeder. Herzinniglich geben sich auch die Süd- und die Nordscheichs. Manch einer hat den anderen zuletzt über die Kimme des eigenen Gewehrs ins Auge gefaßt. Nun überwiegen wieder die Blutsbande. Der Hader hat Pause. Das große Fest will gefeiert sein.

Länger als eine Stunde dauert das Gewoge großjemenitischer Brüderlichkeit an. Dann bahnen al-Amris Soldaten eine Gasse in die Gaffer, deren Kehlen von Jubelrufen heiser sind. Erschöpft gliedert sich die Menge zum Spalier. Mit Eile werden die Honorablen in die Regierungsautos verstaut. Denn der kugelfeste al-Amri weiß, daß ein einziger Schuß auf einen der Rückkehrer unweigerlich einen neuen Krieg auslösen würde. Mit heulenden Sirenen geht es nach Sanaa; und alles, was einen fahrbaren Untersatz besitzt, setzt hinterher. Was sich da an Karambolagen rund um das Flugfeld ereignet, bringt anderntags den Reparaturwerkstätten Rekordumsätze.

Blockierte Straßen; Händlerkarren und Lastwagen; jubelnde Väter halten Söhne empor, als müßten diese die Erneuerer des Heils im Jemen von Angesicht gesehen haben, um etwas Rechtes zu werden. In den Fensternischen der monumentalen Stadthäuser stauen sich Reiche und Arme. Zu ihren Füßen füllen sich die Torgewölbe mit artistisch aufgetürmten Pyramiden Wissensdurstiger, deren Obermänner nach unten weiterberichten, was ihr Auge ausspäht. Tausendfacher Freudenruf: »Es ist gut, daß ihr endlich wieder da seid...«

Eine zweite Sondermaschine ist inzwischen mit weiteren Maxi- und Minischeichs in ar-Rahaba gelandet. Wer bisher leer ausging, hofft, nun doch einen Bruder, Neffen oder Schwager an die Brust drücken zu können.

Auf dem nun schon legendären Platz der Gabilis könnte kein Stein zu Boden fallen. Über den Köpfen blitzt ein Wall von Gewehrläufen, doch kein Finger zuckt zum Abzugshahn.

In der heroisch-düsteren Empfangshalle sinniert der protokollwürdig gekleidete Republikpräsident der Vergänglichkeit des Volksjubels vor seinem Portal nach. Al-Iryanis Leibwächter halten sich dezent an der Rückwand, bleiben aber alert. Gefährdet doch dieses Getümmel nicht nur der Heimkehrer Leben. Aber keine Kugel fliegt. Dafür bewegt sich wie von Geisterhand ein frisch vergoldeter, mit Brokat neu bezogener Thronsessel. Über Hunderte von Fingerspitzen balanciert der Ehrensitz für das neue Mitglied des Republikanischen Rates, Ahmed Mohammed asch-Schami, dem Zentrum der Macht entgegen. Al-Iryani drinnen, asch-Schami noch draußen! Vor fast einem Dutzend Jahren hatten beide in den Dunkelverliesen von Sanaa und Taizz harte Freiheitsstrafen verbüßen müssen, als Imam Ahmad seinen allmächtigen Bann gegen die ungebetenen Reformer schleuderte.

Asch-Schamis herkulische Gestalt wirkt wie ein Rammbock. Weit öffnen sich die Torflügel vor ihm und seinem Clan und Dutzenden von Scheichs, die seit Harad wie Kletten an ihm hängen. Im Sog der Strömung werde ich mit hineingerissen in das Steingewölbe, das zur Bühne der Vergebung ausersehen ist. Wie gemalt stehen Jemens höchste Polit- und Stammesherren, lassen in gemeinsamem Defilee Hunderte von Wangenküssen in gegenseitiger Vergebung über sich ergehen. Doch kaum ist dieses Zeremoniell vorüber, verändert sich die brillante Szene zurück ins altgewohnte, argwöhnische Bild – gilt doch für die meisten der hier versammelten, äußerst listenreichen Scheichs jetzt die im voraus ausgegebene Parole, Alaini öffentlich zu schmähen. Der Premier, so meinen sie, habe sie und ihre Rechte in Dschidda verschachert. Über ihre Ehre hinweg sei dieser »Basar-Friede« geschlossen worden.

Gegen den schuldlosen Alaini, der im März den äußeren Frieden errang und nun im Mai den inneren Frieden schon wieder abschreiben soll, richtet sich der Zorn. So energisch er auch reagiert, es bedarf deutlicher Worte des gewieften al-Iryani und einer Einhalt gebietenden Geste des Oberkommandierenden al-Amri, die Vorwürfe zu stoppen.

Geschickt preist Alaini Prinz Sultan und König Feisal, die die Einheit des Jemen zugestanden haben. Diese Namen wagt niemand zu verunglimpfen. Weitblickend läßt asch-Schami verlauten, die Versöhnungsküsse seien gewechselt und kaum noch abzuwischen. Allen ist klar, hier bahnt sich ein neuer Machtkampf an.

Nach traditioneller Art werden al-Iryani Bittschriften überreicht. Nur die Khaulanis mit ihrem verkniffen dreinblickenden Oberscheich Nadschi bin Ali al-Ghadir muß der Präsident persönlich bitten. Aber auch noch so freundliche Schmeichelei an die Adresse des Khaulan-Separatisten kann dessen ins Gesicht gekerbte Feindseligkeiten nicht mildern. Al-Iryani mahnt die Anwesenden, die frisch ausgestreute Saat der Versöhnlichkeit nicht neuerdings mit den Gewehrkolben zu ruinieren. Am nächsten Tag werden die Heimkehrer von den Volksvertretern, die ihr Parlament auch Nationalversammlung nennen, stürmisch gefeiert. In einer breitangelegten Rede preist Parlamentspräsident Scheich Abdullah bin Hussein al-Ahmar die Bemühungen König Feisals um die »nationale Einigkeit zwischen den Jemeniten«.

Ahmed Mohammed asch-Schami, Mohammed al-Midhwahi, Saleh al-Massri, Yahya ad-Daihani und Hussein Ali Mirfik werden, der eine als Mitglied des Republikanischen Rates, aus dem allein der Vorsitzende (Staatspräsident) gewählt werden darf, die anderen als Minister mit und ohne Ressort, vereidigt. Unter den neuernannten Volksvertretern, die hier den Schwur auf die Verfassung der Republik ablegen, befindet sich auch der sehr ehrenwerte Ibrahim al-Wazir vom Blute des Rebellen Abdullah bin Ahmed al-Wazir, dem 1948 geköpften Ersten Berater Imam Yahyas. Doch wollen die Altrepublikaner der Heimkehrer Zweckeuphorie nicht allzusehr ins Kraut schießen lassen. Es sei, so heißt es, vorwegnehmend, gegenwärtig noch undurchführbar, bisher regelmäßig gezahlte Stammessubsidien mit den ersten Stunden nationaler Eintracht Knall auf Fall einzustellen. Allerdings, diese auf dem Kabinettstisch gedrechselten Worte haben schon Flügel bekommen und erreichen ungeachtet aller Regierungsdementis, Unruhe verbreitend, auch das entfernteste Stammesland. Ohne Krieg und, wie angedeutet, bald auch noch ohne beständige Donationen vegetieren zu sollen, macht republikanische wie ex-royalistische Kriegerverbände erneut ungefügig und rabiat.

Am 25. Mai 1970 frühnachmittags treffen sich drei Benachrichtigungen gleichen Inhalts in meiner Hand. Yahya Geghman läßt – wie die Deutsche Botschaft und der Premier – übermitteln, für neun Uhr abends sei ich willkommener Gast im Hause Alainis; Yahya selbst werde mich abholen und begleiten. Botschafter Vestring ist über die persönliche Note der Einladung erstaunt, hat er doch zum Premier nie die richtige Wellenlänge gefunden.

Das hat Gründe: Wer Alainis Verwandter oder Gefolgsmann ist, fällt automatisch unter die vom Botschafter verhängte Einladungsschwelle gegen Linksintellektuelle. Auch Jemens konservativer Eisenbesen al-Amri zeigt einmal in der bundesrepublikanischen Botschaft drastisch seine Auffassung vom im Lande gewohnten und respektierten Formgefühl. Grimmigen Gesichts lehnt er ostentativ seine Maschinenpistole an die Sessellehne, schweigt zehn endlos lange Minuten jedermann an, erhebt sich brüsk, ohne den Willkommenstrunk berührt zu haben, und verläßt die ihm zu einseitig diktierte Festivität bar jeden Dankeswortes. Denn trotz gegensätzlich intrigierender Politiker bleibt es guter nationaler Ton im Lande, Repräsentanten aller Couleur einzuladen und es ihnen anheimzustellen, ob sie teilnehmen möchten oder nicht!

Yahya Geghman ist pünktlich. Nur ein paar Minuten im Landrover, und wir halten vor einem schmalen Haus in der Innenstadt. Ein hohes Tor wird entriegelt und gibt einen engen Hof frei, von dessen Längsseite eine steile Treppe ins Haus hinaufführt. Im Eingangskorridor fassen Hände Bediensteter nach uns und geleiten uns ins Obergeschoß. Nach den Stufen der Dunkelheit stehen wir plötzlich im guterleuchteten Arbeitszimmer des Premiers. Mit ausgestreckten Händen begrüßt er uns. Der Privatmann Alaini gibt sich noch sympathischer, als der Ministerpräsident es sein dürfte. Als er mich fragt, was ich zu trinken wünsche – Whisky, Gin, Cognac? –, wendet sich Yahya Geghman amüsiert lächelnd zur Seite. Alkohol im Hause des islamischen Premiers? Alaini drängt: »Vielleicht Cinzano, rot oder weiß?« Ich wünsche Gin und warte des Wunders. Ein Mann der Tat, zieht Mohsin aus dem unteren Teil seiner Regalwand einen voluminösen Aktenkoffer hervor, stellt das Zahlenschloß ein und öffnet das Oberteil. Da liegen in Reih und Glied die rühmlichsten Sortimente Feuerwasser. Vernehmbares Händeklatschen bringt den Leibwächter auf die Türschwelle. Als er die sündige Auswahl erblickt, schließt er tief aufseufzend die Augen – ob aus Entsagungswillen oder seelischer Teufelspein, ist nicht auszumachen. Jedenfalls bringt er seinem Herrn Gläser, Eisstücke und Soda und eilt vor der Häresie auf und davon.

Wir sprechen über die Möglichkeit, die Stämme bei ihrer Ehre zu packen, sie dem Gesamtwohl des Jemen zu verpflichten. Aber Alaini ist Realpolitiker. »Ich kann Ihren Glauben an einen Jemen, in dem Stämme und Städter miteinander in Frieden leben, nicht teilen. Sie waren Zeuge, wie engstirnig und egoistisch die Führer der großen Föderationen ihre Interessen gegenüber der Republik, aber auch wider ihresgleichen ins Feld führen, ungeachtet der großen Aufgabe, die wir uns gestellt haben. Glauben Sie mir, der Krieg war besser, natürlich nur insofern, als wir damals wußten, wer auf wessen Seite stand; heute aber kann niemand mehr des anderen sicher sein!«

Ich bin wie erschlagen, will nicht wahrhaben, daß dieses Energiebündel der Stammesquerelen endgültig überdrüssig ist, daß Alaini am liebsten demissionieren würde. Wofür sind Abertausende Republikaner gefallen, wenn sich am überalterten System nichts ändert? Dennoch dränge ich Alaini, auf das von mir mitgebrachte Tonband einen Appell an die Traditionsstämme zu sprechen.

»Nun haben wir die Hände frei für die Definition aller innerjemenitischen Belange. Es gilt nun, das so unglücklich entstandene Mißtrauen abzubauen und unsere Brüder im Norden des Landes durch konsequente Gleichberechtigung von unserer Aufrichtigkeit zu überzeugen. Es wird ein langer Weg werden, bis wir ans Ziel gelangen. Wir sind bereit, unsere verfügbaren Mittel schnellstens zum Aufbau der nördlichen Gebiete einzusetzen, Straßen und Schulen zu bauen, Krankenhäuser einzurichten und mit einer großzügig bemessenen Agrarbeihilfe unsere Brüder von den Vorteilen eines friedlichen Miteinanders zu überzeugen!« Dies soll auch der Tenor für die offizielle Proklamation sein, die er in den nächsten Tagen an die Stammesfürsten richten will.

Mehrfach wird unsere Unterhaltung durch dringende Telefonate unterbrochen. Ich finde es immer wieder erstaunlich, auf welch selbstlose Weise der klug und leise agierende Yahya Geghman seinen Premier vorbehaltlos unterstützt. Wie kontradiktorisch die hier zusammenlaufenden Meldungen sind, lassen die hektischen Rückfragen und die taktischen Absprachen mit Präsident al-Iryani vermuten. Seit der Rückkehr der Ex-Royalisten sind nun fast sechzig Stunden verstrichen, und noch immer herrscht Unrast im Republikgremium, rasseln al-Amris Panzer auf allen strategisch wichtigen Ausfallstraßen. Auffallend, wie sich der Präsident von beiden Hauptakteuren die politischen Realitäten durchfiltern läßt, um dann blitzschnell zu analysieren und zu entscheiden, wem gegenüber er eisern bleiben muß und wo er sich besser konziliant zeigt. Zweifellos hat der politische Berater Mohammed Ahmed Noman sein rechtes, der Tradition zugewendetes, der Premier Alaini indes sein linkes, dem Fortschritt lauschendes Ohr. Denn ruft der eine ihn an, wird der andere augenblicklich über die Lage bei den Konservativen informiert.

Doch endet der Abend nicht privat, wie erwartet. Unvermittelt kommt Alaini auf mein Ersuchen, eine Deutsch-Jemenitische Gesellschaft zu gründen, zu sprechen. Geradeheraus gibt er zu, daß er mit gewissen Bedenken, die sich weder gegen meine Person noch gegen die Bundesrepublik Deutschland richten, den Vorschlag zur Kenntnis ge-

aa, so sagen die Jemeniten, sei die älteste Stadt der Welt: von Sem, dem Sohn Noahs, als erste Stadt
ı der Sintflut erbaut.

Al-Qadhi Abdul Rahman al-Iryani, erster Vorsitzender des Republikanischen Rats (von 1967–74).

ıeralleutnant Qassem Munasser, zuerst »Schwertarm« der Royalisten, dann »Überläufer« für den ·den, entschied den mehr als siebenjährigen Bürgerkrieg zugunsten der Republik.

ɾieq« (Oberkommandierender der republikanischen Streitkräfte) Hassan al-Amri sprengte den Belage-ɡsring um Sanaa und rettete die Republik.

Sanaa. In den verwinkelten Armenvierteln der Republikmetropole sammelte sich das letzte Aufgebot d
Verteidiger.

. Der imposante Wehrkörper der Zitadelle und die beeindruckende Silhouette mit über hundert
heen.

hen Taizz und Sanaa. Jemens Terrassenfelder und Wohnburgen – eine der schönsten Landschaften
aupt.

Ein Gabili (Stammeskieger) im Suq von Sanaa.

en auf den Frieden. Alt und jung hoffen auf eine bessere Zukunft.

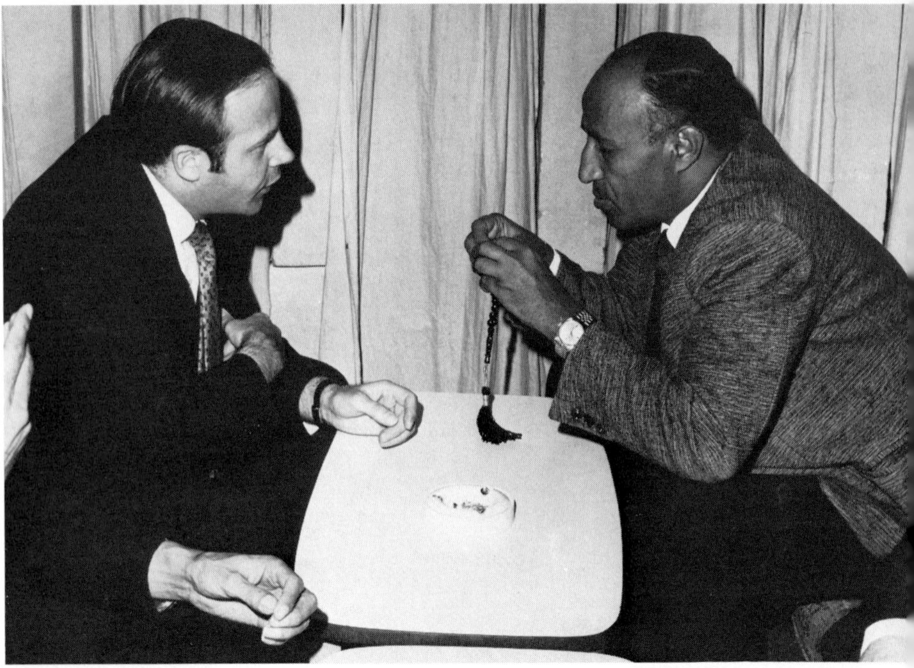

Der deutsche Botschafter Alfred B. Vestring und der stellvertretende Ministerpräsident und Außenmi-
ster Yahya Geghman bei einem Meinungsaustausch.

Mohsin Alaini, mehrmals Premier und Außenminister bei seiner Antrittsrede vor den Verei-
Nationen.

am Dschebel Saber – im Südteil des Nordjemen – ist das schafiitische Zentrum der sunnitischen
enslehre.

Verfallener Moscheeturm an der Peripherie des alten Kaffeehafens Mocha (Tihama).

ı. Alter Dhau-Hafen in Maala, wo angeblich Noah seine Arche gebaut haben soll.

:alla, größte Hafenstadt des Südjemen in der Ostprovinz Hadhramaut. Hauptstadt des fünften
erungsbezirks der Demokratischen Volksrepublik Jemen (Aden) mit 50000 Einwohnern.

Marib (Nordjemen). Die Reste der Streben des Awwam-Tempels von Marib, einst Residenz der legen
ren Königin (Bilqis) von Saba.

Timna (Südjemen – Beihan), ehemals Hauptstadt von Qataban. Tempelruinen und aus antiken Stei
erbaute neue Wohnsiedlung.

if Saleh bin Nasir, Naib (Statthalter) von Timna und Nuqub in Beihan (Südjemen).

Schibam im Wadi Hadhramaut (Südjemen). Auf einem schmalen Felsplateau mitten in der Wüstenumr
dung aus Lehmziegeln erbaute Hochhausstadt – ein Manhattan in der Wüste, schon lange bevor Kolum
Amerika entdeckte.

an al-Qasab (Südjemen). Zwei Nomaden aus dem östlichen Hadhramaut begrüßen sich nach
mmessitte mit dem Stirnkuß.

Sanaa. Noch herrscht in der Medina das altgewohnte Feilschen und Tauschen in mediävaler Kulisse.

Sanaa. Am Bab al-Jemen. Die neue Zeit pocht energisch ans alte Südtor. Jemens Jugend reitet nicht me
mit Kamelkarawanen, sondern mit Motorrädern.

nommen – und einstweilen zurückgestellt – habe, bis er mit mir Rücksprache habe nehmen können. Angesichts der absoluten Neutralitätspolitik des Nordjemen müsse sein Augenmerk guten Beziehungen zu allen Staaten gelten, die die Republik anerkannt und eigene Botschaften eingerichtet hätten. Er selbst stehe vor dem Problem, wie nachfolgend Anfragen ausländischer Missionen zu begegnen sei. Staaten des politisch agilen Ostblocks könnten dann leicht eine von ihnen initiierte Freundschaftsgesellschaft als Trojanisches Pferd benutzen, ihre antiislamischen Ideologien in den Nordjemen einzuschleusen.

So wird mir nun erst klar, warum Sanaa seit März geschwiegen hat. Ich versichere nachdrücklich, daß es nicht meine Absicht sei, überhaupt politisch tätig zu werden. Auf meine rasche Erwiderung reagiert Alaini besänftigend, klopft mir begütigend auf die Schulter und nimmt aus Yahya Geghmans Händen eine Mappe entgegen. Dann die offizielle Erklärung: »Im Namen der Jemenitischen Arabischen Republik, seines Vorsitzenden des Republikanischen Rates, al-Qadhi Abdul Rahman al-Iryani, und in meiner Eigenschaft als Ministerpräsident und Außenminister dieser Republik habe ich die Ehre, Ihnen das offizielle Dekret zur Gründung der Deutsch-Jemenitischen Gesellschaft überreichen zu dürfen. Es ist unser aller Wunsch, daß diese Verbindung die Freundschaft zwischen der Jemenitischen Arabischen Republik und der Bundesrepublik Deutschland stärken und fördern möge!«

Ich bin sprachlos. Als ich das Ausstellungsdatum der Urkunde lese: »Sanaa, den 21. April 1970«, wird mir bewußt, durch Alaini – und dank der Mithilfe Geghmans – war die Billigung schon längst entschieden – wider alle politischen Risiken. Mit keinem Wort hat Alaini jemals meine Hilfestellung während seiner Friedensmission in Dschidda erwähnt. Nun – trotz aller realistischen Einwände eventueller propagandistischer Ausnutzung durch Drittstaaten – stellt der Jemen-Premier offensichtlich seinen persönlichen Dank über jegliches Risiko für seine Karriere. Daß sogar Präsident al-Iryani als Schirmherr zu fungieren bereit ist, ist mir eine persönliche Anerkennung meines Engagements.

Am 25. Juli 1970 wurde die Deutsch-Jemenitische Gesellschaft e. V. in Schwaig/Nürnberg gegründet. Ihr erster Präsident war Josef Graf, der dieses Amt zwölf Jahre mit großem Erfolg und unermüdlicher Energie führte, wofür ihm im Oktober 1982 das Bundesverdienstkreuz verliehen wurde.

Alaini kommt nicht mehr dazu, auf das Wohl der neuen Freundschaftsgesellschaft anzustoßen. Miteins ist Unruhe im Haus, breitet sich aus über Stockwerke, schnell wie ein Feuerteufel. Drunten hören wir das Holzportal sich knarrend öffnen und Wagen, die Nachtstille zerhupend, in den Innenhof preschen. Waffengeklirr, als Männer zu

Boden springen. Dann laute, befehlende Stimmen. Alaini hat seine Gesichtszüge gut in der Gewalt. Doch ich mache mir Sorgen. Wie viele Staatsstreiche hat Sanaa nächtens erlebt? Wie viele Prominente blieben unter ähnlichen Umständen für immer verschwunden? Alainis Leibdiener hat jetzt weit offene Augen, als er das Zimmer betritt und seinem Herrn mit einem Wegwenden des Kopfes deutlich macht, er müsse sich selber mit den ungebetenen Gästen befassen.

Yahya Geghman hat die Situation schnell begriffen. Resignierend zuckt er die Schulter und meint, es sei Allahs Wille, daß wir uns trennen müßten. Ehe ich mich vom konsterniert dreinschauenden Hausherrn gebührlich verabschieden kann, wird die Zimmertür aufgewuchtet, und herein stürzt der Haschidfürst al-Ahmar, begleitet von seinem Lieblingssohn und kampferprobter Bedeckung. Al-Ahmar, dessen Stärke nicht gerade Contenance ist, scheint sichtlich düpiert, einen ihm vage im Gedächtnis gebliebenen Nasrani hier vorzufinden. Es ist das zweite Mal, daß wir uns begegnen, und die Ähnlichkeit des Einanderstreifens ist frappierend. Kurz vor Alainis Abreise nach Dschidda waren wir ebenfalls fast kollidiert. Hat der Haschidoberste schon mehr Macht im Staate, als seine Position dies eigentlich zuließe? Keine noch so geringfügige Geste der Entschuldigung Alaini gegenüber.

In dieser erniedrigenden Minute wird mir sein pessimistisches Resümee drastisch verdeutlicht; wird mir schmerzlich bewußt, auf welch schmalem Seil jeder Jemen-Premier ohne Sicherheitsnetz tagtäglich über die Abgründe der Stammesinteressen würde balancieren müssen. Seine Äußerung »Am Tag danach ist man klüger« und seine mir preisgegebene Absage an diese Art Frieden, in dem »niemand des anderen sicher sein kann«, werden nur zu verständlich. Wer vermag diesem auf zwei Geschichtsebenen lebenden Land ein der neuen Zeit entsprechendes Fundament gegenseitigen Respekts zu geben? Wird es überhaupt einmal möglich werden, in die Flagge der Republik auch den silbernen Krummdolch, das Traditionszeichen der freien Stämme, einzufügen? Alaini glaubt nicht mehr an Wunder. Ahnt er sein Schicksal voraus, zwischen pseudoautonomen Stammesföderationen und schwacher Zentralgewalt politisch zermahlen zu werden?

Verbissen schweigend bringt Yahya Geghman mich zum wartenden Landrover. Im von Fackellicht erhellten Hof palavern Haschidkrieger um schnell entzündete Feuer, in der Hocke sitzend, moderne Maschinenpistolen in den Fäusten. Gegen die ein halbes Hundert zählende Kommandotruppe al-Ahmars hätten die paar Alaini-Wachen nicht die geringste Chance.

Ganz eindeutig tritt ab 1970 al-Ahmar auch als politische Macht in den Vordergrund. Ihn schert es keinen Deut, die jeweiligen Ministerpräsidenten der Republik mit seiner Haschidmacht zu desavouieren, wie es ihm beliebt. Der Tag nähert sich, da er versuchen wird, mit Gewalt nach dem höchsten Staatsamt, der Präsidentschaft, zu greifen!

Am 26. Mai 1970 wird der Große Rat einberufen. Der Politische Berater des Staatspräsidenten, Mohammed Ahmed Noman, der Staatsminister für Angelegenheiten der Nationalversammlung, die sich aus Vertretern der Stämme zusammensetzt, und der ehrenwerte al-Qadhi Abdul Karim Ansi werden hinzugezogen. Ein wesentlicher Beschluß ist die Erneuerung des Rückrufs des Altstaatsmannes Ahmed Mohammed Noman aus seinem selbstgewählten Exil Beirut. Der sehr weise und sehr leise taktierende Vater Nomans soll unverzüglich seinen Platz als fünftes Mitglied im obersten Präsidium der Republik einnehmen, seine Erfahrung einsetzen, die einstürmenden Probleme zu entzerren und einer Lösung zuführen helfen.

Mit welchen Problemen der republikanische Staatsapparat zu kämpfen hat, zeigt die Offensive der Rechten. Schnell haben die Traditionalisten von der beabsichtigten Erklärung Alainis über die Stammestugenden und von dem geplanten Appell Wind bekommen. Dieser Aufruf hätte sehr wohl die vielgepriesene Einheitsfront der Stammesföderationen in gute und schlechte Charaktere auseinanderdividieren können. Postwendend überbringen Boten dem Republikanischen Rat eine höchst geheimnisvoll behandelte Note im Namen aller rings um Sanaa siedelnden Stammesföderationen. Mehr als wahrscheinlich ist, daß sich auch die Haschid-Föderation unter ihrem Oberscheich al-Ahmar das Bestehen der Traditionsverbände auf mehr Macht, noch mehr Geld und noch viel mehr Separatismus vom Staatsganzen zu eigen macht. Kaum ist die Tinte auf dem Dschidda-Vertrag getrocknet, ist dies die erste großangelegte Erpressungskampagne des ehemals royalistischen Lagers. Ihr sollten noch viele folgen.

Im Regierungspalast herrscht Krisenstimmung. Generalissimus Hassan al-Amri behält als einziger einen kühlen Kopf. Spekulationen, wer wo was morgen anstellen könne, kommen ihm erst gar nicht. Augenblicklich muß der drohenden inneren Zersetzung Einhalt geboten werden. Deshalb läßt er noch gleich am Dienstagabend mobil machen. Sanaas Bürger reagieren entsetzt. Ein Nachrichtensprecher wiegelt ab: Von Mittwoch früh an sei am Stadtsaum Sanaas ein großes Militärmanöver befohlen. Das Übungsgelände erstrecke sich zwischen Bani Hoof, Dschebel Taweel, Dschebel Nuqum und ar-Rauda längs der Straße zum Bani-Huscheisch-Gebiet. Al-Amris martialische Sprache verfehlt ihre Wirkung nicht. Die Konterrevolution der Traditionalisten im republikanischen Sanaa findet nicht statt. Vorerst nicht.

Das Ende einer Annäherung

Adens eigener Weg

Die an Mißverständnissen reichen nord-südjemenitischen Wiederannäherungsversuche Ende der sechziger Jahre beruhten zum großen Teil auf verbalen Übereinkünften, die von allerhöchsten Staatsverantwortlichen diskret erzielt und durch politische Gegenspieler in beiden Lagern wieder zunichte gemacht wurden. Bewußte Fehlinterpretationen und Wortverdrehungen waren eine sehr beliebte Methode.

Ein Beispiel dafür war die Rede Präsident al-Iryanis anläßlich der Parlamentseröffnung im März 1969. Wie seine Vorgänger im jemenitischen Norden, die einstigen Imame, erkannte der Republikchef zwar die jemenitische Einheit als Nation an, aber er relativierte sie zugleich unter Verweis auf die Geschichte. Durch die einhundertdreißigjährige Trennung habe sich eine Eigenständigkeit ergeben, aus der für den Norden aufgrund seiner weitaus höheren Bevölkerungsdichte Vorrechte abzuleiten seien. Im Süden nannte man dies die »Iryani-Doktrin«.

Demgegenüber beteuerte al-Iryani, es gebe keineswegs die nach ihm benannte Doktrin, aber immerhin gelte es, »gemeinsam« jene Grenzen zu wahren, jenseits derer »Republikaner aufhören, Republikaner zu sein«. Oftmals einigte man sich auf eine Art gegenseitigen Kritikverbots, aber nur zeitweise verstummte in der alljemenitischen Öffentlichkeit jegliche Polemik.

Die von Präsident al-Iryani geforderte Freiheit der Republikaner war nach Ansicht der Sowjets keineswegs mit der »Freiheit der marxistisch-leninistischen Sozialisten« gleichbedeutend oder gleichwertig. Politische Grenzgänger liefen Gefahr, erschossen oder von einer Bombe zerrissen zu werden. Die Sowjets forderten: Ihr System dürfe vor allem nicht im gerade vom Kolonialjoch befreiten Südjemen durch die Folgen nationaljemenitischer »liberaler Aufweichung« und plebiszitärer Spielereien widerlegt werden. Sie erzwangen Säuberungen in Aden. Aber die Folge war, daß die Südjemeniten allen künftigen sowjetischen Interventionsabsichten vorbauten: Die Demokratische Volksrepublik Südjemen sollte das Recht auf eine eigene Variante marxistisch-leninistischen Modells haben und es in die Praxis der eigenen Mentalitäts-, Lebens- und Glaubensgrundlage nach dem Koran umsetzen dürfen.

Die Unbeirrbarkeit, mit der der eigene Weg des Südjemen seit Mitte

Mai 1970 ausgebaut wurde, obwohl die sowjetische Brudermacht dessen Nationalbewußtsein und Souveränität mehr und mehr strangulierte, ist um so beachtlicher, je weniger an Moskau und den Warschauer-Pakt-Staaten Kritik geübt werden durfte. Insbesondere traf dies auf die Deutsche Demokratische Republik zu, die von Moskau berufen war, das tragende Fundament sozialistischer Entwicklungshilfe beizusteuern. War die höchst spendable Bundesrepublik Deutschland in der Jemenitischen Arabischen Republik zum bevorzugten westlichen Freundesland avanciert, so war in der Demokratischen Volksrepublik Südjemen die Deutsche Demokratische Republik mit einer geradezu rivalitätskomplexen Vehemenz tätig geworden.

Das Kritikverbot an die Adresse des Südjemen hat es aber auch mit sich gebracht, daß sich nachteilige Mißverständnisse einschlichen und die Vorbehalte gegenüber Moskau und der Deutschen Demokratischen Republik oft bis zur Unvereinbarkeit auswuchsen. Von Kennern wurde die potentielle Anhängerschaft eines sowjetorientierten Kommunismus im Südjemen auf weniger als zehntausend Personen geschätzt, ein lächerlich geringer Prozentsatz der Bevölkerung. Aber diese fanatischen Parteigänger saßen an den mittleren Schalthebeln der NLF, und manch Mächtiger mußte nach ihrer Pfeife tanzen.

Angesichts der Säuberungswellen begannen in Aden und in Sanaa nationalbewußte Spitzenpolitiker, an einer neuen Wiedervereinigungsplattform zu basteln. Und große Teile der Bevölkerung auf beiden Seiten drängten auf einen Stillstand im Prozeß des Auseinandergehens. Für Präsident al-Iryani und seinen Premier Alaini wäre solches Anhalten eine Basis gewesen, auf der sich die beiden so unterschiedlichen Gesellschaftssysteme später wieder zusammenführen ließen.

Alaini behandelte die Frage nach außen dilatorisch, motivierte indes Kontakte zu sozialistischen Gesinnungsfreunden im noch nasseristischen Ägypten, zu Baath-Parteifreunden in Syrien und zu progressiv-muslimischen Erneuerungskräften unter dem sich missionarisch profilierenden libyschen Obersten Moammar al-Kathafi. Der Augenblick einer nordjemenitischen Demarche für die Wiedervereinigung mit dem Süden schien günstig. Denn Föderationsbestrebungen waren zu dieser Zeit in Arabien große Mode. Gamal Abdel Nasser strebte eine Vierer-Föderation mit Syrien, Libyen und dem Sudan an, und der Schwarm seiner Sonderbotschafter saß beim Tee in Damaskus, Tripolis und Khartum. Warum sollten die jemenitischen Brüder sich weiterhin in den Haaren liegen?

Konsolidierung in Sanaa

Nach den unruhigen Frühjahrstagen hat sich bis Anfang August 1970 ein überraschend integer funktionierendes Kabinett zusammengerauft. Allerdings will der Premier kein Risiko eingehen und behält das Ressort des Außenministers. Al-Iryanis Vertrauter seit vielen Jahren, Abdusalam Sabrah, der die hintergründigen Untersuchungen um den Tod Qassem Munassers ins Leere hat laufen lassen, ist jetzt ins Amt eines Stellvertretenden Ministerpräsidenten für Inneres aufgerückt. Yahya Geghman ist erneut als Stellvertretender Ministerpräsident für Wirtschaftsangelegenheiten ins Kabinett berufen worden; tatsächlich ist er die ausführende Hand Alainis im außenpolitischen Bereich.

Tendenziös allerdings geht es im Republikanischen Rat zu. Unverkennbar kocht jedes der vier Präsidialmitglieder sein eigenes Süppchen. Hassan al-Amri wächst zum gefährlichsten Widersacher des Staatspräsidenten al-Iryani heran. Scheich Mohammed Ali Othman, der starke Mann von Taizz, ist zwar ein alter Kampfgenosse al-Iryanis, will ihm auf zu linksgerichteten Pfaden jedoch nicht folgen; lavierend unterstützt er die politischen Visionen General Hassan al-Amris von einem stämme- und ständerepublikanischen Jemen. Ahmed Mohammed Noman, Elder Statesman, scheint antiquierten Illusionen weiterhin verhaftet zu bleiben; mehr nostalgisch rückblickender Politiker, findet er sich in der rauhen Welt von heute kaum noch zurecht. Er konzentriert seine verbliebenen Energien vielmehr zum letzten Anlauf auf das Amt des Premiers. Zwangsläufig bringt ihn dies in die Schußlinie Hassan al-Amris. Ahmed Mohammed asch-Schami hat schon nach wenigen Wochen seinen lauthals verkündeten Anspruch auf wirkungsvolle Mitarbeit im Republikanischen Rat verstummen lassen müssen. Der Delegation, die am 21. Juli 1970 nach Saudi-Arabien reist, gehört Ahmed Mohammed asch-Schami – neben Präsident al-Iryani, General al-Amri und Premier Alaini – zwar noch an, aber dann sinkt seine Politkurve ebenso rasch ab wie die seiner Mitheimkehrer, die sich nicht in die Republik einzufügen vermögen. Ohne Hausmacht bleibt ihm nur, sich in den Windschatten al-Amris und schließlich auf einen Botschafterposten zu begeben.

Bereits am 23. Juli 1970 erkennt das Königreich Saudi-Arabien die Jemenitische Arabische Republik Jemen ohne Vorbehalt an. Der Austausch von außerordentlichen, bevollmächtigten Botschaftern wird vereinbart. Damit ist der fast achtjährige Konflikt zwischen den benachbarten Staaten so unterschiedlicher Gesellschaftssysteme auch offiziell beendet. Die Anerkennung durch Großbritannien, Belgien und Frankreich folgt kurz darauf.

Am 6. August 1970 schallt der altvertraute Ruf durch Sanaas Gassen: »Die Türken kommen!« Doch nicht aus Stambul und nicht als osmanische Eroberer der Großen Pforte nähern sie sich dieses Mal, sondern in Frieden aus Ankara und nur mit Diplomatenpässen versehen. Die Freude darüber ist unverhohlen. So ist das politische Umfeld wohlbestellt – nur an einer föderativen Einigungsformel mit den Brüdern im Süden mangelt es. Verständlich, daß Saudi-Arabien den Trennungsgraben zwischen den beiden Jemen eher vertieft als eingeebnet sehen möchte, denn der volksrepublikanische Südjemen ist für Riyadh »ein Kuba in der arabischen Welt«.

Ich erinnere mich gut jener Gesprächsphase in Alainis Haus im Mai 1970, als er mir offen darlegte, ein von ihm unverdrossen verfolgter Zusammenschluß in eine Gemeinsamkeit beider Jemen müsse auch Sanaas diplomatische Anerkennung der Deutschen Demokratischen Republik nach sich ziehen, die in Aden bereits auf Botschafterebene wirke. Ich habe aus Gründen der Sorgsamkeit um das Weiterbestehen guter Beziehungen zu Sanaa Botschafter Vestring davon Kenntnis gegeben. Denn seit unserem unrühmlichen Abzug aus Aden hatte ich mir zum Ziel gesetzt, durch dort erhalten gebliebene Kontakte eine Annäherung der Standpunkte und die eventuelle Wiederaufnahme der Beziehungen einfädeln zu helfen. Bonn sollte informiert sein, daß, wenn beide Systeme in einer Interessengemeinschaft zusammenfänden, dies sehr wohl von Bedeutung für unsere Arbeit im Nordjemen wäre. Ich gab zu bedenken, es könne sich zu einer bösen Situation für uns auswirken, dann nur in Sanaa präsent zu sein und unter Zugzwang in Aden zu geraten, womöglich unter mißlichen Konditionen. Bedauerlicherweise hat zu diesem Zeitpunkt die Richtlinienpolitik des Auswärtigen Amts kein Aufweichen der Fronten zugelassen.

Daß das Kabinett im al-Kasr al-Gumhouri seine Aktion zur Wiedervereinigung zielstrebig vorantreibt – ohne große Hoffnung auf einen Versuch Bonns, mit Aden ins reine zu kommen –, ist um so wichtiger, als der von al-Amri und dem konservativen Flügel bedrängte Alaini sich seines Schutzes durch Staatspräsident al-Iryani nur noch für eine knapp bemessene Frist sicher sein kann. Al-Iryani kränkelt. Nur neun Monate nach seiner Friedensmission in Dschidda steht der Premier also wieder unter Erfolgszwang. Al-Iryani ist ein absolut herrschender Staatslenker; er würde keinen Wimpernschlag zögern, selbst seinen Lieblingsschüler auszuwechseln, wenn ihm dies zweckdienlich schiene. Gleichwohl ist er derzeit die treibende Kraft hinter Alainis Föderationsvorstoß und unterstützt die sich konsolidierenden Vereinbarungen zu einem Zusammentreffen auf nordjemenitischem Boden mit der vollen Intensität seiner patriarchalischen Ausstrahlung.

Zwar steht auch in Aden hinter Premier Mohammed Ali Haitham Staatspräsident Salem Rubay Ali als nationalmoralische Stütze – doch ist er sich des Parteichefs Abdul-Fattah Ismail Faust im Nacken wohl bewußt; dieser gilt als Erzwidersacher jeglicher Verbrüderung mit dem revolutionsmüden Norden. Sein Widerpart in Sanaa ist Generalissimus Hassan al-Amri, der am liebsten den ganzen marxistischen Süden von Sappeuren seiner Armee unterminieren lassen möchte.

Es ist eine merkwürdige Situation: Nur das jeweils erste Glied der beiden Regierungen ist tatsächlich bereit, miteinander zu verhandeln. Die zweite Reihe ist fest entschlossen, schon an erste Fundamente einer Verständigung hochbrisante Sprengladungen anzubringen.

Die Tragödie von Taizz

In den letzten Novembertagen 1970 setzen sich in Sanaa und in Aden fast gleichzeitig Konvois mit Delegierten in Marsch. Ihr Ziel ist die altehrwürdige Kapitale des nordjemenitischen Südlandes Taizz. In etwa hat jede Abordnung gleichbeschwerliche Reisemeilen zurückzulegen, und der Treffpunkt, obwohl im Nordjemen gelegen, gilt allenthalben als autonomiebedachte Stadt der sie regierenden schafiitischen Sunniten, deren Lehre auch für den marxistischen Südjemen bindend geblieben ist: ein Ort, fast an der historischen Nahtstelle zwischen dem zeiditischen Norden und dem schafiitischen Süden des Jemen gelegen.

Doch al-Iryani läßt seinen Schützling Alaini nicht ins Ungewisse reisen. Ohne Geleit und Sirenengeheul reist er mit seinem Wagen hinter vorgezogenen Blendvorhängen dem offiziellen Konvoi hinterher und quartiert sich im Gästehaus des Taizzschen Gouverneurs am Dschebel Saber ein. Von hier kann er die Zitadelle Kahrah und gleichzeitig die nahegelegene Konferenzstätte im Auge behalten. Bedenkt man, daß Taizz auch das Exilhauptquartier der aus dem Süden verjagten FLOSY ist, die bei einer möglichen Übereinkunft darauf drängen würde, ins Adener Regierungskorsett mit eingeschoben zu werden, kann man ermessen, warum die Verhandlungsstadt durch starke Panzer- und Truppeneinheiten an den Knotenpunkten hermetisch abgeriegelt wird.

Die ersten Stunden gelten der Innovation der arg in Mitleidenschaft gezogenen alljemenitischen Brüderlichkeit, dem Austausch von Wangenküssen sowie reichlichem Genuß von Tee, Kaffee und der Wasserpfeife. Als man glaubt, der Schicklichkeit Genüge getan zu haben, tasten sich beide Vorsitzende an die brisanten Themen über die wenigen noch begehbaren Umwege heran. Man erwägt, gemeinsame Zolltarife, eine gemeinsame Währung sowie eine partielle Zusammenarbeit auf industriellem Sektor durch gemeinsame Ausschüsse auf den Weg zu bringen – die allerdings, wie sich später herausstellen sollte, ihre Arbeit weder termingerecht noch sachbezogen aufgenommen haben. Alaini und Haitham wissen, daß ihre Positionen auf dem Spiel stehen, würden sie entweder nicht zu einem Konsens finden oder die Generallinie ihrer Regierungsdirektiven abweichlerisch verlassen. Ungeachtet der gebotenen Bedachtsamkeit, höchst gefährliche Themen solange wie nur möglich auszusparen, kann keiner die rostigen Scharniere betätigen, ohne daß es ein aufschreckendes Knarren gibt. Weil Haitham wenig feinfühlig agiert, kommt es am nächsten Tag schon bei der zweiten Schale Tee zu Bitternis. Südjemens Premier klagt Sanaa auf nordjemenitischem Boden an, sich mit der mit Märtyrerblut befleckten Revolutionsfahne nunmehr in die Seitenstraße zu den Konterrevolutionären davonzustehlen. Wortwahl und Rhetorik sind dermaßen unüblich schroff, daß die Verhandlungen an den Rand des Abbruchs gelangen.

Alaini begibt sich zu al-Iryani, um sich abzustimmen, was überhaupt noch hinnehmbar ist. Beide kommen zur Auffassung, Haitham sei wohl gezwungen, sich so taktlos aufzuführen, als Alibi gegen den lauernden Parteichef Abdul-Fattah Ismail. Um Haitham stark zu halten, willigt al-Iryani in eine zweite Phase ein. Allerdings läßt man die Gespräche einen Tag durch untere Chargen schleifen, und erst am nächsten führen die Premiers ihre Delegationen wieder persönlich an. Mißbilligend stellt Alaini fest, Haitham wolle wohl im trüben fischen. Darauf folgt die unverblümte Forderung, ein Südjemenit müsse Anspruch auf den Posten des Premierministers haben können. Erneut werden die Verhandlungen ausgesetzt. Wiederum konsultiert Alaini den Präsidenten. Obschon vor Zorn bebend, handelt dieser kühl überlegen. Während der neueinberufenen dritten Runde läßt er durch den Mund seines Premiers grimmig bestellen: »Wenn das Ihr ganzes Ziel ist, können Sie als Premier in Sanaa für den gesamten Jemen amtieren. Allerdings, mir scheint ungewiß, ob unser jemenitisches Volk einen Mann Ihres Chrakters länger als vierundzwanzig Stunden im Amt und am Leben lassen wird!« Öffentlich verfemt verläßt Haitham die Szenerie, hinter sich einen Trümmerhaufen zusammenfallender Hoffnungen zurücklassend.

Al-Iryani befindet, ihm sei das saubere Hemd der nationalen Freiheit seines republikanischen Nordens näher als die mit dem Kainszeichen der Bruderspaltung befleckte südjemenitische Futa der NLF. Der sonst so ausgeglichen wirkende Präsident ist nicht wiederzuerkennen. Er warnt, möglichen Subversionsabsichten der südjemenitischen Befreiungsfront im Sanaaer Untergrund werde er mit der drakonischen Härte der Staatsgewalt entgegentreten.

Doch noch ist das Drama in Taizz nicht auf seinem Höhepunkt. Die Delegierten überlegen hin und her, wie die andere Seite für das Scheitern der Verhandlungen öffentlich anzuprangern sei. Gewiß droht eine radikale Haß- und Gewaltwelle aus Aden das Unterland mit seinen Distrikten Taizz, Mawiyah, Hudscharijja und Mocha mit weit über 600000 Bewohnern zu erfassen, wenn nicht gar Sanaa selbst in Gefahr zu bringen.

Am 29. November 1970 kommt es zum Finale: Anläßlich des dritten Jahrestags der Unabhängigkeit des Südjemen von britischer Kolonialherrschaft ruft das Adener Regime – ohne seinen Premier in Taizz vorher zu unterrichten – die »Demokratische Volksrepublik Jemen« aus. Indem sie den bisherigen Namen Volksrepublik Südjemen aus dem Register der Weltstaaten löscht, erhebt die NLF in Aden jetzt den Führungsanspruch auf ganz Jemen! Selten hat sich eine Meldung schneller bis in die letzten Winkel des Nordens verbreitet als die Unglücksbotschaft von der endgültigen Spaltung des Jemen und dem Griff der Marxisten Adens an die Kehle des traditionellen Nordens. Längst verschüttet geglaubte Ressentiments der steifen Nordländer gegen die windigen Südstaatler brechen mit aller Heftigkeit wieder auf.

In der Taizzschen Runde versucht man das Ärgste rückgängig zu machen. Stundenlanges Ringen, den wie vor den Kopf geschlagenen Südjemen-Premier doch noch zur Rücknahme des Dekrets zu bewegen. Vergebens. Hin- und herwechselnde Funksprüche bekräftigen nur die Endgültigkeit des Adener Beschlusses. Lähmung befällt die nordjemenitische Repräsentanz, als sie die Realität erkennen mußt: Haitham ist ausgetrickst worden und nicht mehr kompetent. Verbittert bricht al-Iryani die letzte Zusammenkunft ab. Er läßt keinen Zweifel aufkommen, daß das zwielichtige Spiel der NLF-Machthaber in Aden für die Umstrukturierung der Legislative und Exekutive in Sanaa von grundsätzlicher Gewichtung sein werde.

Mohammed Ali Haitham wird unehrenhaft verabschiedet. Als er sich zur Abfahrt bereitmacht, rotten sich empörte Taizzer Bürger zusammen, blockieren die Ausfahrtstore, lassen Schmährufe auf ihn niederprasseln. Sosehr dies auch als Willensbekundung gegen den des Doppelspiels Verdächtigen der Sanaaer Regierung ins Konzept paßt, ein womöglich drohendes Attentat mit Todesfolge kann sie sich nicht leisten, ohne einen bewaffneten Konflikt in Kauf nehmen zu müssen. Armee- und Polizeieinheiten brechen den Kordon der Demonstranten mit Gewalt auf und schirmen den Abmarsch der südjemenitischen Delegation bis zur Grenzstation Rahida ab.

Entscheidungshilfe aus Moskau

Was in der Adener Parteizentrale tatsächlich ausgeheckt worden war, läßt sich nur vage rekonstruieren. Offensichtlich hat der NLF-Generalsekretär seinen Staatspräsidenten so unter Druck gesetzt, daß Salem Rubay Ali lieber seinen Premier Haitham der Partei als Opfer überließ, als sich selber um Amt und Kopf zu bringen. Diskutierbar bleibt, ob die Umbenennung des Südjemen unter einschüchternden Drohgebärden der Sowjetunion auf den Weg gebracht wurde. Doch kann kein Zweifel an Moskaus nachhaltigem Interesse am Südjemen bestehen: Die vorgelagerte Militärbasis auf der Insel Sokotra ist für die UdSSR von unschätzbarem strategischem Wert.

Gewissermaßen als letzte Mahnung an die sozialistische Solidarität hatte Moskau schon Anfang November tief in die Ordenschatulle gegriffen. Aus Anlaß des 100. Geburtstags von Wladimir Iljitsch Lenin überreichte der sowjetische Geschäftsträger in Aden, Edmond-Schahnazarian, dem sich aus Moskauer Sicht national-abweichlerisch betätigenden Staatspräsidenten Salem Rubay Ali den Lenin-Orden: für gezeigten Heldenmut! Dies war eine überdeutliche Mahnung Moskaus, denn Salem Rubays Peking-Reise und die Führung der maoistisch-südjemenitischen Fronde war nur durch einen heldenhaften Reuebeweis wiedergutzumachen. Den hat er am 29. November termingerecht erbracht.

Ohne zu ahnen, wie das Endergebnis seiner Bemühungen verfälscht werden würde, hatte der jetzt desavouierte Premier Haitham schon im Oktober die wichtigste Vorleistung erarbeitet. Nach einer Reise durch die Verwaltungsbezirke Südjemens und intensiven Diskussionen mit den Parteigängern auf dem Land trug er am 25. Oktober der Zentralen Verfassungskommission seine Erkenntnisse vor, wie der neue Verfassungsentwurf von den breiten Massen aufgenommen worden sei. Der Ausschuß beschloß, den endgültigen Text der umzuschreibenden Verfassung dem Führungsgremium der Nationalen Front während der nächsten Sitzung im November auf den Tisch zu legen.

In der Regierungsveröffentlichung, die alle südjemenitischen Botschaften im Dezember 1970 verbreiteten, heißt es:

»Das Generalkommando beschloß einen provisorischen Obersten Staatsrat für die Dauer eines Jahres einzusetzen, um die verfassungsmäßige Umgestaltung durchzuführen. Der Rat wird Vorbereitungen für die Abhaltung freier demokratischer Wahlen während des kommenden Jahres einleiten, die vor dem 31. 10. 1971 abgeschlossen sein sollen.

Als ein Ergebnis dieser Verfassung ist mit Wirkung vom 30. 11. 1970 der Name der Republik von ›Volksrepublik Südjemen‹ geändert in: ›Volksdemokratische Republik Jemen‹.«

Wie funktionsfähig und wirtschaftlich kompetent eine derartige Staatsform wirklich ist, das hatte Parteichef Abdul-Fattah Ismail in der Deutschen Demokratischen Republik, die im sozialistischen Lager als Wunderkind gepriesen wird, selbst nachprüfen wollen. Auf Einladung des Staatsratvorsitzenden Walter Ulbricht hatte Abdul-Fattah Ismail eine Delegation nach Ost-Berlin angeführt, der auch das Exekutivmitglied Mohammad Saleh Aulaqi und Abdel Mahfood Khalifa angehörten. Die Runde der DDR-Gesprächspartner wurde vom Mitglied des Politbüros und Sekretär des Zentralkomitees der Sozialistischen Einheitspartei der DDR, Gerhard Grünberg, geleitet. Nach seiner Rückkehr vom zehntägigen Besuch der DDR gab der tiefbeeindruckte Abdul-Fattah Ismail ein »goodwill statement« ab, in dem es heißt: »Die Anerkennung der bestehenden Grenzen auf dem europäischen Kontinent einschließlich der Anerkennung der bestehenden fortschrittlichen Staatsform in der Deutschen Demokratischen Republik ist die Vorleistung für die Basis eines dauerhaften Friedens und der Sicherheit in Europa. Die führende politische Rolle der Sozialistischen Einheitspartei in der Deutschen Demokratischen Republik ist beispielhaft.«

Erneute Kriegsgefahr

Am 30. Dezember 1970 wird die Trennung auch durch Sanaa zementiert. Die Jemenitische Arabische Republik gibt sich ihre erste Verfassung. In einer Proklamation verkündet al-Iryani das neue Gesetzeswerk, das die Macht auf einen Konsultativrat (Parlament), den Rat der Republik, das Kabinett und den Gerichtshof verteilt. Zwanzig Prozent des 159 Abgeordnete zählenden Parlaments werden von der Regierung ernannt, die übrigen vom Volk gewählt. Von der Freihaltung von Sitzen für südjemenitische Delegierte, wie im März 1969 noch angeboten, ist nicht mehr die Rede.

Das Schreckgespenst eines neuen jemenitischen Bürgerkriegs geht um: dieses Mal Nord- gegen Südjemeniten. In den Grenzgebieten beider Staaten kommt es zu Streitigkeiten. Auf den Marktgründen geraten Nomaden handgreiflich aneinander. Sippen und Stämme werden zu Hilfe gerufen. Bald marschieren die ersten Kontingente der Garnisonstruppen auf. Schüsse fallen. In der Randprovinz Harib müssen sich nordjemenitische Truppen gegen Übergriffe der südjemenitischen Volksmiliz zur Wehr setzen. Im Gegenzug dringen Kommandos der von den Ex-Sultanen aufgestellten und von Saudi-Arabien bezahlten »Nationalen Rettungsarmee Hadhramaut« auf südjemenitisches Staatsgebiet vor und stellen Fallen. Am 19. Dezember 1970 fährt der Kommandeur der 14. Brigade der südjemenitischen Volksarmee im Grenzgebiet auf eine Mine und wird getötet.

Die Eskalation des Kleinkriegs zu einem offenen Konflikt ist nicht nur durch die Sowjetunion, sondern ebenso durch die saudische Monarchie tüchtig angeheizt worden. Mitte Dezember halten sich drei hochgestellte Vertreter Sanaas zu geheimen Beratungen in Riyadh auf. Der neue Verbündete, erst wenige Monate auf friedvollem Kurs, soll nun einen Chauvinismus praktizieren, den sich das makellose Riyadh nicht leisten kann. Überraschend bietet sich König Feisal die Möglichkeit, das ihm zutiefst verhaßte Regime in Aden durch zu Söldnern degradierte Nordjemeniten hinwegfegen zu lassen. Immense Geldzuwendungen an konservativ agierende Politiker in Sanaa und Stammesfürsten des Hochlandes, deren Gesandte als Parlamentsmitglieder das Räderwerk der Volksvertretung leerlaufen lassen, wie es ihnen beliebt, sollen vornehmlich General Hassan al-Amri in die Lage versetzen, die nur noch in Lumpen wandelnde Republikarmee tritt- und kampfstark zu machen und zur Offensive zu reizen: Ziel Aden.

Demarche in London

Um der bedrückenden Situation entgegenzuwirken, daß sich Jemeniten gegen Jemeniten durch eine dritte Macht wieder aufputschen ließen, blieb nur der Versuch, mit der Demokratischen Volksrepublik Jemen Gespräche einzuleiten, die sie aufwerten würden, und sei es nur, um die republikanische Idee nicht ganz verkommen zu lassen.

Bereits Wochen zuvor hatte ich einen guten Bekannten aus meinen Adener Tagen, Saeed Hadi Awad, zu dieser Zeit Presseattaché an der südjemenitischen Botschaft in London, angesprochen und den Wunsch geäußert, mit dem Botschafter persönlich in Kontakt zu treten, sofern es diesem nützlich erscheinen sollte. Solange offizielle Gespräche nicht möglich waren oder nicht sein durften, konnten ja nur persönliche Kontakte, die nicht durch ideologische Polemiken belastet waren, weiterhelfen. Am 11. Dezember 1970 flog ich nach London, um mit Botschafter Fahdle Ahmed Sallami einen Meinungsaustausch zu führen. Während der fast dreistündigen Unterredung ergaben sich trotz der parteigebundenen Linie des Südjemen-Diplomaten genügend Annäherungspunkte, die hoffen ließen, die eingefrorenen Beziehungen zur Bundesrepublik Deutschland vorsichtig wieder aufzutauen. In einem Gedächtnisprotokoll habe ich Botschafter Vestring und kurz darauf auch den für diesen Bereich zuständigen Herren im Auswärtigen Amt die in London gewonnenen Einblicke in die südjemenitische Bereitschaft zum Einlenken zur Kenntnis gebracht.

Am 28. Dezember erhielt ich von Saeed Hadi Awad aus London einen Anruf, Botschafter Fahdle Ahmed Sallami habe einen äußerst positiven Bericht über meinen Besuch verfaßt und nach Aden weitergeleitet. Saeed Hadi bat mich, weiterhin durch ihn mit dem Botschafter in Verbindung zu bleiben, bis die nächste Stufe sich einleiten ließe.

Botschafter Vestring schrieb nach Zusendung des Gedächtnisprotokolls mit Datum vom 6. Januar 1971 folgenden privat gehaltenen Kommentar: »... nur soviel: Das augenblickliche System in Aden wird kurz über lang krepieren. Warum sollten wir uns jetzt mit ihm verbinden? Welchen Eindruck würde das in Sanaa und Dschidda machen? Und auf anderen Plätzen? Und welches stärkere Motiv werden wir haben, wenn das Regime gewechselt hat. Solange der Kanal geschlossen bleibt, sind unsere Interessen in Aden beschränkt. Die Adenis, deren Wirtschaft völlig darniederliegt, werden viel Entwicklungsgeld von uns haben wollen – sollten wir unsere Hilfe nicht besser konzentrieren? – Ich weiß, Sie lieben das Land, wie Sie auch den nördlichen Teil lieben. Wir müssen aber stärker auf unsere eigenen Interessen achten.«

Botschafter Vestrings Lagebeurteilung war nur mit der theoretisch-schematischen Denkschule eines Diplomaten zu rechtfertigen. Von der Realität war sie meilenweit entfernt. Weder würde das Adener Regime stürzen, noch hatten wir uns der Ansicht Saudi-Arabiens zu beugen, wenn wir im Südjemen wieder zum Zuge kommen wollten. Auch hatten die Südjemeniten durch Botschafter Sallami nie überzogene Entwicklungsgelderwartungen erwogen oder zur Diskussion gestellt.

Als Kenner der Lage und Zwischenträger der Meinungen jemenitischer Politiker in Nord und Süd war ich wohl imstande, die Auswirkungen realistisch abzuschätzen: Mit einem Krieg wäre weder den beiden Jemen noch Saudi-Arabien, wohl aber den expansionslüsternen Großmächten in die Hände gespielt worden. Unsere diplomatische Wiederkehr nach Aden würde dem noch existierenden moderaten Flügel der Staatspartei die bitter notwendige Rehabilitation verschaffen, den sich zusammenbrauenden Konflikt beizeiten zu entschärfen helfen und die saudische Regierung noch einmal überlegen zu lassen, ob sie sich auf einen lange währenden Grenzkrieg einlassen sollte.

Meine private Londoner Kontaktaufnahme vermochte zwar in der momentanen Situation nichts auszurichten, erwies sich aber als stabil genug, um politische wie humanitäre Nachwirkungen zu zeitigen.

Windwechsel

Alainis Rücktritt

Gnadenlos stößt Adens Parteiapparat jeden über die Nordgrenze, der enge verwandtschaftliche oder gar bislang tunlichst verschwiegene politische Kontakte zum Freien Jemen besitzt. Erneut quälen sich Emigrantentrecks bei Hitze und Staub in Richtung Norden, ins hohe Bergland. In Sanaa befiehlt Präsident al-Iryani seinerseits, konsequent gegen NLF-Zellen im nordjemenitischen Untergrund vorzugehen. Er braucht nun keine Rücksicht mehr zu nehmen, weil von einer Wiedervereinigung keine Rede mehr sein kann.

Doch auch Sanaa selbst hat sich gewandelt: Hier herrscht der parlamentarische Notstand. Der Republikanische Rat sieht gelassen zu, wie das Parlament den Aufstand gegen die Regierung Alaini probt. Nichts geht mehr.

Kein Wort mehr von Aussöhnung oder Vertrauen, von geschichtlicher Notwendigkeit der Wiedervereinigung, noch weniger vom inneren Frieden, von einem Neubeginn. Es ist, wie Premier Alaini vorausgesagt hat. Der Egoismus triumphiert. Die republikanische Einheit zerbricht am Frieden.

Im Parlament verlangen die Traditionalisten unter stillschweigender Billigung des Parlamentspräsidenten al-Ahmar wütend nach dem Kopf des unglücklichen Premiers. Von Dezember 1970 bis Ende Januar 1971 sind die Bänke brechendvoll, als die oft fulminanten Redeschlachten um eine Umstrukturierung ausgefochten werden. Alaini ist grenzenlos enttäuscht, weil man ihn wie einen Verräter schmäht. Und schließlich sucht er Zuflucht im ehemaligen US-Camp in Taizz (das einst unserer Restvertretung unter Dr. Landau als diplomatisches Exil gedient hatte). Unzählige Male schon hat diese umzäunte Ansammlung wellblechbedachter Fertighäuser vom Glück verlassenen jemenitischen Politikern als Refugium und Klagemauer dienen müssen. Alaini ist nicht willens, sich der ihn entehrenden Kampagne ins Parlament eingeschleuster Kleinscheichs zu stellen. Noch wird er sich für seine politische Zielsetzung, die Wiedervereinigung mit dem Süden, rechtfertigen. Er muß vielmehr erkennen, »daß der einzelne einem bestehenden Machtapparat oder einer politischen Entwicklung gegenüber nichts auszurichten vermag...«.

Am bittersten ist, daß sein Idol al-Iryani aus taktischen Gründen auf die konservative Linie des Haschidfürsten al-Ahmar einschwenkt. Alaini will demissionieren, da ihm das Parlament nicht nur das Vertrauen, sondern auch die Ehre zu entziehen versucht. Man kommt überein, das Hohe Haus aufzulösen. Neue Delegierte sollen eine neue Führungsspitze wählen.

Verschwörung in Dschidda

Seit Anfang der sechziger Jahre habe ich saudiarabischen Boden nicht mehr betreten dürfen. Oder genauer gesagt: seit Feisal seinen Halbbruder Saud ibn Saud, dem ich persönlich eng verbunden war, vom Thron verdrängt hatte. Daß ich mich im Sinne Saud ibn Sauds für die jemenitische Republik einsetzte, machte mich in Riyadh vollends zur Persona non grata.

Am 3. April 1971 stehe ich zum erstenmal wieder in Dschiddas schwüler Transithalle, deren Türen mit schweren Eisenketten behangen und durch übergroße Vorhängeschlösser gesichert sind. Ich warte auf einen Repräsentanten der Familie des Scherifen Hussein von Beihan, die mich hierher eingeladen und ein Visum für mich erwirkt hat. Endlich, hinter der Glastür das wohlvertraute Gesicht meines Blutsbruders Mohammed bin Saleh, Sohn meines Ehrenvaters Saleh bin Nasir, Naib von Nuqub und Schutzherr von Timna, der antiken Metropole des Reiches Qataban, Bruder des Herrschers von Beihan. Die Familie lebt immer noch im saudiarabischen Exil, da die Entwicklung im Südjemen eine Rückkehr vereitelt hat.

Stets hatte Scherif Saleh seinen Söhnen, insbesondere Mohammed, befohlen, auf Vergnügungs- und Bildungsreisen nach England in Frankfurt Station zu machen, um die politische Entwicklung mit mir zu erörtern. Doch eines Tages brach jeder Kontakt mit dem weisen Mann ab. Jetzt trifft mich die Nachricht von seinem Tod bis ins Mark: Saleh bin Nasir, Vater, Freund und Vorbild, lebt nicht mehr! Das Exil, obschon mit saudischen Subsidien versüßt, hat ihn zum verbitterten Untertan herabsinken lassen, hat seinen Stolz gebrochen, sein Herz stillstehen lassen. Mohammed sagt mir, alle sieben Brüder hätten beschlossen, mir den Tod des Vaters zu verschweigen, um die Trauer von mir fernzuhalten.

Die wahren Gründe indes sind andere, wie unsere Unterredung bald zeigt. Für die von den Exilfürsten jetzt eingeleitete Phase einer militärischen Rückeroberung regionaler Teile des Südjemen können meine guten Kontakte im Norden und im Süden des Jemen von Vorteil sein. Ob ich aber ohne den hochgeschätzten Patriarchen Saleh bin Nasir ebenso engagiert für die Rückkehr der traditionellen Normen eintreten würde – dessen war man sich im Konspirationszirkel von Taif nicht so sicher.

Begeistert erzählt Mohammed, was nun auf die Volksdemokratische Republik Jemen an Vergeltungsschlägen niederprasseln würde. Endlich habe Feisal allen im Exil lebenden Südjemen-Fürsten freie Hand gegeben, ihre verlorenen Provinzen mit Gewalt zurückzuerobern. Und unbegrenzt stünden Mittel zur Verfügung, Beihan und den Hadhramaut von Aden abzusplittern und dort separate Staatsgebilde auszurufen. Bruder Haider, der Älteste und ehemals Oberst der südjemenitischen Föderationsarmee, fasse als Kommandierender bereits die Grenzstämme zu einer »Heiligen Befreiungsarmee des Hadhramaut und Beihan« zusammen. Ausbildungslager seien angelegt, Offensivpläne ausgearbeitet worden. Haider und Mohammed hätten inzwischen mit englischen Offizieren, die früher in Beihan Kommandos geführt oder als politische Berater geheimdienstliche Funktionen erfüllt hatten, eine Rekognoszierung der legendären Nachschubroute Nadschran–Marib–al-Wadeyiah vorgenommen. Damit seien die logistischen Voraussetzungen erfüllt. Als ich die Namen der Briten höre, wird mir physisch schlecht: Sie gehörten zum engeren Kreis jener Geheimagenten, die die Scherifenfamilie Husseins von Beihan der NLF opfern wollten.

Im Morgenflimmern Dschiddas schäme ich mich zutiefst! Nicht allein wegen der Charakterlosigkeit der südjemenitischen Elite, die sich mit ihren ehemaligen Zwingherren verbündet, um wieder an ihre Pfründen zu kommen. Mehr noch widert mich an, daß die Adelssprößlinge sich nicht scheuen, den Stolz ihrer Väter für ein paar Silberlinge zu verschachern.

Als ich auf dem Weiterflug nach Sanaa bin, ist eine sentimentale Periode meines Lebens abgeschlossen. Unter mir auf dem Gräberfeld von Taif, vermodert eine über Jahre sorgsam verehrte Reliquie: mein altehrwürdiger, korantreuer Ziehvater Saleh bin Nasir, dem ich ein aufrichtiger Sohn gewesen bin.

Interregnum

Den im Schatten der Hochlandzinnen dahindösenden Kriegern und Stämmen, vor allem aber den Condottieri, kommt König Feisals Befehl, eine »Rettungsarmee für den Südjemen« aufzustellen, wie ein Zeichen vom Himmel. Von überallher eilen sie nach Sanaa. Die Gewehrläufe geölt, die Krummdolche scharf geschliffen, um sich für einen gutbezahlten Tod zu verdingen. Die Stammesföderationen haben immer noch keine soziale Bleibe in der Republik gefunden.

Das wird mir spätestens vor dem »Office of Immigration« klar, als ich versuche, mich zum Kommandostand von Oberst Abdullah al-Adhi durchzuboxen, dessen Einheit ich einst zum Dschebel Asr begleitet hatte. Er ist umzingelt wie seinerzeit in der Republikfeste Sanaa. Inzwischen ist er zuständig für Pässe und Stempel. Jeder, der den Jemen betreten oder verlassen will, hat sich seinem Verhör zu unterziehen.

Sobald die Wache hinausgescheucht ist, können wir offen sprechen. Glücklich ist der Republikaner al-Adhi nicht über die Dinge, die, von Riyadh gesteuert, über seinen Schreibtisch laufen. Um den äußeren Schein zu wahren, erhält jeder Bewerber ein Arbeitsvisum für Saudi-Arabien. Doch statt Brotsack und Werkzeug schleppen die als Hilfsarbeiter für die saudischen Ölfelder Angeworbenen Munitionstaschen und Lieblingswaffen mit sich über die Grenze. Peinlich genau achtet der Oberst darauf, daß sich kein »marxistischer Revoluzzer« in die Reihe der Grenzwechsler einschleust, um eines Tages eine saudische Ölquelle in die Luft zu sprengen. Meistens endet ihr Geheimauftrag bereits vor Abdullahs Schreibtisch. Ein Blick in den Paß, ein Wink zu den Wachen – und schon verschwindet der Mann für lange Zeit hinter Gittern, wenn er sich nicht als Doppelagent umdrehen läßt.

Aber die vielen, die über die saudische Grenze wechseln, um als Söldner an der südjemenitischen Grenze die »Rettungsarmee für den Südjemen« zu verstärken, erbosen Abdullah nicht minder. Sind es doch ihresgleichen gewesen, die im Bürgerkrieg je nach Sold die Fronten wechselten wie andere ihr Hemd. Wenn ein Wegelagerer, der unbedingt ins saudische Söldnerlager asch-Scharoorah will, ihn fragt, wieviel man einem erfahrenen Einzelkämpfer monatlich zahlt, dann wird der Angesprochene vor Wut blaurot im Gesicht und wirft den Kerl eigenhändig vor die Tür. Der stellt sich dann hinten wieder an und grübelt darüber nach, was denn da los sei, hat er doch viele Ägypter und Republikaner und nur so wenige Royalisten getötet. Viele Stammeskrieger lassen sich aber nur deshalb rekrutieren, weil sie der Gehorsamspflicht ihren Föderationsoberen gegenüber nachkommen wollen – die ihrerseits im Parlament gegen die Republik sturmlaufen.

Immerhin haben die Parlamentarier und Scheichs ein klägliches Interregnum erreicht. Allenthalben wird der Anfang vom Ende der vormals geeinten Republik spürbar. Beschäftigungslos dösen die Teeträger in den Fluren des al-Kasr al-Gumhouri. Verwaist auch das Kabinett. Ohne Alaini ist der Ministerrat ein impulsloser Torso. Zwar ist der Republikanische Rat noch in Amt und Würden, doch die gegenseitige Wühlarbeit der Prominenz läßt selbst al-Iryanis starke Hand erschlaffen.

Ahmed Mansoor, jemenitischer Adlatus an der Deutschen Botschaft, wirkt auf mich ein, ich müsse mich unbedingt mit dem jungen Noman treffen. Der Jungstar habe bereits von meiner Ankunft erfahren und möchte mich morgen im al-Kasr al-Gumhouri sehen.

Meine Bekanntschaft mit Mohammed Ahmed Noman, dem politischen Berater al-Iryanis, begann vor Jahresfrist. Mohammed, Lieblingssohn des Altrevolutionärs Ahmed Mohammed Noman, galt schon damals als kommender Politiker von Rang und als blitzgescheiter Kopf des Noman-Clans überhaupt. Gewiß hatte der legendäre Ruf seines Vaters zur schnellen Karriere beigetragen. Dennoch taktierten Vater und Sohn grundverschieden. Blieb der Vater seinen visionären Ideen treu, war der Sohn der geborene Macher. Unser erstes Zusammentreffen im Hause des Botschafters Vestring war theatralisch: Ein stämmig gebauter Jemenit, Ende Dreißig, trat ein, ließ sich in einen Sessel fallen und musterte mich stumm. Eben noch ins Whiskyglas sinnierend, eilte er in der nächsten Sekunde zum Telefon. Über Privatnummern palaverte Mohammed mit Ministern und dem Präsidenten, wußte Probleme sehr wohl zu drehen und zu wenden. Einprägsam wurde mir vorgeführt, welch wichtiger Mann sich hier die Ehre gab, ohne ein Gespräch zu suchen. Als Blitz, wie er gekommen, entfleuchte er wieder. Der tiefbeeindruckte Botschafter klärte mich auf, wie wichtig dieser Wirbelwind schon morgen sein könne.

Anderentags um neun Uhr sitze ich dem neuen Kometen am Polithimmel gegenüber. Mohammed läßt durchblicken, daß ihm an einer Kooperation mit mir liege. Er habe viel über mich gehört, sagt aber nicht, was und von wem. Nach Landessitte preise ich den Namen der Nomans. Möge der Sohn das Ansehen seines Vaters noch überstrahlen! Zu Tränen rührt ihn dies nicht, doch allem Anschein nach sammelt er verwendbare Leute auf seinem Marsch zum politischen Zenit. Bald wird er das Amt des Außenministers führen – verrät er mir. Dann lädt er mich zu einer Besichtigungstour ein.

Spätnachmittags holt er mich im VW im »Al-Makha« ab. Unsere Spazierfahrt dient natürlich nicht nur den landschaftlichen Schönheiten. Es geht um die Vergabe von Erdölkonzessionen, um Schürfrechte für wertvolle Mineralien – eigentlich um alles, was allen nützlich sein könnte. Wir fahren über die von Chinesen erbaute Hochlandstraße in Richtung Hudaidah, vorbei am Mahnmal für die durch Unfall ums Leben gekommenen chinesischen Bauingenieure, entlang an der Schattenseite des legendären Dschebel Asr. Es ist Ruhe im Land. Bauern und Fuhrleute, die sonst am Saum des Asphaltbandes wie Farbtupfer des Lebens wirken, sind verschwunden. Gelähmt scheint die Republik angesichts der Staatskrise.

So ist das Auftauchen einer schweren, schwarzen Limousine, die sich uns über die Krümmung der Straße entgegenbewegt, aufsehenerregend. Unvermittelt wird Mohammed stumm. Es ist die ZIL-Karosse des Präsidenten. Lotgerade sitzt al-Iryani allein im Fond, von Freund und Feind verlassen. Einsam sind die Mächtigen – auch im Jemen. Hinter halbgeschlossenen Augenlidern meditierend, fährt er vorbei, sehr alt, sehr müde geworden.

Am nächsten Morgen versuche ich zweimal, Hassan al-Amri offiziell wissen zu lassen, daß ich gern mit ihm zusammentreffen würde. Sein spindeldürrer Leibwächter, dem das Alter den Rücken gekrümmt hat, zeigt grinsend das lückenhafte Gebiß. Der Farieq, meint er beschwichtigend, sei mehr im großen, weißen Palast, um Ordnung zu schaffen, als zu Hause. Wie das zu geschehen hat, daran läßt er keinen Zweifel: Mit sehnigem Arm hebt er seinen Bunduq und richtet die Mündung geradewegs auf die oberen Stockwerke des al-Kasr al-Gumhouri.

Daß es in einem so heterogen zusammengesetzten Kreis wie dem des Republikanischen Rats, der unter höchstem Druck beraten muß, auch zu verbalen Entladungen der aufgestauten Emotionen kommen muß, ist so selbstverständlich – wenn man die Temperamente al-Iryanis, al-Amris, Nomans, Othmans und asch-Schamis kennt –, daß es in dieser Hinsicht keiner besonderen Vorstellungskraft mehr bedarf.

Im Fuchsbau al-Amris

Am Karfreitag, dem 9. April 1971, bin ich Gast von Nasser al-Muafa im Bani-Huscheisch-Land, das Qassem Munasser geprägt hat. Für den Nasrani ein Feiertag, für Jemens Moslems sowieso Ruhetag, genieße ich die Fahrt und die Stunden in dieser herrlichen, fruchtbaren Region.

Lokale Honorationen entbieten uns ein Willkommen. Nasser al-Muafa zählt zur Führungselite. Er ist ihr Mann in Sanaa. Hier in al-Abna aber herrscht Nassers Bruder Hamed. Der Oberscheich hat hoch oben am Rande des Trockenbetts seine Wohnburg, die nur zu Fuß erreichbar ist. In der aus mächtigen Steinquadern zusammengefügten Familienfestung wartet der gutdurchlüftete Madschlis-Raum auf uns: bestickte Kissen, Nomadenteppiche, prächtig verzierte Wasserpfeifen; an Wandpflöcken baumeln Maschinenpistolen und Schnellfeuergewehre an abgewetzten Gurten herunter. Durch die Fensterschlitze hat man einen überwältigenden Blick über weites, welliges Land, in die Vorwüste der Ramlat-Sabatain. Die Ader des Wadi Sirr scheint sich im Nichts zu verlieren. Aus Norden schimmert die Ristlinie des Hochplateaus herüber. Weit draußen eine winzige Kette von Mensch und Tier. Eine Karawane trabt nach Hause.

Hameds Kriegserzählung ist wie die Wüste: faszinierend – doch grausam. Ich bin der einzige Nichtjemenit, dem Munasser sich offenbarte, ein Freund deshalb den Bani-Huscheisch, weil ihr Idol an meiner Art einen Gefallen gefunden hatte. Hamed schenkt mir einige vergilbte Fotos. Munasser auf einem Hügel stehend, seine Kampfesstämme im Tal dirigierend. Qassem und Hamed, Arm in Arm, die Patronengurte über der Brust wie gleißende Harnische. Eben noch wie hypnotisiert, sinkt seine Hand plötzlich hernieder – resignierend. Stumm verlassen wir das Wadi Sirr. Hamed steigt gesenkten Hauptes auf seinen Burgberg hinauf, ohne sich umzublicken.

Urplötzlich steht der alte Leibwächter al-Amris in der Tür. Er deutet mit dem Gewehrlauf auf mich. Als ich mich unbeeindruckt gebe, blickt er mich anerkennend an. »Komm«, sagte er – und das ist alles, was gesagt sein muß.

Es ist kurz nach acht Uhr abends, als der Landrover vor dem Tor Hassan al-Amris hält. Der Mann, der seinen Herrn seit Kindesbeinen mit seinem Leben schützt, zieht mich über das düstere Vorgelände. Eine schwielige Hand schubst mich in ein gut ausstaffiertes Zimmer. Schmunzelnd erhebt sich aus der Hocke – Nasser al-Muafa! Stunden zuvor noch mein Wegkamerad im Bani-Huscheisch-Land, hat er vom ihm wohlbekannten Terminplan seines Gönners kein Sterbenswort verraten. Untugend wär's, ihm dies vorzuhalten. Alles hat hier seinen Sinn. Muafa spottend: Nebenan warte der leichenfahle Mohammed asch-Schami seit Stunden auf seine politische Wiederbelebung.

So lange muß ich nicht harren. Wie eine Bö prescht al-Amri herein. Es ist ein bewegtes Wiedersehen. Nach Brauch wird erst über Belanglosigkeiten artig tirailliert. Allah meine es gut mit ihm. Das Land sei ruhig. Nur kleine Stammesrempeleien im Morgengrauen, die, wie ich ja bereits wisse, bis zur Mittagssonne von ihm bereinigt würden.

Plötzlich ist das mokante Tändeln vorbei. Das Land brauche eine kraftvolle Führung. Dann keine Silbe, solange der Wächter Tee eingießt. Erst nachdem die Tür ins Schloß fällt, löst das Hinhalten Alarm bei mir aus: Hier und jetzt wird streng Vertrauliches erörtert, geheimer als vorausahnbar. Über den Rand der Teeschale sezieren mich seine schwarzbraunen Augen. In dieser Stunde brauche die Republik Freunde wie mich, die sich bereits in schweren Tagen bewährt hätten. Meine Dienste und meine Erfahrung seien ihm unverzichtbar. In Kürze werde er mir die Position eines persönlichen Beraters anbieten können. Ich solle mitwirken, die Beziehungen der Republik zu den westeuropäischen Staaten auf eine politisch und wirtschaftlich stabilere Grundlage zu stellen. Er, Hassan al-Amri, werde sehr bald imstande sein, dies durchzusetzen.

Ich sitze starr, schweige, zucke mit keiner Wimper. Wie bei psychologischen Grenzsituationen spult sich der Film meiner letzten Kontakte im Zeitraffer ab: in Dschidda Mohammed bin Saleh, der mich durch Familiengehorsam gefügig machen wollte, den geplanten Kriegszug der südjemenitischen Fürsten nach Beihan und dem Hadhramaut zu unterstützen; hier in Sanaa der clevere Mohammed Ahmed Noman, der mich seiner Gefolgschaft gegen al-Iryani und al-Amri einverleiben möchte; im »Office of Immigration«, der revolutionsdesillusionierte Colonel al-Adhi; in Taizz Mohsin Alaini – im Abseits; der mangels einer Hausmacht ins Vakuum stürzende Yahya Geghman; die Begegnung mit dem alternden al-Iryani auf der Hochlandstraße; und nun dieser Mann, dessen militärisch-historisches Kaliber ich gleichsetze mit dem draußen im Bani-Huscheisch-Land vermodernden Munasser... Was Hassan vorhaben mag, scheint nichts Geringeres als ein bald bevorstehender Griff nach der Macht zu sein!

Für Hassan al-Amri mag mein langes Schweigen auf eine sorgsame Entscheidungsfindung deuten. Als seine Blicke zwingend werden, beginne ich al-Amri zu rühmen. Wie sehr es einer starken Hand bedürfe, dieses unruhige Land wieder auf Kurs zu zwingen – daran bestehe kein Zweifel. Neben dem mächtigen Farieq sei der Sahafi nur ein kleiner Schreiber gewesen. Von außen weiterhin zum Guten zu wirken sei auch heute mein Anliegen – und, wenn die Zeit gekommen sei, eine Ehre.

Obschon meine Erwiderung ein verklausuliertes Hinhaltemanöver ist – der General ist zufrieden. Zu auslotenden Fragen kommt es nicht mehr. In den Gängen warten Notable, Kaufleute, Armeechargen und Hasardeure, viele von ihnen Bittsteller, die al-Amri als Trauma peinigen. Hinter verschlossen gehaltenen Türen der Seitenräume schlürfen jene den Tee, deren Namen nicht in Zusammenhang gebracht werden sollen mit dem konspirierenden Politmilitär: konservative Stammesführer, die durch den legendären Geheimgang hierhergebracht worden sind. Wer diesen Tunnel benutzt, hat den politischen Rubikon von al-Iryani zu al-Amri endgültig überschritten. Seit Munassers Tod haben die Traditionalisten den Generallissimus auf den Schild gehoben. Und umgehend hat der neue Führer sein erstes politisches Vorgefecht nach österreichischem Vorbild gewonnen: Er hat seine Tochter in die Haschid-wa-Bakil-Stammesföderation verheiratet. Machterweiterung durch das Blut der noch Mächtigeren!

Die lange Agonie

Nur eine erhöhte Besuchstätigkeit von Haus zu Haus läßt auf die Regierungskrise schließen. Wer etwas ist und es bleiben will oder wer mehr werden will, als er schon ist, beeilt sich, seine Hausmacht zu mobilisieren. »Das Gras bewegt sich, also muß Wind wehen«, kommentiert das Volk das nächtliche Kommen und Gehen bei al-Iryani und al-Amri. Aber im al-Kasr al-Gumhouri brechen die Gegensätze nun auch schon tagsüber offen aus.

Aktensichten, Aktenmitnehmen, Aktenvernichten. Überall gleich destruktiv arbeitet der Reißwolf im Namen der Diskretion. Was da, um der Gegenseite nicht in die Hände zu fallen, vernichtet wird, ist die erste gute Ernte der Revolution.

Yahya Geghman lädt zum Mittagessen und zum Qat-Kauen im luftigen Madschlis-Raum hoch oben im Terrassenstock in das Haus eines Freundes ein. Forschend tasten seine Augen über mein Gesicht. Wer nicht unterirdisch durch al-Amris legendären Geheimgang in des Generals Haus eilt, ist nagender Observanz ausgesetzt. Was weiß er? Was will er wissen? Mit Freunden Qat kauen ist im Jemen »die Stunde der Öffnung der Gedanken«... Mit der grünen Kugel in der Backe sind schon Revolutionen geplant – und verplappert worden. Das weiß auch Geghman. Aber meine Zunge wird stumm bleiben müssen. Dies ist ein rein innerjemenitisches Problem. Ich sage ab.

Um mich zu verabschieden, gibt Botschafter Vestring ein Essen. Auch er wird sich an neue Gesichter gewöhnen müssen. Geghman, Nasser al-Muafa, Protokollchef Abdallah al-Hamami und Ahmed Mansoor sind gekommen. Leicht trunken stehen wir nach Mitternacht fröstelnd in der Hochlandkälte. Colonel al-Adhi, auf Wachkontrolle der Botschaftsposten, komplettiert die arg zusammengeschmolzene Runde der »ersten Phase der Republik«. »Wir reiten nicht mit dem Wind«, orakelt Geghman und verschwindet im Dunkel. »Sie werden mich an die Botschaft in Moskau versetzen«, fürchtet der progressive Abdallah al-Hamami die Revanche der Konservativen. Colonel Abdullah al-Adhi setzt auf Zeit: »Wir sehen uns wieder zu besserer Stunde«, tröstet er. Uns Nachschauenden ist ein über das Kopfsteinpflaster schleifendes lahmes Bein mahnendes Signal.

Am 22. April 1971 tickert der Fernschreiber der ägyptischen Nachrichtenagentur Mena: »Der von Präsident al-Iryani geführte Präsidentschaftsrat ist zurückgetreten. Gründe für den Rücktritt werden nicht genannt.«

So geschickt ist die Implosion des Republikanischen Rates inszeniert, daß nur die Machtvollkommenheit stammesdelegierter Parlamentarier für die Entscheidungsfragen über die Zukunft der Republik legitimiert bleibt. Ohne den Föderationsführer der Stammesgemeinschaften Haschid-wa-Bakil geht nichts mehr in der Jemenitischen Arabischen Republik.

Vom 22. bis zum 26. April finden im Plenum, im Regierungspalast, aber auch in Zelten und Weilern bewegte Debatten statt, wie nunmehr diese Republik zu regieren sei, da momentan niemand mehr weiß, wie dieser Begriff eigentlich auszulegen sei. Der stammesorientierte Norden steht wie neun Jahre zuvor gegen die freiheitlich-fortschrittlichen urbanisierten Südprovinzen – als sei eine Koexistenz unmöglich. Andererseits ist sich Großscheich al-Ahmar im klaren: Ein wiederaufbrechender Stämmekrieg würde diesmal von König Feisal nicht unterstützt.

Die Befürchtung, eine durch Alleinherrschaft der Stämme liquidierte Republik könne sich abspalten und ihr freiheitlicher Südteil sich mit dem volksrepublikanischen Südjemen zu einem Staatsgebilde vereinen, schreckt Riyadh auf. Denn mittlerweile ist durch die Verdichtung der sowjetischen Stützpunktkette am Saum des Roten und Arabischen Meeres die geostrategische Lage grundsätzlich zuungunsten der autarken Herrscher verändert. König Feisals »brüderlicher Rat«, sich schnell und unblutig zu einigen, ist ebenso weise wie wirklichkeitsnah. Trotz allem, der »Bewahrer der islamischen Heiligtümer« ist zu schwach, um jenen zeiditischen Urgeist zu unterwerfen, den einstmals der erste Imam des Jemen, der selige al-Hadi Ila al-Haqq Yahya bin al-Hossein bin al-Qasem, im Jahre 898 n. Chr. in Saada gegen die widerständlerischen sunnitischen Schafiiten gesät hat. Ob es Zeiditen oder Schafiiten gelingt, einen Mann mehr ins Zentrum der Macht hineinzumogeln – das bringt die engagierten Anhängerschaften mehr denn je in Wallung. Im al-Kasr al-Gumhouri wird die Glaubenswaage vorsichtig austariert. Am 26. April 1971 ergibt das Parlamentsvotum einen nur noch dreiköpfigen Republikanischen Rat: mit al-Iryani, Scheich Mohammed Ali Othman und General Hassan al-Amri. Und weil der Schafiit Ahmed Mohammed Noman aus dem Rat ausschied, muß auch ein Zeidit den Sessel räumen: Ahmed asch-Schami. Die Heimkehr hat sich für den Ex-Royalisten nicht ausgezahlt.

Ahmed Mohammed Noman wird mit der Regierungsbildung beauftragt. Noman aber besteht darauf, daß er bei einem Rücktritt der Regierung wieder im Republikanischen Rat Aufnahme findet. Al-Amri sieht sich von al-Iryani und Othman ausmanövriert. Im Nu sind alle drei heillos zerstritten. Zweifelsohne hat al-Amri sein Erstrecht als designierter Nachfolger des alternden al-Iryani diesem drohend deutlich gemacht. Aber aufs Altenteil will dieser nicht. Al-Iryani läßt sich nach Taizz chauffieren, um sich dort mit Alaini zu arrangieren. Kaum erfährt der General davon, braust er, den Stander am Kotflügel, hinterher. An einem Übereinkommen zwischen al-Iryani und Alaini kann al-Amri wenig Gefallen finden. Während die drei in Taizz miteinander hadern, gibt Ahmed Mohammed Noman in Sanaa zu verstehen, er sei nicht mehr bereit, die Regierung zu bilden. Das wirkt ernüchternd, und im Nu setzt sich der Konvoi des Präsidenten und des Generals wieder in Richtung Sanaa in Bewegung. Umsichtig haben al-Iryani und Alaini sich abgesprochen, den General auch dann nicht in die vorderste Linie zu lassen, sollte Noman auf seiner Weigerung beharren.

Wiederum hat Hassan al-Amri ein politisches Gefecht so miserabel geführt, daß er zum Rückzug blasen muß. Der Mann, den sein Temperament wie ein Malariaanfall beutelt, muß sich konziliant geben. »Zum Wohle des Landes«, läßt al-Amri durchsickern, sei er mit der Beauftragung Nomans einverstanden. Ahmed Mohammed Noman, der von April bis Juli 1965 schon einmal Premier war, will sich die letzte Chance, den Jemen nach seinen eigenen Vorstellungen zu regieren, nicht entgehen lassen. Aber er ist kein Demagoge, dessen Rhetorik die Massen in Verzückung gesetzt hätte – er ist nur ein Mann mit einer untadeligen Vergangenheit. Und dies ist zu wenig in dieser Notlage. Das Experiment, ein unruhiges Land von einem zu toleranten Ministerpräsidenten führen zu lassen, steht von Beginn an unter keinem guten Stern.

Vor dem Hohen Haus unter dem präsidierenden Scheich al-Ahmar umreißt am 24. Mai der seit dem 3. Mai amtierende Premier- und Außenminister des Jemen drängendste Schwierigkeiten und verspricht, diese mit Hilfe des Konsultativrats zu lösen. Staatsschulden in Höhe von 186 Millionen Dollar und zerrüttete Staatsfinanzen seien das folgenschwerste Problem, mit dem sich die Regierung konfrontiert sähe. Nomans Deklaration der Dekadenz – die öffentlich ausgesprochene Bankrotterklärung der Republik – trifft die Jemeniten tief in ihrem Nationalstolz.

Im Widerstand gegen den Premier findet sich die gesamte Politprominenz vereint. Als auch die Zusage, die Armee zu modernisieren, dem Rotstift zum Opfer fällt, antwortet al-Amri mit einer demonstrativen Geste. Kurz entschlossen verläßt er am 23. Mai 1971 Sanaa, nicht ohne vorher verbreiten zu lassen, er käme erst aus Kairo zurück, wenn man ihn darum bitte.

Mitte Juli begeht Noman einen »politischen Fehltritt«. Über Radio Sanaa nebst angeschlossenen weltweiten Agenturen ruft er die arabischen Brüder auf, unverzüglich »zur Rettung des Jemen zu eilen...«. Niemand im Republikanischen Rat oder Parlament will sich retten lassen, niemand ist vorgewarnt, daß über den Offenbarungseid auch nur eine Silbe darüber nach außen dringen würde. Im al-Kasr al-Gumhouri kommt es zum Show-down, als man Noman an seine patriotischen Pflichten zur Wahrung der Ehre der Nation erinnert und ihm nahelegt, sein Amt zur Verfügung zu stellen.

Krisenüblich leitet die Armee im Einvernehmen mit dem Rat »taktische Manöver« um Sanaa ein. Auguren werten dies vorschnell als Putsch. Doch die Finte erfüllt ihren Zweck. Am 20. Juli 1971 bietet Noman seinen Rücktritt an mit der Begründung, »daß in seiner kurzen Amtszeit in der ersten konstitutionellen Ära im Lande, er sich außerstande sehe, die Regierungsverantwortung unter dem Druck der finanziellen Schwierigkeiten, die das Land belasten, weiter zu tragen...«.

Das Scheitern des Sparpremiers Noman kann sich nur destruktiv auswirken. In eigener Manier bereitet Riyadh sich auf eine indirekte Übernahme der jemenitischen Souveränität vor. Saudische Ölmillionen bewirken den Ausverkauf des Regierungslagers.

Al-Amri im Abgrund

Kaum hat Ahmed Mohammed Noman seinen Sessel geräumt, schickt Präsident al-Iryani das Präsidentenflugzeug nach Kairo, um den tiefbeleidigten und hintangesetzten Generalissismus al-Amri wieder auf die Regierungsbank zu bringen. Ob er wohl wieder – seit 1962 dann zum siebenten Male – Ministerpräsident werden möchte?

Daß sich Alaini wieder dazu bereit finden könnte, daran glaubt keiner. Aber auch Hassan al-Amri läßt auf sich warten.

Vom Für und Wider der Diskussion über die politischen und menschlichen Qualitäten des einstigen Kriegspremiers gehen die Emotionen hoch. Am 14. August 1971 steht halb Sanaa, einschließlich Kabinett, auf der Betonpiste von ar-Rahaba, um den sich zierenden designierten Premier in Empfang zu nehmen. Bei Qat, Tee und Kaffee palavert man über den Augentrost der Nation, jedes Aufblinken im Sonnenglast bejubelnd. Indes, al-Amri kommt nicht, und alle, die herbeigeeilt sind, gehen schließlich halb seelenwund, halb enragiert wieder nach Hause. Offiziell verlautet, ein Triebwerkschaden habe die Rückkehr verhindert; scharfe Zungen kolportieren allerdings, der Heros habe wohl in der Vornacht seinen Sieg zu intensiv gefeiert.

24 Stunden später ist es soweit. Al-Amri steigt grimmig die klapperige Gangway hinunter. Rudimente der Staatsführung und Unentwegte

von allenthalben entbieten dem Heimkehrer Devotion und Defilee. Ein Korso von Regierungs- und Privatfahrzeugen prescht mit der Beute in der Mitte ins Stadtzentrum und schreckt die Zuhausegebliebenen aus der Siesta hoch. Al-Amri verschwindet in seinem Fuchsbau und läßt verbreiten – er benötige Ruhe, um an seiner Regierungsbildung zu arbeiten. Der Held an der Arbeit – das ist für alle vom Warten und vom Wunder ermatteten Sanaanis Alibi genug, sich wohlig der sonntäglichen Qat-Stunde hinzugeben.

Was sich in der folgenden Woche an internen Machtkämpfen zwischen Präsident al-Iryani und General Hassan al-Amri um jeden der neu zu berufenden Minister abgespielt hat, hat kein Außenstehender erfahren. Aber die Nachwirkungen dieser erbitterten Auseinandersetzung zwischen den letzten großen Stützen der Revolution haben die Fundamente der Republik erschüttert. Aus persönlichen Animositäten wächst in dieser Zeit Feindschaft. Beide Volksheroen haben einander dermaßen entwürdigt, daß sie fortan nur noch danach trachten, bei erster Gelegenheit eine endgültige Entscheidung herbeizuführen.

Scheinbar ungerührt gibt Präsident al-Iryani am Abend des 22. August 1971 bekannt, er habe General al-Amri mit der Bildung einer neuen Regierung beauftragt. Die am nächsten Tag veröffentlichte Kabinettsliste ist eine Sensation. Wider alle Erwartungen hat der neue Premier keine Militärregierung gebildet, sondern eine Zivilregierung – in fast gleicher Zusammensetzung wie die gescheiterte Regierung Noman! Das Ereignis des Tages ist die Ernennung des ehemaligen südjemenitischen Gewerkschaftsführers Abdullah Abdulmajid al-Asnag zum Außenminister des Nordjemen. Der in Aden geborene und nach Sanaa emigrierte Ex-FLOSY-Spitzenpolitiker ist augenblicklich der wohl bestgehaßte Mann in der Demokratischen Volksrepublik Jemen (Aden). Al-Asnags Berufung ist der Preis, den al-Amri zahlen muß, will er sich das Wohlwollen und die Unterstützung seiner Politik durch Saudi-Arabien versichern. Sie bedeutet verstärkte Konfrontation mit den marxistisch-leninistischen Machthabern des Zentrumkaders des Südjemen – und sie wird sich als eine der ersten Konzessionen zu Lasten der Souveränität der freien Jemenitischen Arabischen Republik erweisen.

Mit der Plakatierung von al-Amris Kabinettsliste dringen am 24. August die ersten Gerüchte über die erbitterte Auseinandersetzung zwischen den beiden Staatsführern an die Öffentlichkeit. Mit aller Entschiedenheit hat al-Iryani sich gegen al-Amris unverhohlene Drohung gewehrt, die zu ihm stehende Armee werde dieses republikfeindliche Parlament zum Teufel jagen, wenn notwendig mit Waffengewalt. Obgleich der Präsident seine progressiven Richtlinien tagtäglich gegen die Stämme- und Ständemajorität der Traditionalisten verteidigen und behaupten muß, ist er nicht bereit, die demokratischen Grundrechte seiner Republik mit der Aufhebung des Hohen Hauses in Frage stellen zu lassen. Al-Amri hat gerade noch rechtzeitig erkannt, daß seine Barfüßlerarmee nicht imstande sein würde, gegen gutarmierte Stammesföderationen und möglicherweise gegen von Aden mit Waffen versorgte nationalradikale Kampfeinheiten in einem Bürgerkrieg zum Sieg zu kommen. Eine Militärregierung zu bilden ist zwecklos, solange die Armee nicht schlagkräftig ist. Als taktischen Erfolg kann der Politiker al-Iryani für sich verbuchen: Der neue Premier muß sich mit einer Zivilregierung begnügen, und die Auflösung des Parlaments hat nicht stattgefunden.

Doch al-Amri verbucht weit Wichtigeres auf seiner Habenseite: Unmittelbar nach seiner Amtseinführung läßt König Feisal ihn wissen, es stünden nunmehr genügend Mittel zur Verfügung, die nordjemenitische Armee von Grund auf zu modernisieren. Al-Amri verdoppelt sofort den Sold seiner Offiziere und Mannschaften, um sich ihrer Loyalität zu versichern. König Feisals Absicht, seinen Erbfeind al-Iryani durch den Militär al-Amri zu stürzen und aus dem Land jagen zu lassen, wird immer deutlicher.

Auch nach der Veröffentlichung der Kabinettsliste opponiert Präsident al-Iryani gegen einige ihm nicht genehme Minister, und die Wortwechsel im al-Kasr al-Gumhouri nehmen kein Ende. Dem Krieg mit Worten aber ist der General nervlich nicht gewachsen. Er treibt einer psychologischen Krise entgegen, der er nicht gegensteuern kann. Für drei Tage verläßt er sein Haus in der Innenstadt nicht mehr. Gutunterrichtete Kreise lassen mich wissen, al-Amri habe am 29. August spätnachmittags die Kommandeure seiner Einheiten zu sich gerufen. Er habe sie aufgefordert, al-Iryani aus dem Amt zu entfernen – und hätte zu seiner Bestürzung erfahren müssen, daß er keine blinde Loyalität, wie erhofft, vorgefunden habe.

Viele Obristen und Kommandeure wollen insgeheim einen jüngeren Nachfolger für al-Amri, der für manche schon zu einem heroischen Museumsstück geworden ist. Sie hoffen auf einen General, der eine neue Armee aufbaut: ein modernes Berufsheer aus in Disziplin eingebundenen Stammeskriegern und Republikbürgern.

Was für ihn unglaublich ist: Die ihm auf Treu und Tod verbundenen Offiziere beginnen von ihm abzufallen. Hat al-Amri sie nicht erst zu militärischen Persönlichkeiten geformt und ihren Aufstieg gefördert? Allen Beteiligten, so kann man erfahren, sei gleichwohl klargeworden, daß hier ein Volksheros die historische Bühne würde verlassen müssen.

Doch al-Amri gibt noch nicht auf. Ginge er erneut ins Exil, überließe er dem Gegner für immer das Feld. Nach einer Nacht des Wägens scheint sein Entschluß gefaßt. Am späten Abend greift er zum Telefon. Mit dem ihm ergebenen Chef der Kadettenschule will er letzte Order absprechen.

Al-Amri, gewohnt, über die direkte Amtsleitung unverzüglich an den richtigen Mann zu kommen, benutzt diesmal seinen Privatapparat, ohne die Tücken des Sanaaer Telefonnetzes und mögliche Konsequenzen zu bedenken. Wer ihm da intensiv Gehör schenkt, ist nicht der Chef der Kadettenschule, die auch die Leibwache stellt; es ist der Fotohändler Mohsin al-Harazi. Man kann nicht ausschließen, daß der an Telefonjux gewohnte al-Harazi an einen Ulk glaubt, zumal sein Gespräch, das er mit einem Freund führt, von dem zugeschalteten großen Unbekannten unterbrochen wird. Der Fotograf, der wie alle seine Kollegen Porträts der Staatsverantwortlichen ins Schaufenster stellt und sie umgehend auswechselt, wenn ein Revirement dies erforderlich macht, glaubt, sein Freund habe seine Stimme verstellt. Dies um so mehr, als der Gesprächspartner sich als Premierminister al-Amri ausgibt. Er lacht lauthals; und als die Stimme bellt, hier sei der Oberbefehlshaber der jemenitischen Streitkräfte am Apparat, antwortet al-Harazi, »dann spricht hier Allah persönlich!«.

Spätestens jetzt hätte die Verwirrung um den »Spaß« ein Ende haben müssen, wäre es nicht bitterer Ernst gewesen. Es kommt beiderseits zum Austausch von Beleidigungen. Wütend ob der erfahrenen Impertinenz verlangt al-Amri nach Identifikation. Al-Harazi begeht den unheilvollen Fehler, guten Glaubens an einen überzogenen Scherz, seinen Namen und seine Anschrift preiszugeben. Danach ist die Leitung tot.

Was während des Telefonats in al-Amri vorgegangen ist, kann man unter Bezugnahme auf seinen aufbrausenden Charakter glaubhaft rekonstruieren. Er ist persönlich beleidigt, gedemütigt und lächerlich gemacht worden. In Rage befiehlt er seinem Fahrer, die Unperson herbeizuschaffen.

Bei den Recherchen, die ich später in Sanaa mit Leuten, die die Protokolle des Hergangs kannten, führte und deren Resultate hier vorweggenommen sind, blieb nur ein wichtiger Fakt ungeklärt: der Tatort. Gewährsleute haben mir glaubhaft versichert, die Tragödie habe sich zwischen Treppenaufgang und Vorhalle im Untergeschoß der Post, im Ministerium für Kommunikation, also direkt in der Stadtmitte, am »Platz der Freiheit«, abgespielt.

Es dauert nur wenige Minuten, bis al-Amris Fahrer mit dem bleichgewordenen al-Harazi zurück ist. Auf demselben Fahrzeug sitzen einige Leibwächter aus dem Stamm al-Amris. Vor dem Postgebäude sind mehrere Schützenwagen in Stellung gegangen. Gardisten springen ab, sperren die Straße. In dieser martialischen Kulisse erwartet die Staatsmacht den Bürgerdeliquenten. Erst als der zitternde al-Harazi den vor Wut schier berstenden al-Amri erblickt, begreift er das ganze Ausmaß des über ihn hereinbrechenden Unheils. Um Gnade bittend, wirft er sich vor des Generals Stiefel, fleht Himmel und Menschen um Verständnis für das Mißgeschick an. Seine Abbitten bleiben unerhört.

Der Choleriker al-Amri ist einem Nervenzusammenbruch nahe, wird zum von allem Verstand verlassenen, fürchterlichen Richter. Er befiehlt seinen Soldaten, al-Harazi zu verprügeln. Ist auch in der Armee die Prügelstrafe ein Teil der soldatischen Züchtigung – sie wird nur angewandt, wenn ein Uniformträger die Ehre seines Standes zutiefst verletzt hat –, so schlagen die Soldaten zwar auf den Zivilisten mit Militärpolizeiknüppeln ein, aber nicht erbarmungslos, denn das Tatmotiv scheint den Stockmeistern denn doch eher Kismet als vorsätzliche Beleidigung ihres höchsten Vorgesetzten. Da schlägt al-Amri selber mit einem eisengefaßten Profosknüppel zu. Im Neonlicht der Bogenlampen vor dem Eingang der Post spiegelt sich das blanke Entsetzen in den Gesichtern der Offiziere und Soldaten, als sie ihren höchsten Rangträger derart wüten sehen. Aber niemand wagt, ihm in den Arm zu fallen.

Unterdessen setzt bei dem psychisch übersteuerten al-Amri plötzlich die Phase der Panik ein. Hat er am Telefon eventuell mehr gesagt, als er sagen durfte? Drehte der General deshalb vollends durch? Fakt ist: Er ordnet al-Harazis Hinrichtung auf der Stelle an. Als Offiziere und Wachen sich weigern, den Befehl auszuführen, reißt der General dem Nächststehenden das Gewehr aus der Hand und schießt al-Harazi eigenhändig in den Hinterkopf. Ein Offizier kommentierte später kurz: »Der Premier schäumte vor Wut und erschoß ihn selbst!«

Unter Androhung aller erdenklichen Strafen vergattert al-Amri alle Augenzeugen zum Stillschweigen. Doch die Untat verbreitet sich wie ein Lauffeuer durch die Gassen der Medina, bis frühmorgens sich zusammenrottende Bürger nach Vergeltung rufen. Unterdessen wird al-Harazis Leiche gefunden – vor dessen Haustür.

Uniformtragende Blutsverwandte der al-Harazi-Sippe zögern keine Minute, ihren Oberfefehlshaber als Mörder anzuklagen. Ein Demonstrationszug setzt sich in Bewegung. Die wütenden Massen ziehen vor das al-Kasr al-Gumhouri und lagern auf dem Thingplatz der Stämme. Al-Harazis Familie weigert sich, den Toten, wie es muslemisches Gesetz fordert, innerhalb eines Tages zu bestatten, wenn ihr nicht der Kopf des Mörders ausgehändigt würde.

Um die Mittagszeit stirbt al-Amris Fahrer. In seinem Versteck aufgespürt, kann er die sich wie wild gebärdende Menge von seiner Befehlsnot nicht überzeugen. Er hat al-Harazi aus seinem Laden zur Richtstätte gebracht – er hat das Opfer im Dunkel der Nacht mitleidlos vor die Haustür geworfen. Auch hier ist alles Flehen umsonst. Fäuste prasseln so lange auf ihn ein, bis der Mann tot ist. Auf einem Brett tragen ihn Harazi-Sippler durch Sanaas Straßen und rufen: »Tod dem Helfershelfer, tausendfacher Tod dem Mörder!« Dieser 31. August 1971 bringt die Republik in noch ärgere Gefahr als al-Amris Drang zur Machtübernahme. Das Volk will den Kopf des gestern noch geliebten Heros – oder die Regierung wird stürzen.

Nur mühsam können sich die Staatsverantwortlichen einen Weg in den Regierungspalast bahnen. Präsident al-Iryani hat den Republikanischen Rat und das Kabinett einberufen, um Maßnahmen einzuleiten, wie sie selbst im Jemen ungewöhnlich sind. Es muß beschlossen werden, einen der mutigsten Männer des Landes wegen Mordes die ganze Härte des Gesetzes spüren zu lassen. Dem Präsidenten bietet sich die Gelegenheit zum politischen Großreinemachen.

Die Abstimmung im Parlament ergibt eine nie zuvor erlebte Einigkeit: Alle 159 Abgeordneten sind dafür, al-Amri wegen gemeinen Mordes anzuklagen. Daß das Leben al-Amris nicht sofort ausgelöscht wird, verdankt er dem Einspruch der Armeeführung. Sie beruft sich auf die 2. Sure des Korans, Vers 179, die vorsieht, eine Sippe mit einer Ehrenerklärung und einem angemessenen Sühnegeld abzufinden. Doch hält sich hartnäckig das Gerücht, al-Iryani habe die al-Harazis gedrängt, das Sühnegeld zu verweigern.

Als alles nichts nützt, bittet die Armee, den General ins Exil zu schicken. Eine Anfrage beim ägyptischen Botschafter bleibt einen Tag unbeantwortet – dann kommt die Absage. Kairo will es nicht mit dem Jemen-Präsidenten verderben und hält sich bedeckt...

Inzwischen fordert ganz Sanaa al-Amris Kopf, aber noch ist er im Amt. Erst am 1. September wird der Premier unter Arrest gestellt und dem Präsidenten vorgeführt. Al-Iryani unterrichtet ihn, er werde ihn aburteilen und öffentlich hängen lassen. Selbst die stärksten Parteigänger des Generals wagen kaum noch Widerspruch. Aber die großen Stammesföderationen machen gegen die Zentralgewalt mobil. Sie intervenieren für das Leben des Generals und berufen sich auf den Koran, der einem Bereuenden das Leben garantiert. Al-Amri zeigt Bußfertigkeit, und al-Iryani kann nicht gegen die Föderationen angehen.

Nach langer Beratung erteilt al-Iryani die Erlaubnis, der Angeklagte möge unverzüglich den Jemen verlassen. Zuvor hat al-Amri freiwillig auf alle Titel und Ämter verzichtet. Doch wohin mit dem Ausgestoßenen? Die Zeit drängt. Er muß aus dem Land, bevor die Massen gegen die Staatsgewalt Front machen. Am 2. September 1971 ein Lichtblick: Der Libanon ist bereit, al-Amri vorübergehend Asyl zu gewähren.

Am Mittag des 2. September werden alle Minister zum Flughafen ar-Rahaba beordert. Ein Riesenkonvoi bewegt sich in Richtung Airport. Die letzte Erbarmnis, die die Republik ihrem einstigen Retter erweist, ist, daß sie ihn vor der wütenden Menge schützt. Al-Amri sitzt in schäbigem Zivil im letzten Landrover und hält das Gesicht bedeckt. Seine Leibwache hat die Plane heruntergelassen.

Der starke Mann des Jemen ist nur noch ein menschlicher Trümmerhaufen. Al-Amri schiebt sich rückwärts die Gangway hinauf; an sich gepreßt seinen zwölfjährigen Sohn, der alles wie einen Alptraum wahrnimmt.

Es gibt kein Zeremoniell, keinen Salut, kein Abschiedswort. Man ist froh, hinter einem lebenden General die Tür der Maschine verriegeln zu können. Sie hebt ab in Richtung Beirut, und alle, die da niedergeschlagen auseinanderströmen, als ob sie einen begraben hätten, finden nun kein einziges Wort. Eine Dekade ist tragisch zu Ende gegangen.

Als die Maschine in Beirut landet, empfängt man den Exilisten mit der jemenitischen Nationalhymne und protokollarischen Ehrenbezeugungen. Al-Amri läßt verlauten, er befinde sich im Libanon, »um Ruhe und medikamentöse Behandlung« zu finden. Aber al-Iryani verkündet über Radio Sanaa die ganze niederschmetternde Wahrheit.

Der »freie Libanon«, wo politische Morde von extrem links bis extrem rechts keine Seltenheit sind, ist al-Amri allerdings nicht sicher genug. Als er später die Gelegenheit erhält, doch nach Kairo ins Exil zu gehen, nimmt er sie sofort wahr. Im Stadtviertel Dokki, in der Medina as-Suhoffyin, findet er ein Obdach, wo er vom ägyptischen Sicherheitsdienst observiert wird.

Bruderkrieg

Alainis neuer Kurs

Am 18. September 1971 verkündete Radio Sanaa, daß Mohsin Alaini, den man aus Paris nach Hause geholt hat, ein neues Kabinett gebildet habe. Stellvertretender Premier wurde Oberstleutnant Ibrahim al-Hamdi, ein Stabsoffizier al-Amris.

Als erstes mußte Alaini feststellen, daß die Staatskasse leer war. Saudi-Arabien zahlte nur dann Subsidien, wenn es damit auf die jemenitische Regierung Druck ausüben konnte. Ferner sah sich Alaini mit der Tatsache konfrontiert, daß Riyadh die antizentralistisch eingestellten Nordstämme mit Gold und Waffen gegen die Staatsführung versorgte. Im al-Kasr al-Gumhouri wurde daher beschlossen, neue Wege zu gehen und den saudischen Einfluß einzudämmen. Dies konnte freilich nur dann geschehen, wenn es gelang, mit den Vereinigten Staaten erneut diplomatische Beziehungen aufzunehmen.

Vom 28. bis 30. November 1971 tagten die Stabschefs des Arabischen Verteidigungsrats in Kairo. Auch die arabischen Regierungschefs und ihre Mitarbeiter waren nach Kairo geeilt, um sich die neuen Richtlinien der ägyptischen Politik im Rahmen einer Vollsitzung der Arabischen Liga vom Nachfolger Nassers, Anwar as-Sadat, erläutern zu lassen.

Am Rande dieser Konferenz traf ich einen hohen nordjemenitischen Regierungspolitiker, der mich in die noch geheime Absicht Sadats einweihte, sich von den Sowjets zu entfernen und den Amerikanern anzunähern. Wie er zu diesen streng vertraulichen Informationen gekommen war, blieb sein Geheimnis; aber daß Präsident al-Iryani und sein Premier Alaini bei dem zu erwartenden Revirement nicht im abgeschlagenen Feld landen wollten, stand fest. Der Jemen benötigte außerhalb seiner offiziellen Bemühungen Hilfe von dritter Seite, um mit den Amerikanern auch einen inoffiziellen Kontakt aufnehmen zu können.

Zufällig hatte ich einer amerikanischen Tochtergesellschaft des multinationalen Konzerns Henry Ford II. bereits im Oktober 1971 eine Studie über audiovisuelle Erziehungs- und Lerntechniken, die dem Lehrermangel im Jemen abhelfen sollten, vorgelegt. Nach meiner Rückkehr intensivierte ich diese Verbindung und wies auf das große Interesse der Jemenitischen Arabischen Republik hin, dieses Projekt verwirklicht zu sehen. Allerdings, und diesen entscheidenden Punkt betonte ich stetig drängender, würden weder die USA noch die Jemenitische Arabische Republik zu einer Vertragsvereinbarung kommen können, ehe nicht beide Staaten wieder diplomatische Beziehungen unterhielten. Der Hintergedanke war, daß Henry Ford II. über seine Lobby im amerikanischen Kongreß und Senat einen entsprechenden Druck auf die Außenpolitik ausüben würde. Nach zwei Treffen mit zwei Vizepräsidenten der Ford-Tochter in Wiesbaden reiste dann ein Repräsentant des Konzerns mit einem vom inzwischen zum Botschafter in Paris ernannten Mohammed Ahmed Noman erteilten Visum inkognito in den Jemen, um mit jemenitischen Ministern vor Ort zu konferieren. Der Kontakt war positiv, und bald liefen die Drähte zwischen Wiesbaden und der Washington-Lobby auf vollen Touren.

Am 1. Juli 1972 flog US-Außenminister Rogers auf dem Rückweg von Indonesien und Ceylon überraschend Sanaa an, um die Urkunden zur Wiederaufnahme diplomatischer Beziehungen persönlich gegenzuzeichnen. Die USA gewährten der Jemenitischen Arabischen Republik eine unverzüglich anzuweisende Kapitalhilfe in Höhe von fast fünf Millionen Dollar sowie zusätzliche Wirtschafts- und Entwicklungshilfe. Die Sensation war perfekt. Um keinen Zweifel am Kurs seiner Regierung aufkommen zu lassen, erklärte Premier Alaini dem US-Außenminister Rogers vor dessen Abflug allerdings: »Dies ist keine Abkehr von unserer progressiven Politik; dieser Schritt bestätigt vielmehr unsere Souveränität und die innere Stärke des republikanischen Jemen!«

Unmittelbar nachdem sich Washington in Sanaa wieder etabliert hatte, mit einer Botschaft, die mehr CIA-Angehörige als Arabien-Kenner aufwies, liefen die Uhren jedoch anders, als es sich die Jemeniten erhofft hatten. Amerika betrat Sanaas Arena mit Dollarnoten in der einen und dem Colt in der anderen Hand. Bereits Ende Dezember 1972 waren die Beziehungen auf dem gleichen Tiefstand wie im Revolutionsjahr 1962. Die »amerikanische Vernunftehe« verhieß dem Jemen wenig Gutes.

In dieser Situation machte sich in den Felstälern der Ostprovinz Khaulan ein Mann auf den Weg, sich seinen Traum von einem kleinen, eigenen Land selbst zu erfüllen.

Der Teufelspakt

Weltvergessen erhebt sich nordöstlich von Sanaa – einer Mondlandschaft gleich – eine bizarre Felsenbarriere, deren östliche Ausläufer sich in der großen Wüstensenke von Sirwah und Marib verlieren, wo sich einst die Machtzentren der großen sabäischen Reiche befanden. Jetzt gehört dieses Gebiet den Stammesverbänden der Nehm, Arhab und Khaulanis, die zur Konföderation des selbstbewußten Bakilverbundes zählen, der seinerseits mit den im Norden von Sanaa siedelnden oder nomadisierenden Stämmen der Haschid-Föderation eine seit Jahrhunderten bewährte Bluts- und Beistandsgemeinschaft bildet: die Haschid-wa-Bakil-Föderation.

Gegen Türken und Imame hatten die Haschid-wa-Bakil stets zusammengestanden. Als Oberst Abdullah Sallal die jemenitische Souveränität an Gamal Abdel Nasser verschenkte, schlugen sich die Haschid-wa-Bakil mehrheitlich ins königliche Lager. Als es über saudischen Subsidien und Waffen zu Übervorteilungen kam, schieden sich die Geister. Und als al-Qadhi Rahman al-Iryani 1967 die ägyptischen Truppen im Jemen zum Nationalfeind erklärte, brach die Königsallianz der Haschid-wa-Bakil vollends auseinander.

Zwei Persönlichkeiten bestimmten in diesen Tagen die traditionelle Formation der jemenitischen Stammesföderationen: Abdullah bin Hussein al-Ahmar, der oberste Scheich aller Haschidkrieger, und Nadschi bin Ali al-Ghadir, Oberscheich der Bakilstämme, den seine Anhänger oft als »den Imam der Beduinen« bezeichneten. Beide Männer waren grundverschiedenen Charakters.

Al-Ahmar, ein geübter Kriegsmann und geschickter Taktiker, ahnte rechtzeitig, daß unter königlicher Kriegsregie der Jemen aufgespalten, seine Haschid-Föderation auseinanderfallen und seiner Führung verlorengehen müßte. Er entschloß sich daher, für die Republik, gegen die Ägypter und gegen die Reste der royalistischen Stammesarmeen zu kämpfen. Ihm war es zu danken, daß der gesamte Norden bis zur saudischen Grenze republikanisches Territorium wurde. Aus dem Zweckpatrioten al-Ahmar wurde der allvermögende, aber auch ichbewußte erste Parlamentspräsident der Jemenitischen Arabischen Republik.

Ganz anders der Oberscheich der Bakilis: Nadschi bin Ali al-Ghadir, ein mittelgroßer, zäher und ledergesichtiger Mann, dem die Wüstenstürme die Haut gegerbt hatten. Er war der letzte große, einsame Wolf des Hohen Jemen. Seine absolute Weisungsgewalt vom Hochland von Khaulan bis in die Sanddünen der Ramlat Sabatain, der Vorhölle der Rub' al-Khali, des »Leeren Viertels«, verbreitete die düstere Aura des letzten Gerichts um ihn. Er war ein Ausbund an Arglist und ein Meister des Doppelspiels, aber auch ein Tausendsassa, wenn es darum ging, schon verlorengeglaubte Gefechte in einen Sieg zu verwandeln. Nannte man ihn auch hinter vorgehaltener Hand »den Heimtückischen«, so galt er doch als Inkarnation des kriegerischen Überlebenswillens um jeden Preis. So war die Welt des Nadschi bin Ali al-Ghadir ein von der feindlichen Umwelt abgesonderter Kreidekreis, dessen Hauptkriterien Waffen, Macht und Goldstücke waren. Das »Geisterland des Ghadir« nannte man sein Gebiet, das der Republik den Weg in die Ostoasen von Marib und Sirwah versperrte.

Während des Bürgerkriegs hatte al-Ghadir im Lager der Ägypter einmal erklärt, er sei Republikaner. Das Bekenntnis wurde ihm mit 3000 Goldpfund und fünfhundert Gewehren abgegolten. Aber Nassers Truppenstellungen in den größeren Ortschaften entlang des Weges nach Sirwah wurden kurz danach mit eben diesen Waffen unter mörderisches Feuer genommen. Loyalität war nicht die stärkste Seite des »Fuches der Füchse«. Als die Königlichen mit saudischem Gold winkten, wechselte Nadschi ohne sichtbare Zeichen von Schuldgefühl bedenkenlos die Fronten.

Al-Arusch war sein Zentralgebiet. Es verläuft wie die geschwungene Klinge eines Säbels am Rand des südöstlichen Khaulan. Al-Gasr, Neman und al-Laghba, die einzigen ständigen Siedlungen, wirken in dieser fürchterlichen Einöde wie Tropfen des Lebens. Der »Scheich der Scheichs«, der seine und seiner Stammesverbände Unabhängigkeit über alles stellte, fürchtete nach der Niederlage der royalistischen Prinzen um seine Vormachtstellung im strategisch wichtigen Ostgebiet. Nach der Rückkehr des ex-royalistischen Politikers Ahmed Mohammed asch-Schami blieb den wenigen Scheichs der Bakilis, die im Parlament saßen, kaum eine Einwirkungsmöglichkeit in »al-Medina«, der Stadt. Oberscheich al-Ghadir fühlte sich als Verfechter angestammter Rechte zutiefst gekränkt. Mit großem Gefolge reiste er zum eindrucksvollen Stammes-Thing in Hair al-Isch, knapp 70 Kilometer nordöstlich von Sanaa. Dort monierte er zu Recht, seine Formationen seien in einem fast achtjährigen Kampf ohne entscheidende Niederlage geblieben; heute zum Frieden bereit, wollten sie, wenn schon nicht im Parlament, unbedingt in die neu zu formierende Republikarmee eingegliedert werden. Das hätte den Nadschi zum republikanischen Militärgouverneur von Khaulan gemacht; und was dies für die Zentralregierung bedeutet hätte, ist unschwer zu erraten. So entschied sich die Regierung für Verhandlungen. Hierbei erwies sich Premier Alaini als wortgewandter und geduldiger Schlichter. Denn ein Konsens zum Wohl aller mußte erreicht werden. Aber zuerst sollten die Bakilis alle schweren Waffen abliefern.

Was in dem letzten Raubritter des Khaulan in seinem Winterbau 1971/72 innerlich vorgegangen ist, kann nur aus den Folgen gedeutet werden. Sicherlich fühlte sich al-Ghadir beleidigt, da er nicht mehr der unumschränkte Herrscher aller Wege und Stege war, wie einst zu

Zeiten seiner kriegerischen Hochblüte. Hatte man den Khaulan nicht das »Land des Ghadir« genannt? Selbst die heerführenden Prinzen hatten ihn ehrerbietig zum Tee oder Kampf gebeten, nicht befohlen. Standen nicht fast zehntausend bis an die Zähne bewaffnete Männer hinter ihm? Aber, war diese Bewaffnung nicht inzwischen veraltet? Um an der Republik Rache zu nehmen, mußten seine Stämme mit modernen Waffen ausgerüstet werden. Dann endlich konnte sich sein Traum erfüllen: ein autonomes Gebiet Khaulan mit Nadschi bin Ali al-Ghadir als dem »scheich meschajich«, als »Scheich der Scheichs«!

Al-Ghadir machte wieder eine irrationale Kehrtwendung. Es heißt, er habe Kontakt zu den marxistischen Gegnern des Islam, zur Volksdemokratischen Republik Jemen, gesucht. In Aden, das wußte Scheich al-Ghadir durch seine Mittelsmänner in Beihan und Hadhramaut, waren Volksarmee und Miliz mit modernsten sowjetischen Feuerwaffen ausgerüstet worden.

Wieder reisen geheime Boten. Ihre »dusturs« (Passierscheine) gelten beiderseits der Grenzen. Geht es um den eigenen Kopf, schickt kein Jemenit einen in die Nacht, der nicht von seinem eigenen Blut ist. So ziehen, wie mir später eindrucksvoll berichtet worden ist, al-Ghadirs Verwandte ersten Grades durch das ausgedörrte Wadi Habab nach Nordosten und biegen kurz vor dessen Verlängerung Wadi Raghwan nach Südosten ab. Hier trennt die von Zehntausenden von Kamelhufen hartgeschlagene Piste die beiden antiken Geisterstädte Marib und Sirwah. Wo kein Wüstenfuchs einen Sandhasen findet, rasten die Emissäre. Anderntags lassen sie die immer wieder bei Grenzkriegen umzingelte Wüstenfestung Harib zu ihrer Rechten und überschreiten die südjemenitische Grenze etwa 50 Kilometer nördlich von Beihan al-Qasab, Hauptstadt der vierten Provinz der Volksdemokratischen Republik Jemen. Al-Ghadirs Boten treffen sich mit den Stammeskriegern der Bal-Harith, auf die sich die Herrscherdynastie der Scherifen von Beihan stützte, bevor sich ihre Gebieter nach Saudi-Arabien in Sicherheit brachten. Obwohl die Bal-Harith mit Aden über Kreuz leben und mit ihren Ex-Herrschern in Taif (Saudi-Arabien) geheime Fäden ziehen, hindert sie anscheinend nichts daran, dem Wunsch des al-Ghadir nachzukommen. Sie stellen einen Kontakt zwischen Nadschi bin Ali al-Ghadir und der marxistischen Führungsspitze in Aden her. Dort ist man zu jedmöglicher Unterstützung bereit, winkt doch die Chance, den Nordjemen doch noch in die Knie zu zwingen. Al-Ghadirs Traum nimmt realistische Konturen an. Aden verspricht ihm zumindest den Grad der Unabhängigkeit, den er bereits unter den Königlichen genossen hat. Der volksdemokratische Jemen sagt dem Khaulani-Fürsten zu, ihn mit modernsten Waffen zu versorgen.

Al-Ghadir berät sich mit seinen Nachbarstämmen, den Nehm und Arhab. Soll er die Waffen annehmen, die ihn von Sanaa unabhängig machen, oder nicht? Das ist die vieldiskutierte Frage auch an den Lagerfeuern der Unterstämme. Viele raten ihm ab – auch die sich zu spät aus dem saudischen Exil äußernden Scherifen von Beihan. Sie vermuten eine Falle. Der Bakilobere aber entscheidet: Sein eigener Sohn solle nach Aden reisen, um die Situation zu erkunden. Dort zaubert ihm die Propagandamaschine ein Blendwerk an Freundschaft, Respekt und Vertrauen vor, das auch dem größten Skeptiker den Verstand nehmen muß. Experten führen die Feuerkraft moderner Handfeuer- und Bazooka-Raketenwaffen vor. Von Aden soll der waffenbesessene Krieger an den radikal-baathistischen Irak weitergereicht worden sein. Dort habe man ihm sowjetische Waffen neuester Produktion gezeigt, die nicht einmal im marxistischen Südjemen vorzufinden sind. Angeblich mit Geschenken überhäuft – darunter mit Edelsteinen besetzte goldene Ehrenschwerter für den Vater, die Brüder und die zaudernden Oberscheichs des Khaulan –, kehrt al-Ghadirs Sohn in euphorischer Stimmung nach Aden zurück, wo er die verbindliche Zusage erhalten haben soll, daß man die fast zehntausend Khaulan-Krieger mit Waffen ausrüsten werde.

Sicherlich brannten die Öllichter in des Vaters Lehmfestung in der Nacht der Rückkehr bis auf den Docht nieder. Gab es doch vieles und Verheißungsvolles zu berichten.

Der tiefbeeindruckte Bakilfürst beruft sofort eine Versammlung der mächtigen Scheichs ein. Angesichts der auf dem Zeltteppich ausgebreiteten Geschenke, deren Gleißen selbst jene wanken läßt, deren Instinkt sie bislang von einem Pakt mit Aden zurückgehalten hat, entscheidet man sich für den Adener Teufelspakt. Spontan versichert man dem Bakilfürsten treue Gefolgschaft auf dem neuen Weg in die lockende Autonomie. Nur wenige trauen dem »antiislamischen Regime in Aden« weiterhin nicht. Sie packen dennoch ihre Geschenke ein – und kehren in ihre Weiler zurück.

In den darauffolgenden Wochen erhält al-Ghadir eine Anzahl Waffen, die er für erste Überfälle auf republikanische Vorposten im Hochland verwenden soll. Zwar steht er bereits bei den Adenis im Wort, aber der »Fuchs der Füchse« glaubt, zusätzliche Waffen herauspokern zu können, ohne die vereinbarte Gegenleistung eines offenen Krieges mit Sanaa erbringen zu müssen. Er will die Autonomie von »al-Gadhirs Land« durchsetzen, doch Sanaa berennen will er nicht.

Als sich im Hochland nichts rührt, was die Waffenlieferungen gerechtfertigt hätte, bleiben in der Regierungsstadt Madinat asch-Schaab die Lichter eines Nachts ebensolange an wie Monate zuvor in al-Ghadirs Behausung. Die marxistische Regierung sieht sich um ihre Hoffnungen gebracht, sich den Nordjemen durch einen inneren Konflikt einverleiben zu können. Hinter verschlossenen Türen wird ein Plan zur Bestrafung der Verräter ausgeheckt.

Durch Boten läßt Aden al-Ghadir bestellen, er sei willkommen, eine Vereinbarung über weitere Zusammenarbeit zu treffen. Als Treffpunkt schlägt Aden die Randregion Beihan vor. Am 20. Februar 1972 macht sich eine ansehnliche Delegation auf den beschwerlichen Weg. Ein Fürst muß zeigen, wer er ist. So reisen 56 Ober- und Unterscheichs mit ihren Ehrenleibwächtern und einem Troß Verpflegung den bekannten Weg nach Süden. Al-Ghadir meint, wegen der machtvollen Demonstration seiner Mitstreiter könne ihm kein Haar gekrümmt werden. Man passiert die Sandgrenze in Frieden, und südjemenitische Gesandte verkünden al-Ghadir, alles sei zu seinen Ehren gerichtet. Es sind nur noch wenige Kilometer bis zu zwei beherrschenden, vom Wind abgeschliffenen Höhenzügen.

Zwischen den Felsristen, die nur wenige hundert Meter über der Wüstenebene aufragen, liegt eine windgeschützte und schattenspendende Schlucht. Es ist eine Sackgasse, denn am Ende der kreisförmigen Lagerfläche verbinden sich beide Bergrücken miteinander. Für al-Ghadir und seine Begleitung ist auf dem ebenen Grund ein festlich geschmückter Lagerplatz errichtet. Einige Zelte, mit bunter Zier behangen, sind mit wertvollen Teppichen und weichen Kissen ausgelegt. Al-Ghadir wird empfangen, wie es seinem Stand gebührt. Scheichs, Unterscheichs und Wachen laben sich an Kaffee und Fruchtsäften, erwarten in Geduld das Mahl, ehe es in stundenlange Beratungen gehen soll. Unauffällig verschwinden immer mehr Gastgebende unter dem Vorwand, für weitere Delikatessen sorgen zu wollen. Auf den Bergristen patrouillieren Wachen, einige Südjemen-Offiziere kümmern sich als Adjutanten um das Wohl der Würdenträger. Es heißt, es sei kaum eine Viertelstunde vergangen, als ein Höllenschlag die friedvolle Idylle in ein Dantesches Inferno verwandelt. Menschen, Waffen, Zelte, Kochstellen und Dekorationen wirbeln durch den Wüstenhimmel. Körperteile fallen zur Erde, die aufgeborsten ist. Eine Rauchsäule steht über den Berggraten. Das Lager ist ein Trümmerhaufen.

Was ist geschehen? Unter der Lagerfläche haben die Gastgeber Minen und Sprengkörper vergraben und sie von den Höhenzügen ferngesteuert ausgelöst. Vorsätzlich in Kauf genommen hat man den Tod einiger suspekter Südjemen-Adjutanten. Sie sind als unsichere Kantonisten mit in die Luft gejagt worden.

Was immer sich auf dem Blutfeld noch regt, schreiend aus dem Lagerkreis hervorkriecht, um Hilfe und Erbarmen fleht, wird von auf der Höhe postierten Maschinengewehren niedergemäht. Wer auch das überlebt, wird von den Posten unbarmherzig gejagt und liquidiert. Länger als eine Stunde hält das Exekutionskommando sorgsam Wacht, ob nicht doch Überlebende flüchten wollen. Aber es regt sich nichts und niemand mehr. Keiner hat das Massaker überlebt. Von Scheich Nadschi bin Ali al-Ghadir und seinem Traum vom eigenen Land ist nichts übriggeblieben. Mit eigenem Blut hat er sein Fatum zu Ende geschrieben.

Krieg beider Jemen

Trotz Adens Verschleierungstaktik – al-Ghadir habe mit konterrevolutionären Stammesverbänden südjemenitisches Territorium angegriffen – sind die Bakilstämme nur wenige Stunden nach dem Massaker vom 21. Februar 1972 von diesem unvorstellbaren Bruch des heiligen arabischen Gastrechts informiert. Die einhellige Reaktion ist nur vergleichbar mit dem alljemenitischen Racheschrei gegen die ottomanischen Besatzer im Jahre 1916. Jetzt fordern mehr als 40000 bis an die Zähne bewaffnete Krieger der Haschid-wa-Bakil-Föderation unter ihrem gewählten Sprecher, dem Haschidfürsten Abdullah bin Hussein al-Ahmar, einen blutigen Vergeltungsfeldzug gegen den »roten« Süden. Kocht des Jemen Volksseele, gibt es keinen Unterschied mehr zwischen den republiktreuen Haschidis und den separatistischen Bakilis. Blutrache und Kriegerehre stehen über jeglicher Legislative und Exekutive.

Das traditionelle Problem kann sich entweder zu einer Staatskrise oder zu einem neuen Grenzkrieg auswachsen. Die Situation ist paradox: Für Sanaa ist al-Ghadir ein Verräter an der Republik. Lebte er noch, müßte man vor ihm und seinen modernen Südjemen-Waffen zittern. Aden hingegen gilt der Beweis, der Bakil-Oberste habe sich nicht an seine ehrenwörtlichen Vereinbarungen gehalten, als laue Entschuldigung. So ist der Separatist beiden Jemen-Regierungen ein Abtrünniger. Deshalb muß sorgsam abgewogen werden, ob der Khaulani über seinen Tod hinaus als Zeitzünderbombe für einen Kriegsgrund heroisiert werden soll.

Sicherlich kommt al-Ghadirs Ermordung Sanaa nicht ungelegen. Andererseits ist die Subversionstätigkeit Adens im Nordjemen in den letzten Monaten beängstigend angewachsen. Ende 1971, kurz vor dem Ramadan, meutert eine zwischen Flugplatz und Hauptstadt stationierte Panzereinheit. Während des Ramadan kommt es zu mehrwöchigen Sezessionsbewegungen im Südosten der Republik. Nur mit Hilfe von Stammesverbänden wird die Republikarmee mit den Infiltrationen fertig. Die Führungsspitze in Sanaa weiß, daß die glorreiche Republikarmee nur ein Papiertiger ist. Die südjemenitische Armee ist besser ausgerüstet und ausgebildet; dazu ist Adens Luftwaffe eindeutig überlegen.

So ringt sich der Republikanische Rat in Sanaa zu einer Entscheidung durch, die bei den Hochlandkriegern eine Woge des Protestes auslöst. Alaini weist die Forderung der Stämme auf einen Rachefeldzug gegen Aden zurück. Die 12000-Mann-Armee hat weder Schuhwerk noch moderne Waffen und, seit al-Amri außer Landes ist, auch keinen Strategen von Rang mehr. Wütend drohen die Bergstämme, gegen die Hauptstadt zu marschieren. Zu Recht klagen die Unterformationen der Bakilis, nicht nur ihr Oberscheich, sondern auch ihre gewählten Stammeshäupter seien niedergemacht worden. Al-Qadhi Abdul Rahman al-Iryani kann sich der Anklage der 55 Unter- und Nebenstämme der Bakilis nicht verweigern. Er weiß eine Gruppe heimlicher Nebenregenten um sich: mächtige Stammesführer, hohe Militärs, einflußreiche Politiker – vor allem Abdullah bin Hussein al-Ahmar und den mächtigen Bakil und Gouverneur von Hudaidah, Sinan Abu Luhum.

Daß al-Ghadir doch noch nachträglich eine blutige Auseinandersetzung zwischen Nord und Süd auslöst, bewirken zwei eigentlich davon unabhängige Fakten.

Zum ersten glauben im Nordjemen ansässig gewordene Exilisten der ehemaligen FLOSY und NLF-Abweichler aus dem Südjemen, der bevorstehende Krieg könne nur mit einem Sieg des Südens enden. Um vorher auf des Siegers Seite ihre Machtansprüche durchfechten zu können, willigen sie ein, sich mit Adener Regierungsverantwortlichen auf südjemenitischem Boden zu treffen, um dort ihren Handel um erneuten Einfluß abzuschließen. Was die FLOSY- und NLF-Exilisten zu der Annahme bewogen hat, das marxistische Aden würde ausgerechnet sie wieder in ihre Führungsspitze aufnehmen wollen, bleibt ein ungelöstes Rätsel. Ohne ihre Repräsentanten al-Asnag und Abd al-Qawi Makkawi, die ihr Instinkt zurückhält, machen sich Mitte März vierzig Oppositionelle auf den Weg über die verbotene Grenze, werden aber in einen Hinterhalt gelockt und allesamt ermordet. Dieses zweite Blutbad innerhalb von vier Wochen beweist die grausame Entschlossenheit Adens, die Stammesstruktur des Hohen Jemen und die politische Exilkraft der rivalisierenden FLOSY und NLF mit Gewalt zu brechen.

Zum zweiten werden in Sanaa immer wieder Saboteure mit Munitions- und Sprengstoffvorräten innerhalb der Stadtmauern entdeckt. Zweihundert Gewehre, eine Anzahl Minen und Granatwerfer werden sichergestellt. Jetzt kann die Regierung nicht anders handeln, als sich kriegsbereit zu zeigen. Aus den Arsenalen werden veraltete Waffen, schwere Haubitzen und Flakbatterien hervorgeholt und an der Südgrenze in Stellung gebracht.

Aden reagiert sofort. Südjemenitische Truppen überschreiten die Grenzen bei Qatabah und bei der Ostfestung Harib und beschießen Dörfer und Weiler. Es ist kein klassischer Krieg mit festen Fronten, mit Aufmarsch und Offensive. Es ist eine subversive Strategie, wie sie die geographischen Verhältnisse, hier Gebirgszüge, dort Wüstenniederungen, zulassen. Aber der ständig glimmende Zwist zwischen Kain und Abel im Jemen ist plötzlich mit grausamer Härte aufgeflammt.
Bislang Unvorstellbares geschieht: Die arabischen Todfeinde König Feisal und der libysche Mahdi Moammar al-Kathafi starten eine gemeinsame Waffenhilfe für Sanaa. 350 Tonnen Kriegsgerät wird über eine Luftbrücke zu den arg bedrängten Armee- und Stammesverbänden eingeflogen. Als dann auch noch Syriens Präsident Hafis el-Assad Damaskus als neutralen Ort für Friedensverhandlungen anbietet, erklärt sich Aden bereit, über alle Vorschläge zu sprechen, die Sanaa machen würde: Abzug der Truppen, Einstellung der Kämpfe und Wiederaufnahme der Tätigkeiten gemeinsamer Ausschüsse. Aber Qatabah bleibt bedroht und die Festung Harib besetzt.

Am 28. März 1972, nachdem in Damaskus nur ein Waffenstillstand, nicht aber eine Beendigung der Kämpfe erreicht worden ist, verkündet Alaini in Beirut, sein Land sei keineswegs daran interessiert, mit den Brüdern im Süden in Unfrieden zu leben. Zwar verursache der anschwellende Flüchtlingsstrom Spannungen zwischen Sanaa und Aden. Doch habe die Regierung in Sanaa selbst genug Probleme zu lösen und könne nicht den Polizisten für Aden spielen und die Grenzen bewachen! Am 3. April 1972 veröffentlicht Aden ein Sieben-Punkte-Programm, und schon am folgenden Tag erklärt sich Sanaa bereit, die Vorschläge zu prüfen.

Zu einer für Mai 1972 von der Arabischen Liga angestrebten Zusammenkunft kommt es allerdings nicht. Im März 1972 veröffentlicht der Nationale Verteidigungsrat in Aden seine offizielle Alibi-Darstellung der Ermordung al-Ghadirs, in der von Söldnern der Ex-Sultane, amerikanischem Material und Kämpfen im Grenzgebiet von Beihan die Rede ist.

Ende August 1972 haben die Beziehungen zwischen Sanaa und Aden einen solchen Spannungsgrad erreicht, daß jeden Augenblick ein offener Konflikt ausbrechen kann, an dem nicht nur Jemeniten beteiligt sind. Noch beschuldigen sich die verfeindeten Brüder gegenseitig der Subversion. Dann tritt mit Unterbrechung der Telefon- und Straßenverbindungen die Ruhe vor dem Sturm ein. Die Volksdemokratische Republik Jemen (Aden) ordnet die Mobilmachung der Armee an. In

Sanaa werden derweil republiktreue Stämme bewaffnet. Auf Anweisung von Präsident al-Qadhi Rahman al-Iryani ist jeder Stamm für die Verteidigung seines Gebiets gegen Angriffe der Volksrepublik verantwortlich. An den Grenzen Saudi-Arabiens und der Jemenitischen Arabischen Republik steht die »Befreiungsarmee« von Abd al-Qawi Makkawi Gewehr bei Fuß; aber sie rührt sich nicht. Der September vergeht mit dem Ausbau der Befestigungen der gefährdeten Nordjemen-Städte und -Dörfer.

Wer dann am 30. September oder am 1. Oktober den ersten Schuß abgibt, ist nicht mehr auszumachen. Südjemenitische Flugzeuge, die von sowjetischen und bulgarischen Piloten gesteuert worden sein sollen, bombardieren die 70 Kilometer im nordjemenitischen Landesinnern liegende Stadt Maoya und beschießen weitere fünf Grenzorte mit Bordwaffen. Am 1. Oktober erobern Südjemen-Verbände die Schlüsselstadt Qatabah im Südostgebiet und bringen dort Artillerie in Stellung. Nordjemens Generalstabschef Hussein al-Maswari verspricht, seine Einheiten würden den Kampf bis zur Rückeroberung der Stadt fortsetzen. Auch um und in Harib tobt der Kampf, bis den Südjemeniten die Ostfestung zufällt.

Wieder wird eine Luftbrücke eingerichtet, und erneut senden die feindlichen Brüder Feisal und al-Kathafi fast 500 Tonnen Kriegsmaterial, hauptsächlich Munition, nach Sanaa. Insgesamt werden drei südjemenitische Flugzeuge von nordjemenitischer Flak abgeschossen – aber als Landstreitkraft beweist sich die Südjemen-Armee als besser ausgebildet und disziplinierter. Über die sowjetische Unterstützung bei der Operationsplanung und Angriffsbewaffnung, insbesondere über die Kombattantentätigkeit sowjetischer Piloten, gerät Sanaa derart in Rage, daß dort verlautet, die UdSSR werde ihre Berater abziehen müssen. Aber der Nordjemen-Premier Alaini weiß nur zu gut, daß dann Saudi-Arabien diese Lücke füllen würde, und ein Nachbar dieser Potenz wäre nicht mehr aus dem Land zu bringen. Alaini dementiert: Seine Regierung habe nicht die Absicht, »auf die Dienste einer kleinen Zahl sowjetischer Experten zu verzichten«. Trotzdem greifen sowjetische Piloten weiterhin die nahe an der Grenze gelegene Stadt Harib an. Die Nordjemen-Armee macht weiter mobil.

Friede mit Hindernissen

Der unerklärte Grenzkrieg hat bereits tausend Todesopfer, eine Vielzahl Verwundeter gefordert und Zehntausende um Hab und Gut gebracht, als Aden plötzlich das Feuer einstellt. Ali Nasir Muhammad hat seinen Kollegen Alaini angerufen und sich mit ihm zu einer Friedenskonferenz in Kairo verabredet. Mehr noch, beiderseits läßt man den guten Willen erkennen, nach einer Vereinigung beider Jemen zu suchen. Südjemens Staatschef Salem Rubay Ali findet überraschend moderate Töne. Und der große Altvater des Jemen, Präsident al-Iryani, entgegnet Historisches: »Ich glaube, daß Staatsverantwortung eine heilige Berufung ist. Dieser nationalen Mission gilt es gerecht zu werden, mit aller Kraft, die Allah uns gegeben hat!«

Mehrmalige Appelle des Südjemen-Premiers waren bis zum 3. Oktober 1972 ungehört verhallt. Erst das Gespräch am Roten Telefon hat ein weiteres jemenitisches Wunder möglich gemacht.

Nach knapp dreitägigen Verhandlungen in Kairo gelingt in der Nacht zum 24. Oktober 1972 der Durchbruch. Das Resultat ist arabisch irrational: Nicht nur Waffenruhe wird vereinbart, sondern dazu noch eine Einigung über »allgemeine Prinzipien für eine Wiedervereinigung beider Republiken«. Als die beiden Premiers am 26. Oktober 1972 in Kairo feststellen, daß die Vorarbeiten für den Wiedervereinigungsplan noch recht löcherig seien und eines Gipfelgesprächs der Präsidenten bedürften, gehen die Delegationen in Frieden, aber unvereint auseinander.

Moammar al-Kathafi möchte sein Image als Einiger Arabiens aufpolieren. Er lädt beide Präsidenten für den 25. November zu einem Gipfeltreffen nach Tripolis ein. Al-Kathafi weiß, wie er seine jemenitischen Brüder anzufassen hat. Kurzerhand schließt er die sich weiterhin störrisch gebende südjemenitische Delegation in ihren Zimmern ein. Einen ganzen Tag müssen »die lieben Gäste« im Hausarrest verbringen. Kein Telefon, keine Außenverbindungen, viel Zeit zum Nachdenken. Vielleicht sind die Südjemeniten sogar froh darüber, daß man sie derart unter Druck setzt. So kann al-Kathafis Methode später einmal als Alibi herhalten, wenn der quasi »diktierte« Vertrag als Ballast drückt.

Jedenfalls erklären beide Jemen-Staaten am 28. Nobember 1972 Einvernehmen. Unter Vorsitz von al-Kathafi unterzeichnen Präsident al-Iryani und Präsident Rubay Ali eine Vereinbarung über die Vereinigung ihrer Staaten zu einem einheitlichen jemenitischen Staat unter dem Namen Jemenitische Republik. Alles in allem trägt der jemenitische Konsens die unverfälschte Handschrift Moammar al-Kathafis. Denn ein Hinweis auf eine künftige gemeinsame Staatspartei aller »werktätigen Kräfte« bedeutet im Grunde die Radikalsozialisierung der freien Jemenitischen Arabischen Republik. Im freien Norden zeigt sich bereits unmittelbar nach dem »Al-Kathafi-Dekret« offene Opposition gegen die Zwangsehe mit dem radikalen Regime in Aden. Es kommt zu hitzigen Protestdemonstrationen. Nordjemens Altrevolutionär al-Iryani muß von nun an um seine als unantastbar geltende Position fürchten.

Im Republikanischen Rat wird Bilanz gezogen. Das Fazit ist niederschmetternd. Nordjemens einst ruhmreiche Armee hat keinen fähigen Heerführer mehr, der eine drohende Niederlage abwenden könnte. Es heißt, daß sich sogar al-Iryani und al-Amri insgeheim in Kairo, Beirut und auch in Tripolis beraten haben sollen, um neue Überlebensstrategien zu besprechen. Und als noch aufsehenerregender wird das Verhalten der Scheichs von Qatabah qualifiziert: Erbarmungslos schickten sie ihre Krieger mit veralteten Waffen und ohne Lebensmittel an die heißumkämpfte Stadtfront. Jetzt droht ein Aufstand der Kämpfer, die ihre Oberen zu Recht beschuldigen, sie säckelten an Wehr und Währung alles selber ein. Soll sich die Katastrophe vom Osthochland nicht wiederholen, muß durchgegriffen werden, ehe die Stammeskrieger ihre Anführer zu Tode steinigen.

Unverzüglich beruft al-Iryani den entschlußfreudigen, hart, aber gerecht amtierenden Gouverneur von Hudaidah, Scheich Sinan Abu Luhum, zum neuen Stammesobersten. Erst kürzlich ist Sinans Bruder im Südwesten von einem Mordkommando der NLF umgebracht worden. Al-Iryani kann also davon ausgehen, daß Sinan rigoros durchgreifen wird.

Wie sehr das gesamte Südgebiet durch die Machenschaften immer noch feudal regierender Lehnsherren innerlich morsch ist, decken Südjemen-Truppen schonungslos auf: Trotz im Lande wütender Hungersnöte horteten die Herren Getreide, das die terraingewinnenden NLF-Verbände dann als »Besitz der Recht- und Landlosen« propagandistisch nutzbringend verteilten. Als die hungernde Nordjemen-Armee marodierend wiederkehrt, wird sie von Bauern angegriffen, die eine Landreform wie im marxistischen Süden fordern. Allein die Angst, im Hemd davongejagt zu werden, bringt so manchen Feudalisten dazu, Teile seines Landes und gehorteten Getreides als »großzügige Schenkung« zu deklarieren.

Am 11. Dezember 1972 billigt das Parlament der Jemenitischen Arabischen Republik das Abkommen über die Wiedervereinigung mit der Volksdemokratischen Republik Jemen. Aber ein Staatenverbund aller Jemeniten ist nicht mehr zustande zu bringen. Die Supermächte, aber auch das immer noch argwöhnische Königreich Saudi-Arabien bestimmen längst über das Wohl und Wehe der beiden Jemen-Teile.

Hätte der Westen so konsequent gehandelt wie die Sowjetunion, der blutige Grenzkrieg wäre nicht zugunsten Adens ausgegangen. Nachweislich hatte die Sowjetunion die Südjemeniten mit hochmodernen Waffen versorgt, Piloten zur Verfügung gestellt, die Logistik sichergestellt – und dies, obwohl sie bereits im Februar 1972 dem Südjemen einen Kredit in Höhe von rund 860 Millionen Mark gewährt hatte. Demgegenüber belief sich die saudiarabisch-lybische Hilfe auf nur rund 1000 Tonnen eingeflogenes Kriegsmaterial und Subsidien für die Exil-Stammesformationen.

Kuba und insbesondere die DDR, die vom 30. November 1972 an auf Wunsch der Sowjetunion arabische Piloten, Offiziere und Bodentruppen ausbilden sollten, erhielten erstmals überregionale Wirkungsbereiche in den nahöstlichen Spannungsgebieten zugeteilt. Dadurch wurde die DDR mitbestimmend für die künftige politische und militärische Entwicklung des Südjemen.

Als Negativresultat des fast verlorenen Bruderkriegs muß Sanaa jetzt nachziehen, wollte es nicht seine Souveränität durch Aden in Frage stellen lassen. Am 21. Dezember 1972 erkannte die Jemenitische Arabische Republik die Deutsche Demokratische Republik als zweiten deutschen Staat an.

Trouble-Shooter: zwischen allen Fronten

Gedämpfter Optimismus

Trotz Krieg und offizieller Auseinanderentwicklung hatte ich in den Krisenzeiten der frühen siebziger Jahre immer wieder die Erfahrung gemacht, daß es in beiden jemenitischen Regierungen Nischen gab, die Spielraum für vernünftige Erörterungen ließen. Es war möglich, in Form eines objektiven Meinungsaustausches ein klein wenig zur Entspannung zwischen Sanaa und Aden beizutragen. Hüben wie drüben gab es ansprechbare Regierungsverantwortliche, die alle zum progressiven Lager zählten, aber eine realistische Politik als Fundament einer alljemenitischen Volksbewegung anstrebten.

Sicherlich hatten es die Politiker in der freien Jemenitischen Arabischen Republik wesentlich leichter als ihre Regierungskollegen in Aden, deren Wohl und Wehe vom Zentralkomitee der NLF abhing. Aber, und dies muß zur Rechtfertigung des Südjemen objektiv festgehalten werden, auch in Aden wollte man nicht die Souveränität des Staates den Parteiinteressen und der UdSSR opfern. Das wollte man nur leider weder in Riyadh noch in Washington oder Bonn einsehen. So schloß sich der Verteufelungskreis um den Südjemen, den niemand akzeptieren wollte, weil er sich für ein nicht-westliches System, und zwar aus antikolonialistischen Motiven heraus, entschieden hatte. Die Simplifizierung: wer nicht westlich orientiert ist, sei antiwestlich und damit in den kommunistischen Raster gehörig, hat der Sowjetunion den Boden Arabiens aufbereitet. Nur der Mangel an politischer Toleranz trieb Aden immer tiefer in die Arme Moskaus.

Es mußte einen Weg zurück nach Aden geben, und dies ohne Gesichtsverlust für Bonn und Aden. So hielt ich nach der totalen Vereisung der Beziehungen meine Verbindungen zu jenen NLF-Politikern aufrecht, die man als nationalbewußt bezeichnen konnte.

Meine Tour d'horizon vom Dezember 1970 und weitere Gespräche mit dem südjemenitischen Botschafter in London, Fahdle A. Sallami, hatten zwar angesichts der politischen Wirren zwischen den beiden Jemen keine konkreten Ergebnisse gebracht. Aber ich wußte, daß ein höchst positiver Bericht, von Sallami selbst verfaßt und unterschrieben, als geheime Nachricht im Diplomatenpostsack London verlassen hatte und in Aden auf Interesse gestoßen war. Und das genügte mir für den Augenblick. Von Saeed Hadi Awad, nach wie vor Presseattaché in

London, erfuhr ich Mitte Februar, daß die Beziehungen Adens zu westlichen Regierungen wieder in Gang kämen und daß ein für mich sehr erfreuliches Schreiben in Vorbereitung sei. Mit Datum vom 21. Februar 1972 sandte mir Fahdle A. Sallami einen offiziellen Brief, in dem er das Interesse Adens an einer Wiederaufnahme von Beziehungen zu Bonn bekundete. Dieses Schreiben erreichte mich – Ironie des Schicksals! – leider erst am 24. Februar 1972: 48 Stunden nach jenem denkwürdigen Tag, an dem Bonn und Aden auf geradezu unvorstellbare Weise zueinander in Beziehung treten mußten. Mit der Meldung einer Flugzeugentführung nach Aden wurden die Deutschen aus ihrer jahrelangen Lethargie geschreckt.

Rettet die LH 649 »Baden-Württemberg«!

Planmäßig war der Lufthansa-Jumbo »Baden-Württemberg«, Kennzeichen D-ABYD, am 21. Februar 1972 in Tokio zum Heimflug gestartet. Über Hongkong und Bangkok hatte er spätabends Neu-Delhi erreicht, um von dort über Athen nach Frankfurt weiterzufliegen. Kurz nach dem Start, um 22.43 Uhr, funkte Flugkapitän Erwin Zöllner: »Werden entführt!« Dann brach die Verbindung ab. Am Morgen des 22. Februar gegen 4.30 Uhr landete der Jumbo auf der welligen Piste des Adener Flughafens Khormaksar.

Sonderbarerweise erhoben die Entführer, die sich später als Angehörige der VOZO (Victims of Zionist Occupation) ausgaben, nicht eine einzige Forderung. Mit 172 Passagieren und sechzehn Besatzungsmitgliedern stand der zur Sprengung vorbereitete LH-Jumbo weit abseits vom Flugabfertigungsgebäude auf der im harten Morgenlicht glühendheiß werdenden Betonbahn. Niemand durfte sich ihm nähern, niemand wurde als Unterhändler akzeptiert, niemand durfte die gekaperte Maschine verlassen. Stunden zwischen Leben und Tod! Kein Zeichen, wie es weitergehen sollte. Nur eines war klar: Diese Entführung bedeutete auch eine Zerreißprobe für die just in Gang gekommene Kontaktaufnahme mit den Südjemeniten.

Daß der Adener Führung mit der Kaperung des LH-Jumbos von ihren radikal-marxistischen Brüdern im PLO-Lager ein Kuckucksei ins sozialistische Nest gesetzt worden war, daran bestand für mich kein Zweifel. In der Bundesrepublik jedoch wollte dies niemand wahrhaben, und die Presse startete eine anti-südjemenitische Kampagne, die fürchten ließ, daß sich aus dem geschehenen Unheil eine Tragödie entwickelte.

Um neun Uhr früh rief ich Botschafter Fahdle A. Sallami in London an und bat ihn als Privatperson um gute Hilfe. Vor allem machte ich deutlich, daß alte Menschen, Frauen und Kinder von den Entführern freigelassen und vom Khormaksar Flughafen ins »Crescent-Hotel« gebracht werden sollten. Sallami versicherte mir, sich per Funk mit Aden in Verbindung zu setzen und auf Erfüllung meines Wunsches hinzuwirken. Inzwischen hatte das Kommando alle zum Flughafen geeilten Südjemen-Minister, an der Spitze Außenminister Mohammed Saleh Aulaqi, als Gesprächspartner abgelehnt, dann aber den Luftfahrtdirektor der Democratic Yemen Airlines, Mahmud Arasi, als Kontaktperson zur Außenwelt angenommen. Mahmud Arasi und dessen Blutsverwandter Mohammed Abdullah Arasi (beide auch Harasy geschrieben), zu dieser Zeit Direktor für Zivilluftfahrt, waren mir namentlich bekannt. Mahmud war seinerzeit Angestellter der britischen Aden Airways. Als Untergrundkämpfer der NLF war er verantwortlich für das Einschmuggeln von Waffen und Propagandamaterialien für die Befreiungspartei. Ich bat Sallami also, Arasi an meinen Namen zu erinnern.

Sodann versuchte ich, Holger Börner zu erreichen, der aber im Bundeshaus in einer Fraktionssitzung unabkömmlich war. Sein persönlicher Referent, Edgar Thielemann, versprach, Börner werde zurückrufen. Börner, ein energischer Mann, schaltete schnell und vermittelte mich direkt an Karl Moersch, der mich mit Herrn Bente und Herrn Dr. Redies, beide im Krisenstab des Auswärtigen Amts, kurzschloß. Es wurde vereinbart, ich solle Botschafter Sallami die Direktwahl Bentes und Redies' durchgeben, damit ein offizieller Kontakt hergestellt werden könnte. Mittags erreichte ich Sallami, der erfreut mitteilte, alle Frauen und Kinder seien mittlerweile aus der Maschine und vom Khormaksar Flughafen ins »Crescent-Hotel« und damit in Sicherheit gebracht worden. Meine Namensnennung sei gut angekommen, und Mahmuds Geschicklichkeit in der Verhandlungsführung habe zum Erfolg geführt. Innerhalb von nur drei Stunden war der erste Teil meiner Bitte um gute Hilfe verwirklicht. Erst um 20 Uhr erhielt Verkehrsminister Georg Leber ein offizielles Fernschreiben aus Aden, das meine bereits mittags an Herrn Bente weitergegebene gute Nachricht über die Entlassung der Frauen und Kinder bestätigte.

Um 18.30 Uhr rief Sallami mich wieder an und teilte mir mit, daß jetzt auch die restlichen Passagiere die Maschine verlassen dürften. Um 20.30 Uhr bestätigte er, daß alle Passagiere in Sicherheit seien.

Aber noch war die Besatzung des LH-Jumbos an Bord, und die angedrohte Sprengung der auf 80 Millionen Dollar veranschlagten Maschine drohte. Und weit und breit keine deutsche Verhandlungsdelegation vor Ort, die offizielle Angebote hätte unterbreiten können. Zwar haben das Auswärtige Amt und die Lufthansa schnell eine Drei-

Mann-Delegation, Lufthansa-Vorstandsmitglied Reinhard Abraham, Ministerialdirigent Dr. Kurt Müller und Legationsrat 1. Klasse Dr. Hans Ernst, der fließend arabisch spricht, zusammengetrommelt. Aber als die Linienmaschine in Kairo landete, hatte die Anschlußmaschine nach Aden bereits abgehoben.

Hätte nicht die in Beirut mit einer kleinen Düsenmaschine zwischengelandete »Stern«-Mannschaft die aus Kairo einfliegende Krisendelegation mit an Bord genommen, unsere unabdingliche Präsenz in Aden und eine Entscheidung über das Schicksal von Crew und Maschine wären um mindestens einen weiteren Tag hinausgeschoben worden. Alle Hoffnungen des Auswärtigen Amts ruhten auf der abgeflogenen Equipe, die aber für lange Stunden verschollen blieb.

Es ist gut möglich, daß die dadurch entstehende Ungewißheit im Krisenstab wesentlich dazu beigetragen hat, daß sich die sowieso mangelhafte Koordination mit dem Verkehrsministerium fast gänzlich auflöste. Jeder Teil der im Krisenstab vertretenen Mitglieder (Auswärtiges Amt, Innenministerium und Verkehrsministerium) handelte separat, um zum Erfolg zu kommen. Zu allem Unglück befand sich auch noch eine prominente Persönlichkeit an Bord: Robert Kennedy jr., Sohn des ermordeten US-Senators, und internationale Verwicklungen drohten.

Solange die deutsche Delegation Aden nicht erreicht hatte, sah ich meine Aufgabe darin, die Entführer von einer Impulsiv-Reaktion durch zähe Verhandlungen abzuhalten. Hierbei spielte es für mich keine wesentliche Rolle, ob der in Köln aufgetauchte Erpresserbrief, in dem fünf Millionen Dollar gefordert wurden, echt war oder nicht. Auch die vorgeschlagene Übergabe des Lösegeldes in Beirut konnte sehr wohl nur ein Ablenkungsmanöver sein. Der Ort des Geschehens, wo sich das Schicksal von Crew und Maschine entscheiden mußte, war und blieb Aden. Es galt, Zeit zu gewinnen, bis unsere Delegation vor Ort eintraf.

Da es niemandem möglich war, mit den Entführern direkte Kontakte herzustellen, führte ich vom Abend des 22. Februar bis zum Eintreffen unserer offiziellen Equipe am Abend des 23. Februar 1972 gegen 20.15 Uhr mit und durch Fahdle A. Sallami und Mahmud Arasi über Funk der Londoner Botschaft nach Aden hinhaltende Verhandlungen mit Angeboten und Nachfragen. Da anzunehmen war, daß die Entführer mit der deutschen Delegation nicht direkt verhandeln wollten, empfahl ich Sallami, Dr. Hans Ernst vom Auswärtigen Amt mit Mahmud Arasi zusammenzukoppeln, wenn dies überhaupt möglich wäre. Ministerialdirigent Dr. Kurt Müller sollte die Kontakte mit der südjemenitischen Ministerriege halten, denn von dieser Kooperation – der ersten seit 32 Monaten – hing viel ab.

Während der langen 24 Stunden bis zur Landung unseres Verhandlungsstabs mit der »Stern«-Maschine war es ausschließlich der Hilfe der südjemenitischen Behörden zu verdanken, daß es nicht zu einer Kurzschlußreaktion kam. Über das langwierige Hin und Her zwischen mir, Sallami und Arasi und durch diesen mit den Entführern sollen hier keine Details erzählt werden. Doch soviel kann gesagt werden, die von Georg Leber durch seinen Sonderboten in Beirut in bar gezahlte Lösegeldsumme im Wert von fast 16,5 Millionen Mark ist – obwohl die humanitäre Verpflichtung überwog – voreilig auf den Weg gebracht und den nie bekanntgewordenen Hintermännern einer nie wieder auf den Plan getretenen Scheinorganisation, die weder dem PFLP-Führer Dr. George Habasch noch der PLO Arafats oder den südjemenitischen Kabinettsmitgliedern bekannt war, ausgehändigt worden. Zwar ergab sich aus dem wirkungsvollen Losungswort: »habib asch-schahid Abu Talaah« (Unser Freund, der Märtyrer Abu Talaat), das dem Lufthansa-Sicherheitsbeauftragten Jürgen Berger gegen Kasse außerhalb von Beirut verkauft worden war, die Gott sei Dank schnelle und endgültige Bereinigung der Krise. Denn das Codewort, von Beirut nach Aden über Funk weitergegeben, veranlaßte die Kidnapper nach einer schicklichen Wartezeit von 30 Minuten um 23 Uhr Ortszeit, die Lufthansa-Maschine endgültig zu verlassen und sich in südjemenitische Untersuchungshaft zu begeben. Aber ungeklärt bleibt, ob hier nicht doch eine ausgefuchste internationale Gangsterbande sich mit patriotischen Decknamen palästinensischer Couleur getarnt hat.

Auf meinen Vorschlag hatte Sallami durch Arasi dem Kommando eine ganz andere Rechnung aufgemacht: Pro Passagier und Crew-Mitglied bot er den im internationalen Luftverkehr gebräuchlichen Versicherungswert für das Leben von Passagieren von 38000 Mark an. Insgesamt also nur 7,144 Millionen Mark. Tatsächlich waren die Entführer, die, wie mir Sallami von Arasi ausrichten ließ, noch immer ohne Nachricht aus Beirut waren, inzwischen dermaßen unruhig geworden, daß sie dieses Angebot untereinander diskutierten und sich darauf einrichteten, es annehmen zu müssen. So gesehen, muß die von Verkehrsminister Georg Leber in unbezweifelbar bestem Willen, Menschenleben zu retten, veranlaßte Übergabe des Lösegeldes im Wert von 16,5 Millionen Mark sowie die Funknachricht mit dem Codewort den entnervten Kidnappern sozusagen wie ein Geschenk des Himmels vorgekommen sein.

Obgleich sich das Drama nicht zur Tragödie ausgewachsen hatte, waren die Reaktionen in der Bundesrepublik erschreckend emotionell. Aden wurde als Terroristennest abgestempelt, und dies um so drakonischer, als die fünf Terroristen nach einem Verhör am 27. Februar 1972 die Südjemen-Hauptstadt ungeschoren verlassen konnten. Was hatte die Adener Behörden dazu bewogen, die Luftpiraten nicht der Bundesrepublik zu überstellen, sondern in Aden vertretenen Repräsentanten des linken PLO-Flügels auszuliefern? Vor allem wohl die unbestreitbare Tatsache, daß zwischen Aden und Bonn keine diplomatischen Beziehungen bestanden; daher gab es auch kein Auslieferungsabkommen für politische oder kriminelle Täter. Mehr Schaden richtete aber eine Pressekampagne an, in der die palästinensischen Organisationen als angebliche Drahtzieher angegriffen wurden, so daß sie schließlich Druck auf die Adener Behörden ausübten. Alle Erklärungen von arabischer Seite, daß arabische Untergrundorganisationen nichts mit der Entführung der Lufthansa-Maschine zu tun hätten, wurden vom Bundesverkehrsministerium als »Schutzbehauptungen« abgetan. Aber auch das Auswärtige Amt hielt sich bedeckt. Sogar woher die Lösegeldsumme, die in verschiedenen Währungen gezahlt wurde, kam, blieb ein ministerielles Geheimnis.

Die Adener Regierung – sie hatte weder die Entführung mitgeplant noch sie gutgeheißen oder gar einen finanziellen Anteil an der Lösegeldsumme erhalten, wie es hier in der Presse stand – hatte sich nur Ärger aufgeladen, als sie dem gekidnappten Flugkapitän Zöllner aus humanitären Beweggründen die Landeerlaubnis erteilte. Mit Wonne werden die DDR-Funktionäre in Aden, aber auch die Sowjetexperten die bundesdeutsche Anti-Südjemen-Attacke dem Adener Zentralkomitee ins Arabische übersetzt haben. Dies bewirkte nicht nur eine Schwächung des noch vorhandenen moderaten Flügels in der NLF, sondern auch die Verkündigung eines Staatsdekrets, fortan wolle der Südjemen keine Landeerlaubnis für entführte Flugzeuge mehr erteilen oder in sonstiger Weise humanitäre Hilfe leisten. Machten die Südjemeniten wegen ihrer sozialistischen Haltung ohnehin kein gutes Bild in der internationalen Presse, als Kriminelle wollten sie sich nicht abstempeln lassen!

Ein Unglück kommt selten allein

Aufgrund der anti-südjemenitischen Tendenz in der Bundespresse untersagte das ZK der NLF Saeed Hadi Awad und dem »beziehungswilligen« Lager in Aden alle weiteren Kontakte mit der Bundesrepublik Deutschland. Saeed durfte nicht nach Bonn reisen, und ich sollte zum gegenwärtigen Zeitpunkt nicht in Aden vorsprechen. Aber aufgeben wollten wir beide – und noch andere Ungenannte – nicht. Es war ein hartes Stück Arbeit, bis die gekränkt reagierenden Adenis wieder mit unseren – nach unserer Rechtsauslegung befugt erbost sich zeigenden – Dienststellen ins Gespräch kommen wollten. Doch kaum war ein Türspalt freigekämpft, brach ein neues Unheil herein: das Olympia-Massaker von München. Wieder schienen alle Bemühungen um neue Kontakte zwischen Aden und Bonn vergeblich. Und da auch in Arabien ein Unglück selten allein kommt, nahm uns eine weitere Katastrophe gleich auch noch aufrichtige Gesprächspartner.

Am 30. April 1973 zerschellte knapp 500 Kilometer nördlich von Aden eine Regierungsmaschine. Alle Insassen kamen ums Leben: der südjemenitische Außenminister Mohammed Saleh al-Aulaqi und 26 weitere hohe Staatsbeamte, darunter die Botschafter des Südjemen in der Sowjetunion, in Großbritannien, dem Irak, Somalia und dem Libanon sowie der ständige Vertreter des Landes bei der Arabischen Liga. Informationsminister Abdullah al-Khamery teilte in Aden mit: Die Diplomaten, deren Tod ein großer Verlust für den Südjemen darstelle, seien Teilnehmer einer außenpolitischen Konferenz gewesen. Angaben über die Ursache des Unglücks machte er nicht. Warum fast die gesamte Elite des diplomatischen Korps Adens ausgerechnet in eine abseits liegende Provinz fliegen mußte, um dort über internationale Fragen zu konferieren, wurde nicht kommentiert. Anlaß zu Gerüchten gab die Tatsache, daß nicht alle der nach Aden geeilten Botschafter oder hohen Politiker des Außenministeriums zu ihrem Amtschef Aulaqi in die Maschine eingestiegen waren. Immerhin entlastete die nationale Tragödie den ultralinken Flügel der Staatspartei und löschte den größten Teil der südjemenitischen Berufsdiplomaten, die ihre administrative Grundausbildung teils noch unter britischer Kolonialherrschaft erhalten hatten, mit einem Schlag aus.

Unter jenen Vertrauten, die so abrupt ihr Leben verloren, befand sich auch Botschafter Fahdle A. Sallami. Er vor allem hatte sich in den vergangenen zweieinhalb Jahren aufrichtig und konsequent bemüht, Aden aus seiner außenpolitischen Isolation herauszuführen. Zwischen uns hatte sich eine Partnerschaft entwickelt, die mich bewog, trotz aller Rückschläge weiterzumachen.

Wieder nahm ich Verbindung auf mit Saeed Hadi Awad, inzwischen Chargé d'affaires an der südjemenitischen Botschaft in Paris, unter Botschafter Mohammed Abdelbakr Bafaki. Es gab nur einen Weg, das beiderseitige Interesse an einer Wiederbelebung der diplomatischen Beziehungen erneut in Gang zu bringen: Ich mußte in Aden selbst mit den für die Außenpolitik Verantwortlichen sprechen. Ich informierte Saeed Hadi über meine nächsten Reisepläne. Von Mombasa über Nairobi wollte ich zum 26. September, dem elften Jahrestag der Revolution, und zur Eröffnung des mit Bundesmitteln erbauten Flughafens

Sanaa ar-Rahaba in den Nordjemen reisen. Ein Zwischenstopp in Aden ließ sich also unauffällig einlegen.

Obwohl es für Westdeutsche keine Visa gebe, so lautete die Antwort, sei ich in Aden willkommen. Allerdings sollten meine Frau und ich quasi inkognito Station machen. Es war ein Risiko, aber einer muß diese Kärrnerarbeit in der Grauzone ja wohl leisten, denn weder war unser Auswärtiges Amt bereit, einen offiziellen Vertreter nach Aden zu entsenden, noch wollten die seit der Flugzeugentführung sich erniedrigt fühlenden Südjemeniten in Bonn auf die Knie fallen. Kurzum, jede Seite wollte den Erfolg, aber keine wollte den ersten Schritt dazu tun.

Es ist in Arabien unüblich, ohne kleine Wünsche an den Gastgeber ins Haus zu kommen. Nur so kann man seine Bedeutung aufwerten: mit einer Bitte, die zu erfüllen in seiner Macht steht. Am 7. September, dem Tag meiner Abreise nach Kenia, schrieb ich Saeed Hadi einen Brief zur Weiterleitung nach Aden. Ich bat um Stimmenthaltung anläßlich unserer am 18. September 1973 bevorstehenden Wahl zum Mitglied in den Vereinten Nationen und erläuterte den neuen Stil der deutschen Nahostpolitik. Es sei das aufrichtige Interesse der Bundesrepublik, baldmöglichst mit Aden einen Konsens zu finden. Dementsprechend sei verständlich, daß wir von Adens Seite nicht mit einer Gegenstimme rechneten, sondern wenigstens mit einer Stimmenthaltung. Mit diesem Wunsch war Aden angehalten, seinen guten Willen, wieder mit uns auszukommen, coram publico zu bezeugen – und ich würde nicht ohne honette Vorbedingung in die mich dort erwartenden Verhandlungen einsteigen müssen.

Das Auswärtige Amt hatte mich informiert, daß sich der Vortragende Legationsrat 1. Klasse, Herr Dr. Redies, der mit der bundesdeutschen Delegation des Parlamentarischen Staatssekretärs im Bundesministerium des Auswärtigen, Karl Moersch, zur Einweihung des Flughafens Sanaa ar-Rahaba in den Nordjemen reiste, sich dort über den Fortgang der Adener Gespräche durch mich informieren lassen werde.

Es ist bereits Nacht, als wir am 23. September 1973 Addis Abeba verlassen; um Mitternacht landen wir auf dem Khormaksar Airfield in Aden. Gespenstische Ruhe. Niemand außer meiner Frau und mir macht Anstalten, die Maschine zu verlassen. Mißbilligende Blicke folgen uns, als wir, mit Handgepäck beladen, der einzigen offenen Luke zustreben.

Im Nu werden wir in ein bereitstehendes Auto gezogen, das uns die wenigen hundert Meter zum Empfangsgebäude bringt. Unterwegs hat ein sonst schweigsamer Begleiter nach den Pässen gefragt und sie ausgehändigt bekommen. Über die Hintertreppe in den VIP-Raum gelotst, sitzen wir unter dem goldgerahmten Foto des Präsidenten und den Landesfarben des Südjemen bei lauwarmen Fruchtsäften. Die Klimaanlage rattert im Leerlauf; sie ist zu schwach, der fast 50 Grad Mitternachtshitze und 92 Grad Luftfeuchtigkeit entgegenzuwirken; nur der meterlange Propeller des Ventilators aus Albions Zeiten, der sich knarrend an der Decke dreht, verschafft etwas Kühlung.

Plötzlich sind die gestempelten Pässe, ist aber auch unser Schutzpatron wieder da: Ahmed Masood al-Alwani, Generaldirektor der ALYEMDA, der südjemenitischen Fluggesellschaft, früher »Aden Airways«. Nun ist auch unser Status klar: Wir sind offiziell Gäste der ALYEMDA und werden ins »Crescent-Hotel« gebracht. Die Fahrt von Khormaksar über Maalla nach Steamer Point weckt Erinnerungen. Gegen ein Uhr morgens checken wir im altvertrauten »Crescent-Hotel« ein. Da wir am selben Vormittag mit der einzig möglichen Flugverbindung nach Sanaa weiterreisen müssen, setze ich mich sofort mit Ahmed Masood al-Alwani zusammen, um den Zweck meines Besuchs, meine Sondierungsgespräche mit dem südjemenitischen Außenministerium, abzusprechen. Ahmed Masood al-Alwani ist gut über mich informiert. Klar wird auch, Südjemens Außenministerium will auf Nummer Sicher gehen und läßt mich als Alibi lieber erst von einem NLF-Funktionär, denn das ist der Generaldirektor der ALYEMDA zweifellos, nochmals auf Herz und Nieren prüfen. Der aufgeschlossene Funktionär bringt schnell auf einen Nenner, was beiden Ländern nutzt und ihn auf der Karriereleiter etwas höherbringen könnte.

Nachdem ich ihn in erkennbaren Umrissen meine unaufschiebbaren Terminnöte offengelegt habe, läßt er seine wahren Kompetenzen erkennen, indem er mit mir für den dritten Tag des Ramadan, den 29. September 1973, ein Gespräch mit dem Staatssekretär im Adener Außenministerium fest vereinbart. Mein Gegenüber wird der Bruder von Saeed Hadi Awad sein: Muhammed Hadi Awad, inzwischen »Permanent Secretary of State« (Leitender Staatssekretär) im Außenministerium.

Es ist kurz vor drei Uhr früh, als al-Alwani uns verläßt. Er hat deutlich gemacht, daß er selbst an den Gesprächen in Madinat asch-Schaab, dem südjemenitischen Regierungssitz, teilnehmen werde. Offensichtlich will er sich nicht die Butter vom Brot nehmen lassen.

Sechs Stunden später passieren wir die Sicherheitskontrollen am Flughafen Khormaksar. Niemand fragt uns nach Paß und Zollgut. Wir werden »übersehen«.

Verändertes Sanaa

Zehn Monate sind in der jemenitischen Zeitgeschichte eine relativ lange Zeit. Was würde ich in Sanaa vorfinden? Viele aufrechte Freunde sind im Sog der politischen Strömungen aus der Staatsverantwortung getrieben worden, andere in höchste Staatsämter aufgerückt. Ob die Veränderungen Gutes bewirken, ist fraglich. Noch ist der Nordjemen frei und trägt die Staatsbezeichnung Republik. Ob er aber noch republikanisch denkt und handelt, muß bezweifelt werden.

Jetzt, da die Feuer der Revolution verlöschen, in Aden und in Sanaa, muß man feststellen, beide Jemen sind nicht mehr im alljemenitischen Sinne souverän regierte Staaten, sondern von den Supermächten für ihre Zwecke mißbrauchte Befehlsempfänger; müssen sich sogar an die Kehle gehen, wenn dies den west- oder östlichen Machtzentren ins Kalkül paßt.

Am 28. Dezember 1972 war Nordjemens bislang fähigster Ministerpräsident der jüngeren Generation, Professor Mohsin Alaini, ostentativ mit der leider nur zu wahren Begründung zurückgetreten, das Parlament seines Landes sabotiere die geplante Vereinigung von Nord- und Südjemen zu einer einzigen Republik. Es waren kaum sechs Monate seit der Besiegelung der Vereinbarung gegenseitiger diplomatischer Repräsentanz durch US-Außenminister Rogers in Sanaa vergangen, da hatten Riyadh und Washington gemeinsam den Rücktritt des unbequemen Jemeniten Alaini gefordert. Seine Hoffnung hatte getrogen, sein Land politisch und finanziell für einige Zeit aus der saudischen Schlinge ziehen zu können – denn die Weltmacht USA wurde von der Ölmacht Saudi-Arabien in diesem Teil der Welt wie eine Marionette bewegt. Al-Iryanis und Alainis düstere Vorahnungen waren schneller eingetreten als voraussehbar: Mit der Wiederbelebung des amerikanischen Einflusses in Sanaa hatte Saudi-Arabien einen tonangebenden Mitverantwortlichen in die Jemen-Hauptstadt eingebracht, der sich inmitten der drei sich im Lande entwickelnden Hauptströmungen – der islamisch-theokratischen, der säkular-republikanischen und der rest-royalistischen – als disregulierende Kraft erwies.

Paradoxerweise wurde die islamisch-theokratische Linie neuerdings von dem Haschidfürsten Abdullah bin Hussein al-Ahmar geführt: Der Parlamentspräsident streifte allmählich seine republikanische Vergangenheit ab und begann, seine überragende republikanische Position in eine Art Stammeszentrifugalkraft umzuwandeln: ausgestattet mit der Machtfülle eines Imams im Nordteil des Landes. Präsident al-Iryani hingegen verkörperte noch die säkular-republikanische, aus der ursprünglich sozialistischen Revolution hervorgegangene Macht. Zur

Zeit allerdings begann die ehemals verschworene Phalanx allmählich auszufransen. Das saudische Kapital tat seine Wirkung. Die dritte »Kraft« war die nimmermüde Beutelust und Subsidienbegierde restroyalistischer Stammesformationen im Dschauf, in Dham, Nehm, Arhab und im – nach al-Ghadirs Tod – führerlos dahindriftenden Khaulan; sie legten sich wie eine Garotte um die Kehle der Republikhauptstadt.

Ein verbrieftes Anrecht auf die Führerschaft des Khaulan konnte allein der tatkräftige Oberscheich Sinan Abu Luhum, Ex-Gouverneur von Hudaidah, danach Oberster Stammesverantwortlicher für den Süden des Landes, geltend machen. Doch wie Luhum verweigerten sich viele rechtslastige Fraktionsmitglieder im Lager al-Iryanis, die Fusion mit dem marxistischen Süden mitvollziehen zu sollen. Die offen geführte Konfrontation endete mit dem Verbannungsspruch. Aller Ämter ledig, zog sich Sinan Abu Luhum erbost zurück, nicht ohne den Revolutionsstammvater seine eiserne Faust spüren zu lassen. Tausende skandierten in Hudaidahs Straßen die Forderung nach einer Rehabilitierung ihres Idols.

Kaum war Alaini als Ständiger Repräsentant des Nordjemen bei den UN nach New York auf die Transferliste gesetzt worden, wurde die Order widerrufen. Statt dessen wurde der Ex-Premier, Schwager von Sinan Abdul Luhum, Botschafter in London. Al-Iryanis Vorhaben, Dr. Hassan al-Makki zum Kabinettschef zu berufen, wurde vom saudischunterstützten rechten Flügel verhindert. Unfaßbar: Im Parlament standen fortan die islamisch-theokratischen Kräfte geeinigt mit den exroyalistischen und rechtsrepublikanischen Delegierten gegen die linken und Mitte-links-Fraktionen, die Hausmacht al-Iryanis. Unerwartet machte auch der Parlamentshausherr Abdullah bin Hussein al-Ahmar vor aller Öffentlichkeit Front gegen den Altvorderen al-Iryani. Erstmals mußte der Präsident eine schwere persönliche Niederlage hinnehmen. Hassan al-Makki als Übergangslösung aufzubauen mißlang endgültig.

Al-Iryani mußte noch mehr Terrain aufgeben: Unter Riyadhs Androhung, den Staatshaushalt nur dann weiterhin zu subventionieren, wenn ein ihm genehmer Schützling Premier werde, mußte er am 30. Dezember 1972 Abdallah al-Hajari als Premier akzeptieren.

Dem Roten ist der Schwarze, ehemals unter dem Imam Minister und Botschafter in Kuwait, jetzt durch die Hintertür in den Republikrat gehievte Vertraute Riyadhs eine persönliche Beleidigung. Der in die Enge getriebene al-Iryani fragt bei al-Amri um Rat, doch der winkt ab. Al-Amris indirektes Votum bringt den ungeliebten Konservativen ins Amt und dem geschaßten General eine Einladung al-Hajaris ein, Ende

Januar 1973 wieder als »Ehrenmann« nach Sanaa zurückzukehren. Al-Iryanis Weigerung, al-Amri als Stütze der Republik, wenn auch als persönlichen Rivalen, wieder heimzuholen, erweist sich tagtäglich mehr als tragisches Fehlurteil. Nach dem unrühmlichen Grenzkrieg hätte er ihn auf diese Weise wieder an die Spitze der Streitkräfte berufen können. Obwohl der wendige neue Premier dies dem Heimgekehrten anbietet, pocht al-Iryani auf sein Präsidialrecht und verweigert seine Zustimmung wider besseres Wissen. Enttäuscht verläßt der Kriegsheros die Hauptstadt.

Al-Iryanis alleinige Stütze im Republikanischen Rat ist Scheich Mohammed Ali Othman, der dem höchsten republikanischen Gremium seit April 1971 angehört. Dem problematischen Jemen ein verläßlicher Anwalt, ist er dem immer halsstarriger werdenden Präsidenten ein treuer Berater. Aber bald sollten sich – nach Allahs Willen – al-Iryanis und Othmans Wangen nicht mehr zum Bruderkuß berühren. Im frühen Morgenlicht des 30. Mai 1973 wird der 63jährige Scheich vor seinem Haus in Taizz hinterrücks erschossen, als er seinen gewohnten Morgenspaziergang antreten will. Unbekannte Mörder, so die Schrecken auslösende Rundfunkmeldung, seien »über die Grenze«, das heißt aus dem Südjemen, gekommen.

Die Maschinenpistolensalven, die das Leben eines der drei höchsten Würdenträger der Republik auslöschen, sind nur die Ouvertüre zu einer Reihe grauenhafter Anschläge im Lande, die zwei subversive Gruppen, die »Organisation der revolutionären Volksarmee« und die »Organisation der revolutionären Widerstandsbewegung«, kaltblütig gegen die Zentralgewalt führen. Beide werden von jenen Kräften in Aden ferngesteuert, die die Wiedervereinigung durch den Sturz der Nordjemen-Regierung verwirklicht sehen wollen.

Al-Hajaris Berufung zum Premier gibt linksradikalen Kräften im Südjemen, aber auch Aden-Anhängern in der nordjemenitischen Armee und bei den Bauern im Südteil des Landes, Anlaß zu subversiven Attacken, die Sanaa erschüttern. Selbst westlich von Ibb – in al-Iryanis Geburtsprovinz – wollen die von volksdemokratischen Agitatoren geschürten Unruhen nicht verebben. In Sanaa gilt die Südprovinz immer noch als Kriegsgebiet. Auch ist die Republikarmee seit ihrer Niederlage gegen die waffentechnisch überlegenen Südjemen-Truppen tief in sich gespalten. Viele Offiziere wünschen sich ein NLF-artiges, neues Regime in Sanaa. Auch dies ist ein Negativergebnis der saudisch-amerikanischen Verweigerung modernen Kriegsmaterials im letzten Kampf an der Südgrenze. Unzuverlässige Offiziere finden sich sogar im Sicherheitsdienst: Zehn werden hingerichtet. Daß sie auch von den Sowjets Waffen annehmen würden, die ihnen Riyadh und Washington verweigern, macht diese Soldaten nicht zu marxistischen Parteigängern. Doch der kommunistisch werdende Süden bläst zur subversiven Großoffensive, schmuggelt Waffen, Sprengstoff und Geldmittel ins Nordland.

Seit Januar 1973 sind in Aden schätzungweise 150 kubanische Spezialisten eingetroffen, die »Entwicklungshilfe« auf dem Gebiet des Polizeiwesens und der Subversion im Auftrag der UdSSR und unter Mithilfe der DDR leisten. Es heißt, Moskau versuche auf diese Weise, dem chinesischen Einfluß in Aden entgegenzuwirken. Es stimmt zwar, daß bisher jeder Südjemen-Präsident die chinesische Karte aus dem Gewand hervorgeholt hat, sobald Moskau über alles und jedes in Aden bestimmen wollte. Doch hat die Gewaltanwendung im Norden nur ein Ziel: den Föderationsplan zu sabotieren.

Im Grenzgebiet von Rahida, südöstlich von Taizz, werden nordjemenitische Truppen zusammengezogen. Sanaa reagiert hart: Die Bewohner des Grenzgebiets sollen für die Folgen von Infiltration und Subversion verantwortlich gemacht werden, wenn sie es unterlassen, das Auftauchen von Terroristen an die Behörden zu melden. Im Parlament bekräftigen alle Abgeordneten einheitlich ihre Entschlossenheit, die Grundlagen der Demokratie gemäß den Erfordernissen des Islam, den Realitäten des Jemen und seiner Geschichte zu entwickeln und das »Böse und die importierten Lehren« auszumerzen. Alles dies schließt eine Zusammenarbeit mit dem Regime in Aden aus – und so haben Riyadh *und* Moskau ihr Ziel erreicht, den jeweiligen Jemen-Teil getrennt unter ihrer Kuratel zu halten.

Aus Sanaa reisen zwei Delegationen, unter meinem nunmehr zum stellvertretenden Ministerpräsidenten und Außenminister aufgerückten jungen Bekannten, Mohammed Ahmed Noman, und dem für diese diplomatische Mission reaktivierten Sinan Abu Luhum, in siebzehn arabische Staaten, um dort ihren Standpunkt darzulegen. Nur dem mannigfaltigen Druck der Arabischen Liga auf Aden ist zuzuschreiben, daß es nicht erneut zu einem Krieg zwischen den beiden Jemen-Staaten kommt. Dessenungeachtet findet al-Kathafis seinerzeitige Gewaltkur im Duell der südjemenitischen Terroranschläge gegen die Sanaaer Staatsgewalt jetzt ein blutiges Ende. Mit dem Auszug der Nordjemeniten aus allen Verbrüderungskommissionen ist die Hoffnung auf die Jemen-Einheit erneut gescheitert.

Scheich Mohammed Ali Othmans Tod bringt die Kontrahenten al-Iryani und al-Hajari vorübergehend auf eine gemeinsame patriotische Linie. Vorher spinnefeind, sitzen sie nun im Republikpalast zusammen, um sich über »die Auswirkungen des Verbrechens« klarzuwerden. Aber Sanaa kann Aden wegen mangelnder Beweise nicht öffentlich anklagen. In der Jagd auf die Terroristen ist Sanaa unerbittlich. Am

22. Juni 1973 werden auf dem »Platz der Freiheit« acht Saboteure erschossen und ihre Leichen für zwei Tage zur Schau gestellt. Weitere sechzehn Untergrundler werden bis Mitte Juli exekutiert. Dann ist Ruhe im Land.

Der »rote Imam«

Still wie das Umland liegt auch die Republikmetropole im Sonnenglast des 24. September 1973. Friedlich bereiten sich die Menschen auf das Ereignis des Jahres vor. Dreimal noch wird aus den Kapillareinfassungen der 45 Moscheen und 24 Gebettürme über Mauern und Menschen das Morgengebet »Al-Fadschr« gesprochen werden; und dreimal wird der Wächter auf den Zinnen der altehrwürdigen Zitadelle Ghamdan mit Hilfe eines weißen und eines schwarzen Fadens unterscheiden – ob die Nacht endgültig dem Tag gewichen ist. Dreimal noch werden die nachmittäglichen Staubwinde aus der östlichen Wüstensenke Maribs, der antiken Sabäerhochburg, stadteinwärts wehen. Und goldregengleich werden die rötlichen Sandpartikelchen über die aus Allahs Hand gerollte »Perle Sanaa« herniederglitzern. Dann aber wird der islamische Fastenmonat Ramadan verkündet – der die Nächte belebt, den Tag aber zur großen Stille macht.

Noch ist es in der Altstadt ruhig. Doch weit draußen auf dem gewaltigen Staubteller der 80 Kilometer langen und 20 Kilometer breiten Hochebene zählen die Stammesoberen die letzten Stunden vor ihrem Aufbruch. Mit Mann und Wehr werden sie noch an diesem Abend nach al-Medina marschieren, um sich von den Republikverantwortlichen lobpreisen zu lassen. Es ist wie seit Jahrhunderten. Wer diese Stadt auch regiert, er muß die Obergewalt des Stammesumlandes anerkennen, will er nicht Amt und Leben riskieren.

Von bizarren Felsgraten herab, aus dem Nichts der Staubwadis hervor, aus Weilern ziehen Stammeskrieger, Häusler und Tauschhändler durch die Stadttore. An der Einschnürung der beiden Feldebenen, unmittelbar am Westfuß des aus Urmagma aufgetürmten Dschebel Nuqum, rüstet man sich zu gleich dreifacher Festivität. Gefeiert werden außer dem Beginn des Ramadan noch die elfte Wiederkehr der Revolution und die Einweihung des mit deutscher Entwicklungshilfe erbauten Flughafens Sanaa ar-Rahaba.

Im ersten Abendleuchten ist halb Sanaa auf dem Weg zum Flughafen, um die westdeutsche Equipe willkommen zu heißen, die als erste auf der neuen Piste aufsetzen soll. Und überdies ist es die erste Nachtlandung in Sanaa überhaupt. Technisch ist alles sorgfältig vorbereitet; Gefahren drohen nur von den Stammeskriegern, die sich nicht davon abhalten lassen, die Festigkeit der Betonbahn mit ihren Gewehrkolben zu prüfen. Pünktlich um 20.45 Uhr rollt der Jet-Star vor dem Empfangskomitee aus. Der verblüffte Staatssekretär Moersch muß eine Jubelwelle über sich ergehen lassen. Chromblitzende Staatskarossen bringen die deutsche Equipe ins Gästehaus neben dem Präsidentenpalast.

Vorletzter Gebetsruf vor dem Ramadan. Kurz nach acht Uhr ist zwar mein Stammplatz am Brunnen der Gabilis bereits besetzt, doch die grimmigen Stammesleute machen dem wohlbekannten Sahafi gerne Platz. Immer, wenn ein großes Ereignis die Jemen-Hauptstadt glorifiziert, drängen Männer mit Waffen von überallher vor den Regierungssitz, lagern wie Nomaden an althergebrachten Treffs.

Tauschte man vor wenigen Jahren hier noch ein paar Patronen für die veralteten Lee-Enfield-Gewehre gegen ein frisches Büschel Hochland-Qat, überspielt man heute Musikkassetten von einem Stereorekorder auf den anderen. Die Legende vom einsam ziehenden und einsam kämpfenden Beduinen oder Bergkrieger neigt sich unwiederbringlich ihrem Ende zu.

Die buntgekleidete Ehrenwache scharrt mit den Stiefeln, sucht nach der Ideallinie. Dann: ein Ruck, Griffe kloppen, präsentiert das Gewehr! Die hohen Holztore des al-Kasr al-Gumhouri öffnen sich: würdevolles Hinaufschreiten über die von Abertausenden von Kriegerfüßen ausgetretenen Stufen. Als altvertrauter Gefolgsmann ist es mir ein leichtes, im Sog der Delegation mit in den Empfangssaal zu kommen. Hinter mir schieben Wächter die schweren Holzportale wieder zu. Drinnen herrscht Dämmerlicht. Auf brokatbezogenen Ehrensesseln die Elite des Freien Jemen um den Vorsitzenden des Republikanischen Rates. Der große alte Mann des Jemen ist augenblicklich in schlechter physischer Verfassung. Die Bürde des Amtes mehrt die Last des Alters. Die nie enden wollenden Probleme haben auch al-Iryani zerbrochen.

Delegationsleiter Karl Moersch entbietet die guten Wünsche der Bundesrepublik Deutschland. Dann lockern sich die Korsettstangen des jemenitischen Protokolls. An al-Iryanis Ehrenseite gewiesen, entspinnt sich ein zwangloser Meinungsaustausch, wie unter sich achtenden Freunden üblich. Beide Länder haben sich gegenseitiger Wertschätzung versichert und offene Sympathie bewiesen. Die bundesdeutsche Hilfe für den arabischen Staat Jemen ist die nachweislich wirksamste an ein arabisches Empfängerland überhaupt.

Nach einer knappen Stunde wird Moerschs Equipe weitergereicht. Der einzige Wermutstropfen in al-Iryanis Freundschaftsbecher ist, daß laut Protokoll der sozialdemokratische Kanzler Brandt dem imamkonservativen Premier al-Hajari Glück und Segen wünschen muß.

Nach Abfahrt des Konvois mit den Bundesdeutschen regt sich draußen um den Brunnen kein Fuß von der Stelle. Ein Wink al-Iryanis bedeutet mir zu bleiben. Ich habe nicht um ein Interview gebeten und glaube an ein Versehen. Aber die Offiziere der Leibwache ziehen mich in eine Seitennische. Wer da geglaubt hat, die fast unübersehbare Schar Stammeskrieger sei allein wegen des Spektakulums für die deutschen Freunde aus weiter Ferne angetrabt, wird schnell eines Besseren belehrt. Schon drängt die waffentragende Menge durch die jetzt weit geöffneten Tore, lagert auf den Teppichen zu Füßen des großen Schlichters. Es ist al-Iryanis Gunstbeweis, daß ich eines rein jemenitischen Szenarios Augenzeuge sein soll. Bar aller Standesunterschiede sind die Jemeniten jetzt mit ihrem erkorenen Staatsoberhaupt allein: in ihrer kleinen, harten Welt. Wird auch morgen mit der Eröffnung des internationalen Flughafens ihrem Land das Tor zur Außenwelt geöffnet, heute hängen sie mit Aug und Ohr an den Lippen ihres Patriarchen. Denn nicht die Zeit bestimmt den Menschen im Jemen, sondern die großen Persönlichkeiten formen die Zeit. Al-Qadhi, der Richter, spricht. So mag es zu Salomons Zeiten zugegangen sein. Nichts unterscheidet in diesem Augenblick den antiken vom neuzeitlichen Jemen. Es ist eine der letzten »blauen« Stunden des Jemen: Es muß Recht gesprochen werden, aber nicht das Recht der Gesetze, sondern Recht in Verbindung mit Großzügigkeit, das die Großen der jemenitischen Geschichte kennzeichnet. Und al-Iryani ist das letzte Glied in dieser historischen Kette.

Momentan kauern fast zweihundert Notablen aus der Tihama-Provinzhauptstadt Hudaidah zu seinen Füßen, und fast ebenso viele sind aus den großen Stammesgauen herbeigeeilt, um mit eigenen Ohren zu hören, ob auch im republikanischen Jemen die vorislamisch-sabäische Weisheit noch Bestand hat.

Es erhebt sich der Sprecher der Tihama-Elite, und mit allumfassendem Armschwung, der dem Präsidenten als Respektbezeugung zugedacht ist, beginnt er sein rhetorisches Meisterstück. In den Redepausen, wenn er eine ihm zugereichte Schale Wasser ausschlürft, springen die Tihamis aus der Hocke auf und skandieren Beifallsstürme, die sich zum Orkan steigern, wenn al-Iryani zustimmend nickt oder gar lobpreisend verkündet: »Wohl gesprochen; es ist so, wie Ihr es mich heute wissen lasset.« Oder: »Eure Fürbitten sind Euer Recht darauf, ein vom Staat begangenes Versehen korrigiert zu wissen...«

Und tatsächlich geht es um ein an einem höchst achtbaren Mann begangenes Unrecht – um den seiner Hauptämter verlustig erklärten großen Scheich Sinan Abu Luhum. Der Ex-Gouverneur von Hudaidah gilt als Antriebsaggregat eines modern geführten Staates, und nichts ist natürlicher, als daß der in die Isolation abgleitende al-Iryani sich wieder dieses Rückhalts versichern will. Dazu bedarf es aber der Einsicht des Präsidenten. Daß er seinen Fehler hier vor den Tihamis eingesteht, spricht für ihn. Er zaudert nicht vor der Revision seines eigenen Urteils. So erhebt er sich aus seinem Prunksessel zu neuer Größe. Er breitet die Arme aus und fragt mit leiser, aber dominierender Stimme: »Wollt Ihr, die Ihr zu uns nach Sanaa gekommen seid, wollt Ihr Sinan Abu Luhum?« Und sie springen auf, bitten, bejahen: »Ja, es ist unser Wille, wenn es auch Deiner ist!« Es folgt die ganz große Szene altjemenitischer Huld. Ein Wink al-Iryanis: Eine Seitentür öffnet sich, und hervor tritt – der verlorene Sohn. In der Umarmung findet er an die Brust des Präsidenten zurück. Der Tumult ist unbeschreiblich, die Wiederversöhnung der beiden mächtigen Männer des Jemen wird Anlaß zu einer Massenverbrüderung. Auch das widerborstigste Haupt der Stammeskrieger, die ihre Waffen nicht nur zur Schau tragen, sondern sie auch gegen den Präsidenten selber richten würden, wären sie ins Unrecht gesetzt, beugt sich achtungsvoll vor al-Iryani.

An diesem 25. September 1973 gewinnt al-Iryani noch einmal die nationalrepublikanische Plattform zurück, indem er sich Sinan Abu Luhum als Stütze der Republik erhält.

Zwischen gestern und morgen

Ali Hassan Maaeli, Oberscheich des Beduinenstammes der Abide von Marib, will mich dringend sprechen. Der würdige Hassan hat dem Sahafi seine Probleme darzulegen. Würde der antike Sabäer-Staudamm von Marib wieder instand gesetzt, müßten seine Abide nicht den mageren Grasnarben mit ihren Herden nachziehen, mit Kamelen und Zelten. 1500 Familien mit einer geschätzten Kopfzahl von 8000 Menschen könnten ihre Maribsenke wieder bewohnen, wenn die deutschen Freunde Hilfe leisteten. Der immerwährende blutige Kampf um die dürftigen Weidegründe würde ein Ende finden; Marib könnte wieder ein Hort friedlich dem Ackerbau nachgehender Menschen werden, wie er es vor langer, langer Zeit war. Aber, so Scheich meschajich Ali Hassan Maaeli, die Sanaaer Regierung hat nicht die zwölf Millionen Dollar für die Wiederbeschaffung des alten Paradieses.

Der alte Abide kommt zu dem weisen Entschluß: Er wird den großen und höchst ehrenwerten Kanzler Seijjid Willy Brandt bitten, den antiken Staudamm von Marib wieder restaurieren zu lassen. Morgen schon wird der weise Schebe seinen Schreiber anweisen, auf gutem Papier und mit kunstvollen Schriftzügen, dem »Scheich meschajich der

Deutschen« die Hoffnung auf Hilfe niederzuschreiben. »Denn nur wer nicht Hunger leiden muß, wird in Frieden leben wollen. Bismillah, im Namen Allahs!«

Die Entwicklungshilfe der Deutschen ist in aller Munde – auch bei der Delegation aus Aden, wie mir mein Freund Abdullah al-Adhi mit einem Augenzwinkern verrät. Überschwenglich wird den aus Bonn angereisten Herren, aber auch den am Bau direkt Beteiligten, für ihre hervorragenden Leistungen gedankt. Die Sanaanis freuen sich über die geglückte Symbiose von moderner Technik und herkömmlicher jemenitischer Architektur, die der Initiative von Holger Börner zu verdanken ist.

Der Kontrollturm heißt im Volksmund längst der »Ladwig-Tower« nach dem Bauleiter Ingenieur Hans Eberhard Ladwig. Hart, aber gerecht, hat er die Arbeiter angepackt. Und das hat einen positiven Eindruck hinterlassen. Man wird noch lange von ihm und den Alemanis sprechen. Ladwig selbst wird zum »Wächter des Schlüssels« ernannt, ein Titel, der sonst einem Moschee- oder Festungsturmwärter zusteht.

Doch trotz der Feierlichkeiten und Empfänge, trotz des lautstarken Volksfestes in den Straßen, das alte Sitten und Gebräuche noch einmal lebendig werden läßt, werden in Gruppen auch ernste Gespräche geführt. Die Sorge vor der Zukunft geht um in Sanaa. Die Militärparade gerät zu einer Demonstration des desolaten Zustands der nordjemenitischen Armee. Auch die Querelen im Republikanischen Rat und im Parlament lassen sich längst nicht mehr vertuschen.

Präsident al-Iryani und der ihm von den Saudis aufgezwungene Premierminister al-Hajari verstehen sich weniger denn je: Der Vater der Revolution wirft dem saudi-freundlichen Politiker vor, den Ausverkauf des Jemen an Saudi-Arabien zu betreiben. Der Staatsapparat sei von Anhängern König Feisals unterwandert, der Handel sei unter saudischer Kontrolle, während mehr als 800000 Jemeniten auf den Ölfeldern des Nachbarstaates schufteten, um sauer ersparte Rial nach Hause schicken zu können. Im eigenen Land gebe es keine Verdienstmöglichkeiten. Die Armen werden ärmer, die Reichen werden reicher – und egoistischer.

Das »reine Feuer der Revolution« sei am Erlöschen, so hört man es allenthalben. Die verfassungsmäßig verbrieften Rechte, von denen frühere Generationen nur haben träumen können, sind so selbstverständlich geworden, daß sie schon wieder mit Füßen getreten werden.

Es gibt aber auch viele, die der »Demokratie« al-Iryanis überdrüssig sind, die seinen autoritären Führungsstil ablehnen. Junge Offiziere sind es zumeist und Intellektuelle, die im Ausland studiert haben. Sie gehen ein unerklärtes Zweckbündnis mit Vertretern der längst vergessen geglaubten Fundamentalisten ein, auf die sich die ottomanischen und imamitischen Machthaber einst gestützt haben. Eine merkwürdige, ungute Konstellation!

Fast wehmütig nehme ich von Sanaa Abschied. Wie würde ich die Stadt, das Land, die Menschen bei meinem nächsten Besuch vorfinden?

Vertrauen siegt über Vorbehalte

Am 29. September 1973 besteigen wir wieder die Maschine nach Aden. Präsident al-Iryani ist von dieser Reiseroute unterrichtet.

Alles geht wie vorprogrammiert vonstatten. Bereits um 13 Uhr sitze ich im Außenministerium in Madinat asch-Schaab. Ahmed Masood al-Alwani hat mich die 15 Kilometer hergefahren. Eine Viertelstunde später öffnet sich die Tür zum Konferenzraum, und herein bittet: Muhammed Hadi Awad, der Staatssekretär, mein stets fairer, freundschaftlicher Kontakt bis heute. Die Begrüßung ist protokollwidrig herzlich.

Das 45-Minuten-Gespräch selbst ist derart erfolgreich, wie ich es mir im Traum nicht hätte vorstellen können. Resultat: Die Regierung der Demokratischen Volksrepublik Jemen (Aden) erklärt verbindlich den Wunsch, die Beziehungen zur Bundesrepublik Deutschland wieder aufnehmen zu wollen. Sie ist einverstanden, diesbezügliche offizielle Verhandlungen an einem Bonn genehmen Ort und zu einer genehmen Zeit aufzunehmen!

Es wird mir bestätigt: Die Südjemeniten sehen in mir einen objektiven Ombudsman, und ihr Vertrauen in mich zeige sich schon darin, daß hier in einer Dreiviertelstunde erreicht worden sei, was sich bei einer offiziellen Verhandlungsführung über Monate hingezogen hätte. Ich reise mit der tiefen Befriedigung zurück, daß wider alle falsche Prophetie ein einzelner oft mehr bewegen und bewerkstelligen kann als eine starre Bürokratie.

In einem ausführlichen Gedächtnisprotokoll informiere ich das Auswärtige Amt und insbesondere Staatssekretär Karl Moersch. Doch kaum eine Woche danach, am 6. Oktober 1973, bricht der Jom-Kippur-Krieg aus. Wieder scheinen alle Bemühungen vergeblich gewesen zu sein. Vorerst zumindest verschwinden Akten und Hoffnungen in den Tresoren des Auswärtigen Amts.

Erst im Frühjahr 1974 kommen die offiziellen Kontakte wieder in Gang. Allerdings hält man sich nicht an die eigentlich selbstverständliche Loyalitätsvoraussetzung, mit dem südjemenitischen Verhandlungspartner Mohammed Hadi Awad, der sich inzwischen als Botschafter mit allen Unterlagen in London bereithält, das Vertragswerk abzuschließen. Bonns Verfahrensweise, diese Schlüsselperson zu übergehen, findet bei den südjemenitischen Spitzenpolitikern wenig Verständnis. Wieder einmal wird an der bundesrepublikanischen Verläßlichkeit gezweifelt.

Am 16. September 1974 werden die diplomatischen Beziehungen zwischen Aden und Bonn offiziell für wiederaufgenommen erklärt. Alexander Mühlen, Legationsrat an der Deutschen Botschaft in Sanaa, wird erster Ständiger Vertreter Dr. Helds in Aden, das gehofft hatte, als souveräner Staat einen eigenverantwortlichen bevollmächtigten Botschafter zu erhalten.

Die Titanen fallen

Al-Iryanis Entmachtung

Wie ernst es al-Iryani bei seinem Kampf gegen die zerstörerischen, »reaktionären Kräfte« war, hatte er bereits im August 1973 gezeigt. Aus Protest gegen die Machenschaften des aus Riyadh ferngesteuerten Kabinetts hatte sich der Staatspräsident im August 1973 für mehrere Wochen ins syrische Lattakia begeben. Und es hatte einer ansehnlichen Delegation von vierzig führenden Scheichs und Politikern bedurft, um den immer unbeugsamer werdenden alten Mann zur Rückkehr aus seinem selbstgewählten Exil zu bewegen. Viele, die keine Gefolgsleute al-Iryanis waren, schlugen sich danach auf seine Seite, weil sie al-Hajari und den unbeliebten Saudis eine Abfuhr erteilen wollten.

Hatte al-Hajari bisher mit mehr oder weniger Erfolg versucht, die Armee von Anhängern einer liberaleren Politik zu säubern, so konterte al-Iryani jetzt mit einer noch nie dagewesenen Umstrukturierung der Streitkräfte. Zwar ließ er marxistisch eingestellte Mannschaften und Offiziere ziehen, aber der republikanischen Stammtruppe gab er so viele Privilegien, daß er die Armee quasi auf seine eigene Person einschwor. Sogar die Polizei und die geheime Staatspolizei, die inzwischen als verlängerter Arm des damaligen saudischen Geheimdienstchefs Raschid Pharaon im Jemen amtierte, wurden gesäubert und auf al-Iryani verpflichtet. Diese Maßnahmen kosteten al-Iryani freilich Sympathien in allen Kreisen der Bevölkerung. Dem Mann auf der Straße mußte es so scheinen, als bildete der Präsident sich hier einen Staat im Staate. Als die Stimmung gegen al-Iryani immer bedrohlichere Formen annahm, erklärte er den Ministerpräsidenten kurzentschlossen für abgesetzt – ungeachtet der aus Riyadh zu erwartenden Interventionen. Die Erklärung, mit der al-Iryani seinen Antipoden in den einstweiligen Ruhestand schickte, war nichts weniger als eine rhetorisch verbrämte Beleidigung an die Adresse König Feisals.

In Sanaa, aber mehr noch weit draußen im Lande, an den Beratungsplätzen der Stammesführer, schlug die Entmachtung des konservativen Premiers wie eine Bombe ein. Man fürchtete, daß für Stammesinteresse künftig kein Raum mehr bleiben würde. Dieser »Staatsstreich« zur Erhaltung der eigenen Macht war der letzte große politische Wurf al-Iryanis. Allein und ohne Hoffnungszeichen einer Volkserhebung wider die saudischen Interessen durch seine satt gewordenen Republikaner trotzte er dem mächtigen König, der zwar Weltgeschichte machte, sich aber bislang nicht gegen den jemenitischen Patrioten hatte durchsetzen können.

Mit einer weiteren einsamen Entscheidung hoffte al-Iryani wohl, sich seines Erzfeindes Feisal vorerst entledigen zu können: Im Saudisch-Jemenitischen Krieg von 1934 hatte Saudi-Arabiens Staatsgründer Abdul Aziz III. ibn Saud mit seinen Stammesarmeen die Kriegerhaufen des Jemen-Imam Yahya vernichtend geschlagen. Die jemenitische Rotmeer-Provinz Asir blieb fortan unter saudischer Kontrolle, obwohl weder Imam Ahmed noch die nachfolgende Republik je auf die verlorengegangenen Gebiete für immer verzichtet hatten. Über Dekaden hinweg basierten alle jemenitischen Ressentiments gegen die saudischen Nachbarn auf dieser unehrenhaften Aneignung jemenitischen Bodens durch Riyadh.

Jetzt, nach 39 Jahren, zeigte sich al-Iryani über eine Abtretung von Ghizan plötzlich verständigungsbereit. Im Jemen brach ein Sturm der Empörung los. Hinter vorgehaltener Hand sprach man von multinationalen Ölgesellschaften, die bei Ghizan im Asirland die reichsten Erdölvorkommen an der arabischen Westküste vermuteten, und die Gier der Saudis nach dem schwarzen Gold ist allseits bekannt. Das Militär wurde in Alarmbereitschaft versetzt. Außenminister Mohammed Ahmed Noman, der die Übereignungsurkunde paraphiert hatte, mußte offiziell zurücktreten – blieb aber politischer Berater des Präsidenten.

Al-Iryanis Popularität versickerte schneller als ein Tropfen Wasser in der Wüste. Kein Auge grüßte ihn mehr, wenn er die Moschee zum traditionellen Freitagsgebet betrat. Durch den Aufbau seiner privaten Kader in Armee und Polizei fühlten sich die Jemeniten bespitzelt und in der Freiheit ihrer Person gefährdet. Angeblich verschwanden Opponenten über Nacht. Sinan Abu Luhum, Oberst Ibrahim al-Hamdi, Hassan al-Makki und Mohsin Alaini waren sich im Frühjahr 1974 darin einig, den verdienten Mann diskret und in allen Ehren zu einem Verzicht auf sein Amt zu bewegen. Der alten Garde war und blieb al-Iryanis historisches Verdienst makellos. Und es war nicht so abwegig zu glauben, daß man ihm zeitig genug die stillschweigende Zusicherung gegeben hatte, in aller Würde zu gehen.

Aber ließ sich der Verabschiedungsplan der Republikaner auch gegen das Lager der konservativen Stammesfürsten durchführen? Sie hatten zwar Respekt vor al-Iryani, aber zu einer politischen Übereinstimmung mit ihm konnten sie sich nicht durchringen.

Zu einem anderen Schluß war z. B. der Haschidfürst al-Ahmar gekommen. Er wollte selbst Präsident der Republik werden, um mit eiserner Hand durchzugreifen. Als Herr aller Haschid-wa-Bakil konnte er mehrere zehntausend Krieger in Marsch setzen, was aber nicht ausreichte, um die anderen Stammesföderationen im östlichen Hochland zu unterwerfen, die eine Haschid-Oberhoheit nie und nimmer anerkennen würden. Dazu brauchte er schon republikanisches Militär.

Zweifellos war der greise Staatspräsident über die Pläne zu seiner Entmachtung bestens unterrichtet. Jedenfalls versuchte er nun seinerseits, Scheich al-Ahmar aus dem Sattel zu heben. Gelingen konnte der Coup nur, wenn sich die Verbände der Haschidis und Bakilis auseinander- oder gar gegeneinander aufbringen ließen. Und der einzige starke und fähige Gegenpotentat zu al-Ahmar war Sinan Abu Luhum, Herr über die Bakilis. Indes, al-Iryanis Finesse griff nicht. Luhum weigerte sich, seine Bakilis gegen die Haschidis oder sich selbst gegen al-Ahmar zu stellen. Vielmehr gingen Luhum und al-Ahmar mit dem Chef der Streitkräfte, Oberst Ibrahim Mohammed al-Hamdi, ein Zweckbündnis ein.

In Oberst al-Hamdi, einem früheren Stabsoffizier von General Hassan al-Amri, glaubte der Haschidfürst einen schwachen Verbündeten gewonnen zu haben, den er leicht würde beiseite schieben können. Selbstsicher provozierte er den Jemen-Präsidenten mit einem Schreiben, in welchem er diesen im Zusammenhang mit einem baathistischen Putschversuch der unteren Armee-Dienstgrade aufforderte, mit drastischen Mitteln gegen oppositionelle Kräfte vorzugehen. Im Klartext war dies eine Aufforderung zum Rücktritt. Aber al-Iryani drohte offen, den Aufwiegler al-Ahmar von seinem Posten als Parlamentspräsident abzusetzen. Die Krise war da. Sinan Abu Luhum versuchte zu vermitteln, und sein Schwager Alaini wirkte, wahrscheinlich unter teilweiser Einbeziehung al-Iryanis, darauf hin, dem Militär-Oberst al-Hamdi gegen al-Ahmar den »Zuschlag« für die Macht zu erteilen. Anders war die Republik nicht mehr vor der Zerstückelung zu retten.

Sicherlich glaubte al-Iryani angesichts der größten Krise seit seiner Amtsübernahme, er könne, sobald sich die Gemüter beruhigt hätten, ähnlich wie im August 1973, wieder auf seinen Präsidentenstuhl zurückgebeten werden. Trotzdem richtete er einen flammenden Appell an die Delegierten des Parlaments, der in Form eines Rechenschaftsberichts zirkulierte. Ungerührt, mit starren Gesichtern lasen oder hörten sich die Mitglieder des Hohen Hauses, die mehrheitlich den antirepublikanisch eingestellten Stämmen angehörten, die Rechtfertigung an. Al-Iryani mußte einsehen, den Stammesfürsten, die ihre Ämter von ihren Wohnburgen mit der Selbstherrlichkeit mittelalterlicher Duodezfürsten bis nach Sanaa hinein verwalteten und ihre zahlreichen Stellvertreter im Parlament dirigierten, würde mit den Worten der Republik nur schwer beizukommen sein. Er suchte nach wirksameren Wegen. Und damit war die Zwangspensionierung des »Vaters der Revolution« nicht mehr zu vermeiden.

Aber das Risse aufzeigende Revolutionsdenkmal war nicht so einfach zu beseitigen, wie al-Ahmar sich dies erhofft hatte. Suchten die Spitzenpolitiker nach einem gangbaren Weg, den Altvater »in Frieden ziehen zu lassen«, setzte der Haschidfürst auf die Macht seiner Stammesföderation, die Zentralgewalt, die al-Iryani immer noch verkörperte, mit Brachialgewalt zu demontieren. Dabei beging er entscheidende Fehler. Sich der nordjemenitischen Armee unter al-Hamdi und der Mehrheit der Politriege in Sanaa sicher wähnend, richtete al-Ahmar an den Präsidenten die schriftliche Aufforderung zurückzutreten. Seine persönliche Attacke gegen al-Iryani sollte ihn legitimieren, das Präsidentenamt ohne Widerspruch einnehmen zu können, wenn al-Iryani nachgeben müßte. In Oberst al-Hamdi, Sinan Abu Luhum und Mohsin Alaini glaubte er ihn stützende Verbündete gefunden zu haben – eine Fehleinschätzung, wie sich schnell erweisen sollte. Denn zu Untertanen des Haschidfürsten wollten sie sich nicht degradiert sehen. Als al-Iryani sich von der ultimativen Rücktrittsforderung unberührt zeigte, griff al-Ahmar zum seit Jahrhunderten probaten Mittel der Stammesföderationen gegen die Regierenden – er drohte mit dem Marsch von 40000 Haschidkriegern auf die Hauptstadt!

Wieder wich al-Iryani nicht. Aber er wußte um die Furcht der Sanaaer Bürger, um die drohende Gefahr einer Plünderung Sanaas, wie sie marodierende Stammeshaufen schon zu Zeiten der Imame schonungslos durchgeführt hatten. Al-Ahmars Haschidis als Eroberer von Sanaa – dies hieße das Ende der Republik und gewiß das Wiederaufflodern eines Bürgerkriegs zwischen den fundamentalistischen Stammesföderationen und den republikanischen Freiheitlichen. Um das Ärgste zu verhüten, arbeiteten Sinan Abu Luhum, Mohsin Alaini sowie Ali Abu und Dirham Abu, zwei Brüder Luhums, nebst dem Stabsoffizier Mujahid Abu Schawarib und dem Vertreter der Stammesinteressen Yahya al-Mutawakkil, einen Konsens aus. Wohl mit Wissen al-Iryanis nahmen sie Partei für Oberst al-Hamdi. Mit dieser Rückendeckung konnte der Armeebefehlshaber dem Haschidfürsten die Stirn bieten, aber auch dem sich noch sperrenden al-Iryani überzeugend entgegentreten.

Oberst al-Hamdi schilderte al-Iryani die Auswirkungen auf die Sicherheit der Stadt Sanaa, mehr noch auf die drohende Zerstückelung des Landes; gleichzeitig machte er al-Ahmar klar, daß die Bakilverbände den auf Sanaa geplanten Angriff nicht mitmachen würden. Und der im Hintergrund wirkende Beraterkreis des Obristen hatte den Schachzug gefunden, der Präsident und Rivalen matt setzen mußte: Beide sollten gleichzeitig von ihren Ämtern demissionieren, um das Gleichgewicht der Kräfte zu wahren.

Beide werden gehofft haben, sich durch ein Nachgeben den Anspruch auf spätere Würden – mit Hilfe des Parlaments – zu erhalten. Al-Iryani unterschrieb am Abend des 12. Juni 1974 sein Rücktrittsgesuch. Gleichzeitig verzichtete der Haschidfürst auf sein Amt als Präsident der Nationalversammlung.

Das Parlament trat geschlossen zurück, so daß die Staatsverantwortung zerfiel. Schon am 13. Juni 1974 bildete al-Hamdi zusammen mit anderen Stabsoffizieren einen siebenköpfigen Führungsrat »Majlis al-Qiyada«, der alle Macht in der Jemenitischen Arabischen Republik an sich brachte.

Nun verwirklichten sich des Politikers al-Iryani Schreckensvisionen von einer Militärregierung, wenn auch nicht mehr unter al-Amri, sondern unter dessen »Zögling« al-Hamdi. Alles Parlamentarisch-Demokratische wurde aufgelöst. Am 19. Juni 1974 veröffentlichte der neue Führungsrat eine provisorische Verfassung, in der ihm die legislative und die exekutive Gewalt im Staate übertragen wurden. Ebenfalls am 19. Juni 1974 wurde Alaini, Hintergrundberater der tragenden Figur Sinan Abu Luhum, aus London in das Amt des Premiers zurückberufen. Wie lange der Vollblutpolitiker und der sich zum Militärdiktator mausernde Oberst al-Hamdi miteinander auskommen würden – darauf wollte niemand auch nur einen Rial wetten.

Das Parlament aufgelöst, Haschidfürst al-Ahmar seiner Würden entkleidet, verbittert und verbarrikadiert hinter den Wällen seiner Festung Khamir, alle Flughäfen geschlossen und der Ausnahmezustand ausgerufen, das war die Situation, in der sich der gestürzte Präsident außer Landes begab. Voll Würde bestimmte er selbst das ihm zustehende Ehrenprotokoll seiner offiziellen Ausreise. Aus den Dörfern und Gehöften, aus den Terrassenfeldern und Wadis, von den Äckern und Märkten kamen sie, um einen letzten Blick auf jenen Mann zu werfen, der mit der Erringung der Freiheit jedes einzelnen Jemeniten und der Etablierung der Republik für immer verbunden sein wird. Betroffene Gesichter und betretenes Schweigen überall. Trauer herrschte, als die Menschen miterleben mußten, wie ihr »Vater« inmitten eines Militärkonvois weggebracht wurde. Es fand sich keine gekaufte Hand, die eine Schußwaffe erhoben hätte gegen den großen Mann aus Ibb.

Zum Exil hatte sich al-Iryani die syrische Hauptstadt Damaskus erwählt. Zwei Tage blieb er noch in Taizz, dann waren alle Formalitäten mit der syrischen Regierung geregelt. Auf der Piste des Flughafens Taizz wurde am 17. Juni 1974 eine Maschine der »Yemen Airways« startklar gemacht. Der Treueste von allen, Ahmed Mohammed Noman, der ewig »zweite Mann«, der dem Präsidenten stets ein aufrichtiger Mitarbeiter und Mahner gewesen war und der nie den Anspruch erhob, die Republik, die er schon 1948 zum Ziel hatte, einmal als Staatspräsident selbständig zu führen, war bei ihm. Es sind nur ein paar Jahre her, daß der treue Noman General Hassan al-Amri auf ähnliche Weise stützte, als dieser nach Beirut ausgewiesen wurde.

Wenige Tage danach, am 30. Juni 1974, zerbrach für Ahmed Mohammed Noman die Welt: Sein Lieblingssohn Mohammed Ahmed Noman, Außenminister bis zum Asir-Delikt und nachfolgend politischer Berater al-Iryanis, war in Beirut ermordet worden. Unbekannte Täter hatten aus einem Taxi auf das Privatauto Nomans geschossen und ihn mit vier Schüssen tödlich getroffen. Als Täter wurden irakisch-radikale Gruppen genannt, die von Bagdad aus operiert haben sollen. Niemand übernahm »die Verantwortung« für diese Exekution. Eine ungewöhnliche Stille umgab diese spektakuläre Tat. Gerüchte sprachen von angeblichen »Beweisen einer Informationstätigkeit für eine fremde Macht«. Allem Anschein nach konnte nichts und niemand das Leben des jungen Noman retten.

Vom Tod seines Lieblingssohnes hatte sich Ahmed Mohammed Noman nie erholt. Er verfiel in Depressionen, entzog sich allen Ämtern, teilte Besitz und Vermögen unter seinen Söhnen auf und nahm das Angebot König Feisals, nach Saudi-Arabien ins Exil zu gehen, an. Ihn hielt nichts mehr in diesem Land, dem er so viel gegeben und das ihm so viel genommen hatte.

Das Scheitern der Erben

Obwohl Alaini kein Herzblut für den Haschidfürsten al-Ahmar vergossen hatte, zögerte er nicht, eine Art Aussöhnungskampagne einzuleiten. Dreimal fuhr er in die Hochburg Khamir zu al-Ahmar, der letztlich einwilligte, sich nicht gegen die neue Regierung zu stellen.

Ein taktisch weniger versierter Politiker als der in allen Feuern erprobte Alaini hätte das nachfolgende, sich über Monate hinziehende Spiel zwischen allen Fronten gewiß nicht durchgehalten. Denn der progressive Premier sah sich nun einer mehrheitlich rechtsgerichteten Armee von Stammesverbänden innerhalb der Streitkräfte gegenüber, deren Oberkommandierender al-Hamdi von der Gunst der Saudis und der Gunst der Stammesfürsten abhängig war. Die Siebener-Junta war mächtig genug, jedes von der Regierung vorgelegte Gesetz, das gegen die konservative Richtung Front machte, abzublocken und wohl auch jeden Premierminister, der sich nicht fügen wollte, zu stürzen.

In den Restaurants, Basaren und Büros, auf den Gassen und beim Qatkauen während der Mittagsstunden – überall sprachen die Jemeniten gedrückt, verängstigt und verbittert über ihre Zukunft, die noch nie so unsicher schien wie heute. Die zahlreichen Moscheen waren voll von Menschen, die nicht nur eine Gebetsstätte besuchten, sondern über ihre Probleme sprechen wollten, wie es der Prophet Mohammed ihnen zur Erleichterung täglicher Lasten empfohlen hatte.

Wer würde Präsident werden? Al-Ahmar oder Sinan Abu Luhum? Schon sammelte der Haschidoberste seine Stämme, und auch große Teile von Luhums Bakilis schlossen sich ihm an. Aber was war Luhums Ansehen als energischer Politiker wert, wenn er nicht die gesamte Streitmacht der Bakil-Stämme bei der Stange halten konnte? Fast unmerklich neigte sich die Waage der inneren Macht wieder dem Haschid-Taktiker al-Ahmar zu. Dem Clan der Luhum und dem Premier Alaini wurde nichts Gutes prophezeit. Noch war der emsige Sinan Abu Luhum Gouverneur, noch war sein Schwager Premier, und noch saßen Sinans Brüder Ali Abu Luhum und Dirham Abu Luhum im Führungsrat; noch hielt der Clan der Luhum also die Schaltstellen der Macht besetzt und war stark genug, die Angriffe al-Ahmars abzuwehren. Aber schon hatten linksgerichtete Beiruter Zeitungen die Haltung Oberst al-Hamdis als »prosaudisch« bezeichnet. Aden ersparte sich jeden Kommentar zur neuen Lage. Aber die Sowjetunion und ihre Ostblockverbündeten im Südjemen reagierten mit einer Aufrüstungs- und Ausbildungswelle der südjemenitischen Streitkräfte. Mit der Aussetzung einer neutralen Jemenitischen Arabischen Republik, wie sie al-Iryani wider alle Großmachtinteressen erkämpft und behauptet hatte, war das Gleichgewicht der Kräfte in Südarabien durch die jetzt noch verstärkte Aufsicht Saudi-Arabiens über den Nordjemen empfindlich gestört, wenn nicht gar gefährdet.

Alaini hatte schon bei seiner Einreise nach Sanaa klargemacht, daß er nicht gewillt wäre, eine Schattenrolle neben dem Junta-Chef al-Hamdi zu spielen. Zum drittenmal seit 1967 im Amt des Premiers, wollte er den Jemen politisch regiert und nicht militärisch kommandiert sehen. Auch wenn zeitweise die eigentliche Gewalt bei den nunmehr elf Mitgliedern des Führungsrats blieb, wollte sich Alaini nicht zum politischen Meldegänger abqualifizieren lassen. Dafür sprach, daß er sich auch das Außenministerium unterstellte. Zivilisten und Offiziere relevanter politischer Strömungen saßen am Kabinettstisch. Alaini wußte zwar, daß die Republik ohne saudische Zuwendungen nicht leben konnte, aber abkaufen lassen wollte er sich eine halbwegs friedliche nationale Nachbarschaft zum Südjemen nicht. Er setzte also den bisherigen Außenminister und Ex-FLOSY-Repräsentanten Abdullah al-Asnag ab, der der Regierung in Aden schon lange ein Dorn im Auge war.

Die außenpolitische Ausrichtung blieb vorerst unklar. Trotz saudischen Einflusses gab es noch nationale Kräfte, die mit dem totalitären Regime in Aden weiterhin zusammenarbeiten wollten – vorausgesetzt, die patriotische Verbundenheit würde nicht von fremden Ideologien verfälscht. Damit blieb alles so widersprüchlich wie seit Jahren.

Alaini war am ehesten geeignet, das Image eines Liberalen mit einer aufgeschlossenen Politik zu verbinden und damit vorerst für eine Beruhigung im Staat zu sorgen. Seine Forderung: baldmögliche Wiedereinführung parlamentarischer Freiheiten. Trotz erheblicher Divergenzen im Führungsrat setzte Alaini es durch, daß am 23. Oktober 1974 das Parlament vorübergehend wieder seine Arbeit aufnehmen konnte: zunächst für sechs Monate, dann für ein Jahr.

Wieder kam es zu einer für unmöglich gehaltenen politischen Konstellation. Die beiden Kontrahenten al-Hamdi und al-Ahmar taten sich gegen Sinan Abu Luhum und den unbequemen Regierungschef Alaini zusammen. Luhum, Herr über Hafen und Zölle, und al-Ahmar, Herr über Waffen und Hausmacht, wurden zu Hauptrivalen. Im Januar 1975 schien dem dadurch gestärkten al-Hamdi die Zeit reif zum Handeln. Er setzte Luhum als Gouverneur und als Regierungsberater ab; wenig später wurden seine Brüder auf diplomatische Posten ins Ausland abgeschoben. Alaini mußte am 16. Januar 1975 zurücktreten. Mit dem fortschrittlich eingestellten Alaini verließ der letzte bedeutende republikanische Politiker, der den Freien Jemen modern hätte umstrukturieren können, die Revolutionsbühne der »Ära al-Iryani«.

König Feisals Ermordung

Nur 286 Tage überlebte König Feisal die Ausschaltung seines Rivalen am Roten Meer. Am 25. März 1975 wurde der Monarch von seinem Neffen, Amir Feisal bin Musaid bin Abdul Aziz, erschossen. Eine der üblichen kurzen Audienzen, die jedem mit dem König unmittelbar verwandten Bluttsträger zusteht, ging so blitzschnell zu Ende, daß es weder zu einem Ergebenheits- und Respektsdialog noch zu einem Eingreifen der Leibwache des Königs kam. Der blaublütige Attentäter wurde zwar sofort gefangengenommen, aber auf der Stelle niedergemacht, wie dies einem gewöhnlichen Sterblichen sicherlich vorbestimmt gewesen wäre, wurde er nicht. Über den Hergang der Tat und das Motiv drangen nur spärliche Nachrichten zum ungläubig reagierenden Volk. Aber es war genug, um das Königreich und die Weltöffentlichkeit zu schockieren. Denn Feisal war eben nicht nur ein absolut herrschender König über ein großes Sandreich, sondern der Herr über die größten Energiequellen Arabiens. Und Verwicklungen in dieser Region konnten jederzeit die Supermächte auf den Plan rufen.

Während die Welt noch rätselte, wer dieser Prinz war und warum er diesen Mord begangen hatte, ging in Arabien ein Gerücht um, das mir schon 1968/69, also noch zu Lebzeiten des von Feisal abgesetzten Beduinen- und Verschwenderkönigs Saud ibn Saud, zu Ohren gekommen war: Ein junger Prinz aus der Linie Saud ibn Sauds sei in einem geheimen Familientreffen dazu ausersehen worden, die Schmach der Familie – die Entthronung ihres nach dem Staatsgründer Abdul Aziz III. ibn Saud rechtmäßigen Nachfolgersohnes, König Saud ibn Saud – zu rächen und die Ehre der Sudeiri-Linie wiederherstellen, aber auch das autarke Regime Feisals zu beenden und ein parlamentarisches Staatsgefüge einleiten zu helfen.

An den Beduinenfeuern am Rande der Rub' al-Khali wurde erzählt, der Prinz sei einer der vielen und deshalb nicht zu kontrollierenden Mitglieder des Königshauses, die sich im westlichen Ausland zum Studium aufhielten. Er habe mit Übernahme dieser Familienverpflichtung die Erlaubnis, mit großzügiger finanzieller Unterstützung sein Leben im Ausland nach seinem Belieben zu gestalten und es in vollen Zügen zu genießen, da mit der Ausführung seines Auftrags sein irdisches Leben ende. Aus dem Gefolge des entmachteten Saud ibn Sauds erhielt ich bruchstückweise Informationen zugespielt, welche das Gemunkel um den »Auserwählten« und eine bitter notwendige Erneuerung und Modernisierung des Ölstaates erhärteten.

Es blieb unwidersprochen, daß Prinz Feisal bin Musaid bin Abdul Aziz nicht nur ein Familienurteil mitvollstrecken half, sondern daß er sich als Vorläufer einer Revolution in Saudi-Arabien betrachtete, die zu einer essentiellen Veränderung der verkrusteten Machtstrukturen führen sollte – bis hin zur Ausrufung einer Islamischen Republik Saudi-Arabien, aber wohl doch unter der optischen Repräsentanz eines Mitglieds des Hauses Saud. Der Prinz war zwar bereit, den Auftrag seiner Familie durchzuführen, aber mit an Sicherheit grenzender Wahrscheinlichkeit ist er auch von den radikal-arabischen Kräften als Schlüsselfigur für einen eventuellen Umsturzversuch im Königreich benutzt worden. Es ist nicht abzustreiten, daß der Nachfahre des Staatsgründers Abdul Aziz III. ibn Saud sich zum Revolutionär wandelte, als er von bestimmten Kreisen der palästinensischen und anderen revolutionären Bewegungen angesprochen wurde. Die Gerüchte, er habe eine sehr eingehende Ausbildung an der Waffe und mit Sprengmaterialien erhalten, entbehrten nicht jeder Grundlage.

Aber am 25. März 1975 ging er den einfachsten Weg – geradewegs in das Audienzzimmer König Feisals. Daß König Feisals Eiseskälte jede Volksregung einfror, haben nicht nur die saudischen Bürger wahrnehmen müssen. Er hatte mindestens ebenso viele Feinde außerhalb der Grenzen. Die Untersuchungen über den Tod des im eigenen Land ungeliebten Königs waren derart lasch und die Tatsachen manipulierend, daß Zweifel aufkam, ob man in Riyadh wirklich ein echtes Interesse an der Aufdeckung der wahren Hintergründe hatte. Es gab keine Spurensicherung, dafür aber eine Verlautbarung, der Täter habe an zeitweiliger Geistesgestörtheit gelitten. In Arabien gelten Blinde und geistig Verwirrte als von Allah und seinem Propheten den Gläubigen besonders ans mitleidige Herz gelegte Schutzempfohlene. So wurde aus dem »Märtyrer«-Prinzen ein politischer Derwisch.

Dabei stecken hinter diesem Mord so viele Ungereimtheiten, die nicht nur die Familie, sondern auch die Orientpolitik der Supermacht USA betreffen! Erinnerlich ist, mit welch fanatischer Entschlossenheit der tiefreligiöse König alle Vermittlungsversuche der Amerikaner, sich mit den Israelis zu einigen, zurückgewiesen hat. Für ihn, den »Bewahrer der Heiligen Stätten des Islam«, war die Befreiung der Al-Aqsa-Moschee in Jerusalem eine wichtige Lebens- und Glaubensfrage: Er hatte geschworen, seinen Fuß auf den Platz zu setzen, von dem aus Mohammed sich der Tradition zufolge auf seinem weißen Pferd in den Himmel schwang. Und nichts brachte Feisal von seinem Traum ab, alle drei islamischen Heiligtümer wieder unter seinen Schutz zu bringen.

Den amerikanischen Außenminister jüdischer Abstammung Kissinger hielt König Feisal oft auf frappierende Distanz. Die persönlichen Zusammentreffen wurden meist auf nur dreißig Minuten eingeschränkt, und zu nahe haben beide nie auf einem Diwan gesessen. Die meisten Themen wurden von Hofberatern und dem Geheimdienstchef Raschid Pharaon vorab geklärt, so daß ein Zusammentreffen häufig nur in Form einer Audienz zu erfolgen brauchte. Auf die Wiedererlangung der moslemischen Heiligtümer in Jerusalem hatte der König nie verzichtet, und taktische Zugeständnisse wurden durch umgehend eingeleitete Ölembargos wieder wettgemacht. Für die amerikanischen Friedensbemühungen im Nahen Osten stellte König Feisal sicherlich ein unüberwindliches Hindernis dar – solange er lebte.

Seine Ermordung durch seinen Neffen im Auftrag einer progressiven Moslem-Bruderschaft in Saudi-Arabien, die erst auf eine Änderung der Thronfolge, dann auf ein freigewähltes Parlament und letztendlich auf eine Umstellung von einer Feudalmonarchie auf eine demokratisch verankerte Regentschaft hinzielte, kam vermutlich auch anderen zur rechten Zeit. Nach der Ermordung des alten und der

Inthronisierung des neuen Königs, gewannen die USA ihren schon abbröckelnden Einfluß in Saudi-Arabien sehr schnell zurück. Vorübergehend übten sie unter König Khaled ein sogenanntes »controlled government« aus, nahmen also zumindest mittelbaren Einfluß auf saudische Entscheidungen. Sind auch die USA mit dem Attentat auf König Feisal nicht direkt in Verbindung zu bringen, bleibt doch mysteriös, warum ihre Geheimdienste in Riyadh und Dschidda keinen Finger rührten. Denn daß sie über die langfristige Planung der Ermordung des ihnen unbequemen Königs informiert gewesen sein mußten, steht wohl außer Zweifel.

Wie gelegen den USA die plötzliche Veränderung der Machtverhältnisse in Saudi-Arabien kam, ist auch aus unmittelbaren Reaktionen zu ersehen. Hatte König Feisal pro Jahr nur etwa zwanzig Großprojekte im Rahmen des Staatsbudgets und seiner Kontrollmaßnahmen zulassen wollen, wurden nach dem Attentat innerhalb von nur vierzehn Monaten etwa hundertfünfzig im Fünfjahresplan zeitlich abgestufte Projekte vergeben. Offensichtlich ging der Löwenanteil an amerikanisch-orientierte multinationale Gruppen.

Feisal bin Musaid bin Abdul Aziz wurde in einem Prozeß hinter verschlossenen Türen, zu dem keine nicht-blaublütigen Zeugen zugelassen wurden, verurteilt und dann enthauptet. Aber, so hörte man im März 1980 in Riyadh, es gibt keinen einzigen Augenzeugen, der das unverhüllte Haupt des Attentäters vor oder nach der Exekution gesehen und erkannt haben will. Und weil die Bestrafung nicht wie üblich auf einem öffentlichen Platz, sondern nur unter den Augen weniger Blutsverwandter vonstatten ging, fanden sich immer wieder Leute im Lande, die nicht bereit waren, einen Schwur darauf abzulegen, wer da nun wirklich nach Allahs Willen mit huldvoller Gewalt zu Tode gebracht worden sei. Es dauerte nicht lange, da rankten sich bereits heroische Legenden um das mysteriöse, einsame Sterben des Königsmörders.

Ob der Märtyrer doch noch lebt, im Verborgenen einer neuen Anonymität, in einem fremden Land, oder nur mystifiziert weiterexistiert in der Vorstellungswelt des jetzt überall im Lande erstarkenden Widerstands gegen den Hof-Absolutismus, wird eines Tages erst die weitere Geschichte Saudi-Arabiens freilegen.

Einen neuen Versuch wagte der zum »Erneuerer« ausgerufene religiöse und soziale Fanatiker Dschuhaiman bin Seif al-Oteibi, der am 20. November 1979 die große Moschee in Mekka stürmte und das Königreich bis in seine theokratischen und säkularen Grundfesten erschütterte. König Khaled, der ein weitaus moderaterer Herrscher als sein Vorgänger war, fühlte sich von diesem ketzerischen Fanatismus bis ins Herz getroffen, lieber das Heiligtum des Islam zu zerstören, als unter der Herrschaft des Hauses Saud leben zu wollen. Der »sanfte« König hatte den ehrlichen Willen, zum Wohle seines Volkes zu wirken und ein befriedetes Königreich zu hinterlassen. Doch blieb ihm nur, das aufrührerische Erbe, das ihm sein Vorgänger Feisal hinterlassen hatte, an König Fahd weiterzugeben.

Verlierer und doch Sieger

König und Rebell? Konservativer und Revolutionär? Was verband den Rücktritt al-Iryanis, die Ermordung König Feisals und den Sturm auf die Große Moschee durch den Rebellen Dschuhaiman bin Seif al-Oteibi und den Attentäter Prinz Feisal bin Musaid bin Abdul Aziz miteinander? Sie waren sich begegnende Sandkörner im Stundenglas einer neuen Zeit.

Der Kampf des Titanen Feisal gegen al-Iryani hatte fast zehn Jahre gedauert. Zwei Machthaber gänzlich unterschiedlicher Natur hatten sich bis zur totalen Erschöpfung des kleineren bekriegt, und dennoch endete dieses Ringen nicht mit dem Sieg des steinreichen Königs, der weltweiten Einfluß auf Staaten und Konzerne hatte, sondern mit dem nachhaltigen Erfolg des großen Jemeniten al-Iryani. Sein Sieg bestand nicht nur in der Etablierung der jemenitischen Republik, sondern mehr noch in der Aufweichung der verkrusteten Gesellschafts- und Sozialstrukturen beiderseits der jemenitisch-saudischen Grenzlinie. Wie sich der Jemen seit der Revolte von 1962 verändert hatte, das trugen jemenitische Wanderarbeiter auf die saudischen Ölfelder mit sich hinaus. Sie wurden zu Mundboten des Fortschritts aus ihrem einst unter den Imamen genauso absolutistisch regierten Land, wie es immer noch das Königreich Saudi-Arabien zu König Feisals Macht- und Glanzzeiten war.

Den Konservativen Feisal mit dem Revolutionär al-Iryani zu vergleichen – ein solches Unterfangen mag manchen irritieren. Aber es gibt Affinitäten im Denken dieser beiden Gegner. Beide wandten sich gegen eine »Massengesellschaft«, denn sie waren ausgesprochene Charismatiker. Aber König Feisal sah die »Elitegesellschaft« eindimensional; ein revolutionärer Gedanke hatte in ihr keinen Platz. Die Konsequenz war eine totalitäre Herrschaft. Al-Iryani indessen ging es nicht um die Abschaffung von Führung überhaupt, sondern um den Kampf für vernünftigere Formen des Regierens in einem schwierigen Land wie dem Jemen. Revolution und Mission gehörten für ihn zusammen. Bei König Feisal wurden die totalitären Implikationen verschwiegen, was nicht zu den dringend notwendigen gesellschaftlichen Problemlösungen im Ölreich beitrug.

Worin sie sich gleichen? Alt geworden in der Ämterfülle der Macht, von der sie kaum genug bekommen konnten, starr, distanziert, manchmal unbelehrbar, vermochten sie den Zeitpunkt ihrer Grenzen in der Geschichte nicht mehr rechtzeitig und richtig zu deuten. Die Furchtlosigkeit, mit der al-Iryani ohne alle Absicherungen in den letzten Jahren immer nur er selber war, hat ihn so leicht angreifbar gemacht: ein Mann voller Ehrgeiz, machiavellistischer Rücksichtlosigkeit, aber auch Hingabe an die ihn auszehrenden Aufgaben der Staatsführung – das hat den Jemeniten zugleich zu einem Großen der Geschichte seines Landes gemacht.

König Feisal hingegen war der Repräsentant des zu allen Zeiten in Dynastien vorhandenen Willens, das Überlieferte zu bewahren, dem parlamentarisch-demokratischen Ansturm gegen den Absolutismus der Krone zu widerstehen. Er hat sein Königreich verwaltet, es aber nicht zukunftssicher gestaltet.

Die Geschichte Arabiens ist geschrieben mit Blut, Huld und Gewalt. Aber alle Feindschaften enden mit dem aufrichtigen Respekt aller Araber vor einem Gegner, den Allah zu sich gerufen hat, zur Verurteilung oder zur Erhöhung, wie immer ihn seine Taten auf der Erde ausweisen. So ist auch dem toten König Feisal dieser Respekt seiner Gegner, auch der des Jemeniten al-Iryani, gewiß. Sterbenden wird die 36. Sure »Herz des Koran« (13) vorgelesen: »... Wir werden einst die Toten wieder lebendig machen, und wir schreiben nieder, was sie vorausgeschickt und was sie hinterlassen haben, und vermerken alles in ein klares Verzeichnis [im deutlichen Buch]...«

Wir stehen nicht in der Gunst der Mächtigen

Entführung von Peter Lorenz

Am 27. Februar 1975 wurde der Berliner Landesvorsitzende der Christlich-Demokratischen Union und Spitzenkandidat für das Amt des Regierenden Bürgermeisters, Peter Lorenz, entführt. Die »Bewegung 2. Juni« forderte: 1. die Freilassung von Horst Mahler, Verena Becker, Gabriele Kröcher-Tiedemann, Rolf Pohle, Ingrid Siepmann und Rolf Heißler; 2. die Aufhebung aller Urteile in Verbindung mit Demonstrationen nach dem Tod von Holger Meins; 3. absolute »Waffenruhe« der Polizei; 4. freie Ausreise und 5. 120000 Mark Lösegeld. Pfarrer und Bürgermeister a. D. Heinrich Albertz sollte die Entführer auf ihrem Flug in die Freiheit begleiten.

In Bonn trat der Krisenstab zusammen. Herrschte zunächst die Meinung vor, sich der Erpressung nicht beugen zu dürfen, so wurde dann doch der Entschluß gefaßt, das Leben von Peter Lorenz unter allen Umständen zu retten. Am Sonntag, dem 2. März, erhielt der Krisenstab die zuvor geforderten Beweise, daß Peter Lorenz noch lebte. Der erweiterte Krisenstab unter Leitung des Bundeskanzlers Schmidt beschloß, die Terroristen ausfliegen zu lassen. Pastor Albertz erklärte sich bereit, wie vom »2. Juni« gefordert, halb als »Bürge«, halb als »Geisel« mitzufliegen. Doch nicht alle auf der Freipressungsliste stehenden Terroristen wollten die Reise ins Ungewisse antreten.

Im Laufe des späten Nachmittags und Abends wurden Rolf Heißler, Rolf Pohle, Gabriele Köcher-Tiedemann, Ingrid Siepmann und Verena Becker zum Frankfurter Rhein-Main-Flughafen geflogen, wo ihnen die verlangten neuen Pässe und je 20000 Mark »Lösegeld« ausgehändigt wurden. Die Regierungsstellen, die um jede Stunde Verzögerung rangen, um der Fahndung doch noch eine Chance zu geben, mußten am Montag, dem 3. März, nachgeben, da sich keine neuen Erkenntnisse ergeben hatten. Um 9.57 Uhr startete der Sonderflug 622, eine Boeing 707-380C mit dem Namen »Afrika« und dem amtlichen Kennzeichen D-ABUJ, mit den fünf Terroristen, Pastor Albertz als Begleiter und vier Mann Besatzung zu einem 8000 Kilometer langen Irrflug.

Daß die Terroristen im voraus ihr Endziel kannten, ist reine Spekulation. Denn alle angeflogenen Ziele, Tripolis (Libyen), Damaskus (Syrien), Beirut (Libanon) und Addis Abeba (Äthiopien) wiesen eine Aufnahme der Terroristen strikt ab. Trotzdem nahm die Maschine Kurs auf die äthiopische Hauptstadt, wo man nur ein Auftanken zulassen wollte (aber Militär bereitstellte), was die Terroristen veranlaßte, dort eine Landung auszuschließen. Als der Treibstoff zur Neige ging und der Irrflug mit einem Absturz zu enden drohte, entschlossen sich die Freigepreßten, Aden ansteuern zu lassen. Einschließlich eines womöglich notwendig werdenden Rückflugs nach Addis Abeba stand nur noch für anderthalb Stunden Treibstoff zur Verfügung. Aden wurde um eine Landeerlaubnis gebeten, aber eine Antwort blieb aus. Während die Maschine über Dschibuti kreiste, wurde weiter versucht, die Südjemeniten zu erweichen. Aber nach der Entführung der »Baden-Württemberg« 1972 hatte Südjemens Regierung ein Staatsdekret erlassen, fortan unter keinen Umständen humanitäre Hilfe zu leisten – die Quittung für die Pressekampagnen gegen Aden, das damals als »Terroristennest« weltweit verunglimpft worden war –, und davon wollte man nun nicht abrücken.

Dies war die Situation, als am Spätnachmittag des 3. März mein Telefon klingelte; am Apparat ein Herr aus dem Krisenstab des Innenministers. Er berief sich auf Herrn Börner, der ihm mitgeteilt habe, daß ich bei der Erteilung der Landerechte für unsere Maschine intervenieren könnte, da ich über gute Verbindungen zur Demokratischen Volksrepublik Jemen (Aden) und anderen arabischen Staaten verfügte. Ich verwies zwar auf unsere Ständige Vertretung in Aden, erklärte mich jedoch bereit, zumindest die südjemenitische Botschaft in Paris (damals für die Bundesrepublik zuständig) und zudem die südjemenitische Botschaft in London um gute Hilfe zu ersuchen.

Was die Beamten in Bonn freilich vergessen hatten, war, daß beide Botschaften um diese Zeit bereits geschlossen waren. Da Botschafter Muhammed Hadi Awad seine Privatnummer geändert hatte, versuchte ich diese durch die nordjemenitische Botschaft in London zu erhalten; aber das Telefonat scheiterte an Fehlverbindungen. Ich rief in Paris an und hatte Glück: Ein jemenitischer Diplomat, der zufällig noch im Büro war, teilte mir mit, Botschafter Mohammed Abdelbakr Bafaki sei zur Zeit in Aden, aber Botschaftsrat Mohammed bin Saleh sei vielleicht zu Hause. Die mir angegebene Privatnummer entpuppte sich als Telefonnummer eines Pariser Restaurants. Wieder Anruf in der Botschaft, die mir nun die richtige Nummer durchgab, und tatsächlich erreichte ich Mohammed bin Saleh. Ich erklärte ihm die Situation und bat um einen unverzüglichen Funkspruch nach Aden. Aber leider verfügte nur London über eine Funkanlage. Ich solle es über die neue Privatnummer von Muhammed Hadi Awad versuchen. Aber Awad war um 17.55 Uhr nicht zu Hause. Endlich, gegen 18.20 Uhr, konnte ich Awad erreichen.

Wie erinnerlich, war Awad in seiner Funktion als Staatssekretär am 29. September 1973 mein Gesprächspartner in Aden gewesen, als es um die Wiederaufnahme diplomatischer Beziehungen ging. Da er durch unser Auswärtiges Amt bei den amtlichen Gesprächen übergangen worden war, zeigte er sich für unsere Nöte kaum ansprechbar. Aber ich machte ihm klar, daß die Maschine Treibstoffmangel hatte. Awad erwähnte unsere Aden-feindlichen Reaktionen auf die Entführung der »Baden-Württemberg« nach Aden und daß ein Staatsdekret bestehe, keiner Maschine Landerechte zu gewähren. Ich teilte Awad mit, kein Araber befände sich an Bord der Maschine, nur deutsche Staatsangehörige. Auf seine Frage: »Was sollen wir denn mit diesen Leuten, die uns weder etwas angehen noch irgendwie nahestehen?« erwiderte ich, mit an Bord befände sich neben der Besatzung ein freiwilliger »Bürge«, Pastor Albertz, der sich uneigennützig zur Verfügung gestellt habe, um so das Leben eines in Berlin von Terroristen entführten Politikers (Lorenz) retten zu helfen. Deshalb sei dies ein grundlegend anderer Fall. Eine Ablehnung der Landeerlaubnis würde also völlig Unschuldige mittreffen. Als Awad immer noch resistent blieb, mußte ich zu härteren Methoden übergehen. Nach meinen Berechnungen, sagte ich ihm, habe die Maschine nur noch bis 22 Uhr Treibstoff. Wenn er sich nun über die Pressekampagne von 1972 beschwere, wie sehr würden die Medien erst über den Südjemen herfallen, wenn die Maschine wegen Treibstoffmangels auf südjemenitisches Territorium abstürzte. Diese Auswirkungen des Versagens von humanitärer Hilfe müßte das Image Adens in der ganzen Welt für immer schädigen. Dann appellierte ich an unsere persönliche Wertschätzung und verbürgte mich mit meinem Namen und meiner Person dafür, daß wir eine Landeerlaubnis als *rein humanitäre Hilfe* ohne jegliche politische Aspekte klassifizieren würden. Ich bat weiterhin um Funkspruch oder Telex an das südjemenitische Außenministerium und an den Südjemen-Präsidenten, für dieses eine Mal einen »corrective move«, eine Aussetzung des Staatsdekrets, zuzulassen. Es sei auszuschließen, daß Aden erneut eine schlechte Presse bekäme; es sei vielmehr so, daß der humanitäre Aspekt der guten Hilfe erwähnt werden würde.

Schließlich sagte Awad zu, einen diesbezüglichen Funkspruch und ein Telex nach Aden abzusetzen. Um 18.45 Uhr unterrichtete ich Bonn, ein Funkspruch sei unterwegs, und man könne zumindest mit einer technischen Landeerlaubnis rechnen, was uns Gelegenheit gäbe, für unsere diplomatischen Kanäle (über Sanaa) Zeit zu gewinnen. Um 19.15 Uhr kündigte der Sprecher der Lufthansa in Frankfurt die Möglichkeit einer Landung in Aden an.

Inzwischen hatte Aden den Funkspruch aus London erhalten und seine Meinung revidiert. Die Maschine erhielt eine vorbehaltliche Landeerlaubnis. Bisher war dies unter dem Vorwand verweigert worden, schlechte Wetterverhältnisse (Sandstürme) ließen dies nicht zu.

Ich versuchte Holger Börner und seinen Referenten Edgar Thielemann zu erreichen, um eine amtliche Verlautbarung zu sichern. Man sagte mir, Börner werde mich per Autotelefon zurückrufen. Weiterhin informierte ich das Vorzimmer von Willy Brandt und das Büro des Kanzleramtsministers Schüler über die Entwicklung.

Dann war es endlich soweit: Um 19.41 Uhr landete unsere Maschine auf dem Khormaksar-Flugfeld in Aden. In einem dramatischen Wettrennen um die Zeit, gegen Voreingenommenheiten der Südjemeniten und das Kompetenzgerangel der Krisenstäbe in Bonn, hatte ich die Voraussetzungen dafür schaffen können, daß mit den Verhandlungen in Aden und der nachfolgenden Freilassung von Peter Lorenz begonnen werden konnte. Und dies innerhalb von zwei Stunden und 45 Minuten!

Ich sprach mit Herrn Herfurth vom Bundeskanzleramt und später noch einmal mit Herrn Baum vom Lagezentrum, damit Herr Bölling und Herr Schüler sich über eine einheitliche Sprachregelung einigen konnten: Die Presse mußte wissen, daß ausschließlich humanitäre Gründe die südjemenitischen Behörden veranlaßt hatten, die Landeerlaubnis doch zu erteilen. Herr Baum hielt seine Zusage. Gegen 22.30 Uhr wurde die von mir vorgeschlagene Verlautbarung in der Nachrichtensendung der ARD wortgetreu wiedergegeben.

Am folgenden Tag bedankte ich mich fernmündlich bei Botschafter Muhammed Hadi Awad, ohne dessen Kooperation dieser Erfolg nicht möglich gewesen wäre. Wie ausschlaggebend diese Freundschaftshilfe war, kam erst später ans Licht. In den Jahren 1967 und 1972, aber auch danach, hatte die Südjemen-Regierung immer wieder den Wunsch geäußert, in Aden einen außerordentlichen und bevollmächtigten Botschafter der Bundesrepublik begrüßen zu können. Wie die DDR war auch der Südjemen ein Staat, der internationale Aufwertung und Anerkennung brauchte. Aber, aus welchen Gründen auch immer, Bonn hatte den Wunsch ignoriert, und die Südjemeniten fühlten sich durch unseren Botschafter in der Jemenitischen Arabischen Republik, mit der nicht immer friedliches Einvernehmen bestand, als Anhängsel mitverwaltet. Während der Lorenz-Entführung hatte dies folgenschwere Auswirkungen. Unser Botschafter in Sanaa, Dr. Held, setzte sich zwar unverzüglich in seine Sportmaschine und wollte Aden anfliegen. Aber der Luftraum war inzwischen gesperrt worden. Held mußte dann 400 Kilometer mit dem Landrover nach Aden fahren. Er erreichte sein Ziel erst, nachdem die LH-Maschine bereits wieder zum Rückflug gestartet war. Immerhin konnte Held noch die inzwischen auf Umwegen nach Aden übermittelten Ersuchen der Bundesregierung wirksam unterstützen, den fünf Anarchisten im Interesse der Freilassung von Lorenz unbefristet Aufenthaltserlaubnis zu gewähren.

Vordem hatten sich in der Maschine um die Bestätigung der Mission von Pastor Albertz Ungereimtheiten ergeben. Erst ein über Funk durchgegebenes Fernschreiben, das den Wunsch der Bundesregierung offiziell formulierte und Albertz die entsprechende Vollmacht erteilte, brachte Klarheit. Die Südjemeniten fragten zurück, ob die Bundesregierung damit meine, die Terroristen sollten politisches Asyl erhalten. Die Antwort ließ stundenlang auf sich warten. Deshalb verzögerte sich die Entscheidung – und damit auch die Freilassung von Peter Lorenz. Dann erst traf eine Antwortdepesche ein, die zur Aufnahme der Terroristen in Aden führte. Damit war die Übermittlung des Codeworts: »So ein Tag, so wunderschön wie heute« möglich geworden.

In Aden erklärte der südjemenitische Staatssekretär Pastor Albertz, »daß die Entscheidung auch und vor allem so positiv ausgefallen sei, weil man das Leben von Peter Lorenz retten wollte«. Albertz dankte mit den Worten, er spreche »die Hoffnung aus, daß dieser Vorgang die Beziehungen zwischen der Bundesrepublik und der Demokratischen Volksrepublik Jemen (Aden) verbessern wird«.

Darin hatten sich Pastor Albertz, der südjemenitische Staatssekretär, seine Regierung, Botschafter Awad, und ich mich freilich bitter getäuscht. Erneut begann in den Medien eine diffamierende Kampagne gegen das »Rattennest« Aden in den Medien. Und dies, obwohl sich Staatssekretär Ruhnau bei Muhammed Hadi Awad am 9. März persönlich telefonisch für die gute Hilfe bedankt hatte. Während die Medien über »Terroristenhelfer« in Aden berichteten, kam von seiten der Bundesregierung kein klärendes Wort über die tatsächlichen Zugeständnisse, die man Aden gemacht hatte. Dazu gehörte u. a., daß die Bundesregierung keinen Auslieferungsantrag stellen werde. Sie hat zudem durch das Auswärtige Amt um begrenztes bzw. unbegrenztes Asylrecht für die Anarchisten ersucht, um dem Südjemen die Annahme der Gruppe zu ermöglichen. Nach in Aden geltendem Recht hatte die Bundesregierung damit ihre Souveränitätsansprüche über diese mit gültigen deutschen Pässen – die, dem Anschein nach, nicht zurückverlangt wurden – versehene Gruppe an die Demokratische Volksrepublik Jemen (Aden) quasi übereignet und dieser mithin ins Ermessen gestellt, nach Belieben zu verfahren.

In den folgenden sechs Monaten hat die Bundesregierung dann aber mehrmals versucht, die südjemenitische Regierung unter Druck zu setzen, und auch eine Aktion gestartet, um im Südjemen an die

Anarchisten heranzukommen. Trotzdem war die südjemenitische Regierung noch im Oktober 1975 bereit, im Bereich ihrer souveränen Verantwortung mit uns insofern zu kooperieren, als sie durchblicken ließ, man würde uns bei einer eventuellen Ausreise der Terroristen möglicherweise die Zielorte nennen – in Erwartung, wir würden endlich unsere Zusagen einhalten, Entwicklungshilfe zu gewähren, der Bitte entsprechen, einen bevollmächtigten Botschafter nach Aden zu entsenden und den Südjemen in Brüssel beim »European Common Market« (ECM) mit einem positiven Votum bei der Vergabe von Lebensmittelhilfe zu unterstützen. Außer einer Befürwortung der EG-Hilfe geschah dann freilich nichts. Waren da mir unbekannte Gründe höherer Staatsräson im Spiel? Nach zwei Anläufen, zu beiderseits fruchtbaren Beziehungen zu kommen, die nicht nur auf dem Papier standen, sondern es auch vermocht hätten, den Linkskurs Adens etwas zu korrigieren, resignierten die enttäuschten Südjemeniten.

Auch mein Ruf als Mittler hatte Schaden genommen. Meine »geheime Rolle« bei der forcierten Landeerlaubnis wurde vom Staat auch »geheim« belohnt. Am 20. März 1975 erhielt ich in der Hessischen Landesvertretung in Bonn aus der Hand von Holger Börner das Bundesverdienstkreuz. Leider habe, wie er entschuldigend meinte, auf der Verleihungskurkunde auch nur »für besondere Verdienste« eingetragen werden dürfen. Gegen Mitternacht stieg ich in Frankfurt aus dem Zug, das Ordenskästchen in der Hosentasche – und um viele Illusionen ärmer geworden.

Im Zentrum saudischer Macht

Prinz Salman bin Abdul Aziz, den mächtigen Gouverneur von Riyadh, kannte ich seit meinem ersten Besuch in Saudi-Arabien. 1959 hatte er mich als blutjunger, blendend aussehender Gouverneur der Hauptstadt im Namen meines Gönners König Saud ibn Saud empfangen; nachdem ich drei Tage sein Gast gewesen war, ließ er mich an den Sommerhof des Königs nach Taif bringen, wo ich vom Beduinenherrscher in Güte aufgenommen, mit Wohlwollen behandelt und für meine beratende Tätigkeit mit dem Titel eines Ehren-Emirs belohnt wurde.

Auf meinen Neujahrsgruß erhielt ich von Prinz Salman, der nach König Khaled, Kronprinz Fahd, Prinz Abdallah und Prinz Sultan als wichtigste Stütze des Königreiches galt, denn ihm unterstanden die Stämme des Nadschd im Herzstück Saudi-Arabiens, im Februar 1976 folgenden Brief: »Sehr herzlichen Dank für Ihren freundlichen Brief vom 2. Januar 1976, dessen Inhalt wir gebührlich zur Kenntnis genommen haben. Sie sind in unserem Lande willkommen als ein Freund und hochwillkommen in Riyadh, um einen Austausch zu fördern zum Wohle einer aufrichtigen arabisch-deutschen Freundschaft. Wir danken Ihnen nochmals für Ihre tief empfundenen Gefühle und für Ihr Interesse an arabischen Problemen, der Religion und Kultur und hoffen, daß überall in der Menschheit friedliebende Beziehungen gedeihen werden. Aufrichtig Ihr Salman bin Abdul Aziz.«

Sechzehn lange Jahre war ich für den Königshof eine Persona non grata gewesen – wie alle, die König Saud ibn Saud nahegestanden hatten. Bis zu seinem Tod hatte ich Kontakt mit ihm gehabt. Aber dieses Vergehen hätten mir die Mächtigen am Hofe König Feisals noch nachgesehen, wäre da nicht auch mein Einstehen für die Republikaner des Nordjemen gewesen. Nun konnte ich also wieder ungehindert nach Riyadh reisen, und vielleicht konnte ich auch ein klein wenig zur Verbesserung der Beziehungen zwischen dem Königreich und der Bundesrepublik Deutschland beitragen.

Die saudische Außenpolitik suchte nach neuen Möglichkeiten und Wegen. Und gerade von deutscher Seite sollte alles Erdenkliche getan werden, um die gewonnene Vertrauensbasis zu festigen und womöglich zu einer Partnerschaft ersten Ranges auszubauen.

Meine Privatreise war nicht die eines »Vorboten« des für Mai angesetzten Kanzlerbesuchs, aber ich sollte als Dedikation des deutschen Bundesparlaments an das Volk von Nadschd und dessen Gouverneur Prinz Salman ein Porzellanservice mitnehmen. Holger Börner bat mich überdies, in Sanaa ein dringliches Problem zu klären, das die deutsch-jemenitischen Beziehungen tagtäglich mehr belastete: der angeblich in schlechter Qualität ausgeführte Bau der Verbindungsstraße Sanaa–Taizz und des Flughafens ar-Rahaba.

In Dschidda werde ich von Mohammed Saleh bin Nasir, dem Sohn meines verstorbenen Adoptivvaters Scherif Saleh bin Nasir, erwartet, der immer noch im Exil in Taif lebt. Ist auch die Wiedersehensfreude impulsiv, so folgt die Ernüchterung auf dem Fuß. Nach Riyadh könne er mich nicht begleiten, meint er ausweichend: Er habe wenig Zeit und Wichtiges zu tun.

Während wir essen, macht er seinem Unmut Luft, daß Saudi-Arabien und der Südjemen am 10. März 1976 diplomatische Beziehungen aufgenommen haben, ein Schritt, der in Ost und West als Sensation gilt. 400 Millionen US-Dollar habe Riyadh Aden angeboten, mit der Auflage, die südjemenitische Volksrepublik aus ihrer Allianz mit der radikalen arabischen »Verneinungsfront« herauszubrechen und ihre Bindungen zur kommunistischen Welt möglichst zu beschränken.

Ob die saudische Scheckbuch-Diplomatie erfolgreich sein werde, stehe in Südjemens roten Sternen. Aber deren Konstellation sei zur Zeit besser als seit Jahren. Mohammed berichtet, der saudische Königshof habe im Einvernehmen mit Aden alle ehemaligen Südjemen-Herrscher im hiesigen Exil aufgefordert, in ihre ehemaligen Weisungsgebiete zurückzukehren, wo die Adener Regierung für ihre Unversehrtheit garantiere und ihnen kommunale Verwaltungspositionen einräume. Zwar stellt man den Südjemen-Fürsten diese Entscheidung als freiwillig anheim, aber die Konsequenzen ihres weiteren Verbleibens in Saudi-Arabien sind drastisch. Wer nicht heimkehren will, soll fortan zwar im Ölreich bleiben dürfen, aber nicht länger als umhegter und privilegierter, mit Staatspfründen ausgestatteter Exilist, sondern als Bürger der »Zuwanderer-Klasse«. Das heißt: Riyadh stellt alle Subsidien ein, die Ex-Herrscher genießen keinen besondern Vortritt bei Hofe mehr, und ihre Kinder und Kindeskinder müssen sich einen saudischen Partner suchen, da sie nun gezwungen sind, eine Geschäftsgründung vorzunehmen, um ihren Lebensunterhalt selber bestreiten zu können.

Ich kann Mohammeds Sorgen verstehen. Eine Rückkehr in den Südjemen ist noch lange keine Rückversicherung für das nackte Leben. Man weiß um die Art Adens, sich unliebsamer Stammesfürsten zu entledigen – ein für allemal. Aber die Entscheidung der jungen Südjemen-Edlen ist natürlich auch eine Frage des Lebensstandards. Sind sie überhaupt noch in der Lage, in ihrer alten Heimat unter ganz anderen Bedingungen weiterzumachen? Mit saudischen Subsidien in Taif in Saus und Braus zu leben, hat die einst harten Burschen verweichlicht. So richtet sich der Zorn mehr gegen das Zuklappen der königlichen Schatulle als gegen die politische Entscheidung. Gerade in der Rückkehr des Adels in die früheren Gebiete sieht Riyadh jedoch eine Chance: Mit dem ehemaligen Südjemen-Adel innerhalb der marxistischen Volksrepublik und dem zu erwartenden ständigen Anwachsen des Einflusses gemäßigter Kräfte kann es auch 1976 noch eine Wende zu einer moderat geführten Republik Südjemen geben. Immerhin ist zu erwarten, daß die Heimkehrer unter der Protektion Riyadhs verbleiben und die 400 Millionen Dollar nur fließen werden, wenn Aden der Eliminierung der Ex-Herrscher ein Ende macht.

Die einst unter den Briten fast autonom herrschenden Regionalfürsten haben im Laufe der Jahre 1967 bis 1976, finanziell wohl ausstaffiert, mehrere Möglichkeiten vertan, ihre Provinzen zurückzuerobern. Doch selbst als die Nordjemen-Armee während des letzten verlustreichen Grenzkriegs am Rande einer Niederlage stand, bewegte sich keine einheitlich geführte Stämmeformation der Ex-Herrscher, um den gemeinsamen Feind in die Zange zu nehmen. Nun werden sie von ihren saudischen Schutzherren fallengelassen wie einst Nordjemens Royalisten. Mohammed zögert nicht, mir indirekt einen Teil der Schuld zuzuschieben, weil ich auf eine Forderung, drei Millionen Pfund Sterling für die Finanzierung des Befreiungskampfes von der Bundesrepublik zu erwirken, kommentarlos geschwiegen habe. Schon allein die Vorstellung, die Bundesrepublik würde einen Krieg finanzieren, der auf ganz Südarabien übergreifen könnte, bezeugt die phantastische Illusionskraft der südjemenitischen Edelbeduinen. Ich merke, hier gibt es nichts mehr zu bereden. Es ist alles gesagt. Der Abschied ist kurz und deshalb um so entlastender.

So lande ich in Riyadh, noch reichlich verwirrt und deprimiert von der Unterredung mit Mohammed. Und ich werde noch unsicherer, als ich feststelle, das alte Riyadh von 1959 gibt es nicht mehr. Die saudische Hauptstadt gleicht einer riesigen Baugrube, in deren Schlund die alte, liebenswerte Medina des Reichsgründers Abdul Aziz III. ibn Saud erbarmungslos verschwindet. Wer jahrelang mit der Revolution reist, ist über die Geldverschwendung und die horrenden Preise ringsum zuerst erschüttert, dann verbittert. Zu allem Unglück ist im »Al-Yamama« kein Zimmer frei. So überlege ich in der weiten Hotelhalle, umgeben vom Reisegepäck und dem wie durch ein Wunder unversehrt gebliebenen Rosenthal-Porzellan, wie es nun weitergehen soll. Erst als ich meinen Einladungsbrief vorlege, bewegt man sich servil, telefoniert mit dem Gouverneurspalast. Die Antwort macht Beine. Das Feudalsystem funktioniert wie in alten Tagen. Schonungslos wird ein Gast zu einem anderen »verlegt«. Da gibt es kein Aufmucken, kein Protestieren. Wer würde sich einer königlichen Anordnung versagen? Ehe ich meine Koffer geöffnet habe, klingelt das Telefon. Der persönliche Sekretär von Prinz Salman, Mohammed Oteiba, läßt wissen, der Gouverneur wünsche mich in einer halben Stunde zu sehen. Im dunklen Anzug nehme ich den Karton mit dem Porzellan unter den Arm und lasse mich in den Fond des bereitstehenden Wagens sinken.

Nach fast halbstündiger Fahrt durch die regenüberfluteten Avenuen der Hauptstadt, deren Abwasserkanalisation noch nie funktioniert hat und sich zum Jahrhundertproblem auswächst, erreichen wir das alte Herzstück. Nur an den Umrissen kann ich noch das einst trutzige Lehmfort erkennen, von dessen Balkon aus Prinz Salman mir damals demonstriert hat, wie im Königreich der Richtspruch das islamische Recht bekräftigt: Er hat einen verurteilten Kindermörder durch das Schwert enthaupten lassen. Heute ist die Vorderfront des Gouverneurspalastes mit Marmor verkleidet, eine elegante Auffahrt führt bis zu den hohen, von schwerbewaffneten Wachen kontrollierten Toren.

Wer aus einem der Dienstwagen des Gouverneurs aussteigt, hat keine Scherereien mit den Wachen. Achtungsvoll und neugierig zugleich machen sie dem Fremden Platz. Aber dann, im ebenerdigen Unterstock, dessen ehemalige Gänge und Verließe zu dürftig beleuchteten Büros ausgebaut sind, hält das Labyrinth jeden Wegsuchenden gefangen. Erst nach langen Palavern lande ich im Vorbüro des allmächtigen Administrators Mohammed Oteiba. An ihm, dem persönlichen Sachverwalter seines Herrn, Prinz Salman, das wird mir schnell klar, führt kein Weg vorbei. Als Beweis läßt er mich einige Zeit warten. Dann erst werde ich vorgeführt. Oteiba ist ein stattlicher Mann mit mißtrauischen Augen, die mich sistieren, wie man einen Fremden wägt, der plötzlich in das eigene Zelt eindringt. Er teilt mir mit, die von mir übersandten Papiere über die Verbesserung der freundschaftlichen und wirtschaftlichen Beziehungen seien noch nicht vollkommen übersetzt. Man habe viel Arbeit. Seine Majestät, König Khaled, befinde sich im Aufbruch zu einer Reise durch die Golfstaaten (30. März – 6. April 1976), und die Bürden der Verantwortung verteilten sich auch auf den Gouverneur. Trotz aller Belastungen sei ich willkommen. Er greift zum Hörer, und innerhalb weniger Sekunden ist die Entscheidung gefallen: Prinz Salman will mich sofort sehen.

Im Geschwindschritt eilen wir über die große Freitreppe in der Innenhalle, durchqueren einen Strang von Sälen, die von pompösen Kandelabern ausgeleuchtet werden. Überall an den Wänden aufgereihte, vergoldete Prunksessel, in denen sich die Landesedlen räkeln, von dienstbaren Geistern mit Tee und Wasserpfeife versorgt. So hocken sie sich schubweise nach vorn, bis in den Vorsaal des Mächtigen, den sie um Audienz gebeten haben, um ihn zu preisen und dafür mit Subsidien für ihre Stämme belohnt zu werden. In Prinz Salman finden sie stets einen willigen und großzügigen Zuhörer ihrer im Beduinen-Singsang vorgetragenen Problemchen. Hier hat man den Eindruck, allein die absolute Treue dieser Beduinenfürsten aus dem Nadschd trägt dieses Familien-Königreich, das nur in der Außenwelt als Supermacht gilt.

In der Tat ist mein sekundenschneller Einlaß in den Regierungssaal Prinz Salmans täuschend ähnlich dem Eindringen in ein Zelt. Aus dem Gleißen der Kronleuchter werde ich in einen total abgedunkelten Raum geschoben. Portieren hinter mir und schwere Brotkatvorhänge vor den Bogenfenstern dämpfen das Licht, so daß es eine Weile dauert, ehe sich die Pupillen daran gewöhnt haben. Ein, zwei Sekunden kann ich nur Umrisse ausmachen. Vor mir ein selbst im Sitzen groß wirkender Mann, mit Kinnbart und dunkler Sonnenbrille. Zu seiner Rechten, neben dem Prunkschreibtisch, steht ein Sessel, in den mich Oteiba hineinbittet, um sich dann selber zwei Schritte in respektvoller Beugehaltung zurückzuziehen. Da ich nicht höher als mein achtunggebietender Gastgeber angesiedelt sein darf, bleibe ich sitzen. Fast siebzehn Jahre sind vergangen, seit ich dem jüngeren, damals 23jährigen Bruder König Saud ibn Sauds das erste Mal begegnet bin. Auch Salman erinnert sich meiner.

Auf einen Wink des fast zwei Meter großen Mannes beginne ich mit meiner Laudatio. Ich lege Fotos vor, die mich im Gewand eines Ehren-Emirs mit dem Goldstab-Agal und Wappentuch des Königs als Kopfzierde zeigen, erwähne Expeditionen am Rande der Rub' al-Khali, bei deren Namensnennung seine Augen vor Sehnsüchten aufglimmen, die er nicht mehr befriedigen darf. Nicht nur die Wüste, sondern auch die unsichere Zukunft berge Gefahren, habe man keine guten Freunde. Wir Deutsche seien guten Willens, diese Freundschaft zu beweisen und eine starke Partnerschaft aufzubauen. Dazu hätte ich bereits eine Analyse erarbeitet, die in seinen Händen sei und bald vollkommen übersetzt sein würde. Ich sei gewiß, der bevorstehende Besuch des Bundeskanzlers werde meine hier privat geäußerte Meinung auch offiziell bestätigen. Wiederum danke ich ihm für die mir erwiesenen Großzügigkeiten.

Prinz Salman berührt mit einer freundschaftlichen Geste meine Schulter und gibt Oteiba Anweisungen. Von nun an sei ich sein persönlicher Gast, nicht nur Eingeladener! Er werde mich rufen lassen, um Ergänzendes zu besprechen, oder mir Gelegenheit verschaffen, mit Personen seines Vertrauens zu konferieren. Ich danke und überreiche ihm das von Oteiba schnell ausgepackte »Rosenthal«-Service mit Echtgoldüberzug als Geschenk des Bundestags an den Gouverneur von Riyadh. Leger läßt er es auf einem Nebentisch abstellen. Da die Edlen des Landes auf königliche Gnadenerweise vor der Tür warten, ist die Sanduhr meiner Vorstellung schnell abgelaufen.

Mit diesem Sonntag, dem 27. März 1976, drei Uhr nachmittags, der Zeit meiner Rückkehr ins Hotel, beginnt eine überaus schillernde Woche, geprägt von Taktiken, Aushorchungen und Dialogverkettungen meiner saudischen Kontakte, undefinierbarer Chargen und in und außerhalb des Hotels aktiven Vertretern von Geheimdiensten aller Schattierungen. Eines wird schnell offensichtlich: Jeder meiner Schritte ist mir zwar freigestellt, aber unter Beobachtung.

Am Tag nach der Abreise König Khaleds wird mir klar, warum Mohammed bin Saleh bin Nasir nicht nach Riyadh mitkommen wollte. Prinz Salman ist der Verhandlungspartner der zu einem Proteststurm versammelten Repräsentanten des südjemenitischen Adels. In einem nahegelegenen Stammesgebiet führt Mohammeds Onkel, der schmalgesichtige, mit parfümiertem, tiefschwarzem Kinnbart gezierte Scherif Hussein, den Demonstrationszug höchst persönlich an. Das Ringen der

Südjemen-Fürsten um ein Belassen uneingeschränkter Freiheiten und weiterfließender Pfründe dauert vom 31. März bis zum 2. April 1976. Das Ergebnis ist mager. Nur den Oberscheichs und Rulern wird weitere, wenngleich auch geringere finanzielle Beihilfe zugestanden. Daraufhin weigern sich einmütig alle Prominenten, in den Südjemen zurückzukehren.

Ich selbst werde zu Gesprächen mit wichtigen Persönlichkeiten gebeten, die aber inkognito bleiben wollen. Dubiose Nachrichtenbeschaffer belagern mich. Des öfteren werde ich spätabends zu einem saudischen Geschäftsmann, Mohammed Arab, geführt, der offenbar nicht nur Handelsinteressen im Sinn hat. In den Erörterungen wird immer wieder das vitale Interesse der Saudis am Kauf des Leopard-I- und Leopard-II-Panzers geäußert. Man läßt sogar durchblicken, pro Stück könne 10000 Dollar Provision erwartet werden. Ich werde überdies gefragt, ob ich nicht als Lobbyist wirken wolle. Das Angebot der Saudis ist eindeutig und verlockend zugleich: Man will den Kauf des Leopard und anderer Waffensysteme in ein wirtschaftliches Package-Deal in Milliardenhöhe einbinden, ein zwingender Vorschlag zur Kooperation, wie er auch 1984 der Regierung Kohl nahegelegt worden sein soll. Die Hoffnung Riyadhs ist, hinsichtlich der Waffenkäufe eine wohlwollende Prüfung von Bundeskanzler Schmidt verbal bestätigt zu bekommen, was in Arabien bereits eine baldige Zustimmung bedeutet.

Die so still und leise inszenierten Abhol- und Rückkehrmanöver erregen das Aufsehen anderer Hotelgäste, besonders jener, die hier unter dem Deckmantel eines Industrierepräsentanten oder Ingenieurs nachrichtendienstlicher Tätigkeit nachgehen. Es ist nicht schwer, den Ring zu erkennen, der sich um meine Person zusammenzieht. Und aus hier unerwähnten Begegnungen kann ich bedeutsame Erkenntnisse ziehen, die Rückschlüsse auf den inneren und äußeren Zustand des Ölreiches zulassen. Die Andeutung eines seit Jahrzehnten in Saudi-Arabien ansässigen Amerikaners, mit meinen Jemen- und Arabien-Erfahrungen könne ich zu meinem Nutzen für bestimmte Auftraggeber arbeiten, lasse ich unbeantwortet. Die andere Seite bietet mir an, als Mittelsmann für Bauprojekte (Klinik- und Universitätsbauten) und für den Air-Bus tätig zu werden. Die Ränke der Hofschranzen und Geheimdienste lassen mich Riyadh gerne wieder verlassen.

Die vergoldete Garotte

Am 7. April 1976 lande ich um zwölf Uhr mittags auf der Piste von Sanaa ar-Rahaba. Ich bin wieder auf sicherem Terrain.

Auf den ersten Blick gibt sich Sanaa unverändert. Wieder nehme ich Quartier in der alten »Revolutions-Karawanserei«, wo jetzt ein neueingebauter Lift nach oben rumpelt, als seien die ausgetretenen Stufen den Gabilis zu schlecht geworden. Aber mit dem Lift zuckeln bereits auch die Preise nach oben, und schon rüsten sich im Stadtbezirk fast fertiggestellte Hotelbauten, dem »Al-Makha« und anderen kleinen Stadtbleiben endgültig den Garaus zu machen. Ich vermisse den Willkommensruf meines Abdallah: Mein guter Geist in allen Jemen-Jahren ist gegen den Bakschisch ruinierenden Lift zum letzten Gefecht angetreten – und hat natürlich verloren. Der Mimus hält jetzt im Suq Früchte und Importartikel feil, endlich sein eigener Herr.

Nach endlosen Fehlverbindungen meldet sich mein bewährter Freund Yahya Geghman. Im gegenwärtigen Kabinett des jungen und überaus elastischen Premiers Abdul-Aziz Abdul-Ghani bekleidet er die Position eines Stellvertretenden Ministerpräsidenten, verantwortlich für Außenpolitik und Wirtschaft. Freund Yahya kaschiert sein Erstaunen über mein überraschendes Auftauchen mit diplomatischer Modulation. Für den nächsten Spätnachmittag um 18 Uhr lädt er in sein Stadthaus ein, um sich ungezwungen unterhalten zu können, wie er meint. Kein Zweifel, umgehend hat der spürsinnige Yahya erfaßt, daß ich gekommen bin, um ein Problem ausräumen zu helfen. Schließlich habe ich einen gewissen Ruf bei den Jemeniten als Trouble-Shooter und Ombudsman, auch sind meine Gespräche in Riyadh nicht unbekannt geblieben.

Ein Tag Muße, die Medina mit ihren langsam versackenden Wallanlagen zu umrunden: eingerissene Herrenhäuser, eingeebnete Wallstücke und Baugruben überall. Nicht einmal die Mörsersalven der belagernden Royalisten haben dies fertiggebracht. Sanaas sterbender Zauber berührt mich zutiefst. Gegen die Kanonade der alles Alte einebnenden Neuzeit gibt es keine republikanische Verteidigungslinie mehr. Und wie wird die ausgehöhlte Republik heute gelenkt, nachdem die Großen von einst außer Landes sind oder sich zurückgezogen haben? Eines wird mir schnell bewußt: Mit Finesse und Fortune, die einst die Politgiganten ausgezeichnet haben, wird 1976 nicht mehr regiert. Allmächtig im Staatslenkungsmechanismus wirkt allein der Dirigismus des saudischen Botschafters. Der republikanische Staatshaushalt weist für 1975/76 ein Defizit von 210 Millionen Rial auf dem Papier aus, aber der Gesamthaushalt in Höhe von 778,5 Millionen Rial wird durch Riyadh bereitgestellt. Vereinfacht gesagt, ist die Republik bankrott, und der Konkursverwalter ist der Generationsfeind Saudi-Arabien. Al-Hamdi, der al-Iryani stürzte und den mitverbündeten al-Ahmar ausbootete, werkelt seit zwei Jahren an einer Leitlinie.

Von Natur aus ist das neue Staatsoberhaupt eine Art volksnahe Frohnatur: jovial, geschickt lavierend und im richtigen Moment kompromißbereit, ehe er selber Schaden nehmen kann. Wegen seines legeren Auftretens ist er besonders bei den Bauern, denen er keine Wasserpumpe abschlägt, zeitweilig beliebt. Politisch indes ist er nur gelitten. Außenpolitisch vom Kronrat in Riyadh abhängig, versucht al-Hamdi innenpolitisch durchzugreifen.

Nach dem unblutigen Staatsstreich von 1974 versucht er, den bis dahin dominierenden Einfluß der großen Stammesföderationen auf die Politik des Landes entscheidend einzuschränken. Die Folge ist ein mehr oder weniger latenter Kriegszustand: Nur fünf Monate nach al-Iryanis Abreise nach Syrien beginnen blutige Scharmützel zwischen den 40 000 Haschidkämpfern und der kläglich ausgerüsteten Armee al-Hamdis. Sie weiten sich aus, als al-Hamdi den Militär Haschedi Mujahid Schawarib, einen engen Verwandten al-Ahmars, vom Posten des stellvertretenden Oberkommandierenden ablöst und zum Gouverneur der seinerzeit noch unbedeutenden Stammeshauptstadt Haddschah degradiert. Zornbebend kündigt dieser an, er nehme keine Befehle aus der Hauptstadt Sanaa mehr entgegen. Allein die Vermittlung Saudi-Arabiens, das sich Oberst al-Hamdi als kooperativen Verbündeten erhalten will, verhindert ein Aufeinanderprallen der Stammes- und Republikarmeen. Erst am 30. Januar 1976 werden sich al-Hamdi und der Anführer der rebellischen Haschidis, al-Ahmar und dessen Blutsverwandter Schawarib, in Sanaa zu einem Konsens zusammenfinden, doch al-Ahmars Zorn gegen al-Hamdi bleibt bestehen.

Der Kampf zwischen Haschidis und Republikordnungskräften dauert weiter an. Der von Riyadh gelenkte al-Hamdi muß sich zeitweise aus der Schußlinie bringen. Kaum noch läßt er sich in der Öffentlichkeit sehen. Nur ein- bis zweimal wöchentlich kommt er zu Regierungsgeschäften in den Revolutionspalast. Die Nächte verbringt er im Armeehauptquartier oder in der Militarakademie vor der Stadt. Eine tiefe Bindung zum Volk kann so nicht entstehen. Staatsporträts und andere Sympathiezeichen verschwinden aus den Ladenfenstern.

Als mich Nasser al-Muafa um Mitternacht ins Stadthotel zurückbringt, werden wir mehrmals kontrolliert. Al-Ahmar und Schawarib sind dazu übergegangen, ihre aufs Hinterland zentrierten Störaktionen nun mitten in die Hauptstadt zu verlegen. Minen und Bomben werden in Brunnenschächten versteckt und nachts gezündet, damit die Bevölkerung unverletzt bleiben soll. Alle 400 Meter Militärpatrouillen, Ausgangsverbot von 22 Uhr bis fünf Uhr früh. Das ist Sanaa im April 1976!

Keiner der großen Stammesführer ist ein politischer Kopf, sagt man in Sanaa, und die ständigen Reibereien und Eifersüchteleien der Kriegerfürsten untereinander, die erst recht im Frieden vehement aufeinander einschlagen, weil sie sich nicht einordnen wollen, scheinen des Volkes Stimme zu bestätigen. Mit dem Verantwortungsbewußtsein der obersten Stammesherren gegenüber einem jemenitischen Staatsgefüge ist es nicht weit her. In der Praxis leben sie weiterhin als Feudalherren. Ihre Macht ruht auf der Unwissenheit und Armut ihrer Stämme. Aber die Stämme bindet glühende Loyalität an ihre Führer; sie folgen ihnen blind – auch auf Irrwegen.

So ist al-Hamdis Aktion, die Stämme unter die Zentralgewalt zu zwingen, ein Stich ins Wespennest. Der Vorsitzende des »Militärischen Kommandorats« (Staatsoberhaupt) al-Hamdi gerät Nacht für Nacht in die Defensive, wenn Explosionen Sanaa in Panik versetzen. Ist es al-Iryani und Alaini ehedem um eine allmähliche Annäherung an den Süden mit dem Ziel einer großjemenitischen Konföderation, die den Stammesföderationen im Norden eine fast unangetastete Autonomie im Republikverband zubilligt, gegangen, muß der neue Mann im al-Kasr al-Gumhouri, Oberst Ibrahim Mohammed al-Hamdi, in den ersten zwei Jahren seiner Regierung einen harten Kurs gegen Aden steuern. Al-Hamdi muß den Schulterschluß mit Saudi-Arabien, der ihm und der Republik durch finanziellen Druck abgenötigt wird, mit der Aufgabe der nationalen Vereinigungsbestrebungen abgelten. Er ist unfreier als jeder Stammesfürst seines Landes. Saudi-Arabien mischt sich in alle Belange ein, bis hin zur Religionsausübung. Im Einvernehmen mit Kuwait fordert Riyadh als Hüter der Heiligen Stätten eine im Jemen vorerst unbeachtet gebliebene Re-Islamisierung. Ein neues Amt in Sanaa soll darüber wachen, daß nichts Gedrucktes oder Gefilmtes den Weg in den Nordjemen findet, das den strengen sittlichen und moralischen Regeln des Islam zuwiderläuft. Selbst die Einführung des Fernsehens wollen die »Moslembrüder« verhindern, weil es nur die Sitten verderbe.

Aber schon formiert sich eine neue, starke Opposition weit links von der Mitte, die die Linie Adens auf den Nordjemen übertragen will. Die »Nationaldemokratische Front« findet Unterstützung bei den Streitkräften und Ex-Iryanischen Zirkeln, die zwar nicht daran denken, ihre republikanisch-demokratischen Freiheiten dem radikalen Lager Adens unterzuordnen, aber keine andere Möglichkeit sehen, ihrem Unmut über die Hegemonie Saudi-Arabiens freien Lauf zu lassen. Für sie ist die neue NDF in erster Linie ein Mittel zur Durchsetzung und Absicherung souveräner politischer Interessen. Jugendliche Intellektuelle in den Streitkräften und in der staatlichen Verwaltung glauben, daß die Überwindung der Rückständigkeit in Wirtschaft und Gesellschaft nur von einer starken sozial-jemenitischen Zentralregierung erreicht werden kann. Nur so könne man sich dem unerträglich gewordenen Ausmaß saudischen Einflusses in innerjemenitische Angelegenheiten entziehen.

Über den gegenwärtigen Zustand der Beziehungen zu Saudi-Arabien direkt befragt, antwortet mir ein alter Freund im Außenministerium: »Wir stehen nicht in der Gunst der Mächtigen, denn für Saudi-Arabien ist der Jemen ein Land zweiten Ranges. Wie soll sich so eine gute Nachbarschaft entwickeln? Die Saudis behandeln uns, die einst für den Islam die großen Schlachten geschlagen haben, wie Bettler... Aber die Zeit kann kommen, da auch sie einmal dankbar sein müssen, wenn ihnen der Jemen aus echter Barmherzigkeit, wie im Koran vorgeschrieben, gerade so viel geben wird, daß sie überleben können...«

Als Abdallah al-Hamami diese Worte spricht, ahnt keiner von uns, daß wir einander nie wiedersehen würden. Kurz darauf wird er aus seinem Amtsbereich, dem Büro für Internationale Beziehungen, das sich vornehmlich mit Fragen der Vereinten Nationen befaßt, als Erster Botschaftsrat nach London versetzt. Am Ostersonntag, dem 10. April 1977, hat al-Hamami den Auftrag, den ehemaligen Premier des Jemen, al-Hajari, vom Londoner Nobelhotel »Royal Lancaster« abzuholen. Als Abdullah al-Hajari und dessen Frau im Fond des Wagens Platz genommen haben, nähert sich ein als Hippie verkleideter, später als Zuheir Youssef Okascha (Palästinenser aus Beirut) identifizierter Attentäter der Limousine und feuert durch das Fondfenster seine Pistole leer. Im Kugelhagel aus nächster Nähe sterben nicht nur al-Hajari und dessen Frau, auch Abdallah al-Hamami, Vater von sechs Kindern, wird tödlich getroffen. Al-Hajari, einst Erzfeind al-Iryanis, hat auf der arabisch-nationalen Todesliste gestanden, weil er die insgeheim treibende Kraft der endgültigen Abtretung des ehemaligen jemenitischen Berglandes Asir an Saudi-Arabien gewesen sein soll. Diese nationale Schmach hat bereits das Leben des vermutlich schuldlosen Mohammed Ahmed Noman in Beirut gekostet – ist doch nie ganz geklärt worden, ob al-Hajari als Premier dem seinerzeitigen Außenminister Mohammed Ahmed Noman nicht damals die Feder zu führen befohlen hat.

Al-Hajari ist zwar schon einige Zeit außer Amt und Würden, aber auch ein ins Privatleben abgeschobener Ex-Premier bleibt nach jemenitischer Auffassung für eklatante Fehler seiner Amtsführung, insbesondere wenn diese den Nationalstolz der Jemeniten geschändet haben, haftbar – bis zum Tode. Die Ermordung al-Hajaris bringt in Sanaa keinen Proteststurm zustande. Im Volk spricht man sogar mit fatalistischem Unterton über »die ihm von Allah zugewiesene gerechte Strafe«.

Von den Tücken der Entwicklungshilfe

Überlebt, ohne sich verschanzen zu müssen, hat der stellvertretende Premier Yahya Geghman. Pünktlich holt mich sein Landrover mit den aufsitzenden Wachen ab. Die harten Männer mit den scharfgeschnittenen Gesichtszügen halten noch immer ihre Gewehre umklammert, als rufe sie ein letztes Gefecht. Willkommensrufe. Der altvertraute as-Sahafi, Freund ihres Herrn, soll sich mitten unter den als Rabauken verschrieenen Kriegern des Khaulan wohl fühlen.

Wie man in der Abenddämmerung in diesem unentwirrbaren Labyrinth der Gassen und Höfe das Altstadthaus Geghmans findet, bleibt mir stets ein Rätsel.

Als mir von der Ladefläche heruntergeholfen wird, steht Geghman in Landestracht mit Käppchen auf der steilen Treppe und lächelt. Im Haus ist alles wie gewohnt, nur die Gattin ist neu: eine Amerikanerin, die er aus New York, wo er zuletzt als Ständiger Vertreter bei den Vereinten Nationen tätig gewesen ist, mitgebracht hat.

Ich erzähle von meinen Erfahrungen, die ich in Riyadh gemacht habe, was Yahya ein wissendes Schmunzeln entlockt. Er ist und bleibt ein glühender Patriot, unter welcher Regierung auch immer. Rasch kommen wir zum kritischen Punkt: Die Beziehungen des Jemen zur Bundesrepublik Deutschland haben sich stark abgekühlt, trotz Ministerbesuchs und großzügig zugesagter Hilfe. Während der großen Regengüsse Ende 1975 haben der Flughafen und die von Deutschen gebaute Zentralstraße Sanaa–Taizz schweren Schaden genommen. Um ihrem Ärger darüber Ausdruck zu verleihen, ließen die Jemeniten sogar den Botschafter rufen; mit Kritik an der Qualität der bundesdeutschen Entwicklungshilfe wird nicht gespart. Und was die Sache noch verschlimmert: Der Botschafterbericht ist wahrscheinlich im langen Dienstweg hängengeblieben. Als sich in Bonn nichts rührt, läßt man Bonn indirekt wissen, die alte Freundschaft würde in Gefahr geraten. Im Klartext bedeutet dies die drohende Verödung der Beziehungen; dies aber würde wie ein Paukenschlag wirken und in der arabischen Welt Verwirrung stiften.

Um der alten Zeiten willen bitte ich Geghman nun, objektiv zu bleiben. Noch nie habe ich mich, das wissen alle jemenitischen Staatsverantwortlichen, einer guten Sache versagt, mich nicht kaufen oder verkaufen lassen. Ich erinnere an unsere gemeinsamen Bemühungen, die Beziehungen beider Staaten zu reaktivieren, an die langen Stunden der Beratung, des Wegfindens und der gegenseitigen Achtung. Ich kann sicher sein, Yahya fühlt wie ich. Aber er ist in einem hohen Amt und hat, wie es scheint, ein Recht zur Klage über unsere Regierung. Offen sagt er mir, unsere Botschaft wisse bereits um die Absicht der Republik Jemen, die Vertretung reduziert zu sehen, da das deutsche Prestige zudem durch deutsche im Jemen tätige Firmen Schaden leide. In einer Verbalnote habe er Botschafter Dr. Held den Unwillen seiner Regierung über die schlechte Bauausführung an den deutschen Entwicklungsprojekten zum Ausdruck gebracht. Dementgegen habe Dr. Held, wie es sein Amt erfordert, den Standpunkt der Bundesregierung klar vertreten, das heißt, diese Beschuldigungen zurückgewiesen.

Aus den Tagen der Planung von Straße und Flughafen ist mir noch erinnerlich, daß die Ausschreibung bei deutschen Baufirmen wenig Interesse gefunden hat. Erst als Bonn drohte, ausländischen Firmen den Auftrag zu erteilen, sicherten sich deutsche Bauträger die Projekte, nicht ohne ihre Profitmarge doch noch kräftig erhöht zu haben. Planungen wurden ohne Landeskenner vorgenommen. Es ist nach deutschen Normen verfahren worden, was zu einer eklatanten Fehleinschätzung der Auslastung von Hochlandstraße und Flughafenhalle führen mußte.

Nun, nach Bauvollendung, sitzen statt acht Jemeniten bis zu 25 Personen auf der Ladefläche eines Landrovers, und 20-Tonner fahren auf einer für 15 Tonnen ausgelegten Betonstraße. Weil der Gesamtpreis des Projekts fest fixiert gewesen ist, haben Einwände der Jemeniten ohnehin nichts gefruchtet. Auch daß die Hochlandstraße die einzige »nationale Nabelschnur« zwischen Nord und Süd ist, in deren Nähe die Mehrheit der jemenitischen Bevölkerung lebt, ist nicht in der Einschätzung des Transportaufkommens berücksichtigt worden. Überdies ist in der Bauausführung offenbar geschludert worden. Obwohl die alljährlich zu Tal stürzenden Regenmassen einen stärkeren Straßenunterbau voraussetzten, um Abschwemmungen der Piste auszuschließen, verbaute man an manchen Stellen statt Kies kiesartigen Sand oder auch nur verfestigten Sand. Nach den Unwettern der Regenzeit führte dies an mehreren Teilstücken zu erheblichen Einbrüchen. Sie lähmten den wirtschaftlich notwendigen Verkehr auf der lebenswichtigen Hochlandstraße des mittleren Jemen, und es ist gut vorstellbar, daß die Regierung in Sanaa vor den wütenden Beschwerden der Anrainer die Flucht nach vorn ergriffen hat – gegen uns! Eine adäquate Bauaufsicht, so erklärt mir mein in Hitze geratener Freund Geghman, und mehr noch die Bauabnahme durch unsere Inspektoren hätten diese Mängel rechtzeitig aufdecken und reklamieren müssen.

Zwar habe die Bundesregierung zugesagt, die Stationierung einer unter deutscher Leitung arbeitenden Straßenmeisterei in Betracht zu ziehen und sich an den Reparaturkosten zu beteiligen, doch sei bis zum heutigen Tage keine verbindliche Zusage eingetroffen. Als Yahya sich ereifert, Straßenprojekte der DDR seien in der Bauausführung tadellos, sage ich ihm, daß ich gerne bereit sei, mich für den Jemen einzusetzen, nicht aber als Zielperson für ein politisches Testfeld abqualifiziert zu werden. Gegen gute Beziehungen der Jemenitischen Arabischen Republik zur DDR sei nichts einzuwenden, vorausgesetzt, sie tangieren nicht unsere bewährte Freundschaft.

Wir verabreden uns zu einer offiziellen Aussprache in seinen Amtsräumen und scheiden mit brüderlicher Umarmung voneinander.

Der ehemalige Landwirtschaftsminister Nasser al-Muafa, dessen Türen mir stets offengestanden haben, stellt keine langen Fragen, sondern fährt mich zum Lokalaugenschein, wo ich mich selbst von den Schäden überzeugen kann. Aber auch ständige Reibereien, das wird mir in vielen Gesprächen mit Repräsentanten des jemenitischen Verkehrsministeriums und des Ministeriums für öffentliche Arbeiten nahegebracht, sind Ursache der Verschlechterung des Verhältnisses zwischen Jemeniten und deutschen Ingenieuren. Ich kann vor Ort feststellen, die betreffenden Personen in beiden Lagern haben sich gegenseitig mit Wonne zerschlissen, und eine Ablösung zu lange im Jemen tätiger Techniker scheint tatsächlich angebracht.

In al-Asnags Haus liege ich einige Qat-Stunden auf den Pfühlen längs der Wände und teile die Wasserpfeife mit annähernd dreißig herbeigeeilten Nord- und Südjemeniten. In den durch den Qat weitgeöffneten Seelen finde ich keine Spur einer Antipathie wegen des Malheurs auf der Hochlandstraße und am Flughafen. Ich trage Meinung um Meinung zusammen, im Basar bei den Händlern, der Zunge der Nation, und in Gesprächen mit Personen aller Standesgruppen. Am 14. April 1976 sitze ich Yahya Geghmann nun offiziell in seinen Amtsräumen wieder gegenüber. In verhaltener Tonlage protestiere ich gegen die Ansicht der jemenitischen Regierung, Bauprojekte der DDR seien ohne Tadel. Denn die DDR hat überhaupt keine größenvergleichbaren Straßenprojekte im Jemen ausgeführt. Auch bei den Chinesen, die die Hochlandstraße Sanaa–Hudaidah ausgeführt haben, die jetzt ausgezeichnet funktioniert, seien nach Fertigstellung vor mehreren Jahren kurz darauf Mängel auf etwa 80 Kilometer aufgetreten, die dann behoben worden sind. Ich sei sicher, daß auch die Bundesrepublik die an ihrem Projekt entstandenen Fehler beheben werde. Ich lasse durchblicken, daß die Neugründung der NDF hoffentlich nicht der Grund sei für eine politische Kampagne gegen die Bundesrepublik zugunsten der DDR. Ich würde, aufgrund meiner Erfahrungen mit den Jemeniten, eine derartige Tendenzentwicklung nicht glauben können. Jeder Jemenit auf der Straße sei von den Vorzügen und der stets freundschaftlichen und großzügigen Hilfe der Bundesrepublik des Lobes voll, so hoffentlich auch die Regierung.

Yahya lenkt ein. Aber er moniert, im Jemen schlecht arbeitende deutsche Firmen würden in Zukunft bei der Vergabe neuer Projekte nicht mehr zugelassen, wenn der Jemen mit Hilfe des Kuwait-Fonds seinen Entwicklungsplan weiterführe. Geghman bedauert auch das Desinteresse deutscher Firmen am Handel mit dem Jemen, den die cleveren Japaner nun an sich rissen. Er nennt den stolzen Betrag von 150 Millionen Mark (200 Millionen Rial) an japanischen Einfuhren. Deutsche Firmen hätten es bisher hingegen nicht für nötig befunden, sich in der Republik niederzulassen, obwohl wir vor allen anderen willkommen wären. Zwar werde tagtäglich über den defizitären Staatshaushalt geredet, nicht aber über die Importe in den Jemen, die durch die saudischen Kredite abgedeckt seien. Er wolle sich trotz alledem dafür einsetzen, daß die durch den Staatsbesuch Prinz Sultans dem Nordjemen zugebilligte Kapitalhilfe im Wert von 320 Millionen Mark auch deutschen Handels- und Industriefirmen zugute käme. Zwar werde seine »schwarze« Liste deutscher Pfuschfirmen die diplomatischen Bande nicht unmittelbar gefährden, wohl aber erachte er eine Ablösung dieser Firmen zugunsten neuer vertragstreuer Firmen als möglich und durchführbar.

Abschließend versichert er – was meine Mission als Erfolg ausweisen soll –, die Beziehungen zur Bundesrepublik bleiben freundschaftlich. Er werde der deutschen Botschaft ein »Entwarnungszeichen« geben lassen.

Anläßlich des Besuchs einer nordjemenitischen Delegation unter Leitung Yahya Geghmans in Bonn wird im September 1976 zwischen der bundesdeutschen und nordjemenitischen Delegation über die Berechtigung der jemenitischen Vorwürfe nochmals zäh verhandelt, bis Minister Bahr persönlich das Problem für beide Seiten annehmbar löst.

Der Jemen wird als Schwerpunktland der deutschen Entwicklungshilfe bestätigt und erhält auch in den folgenden Jahren großzügige Kapitalhilfe zugesprochen.

Auf der Suche nach Alt-Arabien

Prinz Sultan bin Abdul Aziz, der saudische Verteidigungsminister, wird in der jemenitischen Hauptstadt zu einem Staatsbesuch erwartet. Allenthalben kommt Hektik auf. Sie gilt wohl weniger dem königlichen Sendboten als der Schatulle mit auf 500 Millionen geschätzten saudischen Rial Kapital- und Projekthilfe, die er, wie manche Leute zu meinen scheinen, unter dem Arm mit sich bringe.

Die Sicherheitsvorkehrungen werden in einem Maße verstärkt, daß sich die Presse vom Geschehen praktisch ausgeschlossen sieht. Selbst mein alter Freund im Sicherheitsdienst, Oberstleutnant Abdullah al-Adhi, ist machtlos gegen die ihm vor die Nase gesetzten prosaudischen Jemeniten, die beweisen wollen, daß sie jetzt in der einst freien Republik das Sagen haben. Auf dem Besichtigungsplan des Gastes steht ein Besuch der antiken Hauptstadt Marib. Aber man traut den Maribianern nicht so recht über ihre nie verstaubenden Gewehre, und so wird der Prinz ein anderes Mal Marib besuchen müssen – »inschallah«.

Da mir der Rummel in Sanaa widerstrebt, beschließe ich nach Osten auszuweichen. Während die Hochlandscheichs gen Sanaa eilen, um vor dem Prinzen ihre stolzen Häupter zu beugen und sich als ehemalige Royalisten einen huldvollen Handschlag einzuhandeln, während die Republikregierung zwar froh ist, die leeren Staatskassen wieder füllen zu können, aber rätselt, um welchen politischen Zinssatz dies geschehen werde, während die armen Leute in Stadt und Land sich eine Mär vom Geldsegen erzählen lassen, der auf sie niederprasseln wird, erfüllt sich mir ein alter Traum. Trotz mehrfacher Versuche bin ich nie bis Marib vorgedrungen. Jetzt erhalte ich vom wiedereingesetzten Scheich Ahmed bin Saad, Militärgouverneur von Marib, ein persönliches Empfehlungs- und Geleitschreiben für den Besuch von Marib und Umgebung. Ich darf sogar das Regierungsflugzeug der »Yemenia« benutzen, das Ober- und Unterscheichs aus der Marib-Region nach Sanaa gebracht hat und leer zurückkehren wird, um der dort stationierten Truppe zur Verfügung zu stehen. Aus dem Bullauge kann ich noch die Ehrenformation sehen, die Prinz Sultan empfangen wird, dann fliegt die altersmüde DC-3 über die ungeheuer bizarre Bergwelt, die wie ein uneinnehmbares Bollwerk die Hauptstadt vor den Stämmen – oder die Stämme vor der Zentralgewalt – abschirmt.

Gegen Mittag erreichen wir die notdürftig geflickte Piste. Natürlich ist der angeblich informierte orts- und stammeskundige Mohammed Saleh Fhaid, der mich auf meinen Streifzügen begleiten soll, nicht gekommen. In den Militärzelten entlang des Betonstreifens erhalte ich von sonnenverbrannten, gastlichen Soldaten einige Schalen Gischr. Ein

Armeelastwagen bringt mich auf den öden Weg, bis ich nach geraumer Zeit die von weitem imponierende, von nahem aber deprimierende Stadtsilhouette von Marib ausmachen kann. Das moderne Marib liegt in Ruinen; nur wenige Häuser haben die Bombardements des Bürgerkriegs angeschlagen überlebt. Es ist eine Geisterstadt, in der niemand mehr wohnen will.

Trotz allem, eines der übriggebliebenen Turmhäuser, mit seinen klaffenden Rissen wenig vertrauenerweckend, erweist sich als sogenannter Funduq, eine Herberge für jene, die es trotz Allahs Warnungen hierher verschlagen hat. Vor dem Turmhaus zieht sich eine schmale Straße über die Schutthaufen. Ein Wellblechdach gleißt auf im Sonnenglast. Hier gibt es Tee, Mehl und Gewürze und anderes, woran es einer durchziehenden Karawane mangelt, wenn eine lange Reise durch die Großen Sande am Rande der Rub' al-Khali die Vorräte hat schwinden lassen.

Der Sohn des Händlers holt Jusuf, den Eigner des Turms. Zweifelsohne ist er ein braver Mann, aber er sieht aus wie ein auf Beute lauernder Wegelagerer. Ich vertraue auf Allah und folge ihm bis ins oberste der sieben Stockwerke. Im großen Turmrund befinden sich an den Wänden verwanzte Matratzen mit einigen buntgescheckten Wolldecken, auf der Mitte des Bodens liegt ein mit Essensresten gezeichnetes Kaliko-Tuch. Wie Hörner stehen die Holzpfeiler des Dachfirsts in den Raum hinein. Üblicherweise werden die Waffen daran aufgehängt: griffbereit. Niemand ist hier vor Überfällen sicher. Ich bin wohl der einzige Unbewaffnete in der ganzen Region. Eine Stunde harten Feilschens mit dem kleinen Mann mit dem großen Schlüssel, dann sind wir uns endlich einig. Wohin auch sonst? Der clevere Jusuf hat ein absolutes Monopol in der »Totenstadt«. Wer nicht zahlen will, muß sich draußen des Nachts mit Wüstenhunden herumbalgen. Des »guten Jusuf« Frau wird dem Alemani aus Deutschland nur das Beste kochen, was mich schaudern läßt.

Dann führt er mich zum Militärlager, wo er mich dem Schicksal überläßt, den Schlüssel aber nimmt er mit. Das Lager besteht aus einer Kette verfallener Verteidigungsstellungen, auf deren Grabenrändern die in Uniformfetzen gekleideten Armisten ihre Gewehre reinigen, als stünde die nächste Attacke unmittelbar bevor. Zum Befehlshaber will ich und schwenke meine Erlaubnisschriftstücke wie ein Unterhändler die weiße Flagge. Aber kein Soldat kann lesen, was Scheich Ahmed bin Saad über die Wichtigkeit des Besuchers aufs Papier gezaubert hat. Endlich, nach langen Irrgängen, ein kleiner Befehlsstand. Im ersten Geschoß finde ich, seine Pistole putzend, meinen Mann: Leutnant Abdallah Schaab, Stellvertreter des großen Ahmed bin Saad. Er liest die

Briefe gründlich und gleich zweimal. Dann weist er mir einen Platz an, schenkt Tee ein, und das große Palaver über meine Reiseroute im Marib-Gebiet beginnt. Abdallah ist ein energischer Typ, dem man sich anvertrauen kann und der sicher nicht davonläuft, wenn es einmal brenzlig wird. Den geographischen Gesetzen Hohn sprechend, ist der in der Ostwüste stationierte Leutnant in der Südprovinz Hudscharijja geboren und aufgewachsen. Das ist, als ob ein Bayer in Preußen Dienst tut. Ich frage verwundert, ob er denn mit den ihm fremden Stämmen überhaupt zurecht käme. Er grinst nur und klopft selbstbewußt an seine Revolvertasche.

Am nächsten Morgen werden wir in Kolonne zu den antiken Stätten fahren und am Tag darauf nach Sirwah, der ersten Hauptstadt der großsabäischen Reichsgründung. Nach einer mondhellen Nacht im Turm, den Jusuf jeden Abend mit seinem Riesenschlüssel verschließt, um mich, wie er sagt, zu schützen – oder als Geisel bis zur täglichen Barzahlung zu halten –, ist er um fünf Uhr morgens mit heißem Tee, Fladenbrot und einer Art Ameisensirup pünktlich zur Stelle. Dann springe ich auf Abdallahs Befehlsfahrzeug, einen verbeulten Landrover mit Einschußlöchern. Die Patrouille in die Unsicherheit kann beginnen. Insgesamt begleitet uns ein knappes Dutzend verwegen aussehender Scharfschützen, verteilt auf drei geländegängige Fahrzeuge, mit Benzin- und Wasserkanistern und reichlich Munition ausgestattet.

Wir fahren zu den Tempelstreben, die sich wie Marmorgitterwerk vom Himmel abheben. Die Reste des Damms sind zwar noch auszumachen, aber die Kletterei auf die Dammkrone bringt keine sensationellen Erkenntnisse – außer einer eindrucksvollen Rundsicht über die weite Ebene. Von hier oben läßt sich am besten das fast mathematisch ausgelegte System von Bewässerungsanlagen überblicken, das sich gleich Lebensadern durch die Marib-Senke hinzieht. Sie haben Alt-Arabien einst zu einem blühenden Paradies gemacht. Der Tempel der Bilqis (Königin von Saba), dem Mondgott Ilumquh geweiht, ist bis zur halben Höhe von Sand zugeweht. Im 7. vorchristlichen Jahrhundert errichtet, stehen die hohen Säulen mit ihren Ornamenten aus Alabaster wie Wächter auf verlorenem Posten.

Wir müssen 41 Kilometer hart südwestlich fahren, bis wir die Tempelstätten erreichen. Der Ma-ri-bam-Tempel, erbaut vom zweiten König von Saba, Yada Ell Tharah, wird von einem massiven Gebäude an der Ostseite gegen Sandstürme und Unwetter geschützt. Immer wieder durchkreuzt unser Konvoi die immensen Längen der Bewässerungsanlagen. Wie Bunker stehen die Stützpfeiler der Kreuz- und Verbindungsbauten im Gelände, die Abrisse der nach oben offenen Schalenrohrleitungen sind immer noch deutlich erkennbar. Der vor über 2600 Jahren erbrachten Energie- und Projektleistung muß man auch heute noch Bewunderung zollen. Was einst als die Kornkammer Reichsarabiens gegolten hat, ist heute das Armeleutehaus der Republik. Nur wenige Pumpen spenden Pflanzen und Menschen das lebensnotwendige Wasser. Wie eine ausgekaute Fruchtschale liegt die Marib-Senke in bitterer Armut. Was Wunder, daß die Neustadt Maribs niemanden anzieht, daß niemand bereit ist, sie wiederaufzubauen, den Knotenpunkt wiederzubeleben, der hier vor fast drei Jahrtausenden den Nahen und Mittleren Osten verbunden und den Weg in den Fernen Osten gewiesen hat.

Für die Soldaten meines Konvois, die mit griffbereitem Gewehr unserem Streifzug Deckung geben, ist der Ausflug eine willkommene Abwechslung ihres eintönigen Lebens. Sie sind hier, um Recht und Ordnung zu schaffen, wenn ein Südjemen-Stamm einmal über die Grenze wechselt, um die Marib-Stämme aufzuwiegeln. Ist auch das Land ausgedorrt, das verfallene Stadtgeviert von Marib bleibt von strategischer Bedeutung. Alle Wege in die Nordjemen-Hauptstadt oder zur saudischen Grenzoase Nadschran, wie auch südöstlich hinunter ins südjemenitische Beihan, führen über Marib.

Es ist spätabends, als wir die Geisterstadt unter dem Vollmond wieder erreichen. Abdallah Schaab läßt es sich nicht nehmen, mich ins Turmhaus zu bringen, wo Jusuf schon mit einem Henkelmann Essen und dem großen Schlüssel ungeduldig klappert. Eingeschlossen sehe ich durch die Turmfenster die vom Vollmond angestrahlten Ruinen. Es ist nicht die Freiheit der Wüste, die ich gewohnt bin und die ich so liebe. Ich bin ein Gefangener hinter dicken Mauern, von Geistern der Vergangenheit umgeben. Die Mauern, die mich und die verfallenen Neustadthäuser einengen, sind größtenteils aus Quadersteinen der einst kaum zählbaren Tempelbauten errichtet worden. Als sich die »Kinder des Mondes«, wie man die zu Ilumquh betenden Sabäer oft genannt hat, entschlossen, ihr ausdorrendes Paradies zu verlassen und anderswo zu siedeln oder nomadisierend weiterzuziehen, um bis in den östlichen Hadhramaut neue Reiche zu gründen, ließen sie die wandernden Seelen ihrer großen Könige im Ruinenfeld ihres Ruhms zurück. Allem Anschein nach spüren dies ihre Nachkommen, tagsüber starke und tapfere Realisten, nachts aber das Mondlicht scheuende Mystiker. Drunten bewegt sich nichts zwischen Sonnenuntergang und Morgenröte. Aber mir scheinen Sabas Großkönige Kareb Ell Watar (620 – 600 v. Chr.), Smoh Ali Tharah (600 – 580 v. Chr.) und die vielen anderen, die bis zu Asch-Schar Yahdhub die Ahnenliste führen, der von 125 bis 115 v. Chr. regierte, als letzter der Einiger der maribischen Senke, hier unten herumzuwandern; wehklagend ob der verlorenen Zeiten, da sie im Herzstück Alt-Arabiens in grünen Gärten wandelten. In der Trümmerwelt Sabas verlieren sich meine nächtlichen Gedanken zwischen Illusion und Wirklichkeit, bis das erste Morgenlicht die legendären Gestalten in ihre Tempelruinen zurücktreibt.

Auch mein Quartiergeber Jusuf weigert sich, in der »Stadt der Geister« zu übernachten. Als frühmorgens sein Schlüssel im Eisenschloß knarrt, hat er bereits einen Fußweg von über sieben Kilometern hinter sich. Er wohnt draußen in einer Ansiedlung, die sich die Ex-Maribianer weit weg vom Schuß erbaut haben, um vor der Vergangenheit und der Gegenwart in Frieden zu leben. Gefrühstückt und aufgesessen ist schnell.

Leutnant Abdallah Schaab hat offenbar die Arsenale seiner Abwehrstellungen von leichten und schweren Waffen entblößt. Lieber gibt er die kleine Bastion auf, als daß er sich der Gefahr aussetzt, Angreifern nicht Paroli bieten zu können. Optimistisch blickt er nicht in den kommenden langen Tag. Wir wollen nach Sirwah, und rings um die erste Hauptstadt Sabas ziehen marodierende Stämme, die argwöhnisch in jedem Fremden einen Schatzsucher vermuten. Die Mär von »güldenen«, unter den Trümmern der antiken Städte vergrabenen Schätzen ist älter als die Entdeckungs- und Forschungsberichte, die uns vorliegen. Von gezielten Ausgrabungen kann keine Rede sein, denn die Stämme vertreiben jeden Archäologen, da er für sie nur ein getarnter Schatzsucher ist. In der langen Reihe uns bekannter Sabäisten ist Wendell Philipps, ein Amerikaner, 1952 der letzte gewesen, der fluchtartig Marib verlassen und sich mit viel Glück nach Beihan al-Qasab durchgeschlagen hat. Auch heute, sagt Leutnant Abdallah Schaab, sind wir nicht sicher, wer was im Schilde führt. Nach einigen Stunden Fahrt über das Geröll von Ton- und Steinscherben der antiken Bewässerungsanlagen in der großen Senke erreichen wir die Randriste der Bergabhänge. Hier sind die Seitenschleusen von Wachturmbauten gesichert, die kleinen Festungen gleichen, als Pfropfen für die Regulierung der Regenmengen eingebaut – und verfallen.

Wir klettern die Hänge hinauf. Oben wandern wir durch Kasematten, die in den Berg geschlagen sind, umgehen brüchige Festungswälle, sehen neben uns die eingebrochenen Dammkronen der Ergänzungsanlagen des antiken Großprojekts Marib-Damm. Dann geht es hinaus aus dem breitflächigen Kessel, der wie eine Pfanne aus Ton und Erde im Wüsten- und Bergrund liegt. Auf der langen Fahrt in Richtung Westen gibt es nur Dornbuschwerk und Sand. Die Soldaten singen ein Lied von Ehre und Sterben und vom Paradies, das Allah für sie bereithält. Es ist wie vor zehn Jahren, als ich mit dem Kriegerstamm der Fürsten von Beihan, den Bal Harith, auf Entdeckungskarawane nach dem Wadi Ain und nach Ausan, dem verschollenen Königreich und dessen wissenschaftlich nicht fixierter Metropole, ausgezogen bin.

Heute endet die Fahrt, als wir in der Ferne die Hochwälle eines für damalige Zeiten gewaltigen Festungsbaus erblicken. Wir stehen wenig später vor dem Eckpfeiler von Sirwah, Festung und Königspalast zugleich für seinen Gründer, den Sabäerkönig Samoh Ali Yanuf ben Thamar Ali (850 – 820 v. Chr.). Im Bürgerkrieg diente die alte Königsfestung den ägyptischen Expeditionstruppen als Befehlszentrale und Kaserne, aber auch als Lager für Munition und Verpflegung. Die Wälle sind abschreckend hoch, wohl an die zehn bis zwölf Meter bis zum obersten Rand. Nur an der Ostseite, wo die Rub' al-Khali ihre Sande der Ramlat Sabatain überlassen hat, haben die Dünen die Wälle bis zur halben Höhe verschlungen. Zwar führen mehrere Tore in die Festung, aber nur eines ist vor dem Einsturz noch sicher. Wir wandern in den Unterständen und Kasematten der ägyptischen Besatzer herum, wo leere Kartuschenhülsen herumliegen und einige Eisenbettgestelle verrosten. Nur noch weniges an Antikem – mit Alabasterornamenten verzierte Wände und Bögen – ist erhalten geblieben. Wie überall haben herumziehende Beduinen nach Kriegsende alles Verwertbare mitgenommen oder Steine davongetragen, um ihre Siedlungen sandsturmfest zu machen.

Während draußen die Hälfte der Kolonne sichert, begehen wir die Anlage, soweit sie einsturzsicher scheint. Aber nach etwa einer Stunde taucht wie aus dem Nichts ein Beduine auf, der uns erst eingehend beäugt und dann seinen Gewehrlauf auf mich richtet. Mit einem wütenden Wortschwall überschüttet er den Fremden, aber auch die sich jetzt als Schutzkreis um mich versammelnde Truppe. Leutnant Abdallah hat es geahnt: Wir sind in Schwierigkeiten! Im ersten Moment glauben wir, einem einzelziehenden Nomaden gegenüberzustehen, einem jener seltsamen Kauze, die ihren Stamm verlassen haben, um als Wüsteneremiten umherzuziehen. Derartigen Leuten, die oft unkontrollierten Gemüts Mensch und Tier beschimpfen, gehen die Beduinen wohlweislich aus dem Weg, oder sie besänftigen sie mit einer mildherzigen Gabe.

Vor den Festungswällen allerdings stellt sich schnell heraus, der wildgestikulierende Wanderer ist ernst zu nehmen. Mit einem Blick sehen wir, er hat den vor Sand schützenden Lumpenpfropfen aus der Mündung seines Gewehrs entfernt und ist bereit, seine Waffe gegen uns abzufeuern. Er gibt sich als Scheich eines in der Nähe lagernden Stammes zu erkennen, und seine wild ausgestoßenen Beleidigungen und Vorhaltungen klagen uns an, die Festung Sirwah betreten zu haben, ohne seines Stammes Erlaubnis eingeholt zu haben, wie es hier

Brauch sei. Was wolle man hier mit einem Fremden, der einen blitzenden Behälter bei sich trägt? Wahrscheinlich sei ich ein Schatzsucher oder ein Spion. Leutnant Abdallah Schaab versucht zu beschwichtigen. Ich öffne meinen Aluminiumkoffer, zeige meine Fotogeräte, aber das alles kann den Alten mit dem dünnsträhnigen Bart nicht beruhigen. Er fordert uns auf, ihm innerhalb einer halben Stunde ins nahegelegene Stammeslager zu folgen, oder seine Krieger würden uns unter Beschuß nehmen. Während er in der Hocke abseits sitzt, uns mit wachen Augen abzählt und auf Mannschaftsstärke und Feuerkraft einschätzt, bilden wir einen Beratungskreis. Obwohl Befehlshaber, handhabt Leutnant Schaab die Situation nach Stammesritus. Er schildert und wägt die Lage – die Chance zu entkommen ist trotz unserer Landrover nicht positiv einzuschätzen – und läßt dann abstimmen. Auch ich gebe mein Votum für ein Mitgehen zum Stammeslager. Meine Bedenken gelten nicht nur unserer Gefahrenlage, sondern auch der Eventualität, daß, wenn wir uns weigern, im Marib-Sirwah-Gebiet wieder einmal eine Scharmützelperiode auszubrechen droht, die weder Scheich Ahmed bin Saad, mein Protektor, noch die Regierung in Sanaa dem Sahafi verzeihen würden.

So kommt es, daß ein einzelner Mann mit Gewehr drei Landrover, zwölf Soldaten und einen Fremden gefangennimmt und im Laufschritt Richtung Südwest abführt. Wie recht wir mit unserer Kapitulation haben, wird uns nach wenigen hundert Metern bewußt. Hinter Sanddünen und verstreut umherliegenden mannshohen Felsbrocken erheben sich Mann für Mann die Krieger des Scheichs, und ihre Waffen bleiben drohend auf uns gerichtet, bis wir nach einer Stunde ihr Lager erreichen. Es besteht aus einem rechtwinklig erbauten Gebäudekomplex, aus Lehmmauern erstellt und mit Wellblech abgedeckt: zweifelsohne ein ehemaliges Barackenlager der ägyptischen Truppen, die hier einen die Südflanke schützenden Stützpunkt eingerichtet haben. Aus den Türöffnungen strömen Weiber und Kinder und jene Gabilis, die diesen Stützpunkt gesichert haben, während die Hauptstreitmacht auf Beutesuche ist. Dann werden wir um die Lehmeinfassung eines Ziehbrunnens aufgestellt. Nicht einmal die Fahrer der Landrover werden auf ihrem Sitz belassen. Es sind wohl an die achtzig Beduinen, die uns in engen Kordon nehmen, und der einzige, der aus dem Ring der Gefangenen vortreten darf, ist Leutnant Abdallah Schaab. Er ist nun der große Gegenspieler des uns vor seinem Stamm anklagenden Scheichs, dessen Namen ich nie erfahren habe. Vor seinen Leuten wiederholt er die Beschuldigung des unbefugten Betretens der Festung Sirwah, und er scheut nicht zurück, die Regierung in Sanaa zu bezichtigen, sie halte sich nicht an die Autonomiezusagen. Sicher hat Leutnant

Abdallah gehofft, unser Besuch würde unentdeckt bleiben. Aber nun war unsere Bloßstellung offensichtlich, und eine Umkehr oder Flucht ist ohne Schießerei unmöglich geworden.

Der Mann aus Hudscharijja erweist sich jetzt, wo die Gewehre jede Sekunde sprechen können, nicht nur als kluger Militärstratege, sondern auch als gewitzter Verhandler. Er preist den Scheich und seinen Stamm ob ihrer Wachsamkeit gegen Fremde. Er werde dies Scheich Ahmed bin Saad mit Wohlgefallen vermelden. Auch entschuldigt er sich bis an die Grenze des Schicklichen. Aber sein Image als Befehlshaber einer republikanischen Militäreinheit läßt er nicht ankratzen. Plötzlich geht er zur Gegenoffensive über und beschuldigt Scheich und Stamm der Verletzung der Gastfreundschaft. Wir seien sowieso in der Absicht nach Sirwah gekommen, dem Sahafi diesen tapferen Stamm kennenlernen zu lassen, Brot und Salz zu teilen und das Wasser aus dem Brunnen ebenfalls. So leicht aber ist der Raubstamm nicht hinters Licht zu führen. Als ich die Situation testen will, indem ich nach der Schöpfkelle greife, um aus dem Brunnen Wasser an die Lippen zu führen, wird mir dies mit harter Hand verwehrt. Nun bin ich sicher, daß wir in der Klemme stecken. Denn einer, dem sogar das Wasser versagt wird, das jedem Beduinen nach dem Gesetz der Stämme zusteht, wo es zu finden ist, der ist ein Feind und der Mildherzigkeit nicht wert. Ein Vorzeigen meiner Hasselblad-Kamera macht die Situation nur schlimmer; das großformatige Fotogerät wirkt im Anschlag wie eine kurzschnauzige Schußwaffe.

Vier Stammeskrieger fassen mich und bringen mich in einen Teiltrakt des Barackenlagers. Da sitze ich nun als Gefangener auf einem Zeltteppich, während draußen die Diskussion immer lauter wird. Was der Stamm eigentlich will, ist erst nicht auszumachen. Geht es ihm um die Verletzung der Oberhoheit oder, was verständlicher wäre, ums liebe Geld? Durch die Türöffnung kann ich das giftige Ringen Wort um Wort auffangen. Des öfteren heben und senken sich die Gewehre der Beduinen, aber auch die der Soldaten. So geht das zwei lange Stunden, bis es Leutnant Abdallah Schaab gelingt, die Erregung zu dämpfen. Allmählich wird der Scheich wieder ansprechbar. Er hat seine Macht zur Genüge demonstriert und seine Rechte verteidigt.

Ich werde wieder an den Brunnen geführt. Wieder greife ich zur Schöpfkelle – und ungehindert darf ich nun aus dem Brunnen trinken. Da weiß ich, es läuft nun besser. Eine gedolmetschte Unterhaltung mit dem Beduinenführer, in die ich mehrmals Entschuldigungen einfließen lasse, macht den Mann wieder vernünftiger. Leutnant Abdallah Schaab verschwindet mit ihm für wenige Minuten in einem der Schlaftrakte und kommt grimmig dreinblickend wieder hervor. Nach fast vier

Stunden lichtet sich der Ring der Stammesleute. Von den Landrovern wird ihnen unsere Marschverpflegung als Geschenk dagelassen. Uns wird dafür Wasser in unsere mitgeführten Kanister gegossen.

Leutnant Schaab flüstert mir zu, der Scheich habe mich als Ehrengast und seine Mannschaft eingeladen, den heißen Gischr in seiner Baracke zu nehmen. Aber er habe wegen der davoneilenden Zeit, »die die Nacht schnell herbeireiten lassen würde«, das Angebot ausgeschlagen. Er traue der Lage nicht. Und einmal innerhalb der Baracken wären wir verteidigungsschwach umzingelt, ohne Chance, uns freischießen zu können. Zwar sieht der Scheich griesgrämig drein, was bestätigen könnte, daß seine Ehre wieder einmal leidet, vielleicht aber auch, weil ihm hier eine fette Beute unter der Nase entkommt. Aber die Fahrt durch die Nacht, die jeder Beduine scheut, wird als Alibi akzeptiert.

Dann werden die Hände geschüttelt, die bereit gewesen sind, uns umzubringen. Leutnant Abdallah drängt zur Eile. Wir sitzen auf und fahren, von den Kamelreitern des Stammes eskortiert, langsam davon. Bange Minuten lang begleiten uns die undurchschaubaren Beutekrieger, bis sie sich nach einigen Meilen in die endlosen Flachdünen der Großen Sande zurückfallen lassen, die sie verschlingen, wie das Gute die bösen Dschinn (Geister) bezwingt.

Erst nun bricht das große Palaver unter den sich glücklich preisenden Soldaten aus. Sie singen wieder, und von irgendwoher taucht ein Qat-Büschel auf und füllt die Backentaschen. Leutnant Schaab ist weniger gesprächig. Er wird seinem Befehlshaber Scheich Ahmed bin Saad über den Vorfall Bericht erstatten müssen, dessen Schuldanteile vermutlich minuziös austariert werden. Er läßt durchblicken, er habe dem Scheich eine erkleckliche Summe in den verschlissenen Burnus schieben müssen: als Wegsteuer. Ob er das Geld von Ahmed bin Saad zurückerhalten wird, bleibt fraglich. Denn scheinbar hat der harte Kämpe die Devise ausgegeben: »Wer sich in Gefahr begibt, bezahlt auch dafür – so oder so!«

Wüstenfahrten unterm Vollmond sind erst romantisch, dann ermüdend. Bald nicken die müden Köpfe mit dem Rumpeln über hartkörnigen Sand und Geröllbrocken. Weit nach Mitternacht erreichen wir unser Quartier in Marib. Vor der Turmhaustür liegt Jusuf auf der Schwelle, den halbmeterlangen Schlüssel am Gürtel. Wir verbringen die letzte Nacht gemeinsam in luftiger Höhe.

Am nächsten Morgen muß die Regierungsmaschine zurückfliegen. Es bleibt kaum Zeit, Leutnant Abdallah Schaab und seinen Mannen zu danken. Sie winken von der Piste den letzten Gruß. Dann hat mich Sanaa wieder.

Vor den Vätern sterben die Söhne

Der Spielraum wird enger

In den drei Jahren 1976 bis 1979 trafen alle düsteren Vorahnungen über das auf dem saudischen Politbasar verfeilschte Legat der jemenitischen Revolution mit einer Präzision ein, die auch nachträglich erschreckt. Der nordjemenitische Kommandorat entpuppte sich als Aushängeschild einer Führung unter Oberst al-Hamdi, der keine nationale Leitlinien zu verwirklichen imstande war. Zwar nicht führunglos, doch instabil schlingerte die jemenitische Regierungs-Dhau im saudischen Südsturm, mit seinen turmhohen Finanzbrechern, welche die republikanische Takelage und das revolutionäre Steuer zerbrachen, wie sich ein jemenitischer Politiker bildhaft ausdrückte.

Unbestritten war Oberst al-Hamdi eine volkstümliche Persönlichkeit. Aber wie al-Amri war er kein Vollblutpolitiker. Auch eine Amtsperiode als Innenminister unter Alaini (1971/72) hatte nicht ausgereicht, um ihm die für das glitschige politische Parkett erforderlichen Erfahrungen zu vermitteln. Die oft geäußerte Ansicht, al-Hamdi sei schon aufgrund seiner Position als stellvertretender Oberkommandierender der Streitkräfte befähigt gewesen, den Vorsitz des neuen »Militärischen Führungsrats« zu übernehmen, war schlicht falsch. Er war weder ein Draufgänger wie al-Amri noch ein Fuchs wie al-Iryani. Unwidersprochen bleibt: Al-Hamdi war ein Patriot.

Nachdem er die ersten hundert Tage seit seiner Machtübernahme lebend überstanden hatte, wollte al-Hamdi die von ihm im Jahre 1972 mitentwickelten Reformvorschläge durchsetzen: »Das Ziel dieser Vorschläge und Beschlüsse ist, den Staat auf einer festen, modernen Grundlage zu errichten, den Lebensstandard des einzelnen zu erhöhen, das Ansehen von Recht und Ordnung zu festigen und das Chaos und die Korruption in den Finanzen und in der Verwaltung zu beseitigen.« Aber das hatten auch schon seine Amtsvorgänger versucht – und alle waren erfolglos geblieben, weil die Republik immer noch auf den Ruinenfeldern des traditionellen Stammeswesens aufbaute, statt eine neue Gesellschaftsordnung mit Hilfe einer demokratischen Staats- und Ständepartei auf dem freien Feld des Parlamentarismus zu errichten. Auf morschem Terrain eine Verbesserung von Wirtschaft und Verwaltung anzugehen, wurde von manchem »Kenner der Verhältnisse« in Unterschätzung der tatsächlichen Sachlage als al-Hamdis Verdienst gepriesen. Seine Linie sei von Realismus und Pragmatismus gekennzeichnet gewesen, so hieß es. Aber eine ideologische Mobilisierung der republikanischen Bevölkerung des Nordjemen kam dem Nachfolger al-Iryanis nicht in den Sinn.

Ein dunkles Kapitel in der amerikanischen Nahostpolitik bleibt das Zögern Washingtons, sich mit dem republikanischen Jemen einen starken Verbündeten im Südwesterker Arabiens zu sichern. Al-Hamdis Amtsperiode wäre sicherlich erfolgreicher verlaufen, hätte das Kapitol statt lockerer Verbalnoten Kredite und Entwicklungsprojekte in die Republik eingebracht und damit den saudischen Würgegriff gelockert. Nichts von alledem. Die Ölallianz Riyadh–Washington bestimmte das kapitalistische Verhalten beider Mächte gegen Sanaa.

So wurde die Chance vertan, den freien Jemen innerlich gegen den drohenden Ideologiesturm aus Aden zu stärken. Um dem zu begegnen, versuchte al-Hamdi unmittelbar nach seiner Machtergreifung die Armee aufzuwerten. Sold- und Rangerhöhungen wurden ausgesprochen und mußten finanziert werden – ein schier unmögliches Unterfangen. Dachte al-Hamdi die Armee gegen den Willen der oft unersättlichen Stammesföderationen einzusetzen, um sich die nötige Autorität zu verschaffen, so blieb das eine Fata Morgana. Denn im gleichen Ausmaß wie al-Hamdi aus saudischen Mitteln seine Armee modernisierte, schickte Riyadh auch den Stammesfürsten Subsidien, damit diese eine Zentralgewalt verhinderten. Der Balanceakt schwächte die jemenitische Einheit bis zur nationalen Auszehrung. Al-Hamdis Ziel war eine straffgeführte und disziplinierte Armee wie die des Südjemen, die ihn während der Grenzkämpfe von 1971 und 1972 das Fürchten gelehrt hatte. Aber auch dieser Plan war zum Scheitern verurteilt. Die zerlumpte Ex-Amri-Armee mit ihrer veralteten Ausrüstung war bereits von Putschplänen unzufriedener Offiziere infiziert und machte eine Säuberung der Streitkräfte unabdingbar. Sie dezimierte die Reihen fähiger Truppenkommandeure derart, daß die Erneuerung kein befehlsgewohntes und ausführendes Echo mehr fand.

Als al-Hamdi den labilen Zustand seiner Armee erkannte, besann er sich auf die Kräfte des Volkes: die eigentliche Basis der Revolution und Republik. Hier konnte er einige Erfolge verbuchen. Genossenschaftsgründungen, Gemeinschaftsarbeiten im kommunalen Aufbaubereich – Bewässerungsanlagen, Schulen und Straßen – und die Entwicklung und Modernisierung der Wirtschaft wurden durch ihn erheblich gefördert. Doch auch diese deutliche Aufwärtsentwicklung hatte ihre Schattenseiten, denn mit ihr stieg die allgemeine Korruption an. Zu stark waren die ausländischen – vornehmlich saudischen – Wirtschaftseinflüsse geworden, als daß die Republik selbst sich Schritt für Schritt hätte frei entwickeln können. Eine souveräne Außenpolitik war aufgrund der von Ausländern gesteuerten Wirtschaftspolitik, die bald auch die Innenpolitik bestimmen sollte, kaum mehr durchführbar. In dieser Situation erwies sich al-Hamdi als entschlußfreudiger Patriot. Der Gängelei überdrüssig geworden, leitete er eine dramatische Kursänderung ein.

Sorge um die arabische Sicherheit

Hatte er zu Anfang seiner Amtsperiode kategorisch alle Wiedervereinigungspläne mit dem Südjemen abgelehnt, so begann al-Hamdi jetzt die fallengelassenen Fäden und damit die Kontakte zur »Nationaldemokratischen Front« (NDF) wiederaufzunehmen. Sie, die die Einigung mit dem Süden forderte und gegen die antizentralistischen Stämme opponierte, würde zum stillen Mittler zwischen al-Hamdi und dem Südjemen-Präsidenten Salem Rubay Ali werden. Unter der Zeltdecke wurden die zuerst dünnen Fäden zu einem strapazierbaren Tau gedreht, so kommentierte man in Sanaa, an dem man sich entlangzuhangeln gedachte.

Außenpolitisch übernahm al-Hamdi die ehemals von Mohsin Alaini propagierten Zielsetzungen: kein demütigendes Warten auf nie aus dem Westen eintreffende Waffen; Durchsetzung einer bewaffneten Neutralität des Jemen durch eine stärkere Anlehnung an den Ostblock; Aufnahme irakischer und libyscher Kredite anstelle saudischer Hochzinsdirektiven; und allmähliche Verwirklichung der nationalen Einheit beider Jemen-Staaten in Form eines föderativen Zusammenschlusses. Genau wegen dieser Forderungen hatte Alaini am 16. Januar 1975 seinen Chefsessel im Kabinett räumen müssen, denn damals glaubte al-Hamdi, eine Politik gegen die Interessen Riyadhs hätte kaum Aussicht auf Erfolg, und eine Modernisierung der Wirtschaft ohne finanzielle Stützung durch Saudi-Arabien sei nicht durchführbar. Dem Ex-Premier, der sich verbittert nach Kairo ins Exil zurückgezogen hatte, nutzte seine Rehabilitierung wenig.

Als Saudi-Arabien im März 1976 volle diplomatische Beziehungen zum marxistischen Südjemen aufnahm, konnte al-Hamdi die »Zeltdekke« aufschlagen und die bis dahin insgeheim geführten Kontakte mit Aden nun offiziell fortsetzen. Hatte er 1974 noch bemerkt, eine Einigung mit Aden sei nur möglich, wenn sich das Regime dort grundsätzlich änderte, so war 1976 davon keine Rede mehr, denn beide Jemen-Staaten teilten dasselbe Problem: Der Norden war bereits halb aufgekauft, und der Süden sollte möglichst bald von Saudi-Arabien abhängig werden. Sicher wollten beide die Finanzhilfe Riyadhs, um ihre Länder stabilisieren zu können. Dies konnte insofern zu einer Annäherung beitragen, als sich der fast konservativ geführte Nordjemen mehr einem demokratischen Sozialismus näherte, während der marxistisch-kommunistische Süden sich einem moderaten System anpaßte. Irgendwann würden sich die Zielsetzungen beider Staaten dann dermaßen angleichen, daß eine Föderation machbar werden konnte.

Bereits im März 1976 unterbreitete der südjemenitische Außenminister Muhammad Salih Muti in Sanaa Vorschläge für eine Neufestsetzung von Einigungsgesprächen. Schon am 15. und 16. Februar 1977 trafen sich die beiden Staatschefs in der nordjemenitischen Grenzstadt Qatabah, im südlichsten Ostzipfel der nordjemenitischen Republik. Al-Hamdi und sein Amtskollege Salem Rubay Ali vereinbarten die Bildung eines Ministerrats, der sich alle sechs Monate über gemeinsame Richtlinien absprechen sollte. Schon am 13. und 14. August 1977 besuchte Salem Rubay Ali Sanaa, wo er von der Bevölkerung frenetisch gefeiert wurde. Adens Marxismus werde kein Hindernis sein, ließ al-Hamdi verlauten, wenn es um die Erfüllung eines alten nationalen Traumes ging: Beide Staatschefs forderten ein Ende der seit Jahrhunderten von ausländischen Mächten inszenierten Feindschaften und Grenzkriege, freien Handel ohne Grenzformalitäten, eine gemeinsam abgestimmte Außen- und Verteidigungspolitik wie auch den Zusammenschluß bei Entwicklungsprojekten zum Nutzen beider Landesteile, kurzum: einen Jemen von Asirland bis zur Mahra-Region an der Westgrenze Omans. Was dies bedeutete, wurde den an beiden Jemen zerrenden Großmächten jetzt erst bewußt: ein Großjemen, der die ganze südarabische Küste bis zum omanischen Dhofar kontrolliert!

Beunruhigt durch die sowjetisch gesteuerte Invasion Zaires von Angola aus, kam es am 16. März 1977 in Aden nach dem ersten Schreck zu einem Geheimtreffen zwischen Fidel Castro, Siad Barre, Mengistu und Rubay Ali. Denn auch die sozialistisch ausgerichteten Rotmeerländer fürchteten, eines Tages überrollt zu werden von den Großmächten beiderseits des Roten Meeres. Im Ringen zwischen der Sowjetunion und den USA mit Saudi-Arabien ging es schließlich um die Oberherrschaft über alle Staaten am Ausgang des Roten Meeres. In Aden erörterte man den Plan, eine »sozialistische Union« zwischen Somalia, Äthiopien, Südjemen und Dschibuti zu formen. Sie sollte nicht nur die Probleme des Ogaden, Eritreas und Dschibutis ausräumen helfen, sondern die von der Sowjetunion gehegten Interessen hinsichtlich ihrer Stützpunkt- und Flottenpolitik zurückdrängen. Im Gegensatz zu anderen Behauptungen über die Unterstützung Moskaus durch sozialistisch regierte Staaten in der Rotmeerregion galt das Treffen in Aden Fragen souveräner Interessenerhaltung. Und Fidel Castro, der damals der führende Kopf der Dritten Welt werden wollte, trat hier als Ratgeber auf. Aber Castro war ein von weither angereister Genosse, und die Rotmeerländer – hauptsächlich an der Ostküste – waren eher auf ihren eigenen Weg bedacht als darauf, des Caudillos Image aufzupolieren.

Bereits eine Woche später fand im nordjemenitischen Taizz eine neue Konferenz mit teilweise neuen Gesichtern und bestimmt anderen Vorstellungen statt. Jetzt saßen die tatsächlich Betroffenen am Verhandlungstisch: die Staatschefs der beiden Jemen-Staaten, Somalias und des Sudan. Die Beschränkung auf vier arabische Rotmeerstaaten aus unterschiedlichen politischen Lagern – Südjemen und Somalia gegenüber Nordjemen und Sudan – erbrachte dennoch eine gemeinsame Erkenntnis, die Nordjemens Staatsoberhaupt al-Hamdi aussprach: »Die Meerenge und die Inseln sind das, was wir in den nationalen Kampf [der Araber] einbringen können!« Dafür fehlte es aber an ausreichender militärischer Stärke, an brauchbaren bilateralen Vereinbarungen und an wirtschaftlicher Entwicklung der Niedrigküsten der Rotmeerregion. Aber zum ersten Mal überhaupt wurde die Frage der »arabischen Sicherheit« in der Region angesprochen, ohne die Supermächte um ihr Einverständnis zu bitten.

Das eigentliche Ziel der sich in ihrer Existenz bedroht fühlenden Anrainerstaaten des Bab al-Mandeb bestand in einer Zurückdrängung des sowjetischen Einflusses auf der Arabischen Halbinsel. Die Eigeninitiativen der Betroffenen, insbesondere des Nordjemen, waren nicht von Moskau oder Riyadh programmiert und gesteuert, sondern begründete Ängste trieben die so unvereinbar scheinenden Gesellschaftssysteme aufeinander zu. Nicht von ungefähr litt darunter das äußerlich gute Verhältnis zu Saudi-Arabien. Riyadh sah seine Rial davonschwimmen, ohne den erwarteten politischen Profit gemacht zu haben. Und die Sowjets mußten zu ihrer Überraschung wahrnehmen, daß auch sozialistische Systeme, eingebunden in die große Front der Bruderschaft mit dem Ostblock, immer noch eigenständige Staaten blieben: trotz ideologischer Absichten, trotz totaler Inbesitznahme der Menschen und trotz der sorgsamen Unterwanderung der strategisch so wichtigen Küsten. Saudi-Arabiens Plan, das marxistische System in Aden mit Millionen Rial zu stürzen, scheiterte ebenso wie die sowjetische Absicht, den Südjemen für alle Zeit zu vereinnahmen. Die beiden Gegenspieler trieben »ihre Verbündeten« geradezu einander in die Arme. Riyadhs und Moskaus Reaktionen waren vorausberechenbar. Gewohnheitsmäßig verstärkten sie ihren Druck auf Sanaa und Aden.

Den von al-Hamdi nun verbissen angegangenen Kooperationsabsprachen mit dem »ungläubigen« Süden widersetzten sich die korantreuen Bergkrieger mit Vehemenz. Im Sommer 1977 hatten Stämme und Fundamentalisten mobil gemacht. Mit einem Donnerschlag entlud sich die machtvolle Opposition über dem Haupt des unglücklichen Jemen-Obristen. Offene Rebellion brach aus. Sie legte die Hauptadern des Landes lahm wie zu Zeiten der Anfangserfolge des gestürzten Imam al-Badr. Im Madschlis, dem »Thing der Stämme«, stellten die erbosten Fürsten al-Hamdis Herrschaft in Frage. Wider eine derart wütende Gegnerschaft konnte die zerlumpte Armee kaum antreten.

Al-Hamdi meinte diesen Widerstand nur mit Hilfe des disziplinierten Südens brechen zu können. Denn seine politischen Ziele einer starken Zentralgewalt mit einer schlagkräftigen Armee und die radikale Eindämmung der überkommenen Stammesautonomien waren im Südjemen bereits seit langem realisiert worden. Alle innenpolitischen Gegner, voran die Föderationen, standen fortan gegen die Vereinbarungen al-Hamdis mit Aden zusammen. Sie fürchteten den endgültigen Verlust ihrer ihnen von Allah gegebenen Freiheiten. Der Mann, der sie ihnen nehmen wollte, war zum zu tötenden Feind geworden.

Parallel zu diesen Ereignissen im Norden machte Adens Parteiapparat gegen den vereinigungsfreudigen Salem Rubay Ali Front. Der Präsident und Oberkommandierende der Streitkräfte und Vorsitzende des Präsidentschaftsrats des Südjemen hielt zwar einige der bedeutendsten Positionen inne, doch der Vorsitzende des Zentralkomitees der Staatspartei, Abdul-Fattah Ismail, der den Adener Parteiapparat und dessen Vollzugsorgane kontrolliert, war nicht willens, eine Schwächung der Staatspartei hinzunehmen. Als graue Eminenz Moskaus in Aden leitete er bereits Mitte des Jahres 1977 die Entmachtung seines Staatspräsidenten ein, indem er die Funktionäre und Volksmiliz straffer als bislang umorganisierte und immer mehr auf seine Person zentrierte. Salem Rubay Alis nationale Mission der jemenitischen Einheitsfindung drohte den marxistischen Flügel innerhalb der politischen Führungsspitze Adens aufzuweichen, und die Möglichkeit schreckte, diesen als eines der ruppigsten Hindernisse auf der Straße zur nationalen Einheit womöglich ganz zu eliminieren.

Zweifelsohne waren die persönlichen Vereinbarungen der beiden Staatsführer des Nord- und Südjemen weiter gediehen, als dies in beiden Jemen-Staaten bekanntgegeben wurde. Für den Star-Marxisten Abdul-Fattah Ismail verfolgte Salem Rubay Ali die Einheit unter rein nationalistischen Gesichtspunkten ohne Berücksichtigung der Klassenfrage. Somit handelte er den Interessen der Partei zuwider. Um des dekadenten Nationalstolzes willen, so Abdul-Fattah Ismail, habe Salem Rubay Ali sogar einen »Pakt mit dem Teufel« geschlossen.

Während Südjemens Staatsoberhaupt in das Zielfadenkreuz des Adener Partei-Zentralkomitees geriet, sah sich auch sein kooperativer

Amtskollege Oberst Ibrahim Mohammed al-Hamdi jeden Tag mehr als Zielscheibe der Opposition und direkten Konfrontation. Zwar konnte der drohende Bürgerkrieg mit den 40000 Stammeskriegern der Haschidis unter Scheich Abdullah bin Hussein al-Ahmar, der den gesamten Norden mit der Zeiditenhochburg Saada besetzt hielt, Ende Juli 1977 mit Hilfe Saudi-Arabiens gerade noch vermieden werden, aber die Aussöhnung beider Männer war nur eine Farce. Al-Ahmar hat es al-Hamdi nie verzeihen können, daß dieser ihn bei al-Iryanis Sturz ausgetrickst hatte. Die persönliche Feindschaft der beiden mächtigsten Männer der Republik blieb bestehen und vertiefte sich noch durch die offene Annäherung al-Hamdis an den Südjemen.

Selbst die Armee geriet in den Konflikt um die Erhaltung der Stammestraditionen oder Öffnung zum kommunistischen Süden, der die alten Stammes- und Ständestrukturen zerschlagen hatte. Die republikanischen Truppen rekrutierten sich teilweise aus Stammeskriegern, die mehr auf das Wort ihrer Scheichs als auf das ihrer Offiziere hörten. Auch im nordjemenitischen Generalstab gab es heißblütige Diskussionen darüber, was von den Privilegien der Stabsoffiziere übrigbliebe, würden die Nord- und Südjemen-Armee zusammengefaßt.

Die Hauptwortführer im Widerstand gegen den ehemaligen Vorgesetzten al-Hamdi waren Oberstleutnant Ahmed Hussein al-Ghaschmi und der Chef der Fallschirmtruppen, Abdullah Abdel Alim. Die Folge der sich aus unterschiedlichen Lagern zusammensetzenden Fronde – islamische Fundamentalisten, Stammesföderationen und sich auflösende Armee – war eine weitere Schwächung der Zentralgewalt, die durch al-Hamdi verkörpert war. Selbst gewisse Konzessionen an die Stämme blieben wirkungslos. Unangefochten war al-Hamdis Person als Staatsoberhaupt nie gewesen, aber nun trug seine Annäherung an den Südjemen ihn bei den Gebietern des Hohen Jemen hinunter in die Tiefen einer Unperson.

Das sorgenerfüllte Volk bangte allmählich mehr um seine Äcker, die es nicht von Stammeskriegern verwüstet sehen wollte, als um die Verhinderung des Fatums ihres Präsidenten, der zu einer austauschbaren Person geworden war. Zu keiner Zeit hatte al-Hamdi über eine persönliche Hausmacht verfügt, was sich jetzt als bittere Realität im Kampf ums Überleben erwies. Jedermann erwartete seinen Rücktritt, wie ihn selbst der große al-Iryani auf sich genommen hatte, um 1974 die innenpolitische Situation zu entspannen und eine Annäherung zwischen den Stämmen und der Regierung zu ermöglichen. Al-Hamdi hingegen war nicht bereit zu demissionieren, und damit war der übliche Weg vorgezeichnet, ihn als »politischen Gegner« gewaltsam auszuschalten. Sein Regierungsstil nahm immer offensichtlicher autokratische und selbstherrliche Züge an, möglicherweise auch deshalb, weil er sich schon zu sicher glaubte, der erste Präsident eines vereinten Jemen werden zu können.

Auch Saudi-Arabien setzte alles daran, die Anti-al-Hamdi-Fronde in Sanaa zu stützen, um den auf die »atheistische« Linie Adens eingeschwenkten al-Hamdi aus der Welt zu schaffen. Am folgenschwersten aber war das Engagement der Fundamentalisten. Diese legen als Seijjids in den Stämmen und Ulama in den Moscheen des Jemen die Sunna und Schia aus. Sie nehmen aber auch – insbesondere die Ulama bei den Freitagsgebeten – Einfluß auf den politischen Alltag.

So stand der Tod al-Hamdis bereits an die Wand geschrieben, ehe der Verurteilte ahnen konnte, wann er das letzte Gebet würde sprechen müssen. Keine Hand würde sich gegen jene erheben, die im geheimen Zirkel erwählt wurden, das Feme-Urteil zu vollstrecken, erleidet doch Verfolgung nur, wer einem Standhaften im Glauben das Leben nimmt.

Der Fememord an Präsident al-Hamdi

Wer wie al-Hamdi sich mit den Glaubensfeinden in Aden zusammentat, war nicht nur politisch, sondern auch religiös ein toter Mann. Ist nicht die Hand, die ein solches Urteil vollstreckt, von Allah geführt und deshalb ohne weltliche Schuld?

Um Tatvorbereitung und Tatablauf ranken sich jemenitische Erzählkünste. Auch heute ist eine in sich geschlossene Beweiskette noch nicht möglich. Sicher ist nur, daß al-Hamdi einen Fehler beging, als er per Staatsdekret eine alte Sitte antastete: Er setzte die seit jeher hohe Brautsteuer auf nur etwa 365 Mark herab und verbot die im Hochzeitstaumel von Kamelrücken abgefeuerten Freudenschüsse.

Er selbst pflegte einen sehr freizügigen Lebensstil. Anläßlich eines Staatsbesuchs bei Giscard d'Estaing in Paris, wo er Anfang Juli 1977 Militärhilfe erbat, sammelte al-Hamdi einschlägige Erfahrungen in der halbseidenen Welt der Seine-Metropole. Fasziniert kehrte er wenige Wochen später mit seinem Bruder Abdullah an die Stätten der Freuden zurück – diesmal privat. Was außerhalb der Landesgrenzen geschah, hätte zu Hause keinen seiner Nomadenbrüder vom Zeltteppich gerissen. Doch sich die guten Sitten im eigenen Land verderben zu lassen, dies wiesen alle entsetzt von sich: Al-Hamdi und sein Bruder Abdullah waren nämlich auf die Idee gekommen, zwei bildhübsche Souvenirs aus Paris – ihre Namen werden mit Franca Scrivane und Veronique Troy angegeben – in den Jemen einzuladen. Für 25 000 Dollar Gage erklärten sich die beiden Mannequins bereit, zehn Modeschauen in Sanaa zu veranstalten und den Gastgebern auch sonst zu Diensten zu sein. Am 2. Oktober 1977 trafen sie mit dem Privatjet des Präsidenten in Sanaa ein. Was sie den herbeigebetenen Honorationen des Jemen darboten, rief bei den Stammesführern allerdings kein Jauchzen hervor, sondern oftmals wütende Griffe zur Dschambijja. Einige der ihren Lebensunterhalt noch mit Wegzoll aufbessernden Scheichs waren wohl zum erstenmal in ihrem Leben verstört. Dieser als Exzeß empfundene, die eigenen tiefverschleierten Frauen in ihrer Ehre verletzende Eklat wurde al-Hamdi endgültig zum Verhängnis.

Bald bot sich, wie aus verläßlichen Quellen zu erfahren war, seinen politischen Feinden eine Möglichkeit, al-Hamdi beseitigen zu lassen, ohne daß auf sie auch nur der leiseste Verdacht fiel. Fundamentalisten und Stammesleute waren durch den unzüchtigen Vorgang in Sanaa geradezu herausgefordert, den »Sittenverderber« aus dem Weg zu räumen. Und die gegen al-Hamdi opponierende Armeespitze unter Oberstleutnant Ahmed Hussein al-Ghaschmi und dem Fallschirmjäger-Kommandeur Abdullah Abdel Alim ebnete insgeheim den Weg zum Attentat, indem sie die Sicherheitsvorkehrungen für den Präsidenten nur noch zum Schein aufrechterhielt. Nicht vom eigentlichen Motiv für die Beseitigung al-Hamdis, den Vereinigungsplänen mit Aden, war die Rede, sondern von seinen Sittenverletzungen. Aber im Hinblick auf die für den 12. Oktober 1977 angesetzte erste Reise al-Hamdis zu Salem Rubay Ali nach Aden schien Eile geboten. Würden beide Staatsoberhäupter dort eine verbindliche Erklärung gemeinsam veröffentlichen, war es für die Widersacher der Vereinigung – in Sanaa, aber auch in Aden und Riyadh – zu spät, um die Massen in beiden Jemen aus ihrem Freudentaumel zurückzuholen.

Als al-Hamdi am Wochenende vom 8. auf den 9. Oktober 1977 bekanntgab, er wolle seine Mutter in einem abgelegenen Dorf nördlich von Sanaa besuchen, aber tatsächlich mit seinem Bruder Abdullah, seinem Schwager, dem Oberbefehlshaber der Panzerverbände, Oberstleutnant Ali Katus, und den beiden Mannequins in eine Villa in die Berge fuhr, bekamen Religionsfanatiker und Stammesradikale schnell Wind vom Abenteuer ihres Landesführers. In der Nacht zum 11. Oktober – so berichteten glaubwürdige Informanten über das Geschehen – wurde von der Attentätergruppe der Eid zu ewigem Schweigen abgelegt. Dann brach sie auf. Teils als Nomadenkrieger, teils als Frauen verkleidet pirschten sich die sechs Sittenrichter an die Villa al-Hamdis heran. Kurz vor dem Weg zur Präsidentenvilla verließen sie das unwegsame Gelände und näherten sich, allen sichtbar, frontal dem Eingang. Drei als Frauen verkleidete Attentäter, in fußlangen Gewändern und mit schwarzen Schleiern vor den Gesichtern, baten, den Präsidenten begrüßen zu dürfen, während ihre drei männlichen Begleitpersonen in Sichtweite des Eingangs lagerten, wie dies üblich ist.

Eine Frau, die den Landesvater begrüßen möchte, ist allemal unverdächtiger als ein bewaffneter Mann. Dennoch ergeben sich aus dieser Version unübliche Nachlässigkeiten der Präsidentenwache. Diese, so hieß es, hatte die tiefverschleierten Frauen respektiert und nicht auf eventuell unter den Gewändern versteckten Waffen, Dolche oder Pistolen untersucht. Wenn auch verständlich sein könnte, daß eine Leibesvisitation durch die männlichen Wachen unterblieb – so gibt es doch Zweifel an dieser Version: Warum ließ man die drei »Frauen« ohne lange Befragung in den Besucherraum ein. Sekunden später zerfetzten Schüsse den Präsidenten. Aber nicht genug damit. Offenbar kümmerte es die Leibwache nicht, daß die Attentäter die noch im Haus befindlichen Verwandten, Bruder Abdullah und Schwager Ali Katus, suchten, sie fanden und ebenfalls erschossen. Auch die beiden Mannequins sollen aus der Villa gezerrt, angeblich ausgepeitscht und gesteinigt worden sein. Aber keiner der Attentäter wurde unter Beschuß genommen, verletzt oder gar getötet. Auch die Leibwachen selbst bekamen bei dem Gemetzel im Haus keine Schramme ab. Wußten etwa die Wachen vom Anschlag auf al-Hamdi im voraus? Schlugen sie sich in die Büsche, um nicht Augenzeugen sein zu müssen?

Die Mannequins wurden in unwegsamem Gelände gefunden, und die offizielle Version des jemenitischen Außenministeriums war: »Madame Scrivane und Madame Troy wurden als Gäste reicher Araber bei einer Reise ins Landesinnere beraubt und getötet!«

Auch der rasch zur Stelle geeilte neue Regierungschef Ahmed Hussein al-Ghaschmi bestritt offiziell, daß das Rendezvous mit dem gewaltsamen Tod al-Hamdis etwas zu tun gehabt haben könnte. Wer die Exekution aus dem Hintergrund inszenierte und durchführen ließ, blieb Staatsgeheimnis. Weder wurden die Täter identifiziert noch Preise auf ihre Köpfe ausgesetzt.

Der Tod des nur 34 Jahre alt gewordenen, im Bürgerkrieg ausgezeichneten al-Hamdi befreite manche Leute diesseits und jenseits der jemenitischen Grenzmarkierungen schlagartig von ihren Sorgen. In Aden triumphierte der Parteivorsitzende Abdul-Fattah Ismail insgeheim, denn nun hatte der die Parteidisziplin verlassende Südjemen-Präsident Salem Rubay Ali keinen wiedervereinigungswilligen Gesprächspartner mehr, und Moskau brauchte nicht mehr um seine Militärbasen zu bangen. In Riyadh vernahm man mit Genugtuung, daß der unsichere Kandidat al-Hamdi nun ausgeschaltet war und die saudischen Kreise nicht mehr stören konnte. In Sanaa und ringsum in den Bergen erklärten Fundamentalisten und Stammesobere den Mord zum Gottesurteil, weil sich der Getötete »mit parfümierten weißen Frauen« eingelassen hätte.

Im Kommandorat unter dem neuen Staatschef Ex-Major und nun Oberstleutnant Ahmed Hussein al-Ghaschmi war man erleichtert, daß dieses Problem so schnell und endgültig gelöst worden war, was den neuen starken Mann im al-Kasr al-Gumhouri aber nicht davon abhielt zu verkünden, die Brüder al-Hamdi seien als Märtyrer gestorben – und er werde die bisher konservative Politik seines Vorgängers fortführen... Aden hingegen machte aus allem für sich das Beste und sprach von einem imperialistischen Komplott. In einem waren sich Sanaa und Aden überraschenderweise einig: Beide Jemen-Regierungen verkündeten eine vierzigtägige Staatstrauer für den Mann, der die »gespannten Beziehungen zum Südjemen entschärfen wollte«.

Attentat auf Staatspräsident al-Ghaschmi

Der Republik neuer starker Mann, Oberstleutnant Ahmed Hussein al-Ghaschmi, tauchte am jemenitischen Himmel wie der Halleysche Komet auf. Und nachdem er seine Betrachter fasziniert in seinen Bann geschlagen hatte, verschwand er, einen langen, bedrohlichen Schweif über das gequälte Land ziehend, so schnell, wie er gekommen war, wieder vom politischen Firmament. Und dennoch bewirkte der neue Staatschef wesentliche Perspektivveränderungen. Wie stets, wenn ein Staatschef ermordet wird, gerät zuerst sein Nachfolger ins Gerede. Und wie immer verstummen die Gerüchte, wenn kein Beweis erbracht werden kann und sich der Nachfolger im Regierungssattel etabliert hat.

Auch al-Ghaschmi war in üble Nachrede gekommen wegen des gewaltsamen Todes seines Vorgängers draußen in den Bergen. Hatte er nicht bereits im Januar 1976, damals noch Major und Stabschef, in einem Interview der kuwaitischen Tageszeitung »Al-Qabasch« erklärt: »Die Beziehungen zwischen beiden Ländern [Nordjemen und Saudi-Arabien!] sind sehr eng. Wir gedenken, uns in sehr kurzer Zeit zu vereinigen...« Sicherlich hat diese Äußerung über den Kopf seines Präsidenten al-Hamdi hinweg dem Major in Riyadh ansehnliche Pluspunkte eingebracht und ihn auf der saudischen Warteliste um das höchste Amt in der Jemenitischen Arabischen Republik ganz noch oben gebracht. Wen wundert's, daß nach der Beerdigung al-Hamdis dessen Funktionen reibungslos an den eigens zum Oberstleutnant Beförderten übergingen.

Dem Führungsrat im al-Kasr al-Gumhouri allerdings gehörten nur noch drei Personen an: al-Ghaschmi, der Vorsitzende; Abdullah Abdel

Alim, der Fallschirmjäger-Kommandeur; und der sehr flexible und keine eigenen Machtpläne hegende Premier, Abdul-Aziz Abdul-Ghani. Das Kabinett blieb in alter Besetzung bestehen. In der ersten Amtsphase setzte al-Ghaschmi ebenfalls auf enge Zusammenarbeit mit Riyadh, was Saudi-Arabien mit erhöhten Subsidien belohnte. Doch nach wenigen Wochen entwickelte al-Ghaschmi ein durchaus eigenständiges politisches Konzept, indem er sich der wirtschaftlichen Beihilfe der reichen arabischen Ölstaaten, insbesondere Kuwaits und der Vereinigten Arabischen Emirate, versicherte. Die jemenitische Wirtschaft, wichtigste Voraussetzung für die innere Stabilität der Republik, kam in Schwung. Volk und Regierung wurden von der sich abzeichnenden Prosperität von den Wiedervereinigungsplänen abgelenkt, schienen zufrieden, bis Saudi-Arabien, um sein politisches Monopol zu sichern, noch höhere Investitionen in die Republik dirigierte.

Aber nicht die Belebung der Wirtschaft ist al-Ghaschmis eigentliches Verdienst um den Jemen, sondern die Wiedereinberufung des Nationalen Parlaments, der Madschlis asch-Schura, Anfang Februar 1978. Allerdings, die 99 Delegierten aus den Zirkeln der Geistlichkeit, der Stammesführungen, der Bildungselite und der Kaufmannschaften wurden vom Landesvater selbst bestimmt. Der von al-Ghaschmi errechnete Proporz ließ keine Opposition aufkommen. Auch eine übermächtige Vertretung des Hochlandes durch die aufsässigen Stammesscheichs wurde mit dieser Auslese verhindert. Nun waren die Föderationsoberen zwar eine honorige, aber nicht mehr allmächtige, das Parlament majorisierende Fraktion der Volksvertretung geworden. Wohlweislich vermied al-Ghaschmi eine erneute Berufung des ehemaligen Parlamentspräsidenten Scheich Abdullah bin Hussein al-Ahmar.

Aus den Erfahrungen mit dem unnachgiebig die Stammesmacht gegen die Regierung ausspielenden al-Ahmar hatten alle – Regierung und Unterstämme – einiges hinzugelernt. Deshalb konnte sich der neue Präsident der Unterstützung sehr vieler und wichtiger Föderationen versichern – außer den Haschidis selbstredend, bis er deren Fürst aus dem Parlament ganz ausschloß. Indes, ein Mann wie al-Ahmar ist und bleibt im Jemen eine nicht zu übergehende Größe. Mit seiner Hintansetzung war neuer Konfliktstoff vorhanden.

Die von al-Ghaschmi bestimmten Volksvertreter dankten ihm ihre Berufung, indem sie ihn am 22. April 1978 einstimmig zum neuen Staatspräsidenten wählten. Diesen Titel hatte nur der 1967 abgesetzte Revolutionsmarschall Sallal geführt; seine Nachfolger fungierten als Vorsitzende des Republikanischen Rats oder des Kommandorats, wurden indes mit dem Titel des Präsidenten angesprochen. An die Stelle des mehrköpfigen »Präsidentschaftsrats« trat nun der autark regierende Staatspräsident, was der seit 1974 (al-Iryanis Sturz) andauernden Militärherrschaft ein Ende setzte. Al-Ghaschmis politische Glückssträhne wertete seine positive Profilierung im Lande, in den Städten und bei den Stämmen auf. Die der Republik drohende Krise, innen- und außenpolitisch von al-Hamdi anscheinend vorbestimmt, blieb aus. Der 37jährige Oberstleutnant konnte für sich in Anspruch nehmen, die »demokratischen Freiheiten und Einrichtungen« in der Republik wiederhergestellt zu haben, die mit al-Iryanis Rücktritt verlorengegangen waren. Doch die Wirklichkeit holte al-Ghaschmi bald ein, denn der Jemen blieb ein Jungstaat mit instabilen Verhältnissen und einer, trotz aller finanzpolitischer Stärkungsmittel, schwachen Zentralgewalt. Al-Ghaschmis Bemühungen, die etablierten Machtgruppen und die traditionellen Stammesformationen aufzuweichen, die Stärkung der Armee indessen voranzutreiben und eine Umwandlung der Gesellschaftsstruktur einzuleiten, scheiterten wie alle Versuche zuvor. Mit schuld daran waren die administrative Unfähigkeit der Zentralgewalt und das mangelnde Staatsbewußtsein vieler Nordjemeniten, die glaubten, mit der Revolution hätte man alle Probleme gelöst und alle Pflichten der Republik gegenüber erfüllt.

Trotz allen Fortschritts geriet al-Ghaschmi in ähnliche Schwierigkeiten wie sein Amtsvorgänger al-Hamdi. Als mit seiner Bestätigung zum Staatspräsidenten der Führungsrat aufgelöst wurde, fühlte sich der entlassene Fallschirmjäger-Kommandeur Abdullah Abdel Alim ausmanövriert. Um sich wieder Geltung zu verschaffen, putschte er mit fünfhundert ihm treuergebenen Fallschirmjägern gegen seinen Brotherrn, besetzte strategisch wichtige Teile des Hohen Jemen und drohte mit einem neuen Bürgerkrieg. Al-Ghaschmi, von der Militärrebellion überrascht, konnte nur mit Mühe einige Provinzen mit republiktreuen Stämmen an sich binden. Er bat Major Abdel Alim, Vizepräsident oder zumindest Botschafter in Paris zu werden; doch Abdel Alim lehnte ab. Durch geschickte Verhandlungen mit einzelnen sich dann von Abdel Alim abwendenden Offizieren gelang es al-Ghaschmi schließlich, die Putschisten auseinanderzudividieren, bis wieder Ruhe einkehrte. Mitte Mai 1978 hatte er das Ruder wieder fest in der Hand, und sein Widersacher setzte sich in den Untergrund ab.

Erneut hatte sich erwiesen, daß nur eine starke Armee und eine starke Zentralgewalt gegen Putschisten und Stammesföderationen den Jemen auf Kurs halten konnten – und beides war weder im Sinne Riyadhs noch Adens. Riyadh pochte auf eine gebührende Berücksichtigung seiner Interessen in Sanaa, und Aden prangerte jede prosaudische Kooperation Sanaas als Vaterlandsverrat an.

Auch unter al-Ghaschmi schlossen sich die Interessen der Stämme und der Regierung aus, und dies forderte geradezu eine erneute Annäherung Sanaas an Aden heraus. So stand al-Ghaschmi nach nur sechs Monaten an derselben Markierung der Wegkreuzung – und er schlug nationalbewußt die kongruente Zielrichtung seines ermordeten Vorgängers ein. Wieder liefen die ersten Ansatzpunkte über die nordjemenitische NDF unter deren Führer Sultan Ahmed Umar. Und erneut reagierte der sich in die Vereinigung retten wollende Südjemen-Präsident Salem Rubay Ali positiv. Wie ehedem wuchs das Unbehagen im saudischen Kronrat und im Parteiapparat Adens. Und wieder wurden Konspirationen in Gang gesetzt, diesmal gegen Salem Rubay Ali, die, wenn irgend möglich, auch gleich den verbrüderungswilligen al-Ghaschmi mit in die Tiefe reißen sollten. Adens Parteiapparat war eine Einflußnahme auch auf den Norden zugestanden worden. Dementgegen schien Salem Rubay Ali nicht abgeneigt, eher das System zu opfern, als von der patriotischen Einheit des Jemen abzulassen.

Der zweite Anlauf nationalbewußter Jemen-Führer endete mit einer nationalen Tragödie. Wie al-Hamdi einen Tag vor seiner geplanten Reise nach Aden getötet wurde, ereilte auch seinen Nachfolger al-Ghaschmi einen Tag, bevor er in Aden eintreffen sollte, sein Schicksal. Beiden Nordjemen-Präsidenten war eines gemeinsam: Aden erreichten sie nie!

Am Freitag, dem 23. Juni 1978, rief Rubay Ali bei al-Ghaschmi an, um ihm die Ankunft eines Gesandten mit letzten geheimen Unterlagen für die in Aden zu führenden Gespräche anzukündigen. Zur Tarnung streute man aus, der Emissär führe eine Liste der Flüchtlinge aus dem Nordjemen mit sich, die sich im Südjemen aufhielten. Jedenfalls sah al-Ghaschmi keinen Anlaß, den Sonderbotschafter am 24. Juni 1978 nicht zu empfangen. Es kann nicht ausgeschlossen werden, daß Salem Rubay Ali von den Umsturzplänen gegen ihn Wind bekommen hatte, denn Abdul-Fattah Ismail war ein jederzeit gefährlicher Opponent. Ob Salem Rubay Ali den Nordjemen-Präsidenten um direkte Intervention noch vor Abdul-Fattah Ismails Aktion bitten wollte, bleibt ungeklärt. Aber als der Emissär mit seinem Aktenkoffer Adens Flughafen Khormaksar erreichte, widerfuhr ihm ein bis heute dunkles Schicksal. Der Vertraute Salem Rubay Alis verschwand für immer von der Bildfläche und mit ihm der Koffer, gefüllt mit angeblichen »Beweisstücken« gegen den Südjemen-Präsidenten. Mann und Koffer wurden ausgetauscht. Spätere Versionen glauben einen unbekannten Parteifanatiker, einen Kamikazekandidaten der Staatspartei, ausmachen zu können, andere wiederum sprechen von einem um die Absicht nicht wissenden Austauschboten, dem man einen anderen Koffer in die Hand gegeben habe.

In Sanaa angekommen, wurde der Sendbote sofort zum Staatspräsidenten geführt. Als die Kofferschlösser aufklappten, kam es zu einer ungeheuren Explosion, die al-Ghaschmi und seinen Gast zerfetzte. Aus den Überresten des südjemenitischen Emissärs konnten weder der geheime Sicherheitsdienst noch die Ärzte auf seine Identität schließen. Trotz aller Rekonstruktionsversuche blieb im dunkeln, warum sein Name nicht durch Ausweisüberprüfung festgestellt worden war.

Daß es dem Zentralkomitee Adens höchste Zeit schien, mit den Anhängern der Wiedervereinigungsfronde unter ihrem stillen Schutzherrn Salem Rubay Ali aufzuräumen – daran kann kein Zweifel bestehen. Noch eine Woche vor dem Attentat waren im Südjemen fast 6000 Menschen getötet oder verwundet worden, als sie sich dem fremdideologischen Einfluß in ihrem Lande widersetzten. Nun hatte Moskaus graue Eminenz, Abdul-Fattah Ismail, zurückgeschlagen, indem er den Kern des Widerstands gegen seine Linie im wahrsten Sinne des Wortes explodieren ließ. Seit Monaten hatten sich beide Jemen-Regierungen gegenseitig beschuldigt, an Plänen für einen Umsturz zu arbeiten. Über das bevorstehende Schicksal von Salem Rubay Ali brauchte man kaum noch Vermutungen anstellen.

Ist auch die Beseitigung eines Staatschefs mit landesüblichen Waffen (Pistole, Dolch oder Gewehr) im Jemen nicht neu – das hinterhältige, ja, diabolische Attentat auf al-Ghaschmi erschütterte die Nordjemeniten bis ins Mark. Sofort wurde der Flughafen Sanaa ar-Rahaba geschlossen, die Telefonverbindungen ins Ausland wurden stillgelegt. Die nordjemenitische Regierung brach innerhalb von zwei Stunden die diplomatischen Beziehungen zu Aden ab. Kurz nach der Tat beorderte Premier Abdul-Aziz Abdul-Ghani alle ausländischen Diplomaten in den Regierungspalast und informierte sie über den Hergang des Attentats: »Der verblichene Präsident sei Opfer einer Verschwörung geworden, und verantwortlich sei eine nicht näher identifizierte Gruppe, die bereits ›für ihren Verrat an Gott und Heimatland‹ bekannt sei...« Im Rundfunk hieß es: »Al-Ghaschmi wurde von Kreisen getötet, die für ihre Perfidie gegen die Nation und Allah bekannt sind...« Justizminister Ali al-Thammam verfaßte einen Bericht, der den zuerst verdächtigten Südjemen-Präsidenten Salem Rubay Ali entlastete, aber die »herrschende Clique in Aden als die Urheber des Mordes« anprangerte.

Die Bombe war zwar in der Tasche des Teufelsboten explodiert, aber die nachfolgende Detonation sollte den ganzen Jemen erschüttern. Politische Beobachter rückten einen offenen Krieg in den Bereich des Möglichen. An den Landesgrenzen kam es zu einer Reihe von Scharmützeln, einer Kette von gegenseitigen Überfällen und Racheaktionen.

Im Nordjemen sammelten sich die von al-Ghaschmi gerade noch gezügelten Oppositionskräfte erneut. Die NDF unter Sultan Ahmed Umar und der aus dem Untergrund wieder aufgetauchte Ex-Major der Fallschirmjäger Abdullah Abdel Alim riefen zum Widerstand gegen die wankende Zentralgewalt auf. Im instabilen, ideologieanfälligen Süden um die Hauptstadt Taizz brach eine offene Rebellion aus.

Den einen galt al-Ghaschmi als enger Vertrauter des saudischen Königshauses, was dem Jemen mehr als 500 Millionen Dollar jährlich an Krediten einbrachte, den anderen aber war er durch seine Politik der Annäherung an Salem Rubay Ali zum Garanten einer Loslösung von Riyadh geworden. Ein kleineres drittes Lager behauptete: In saudischem Interesse habe al-Ghaschmi den Südjemen-Präsidenten Salem Rubay Ali überredet, den Parteistaat in Aden durch einen Putsch auszuschalten und Moskau von der Südküste Arabiens ein für allemal zu vertreiben. Ob sich der Kronrat in Riyadh der »Vasallentreue« al-Ghaschmis sicher war, sei dahingestellt. Tatsache ist: In der Frage der ständigen Konfrontation beider Jemen-Staaten arbeiteten diese höchst unterschiedlichen Kräfte in Riyadh und Aden nahezu ideal zusammen – und hatten Erfolg. Nach nur acht Monaten und zwölf Tagen endete der zweite Anlauf zu einer Wiedervereinigung: in einem Blutbad.

Das Ende des Staatspräsidenten Rubay Ali

Unmittelbar nachdem in Aden die Nachricht von der Ermordung al-Ghaschmis veröffentlicht worden war, mit allen Konsequenzen der neu auflodernden Feindschaft zwischen Nord und Süd, standen sich die mächtigsten Männer des Südjemen, Staatspräsident Salem Rubay Ali und Parteiboß Abdul-Fattah Ismail, zum letzten Duell gegenüber. Salem Rubay Ali muß klargeworden sein, daß ihn belastendes Beweismaterial in die Hände seines Intimfeindes gefallen war und daß er schnell handeln mußte, wollte er den vorgezeichneten Kampf um Kopf und Kragen lebend überstehen. Sein Erzrivale Ismail war kein zu unterschätzender Gegenspieler: listig, verschlagen und »mit dem Leben von sieben Katzen versehen«, wie man im Jemen sagt, nachdem er fast ein Dutzend Attentate, oft schwerverletzt, überstanden hatte. Wer war dieser kompromißlose Chefideologe Moskaus in Aden? Wie konnte er zu solch despotischer Machtausübung gelangen? Warum stützte der Kreml immer wieder diesen einen Mann und opferte für dessen Machtausweitung fast die gesamte Elite des Südjemen?

Seit der Südjemen eine eigene Außenpolitik betrieb, hatte es immer wieder Rivalitäten zwischen dem gemäßigten und dem radikalen Flügel innerhalb der Führung der NLF gegeben. Bei der Staatsgründung stand der gemäßigte Flügel noch unter der Leitung des ersten Bauern- und Beduinenpräsidenten Qahtan asch-Schaabi, der linke aber unter Salem Rubay Ali und Abdul-Fattah Ismail. Im gemeinsamen Schulterschluß setzten sich alle drei für radikale Reformen und eine Umgestaltung der Wirtschaft und Gesellschaft auf den Grundlagen des Marxismus–Leninismus ein. Im März 1968 gewann der Parteiideologe eine Abstimmung im Parteirat und erschütterte damit die uneingeschränkte Macht Qahtan asch-Schaabis. Die Einführung von Politkommissaren in der Armee und eine Verstärkung der Volksmilizen als Gegengewicht gegen die konservative Südjemen-Armee waren nur sichtbare Zeichen der langsam anlaufenden Umwandlung des Südjemen in einen kaum noch als arabisch-islamisch zu bezeichnenden Staat. Ein Versuch Ismails, am 14. Mai 1968 die Macht an sich zu reißen, scheiterte. Noch war der Erstpräsident der Liebling des Volkes. Der Festnahme durch die Polizei entzog sich Ismail durch die Flucht nach Bulgarien, das ihm auf Moskaus Geheiß Exil gewährte. Weil die Westmächte in diesem günstigen Moment versäumten, Moskaus Einfluß durch Vergabe konditionsloser Kredite endgültig einzudämmen, war Qahtan asch-Schaabi gezwungen, erneut mit dem linken Parteiflügel zusammenzuarbeiten, mit der Folge, daß Abdul-Fattah Ismail im August 1968 wieder zurückkehren konnte.

Bereits im März 1969 waren die alten Gegensätze wieder aufgebrochen. Am 22. Juni 1969 wurde Qahtan asch-Schaabi vom radikallinken Flügel gestürzt, ohne daß die Massen es wagten, für ihr Idol auch nur einen Tropfen Blut zu vergießen. Asch-Schaabi verschwand fürs erste im al-Mansoora-Gefängnis, wo er quälenden Verhören und psychiatrischer Folterung unterworfen wurde, die seinen charismatischen Charakter zerbrachen. Allerdings, die fast schwärmerische Sympathie im Volke, die der abgesetzte Präsident in Stadt und Land immer noch genoß, erwies sich als unzerstörbar. Als feststand, Qahtan asch-Schaabi würde nie wieder den Versuch wagen, ins Amt zurückzukehren, wurde er in einer Villa unter Hausarrest gestellt. Mehr als zehn Jahre verbrachte er dort, von der Öffentlichkeit ferngehalten und schwer bewacht.

Die Regierungsgeschäfte übernahm ein dreiköpfiger Präsidentschaftsrat unter Leitung des neuen Präsidenten Salem Rubay Ali. Mitkonspirator Abdul-Fattah Ismail wurde Mitglied dieses hohen Gremiums, aber, was noch wichtiger war, er wurde zugleich Generalsekretär der NLF. Als im Mai 1971 der Oberste Volksrat gebildet wurde, das höchste Partei-Machtorgan im kommunistisch regierten Südjemen, wurde Ismail zu seinem Vorsitzenden gewählt. Wie in allen kommunistisch regierten Staaten, wo nicht der Generalsekretär zugleich Staatspräsident ist, schrieb die Parteispitze dem Staatsoberhaupt vor, was zu geschehen hatte. So gab es seit 1971 im Südjemen eigentlich zwei gleichverantwortliche Staatsführer. Salem Rubay Ali zeichnete verantwortlich für die Außenpolitik und die Repräsentanz im Ausland und blieb Oberster Befehlshaber der immer noch konservativ eingestellten Streitkräfte. Abdul-Fattah Ismail blieb für die Partei-, die Innen- und Gesellschaftspolitik unter rein leninistisch-marxistischen Leitlinien verantwortlich. In zahlreichen Besuchen der Sowjetunion und der Ostblockstaaten wußte er seine Position zu festigen. Im Hinblick auf die ihm suspekte Armee unter Salem Rubay Ali verstärkte und vergrößerte er die paramilitärische Miliz des Südjemen, die er aus fanatischen Parteiaktivisten rekrutierte, bis sie an Kampfkraft den Streitkräften ebenbürtig, wenn nicht überlegen war.

Ismails Sturmlauf an die Spitze des Staates war geprägt von der blutigen Auseinandersetzung mit politischen Gruppen, die einst gegen die Briten gekämpft, sich aber auch schon im britischen Protektorat untereinander befehdet hatten. Im Jahre 1939 im Nordjemen bei Taizz geboren, besuchte Ismail auf Geheiß seiner Eltern im Südjemen die Oberschule. Von einem proletarischen Elternhaus konnte er demnach nicht abstammen, sonst hätten ihm die Engländer diesen Bildungsweg versperrt. Bis 1962 arbeitete Ismail dann in der Adener Ölraffinerie, der »British Petroleum Company«, wo er unter dem damaligen Gewerkschaftsführer Abd al-Qawi Makkawi erstmals politisch tätig wurde. Als Lehrer an einer Oberschule hielt es ihn nicht lange. 1963 wurde er zum Mitbegründer der südjemenitischen Sektion der von George Habasch gegründeten »Arab National Movement« – Vorläufer der gegründeten »National Liberation Front« (NLF). Seit dem blutigen Oktober 1963 von Radfan, dem historischen Datum des Beginns des bewaffneten Widerstands gegen die Briten, beteiligte sich Ismail mit Mut und Tapferkeit am bewaffneten Kampf, bis das auf ihn ausgesetzte Kopfgeld einen gefährlich hohen Stellenwert bekam. Ismail tauchte unter. Aber 1965 war er bereits Mitglied des Exekutivkomitees der NLF und 1967 Mitglied der NLF-Delegation unter Qahtan asch-Schaabi, die in Genf die Verhandlungen mit Großbritannien über die Übergabe der Macht an die NLF abschloß. Mit Erlangung der Unabhängigkeit am 30. November 1967 übernahm Ismail in der ersten Nationalen Regierung das Ministerium für Kultur, nationale Führung und Angelegenheiten der jemenitischen Einheit, dem Präsident Qahtan asch-Schaabi eine große Bedeutung zumaß.

Hatten die damals in der ersten Reihe stehenden neuen Männer in Aden gedacht, der junge Nationalist werde noch in verantwortungsvolle Positionen hineinwachsen, so sahen sie sich getäuscht. Ismail setzte auf die Macht der leninistisch-marxistischen Lehren Moskaus, das hier einen absolut verläßlichen Parteigänger entdeckte, ihn förderte und in allen prekären Lagen immer wieder gegen die Staatsspitze in Aden durchsetzte. So wurde aus dem Freiheitskämpfer Abdul-Fattah Ismail ein kompromißloser und konsequent handelnder Repräsentant einer neuen Generation, die die Partei über das Wohl des Islam und der arabischen Interessen stellte. Westliche Länder hatte Ismail kaum besucht, wohl aber alle Einladungen des Ostblocks angenommen, der ihn als Vertreter eines neuen Genossenstaats am Bab al-Mandeb feierte. Er wurde zum zuverlässigen Verbündeten der Sowjetunion bei deren Etablierung von militärischen Stützpunkten im Südjemen und zum Garanten des wachsenden Einflusses Moskaus in diesem Teil Arabiens. Aus dem einst unabhängigen Südjemen wurde ein arabisches Kuba.

Als die Bombe al-Ghaschmi in Sanaa zerriß, war Ismails Zeit gekommen. Er machte seinen Rivalen für die Mordtat verantwortlich und berief das Zentralkomitee ein. Der vorgeladene Salem Rubay Ali stand einer Phalanx von Fanatikern gegenüber, die seine Unschuldsbeteuerungen mit Schmährufen quittierten und ihn aller seiner Funktionen für die Zeit bis zur Aufklärung des Falles enthoben. Salem Rubay Ali war kein Feigling. Er stellte sich der Situation, die ihm wenig Chancen ließ, sich zu rehabilitieren oder gar die Überhand gegen Ismail endgültig zu gewinnen. Er verließ das ZK-Gebäude mit dem festen Vorsatz, sein Leben, aber auch die dem Südjemen noch verbliebenen kleinen Freiheiten so teuer wie nur möglich zu verkaufen. Eine neuerliche Vorladung des Zentralkomitees lehnte er kategorisch ab; angeblich soll er ein Rücktrittsgesuch eingereicht haben, das ihn aber auch des Oberbefehls über die ihm ergebenen Streitkräfte entkleidet hätte, was Salem Rubay Ali nie und nimmer getan haben dürfte.

Salem Rubay Alis Gegenschlag – ein Militärputsch gegen die Parteihierarchie – begann im Morgengrauen des 26. Juni 1978. Einige Düsenjägerpiloten bombardierten den bereits verlassenen Präsidentenpalast, andere flogen Tiefangriffe auf die Regierungsstadt Madinat asch-Schaab. Regierungstreue Artillerie beschoß das Regierungsviertel im Adener Vorort Tawahi. Vom Flughafen breiteten sich die Kämpfe über Maalla nach Crater und Madinat asch-Schaab aus. Jeder der beiden Kontrahenten sammelte seine Waffen tragenden Anhänger: Salem Rubay Ali die Armee, Panzereinheiten und Teile der Luftwaffe, aber auch Garnisonen im Hinterland, Abdul-Fattah Ismail setzte ihm treu ergebene Volksmilizionäre mit panzerbrechenden Waffen ein. Ausschlaggebend für die sich in Aden und im Umland ausweitenden blutigen Machtkämpfe wurden fremde Truppeneinheiten und Instrukteure in Aden: Kubaner, Sowjetrussen, Äthiopier und angeblich auch DDR-Sicherheitskräfte. Sie organisierten den Abwehrkampf gegen die Armee Alis und planten auch die erst entlastenden, dann sogar vernichtenden Offensiven gegen die »Konservativen«.

Der schwarze Montag zersplitterte Südjemens einst geschlossen gegen Großbritannien kämpfende und siegende Freiheitsverbände total. Loyale Regierungstruppen ließen ihrem lange aufgestauten Unmut freien Lauf, und die Parteikader wehrten sich mit einem Fanatismus sondergleichen. Verläßlichen Meldungen zufolge nahmen auf seiten der Armee fast 20000 Soldaten teil. Sie erlitten schwerste Verluste. Fast 6000 sollen in der Gluthitze des feuchtschwülen Aden und in den Provinzhauptstädten umgekommen sein. Schon wurde bekannt, das an der Nordwestgrenze liegende Beihan sei der Partei entrissen und eine andere ungenannte Stadt ebenfalls. Aber ein totaler und glanzvoller Erfolg für Ali wollte sich nicht einstellen.

Wie ein unbändiger Orkan fielen die Massen fanatisierter, auf den Kommunismus eingeschworener Beduinenkrieger und Milizonäre der Bauerngenossenschaften über die Garnisonsstreitkräfte her und machten sie nieder. Angesichts der sich abzeichnenden Niederlage zerbrach die Ali-treue Armee, die sich nun gegenseitig für oder gegen Ismail unter Feuer nahm. Einheiten der Luftwaffe bombardierten erneut den Regierungspalast, in dem Salem Rubay Ali sich wieder etabliert hatte.

Die einst loyale Armee zersplittert und größtenteils aufgerieben, die Luftwaffe übergelaufen ins Parteilager, die Panzerverbände Neutralität signalisierend, indem sie ihre Geschütztürme nach hinten richteten, und Tausende von Toten und Zehntausende von Verwundeten – das war das niederschmetternde Ende eines Tages, der doch dem Südjemen die Regierungssouveränität zurückgewinnen sollte. Salem Rubay Ali wußte, daß er verloren hatte, und ergab sich, obwohl noch die Nacht hindurch und auch noch am Dienstag in Aden und Umgebung weitergeschossen wurde. Ein Sondergericht trat zusammen. Es beschuldigte Salem Rubay Ali und einige seiner Mitstreiter, sie hätten durch Beseitigung der bisherigen »kollektiven Revolutions-, Staats- und Parteiführung« die alleinige Macht an sich reißen wollen. Als Ergebnis der »Aktionseinheit der Streitkräfte und der Massen unter Führung ihrer revolutionären Avantgarde« sei ein Putschversuch Rubay Alis »vereitelt und total zerschmettert« worden.

Das Sondergericht arbeitete wie ein Volksgerichtshof: Das Urteil stand schon fest, bevor man den Angeklagten vorführte, und es wurde bestätigt, ehe der Vorgeführte sich verteidigen konnte. Noch vor

Mitternacht, als von Ferne noch Kampfeslärm tobte, standen Rubay Ali und zwei andere Putschführer vor den Gewehrläufen des Exekutionskommandos. Kaum zweieinhalb Tage hatte der südjemenitische Staatspräsident seinen Amtskollegen in Sanaa, al-Ghaschmi, überlebt. Beide Jementeile standen nun führerlos im politischen Niemandsland.

Aden wurde von einer sicherheitspolitischen Säuberungswelle erfaßt. Niemand wußte in den ersten Stunden nach der Niederschlagung des Putsches, wer gegen wen oder für wen einer sein Gewehr abgefeuert hatte. Deshalb blieb in den ersten drei Tagen die Nachfolge des Hingerichteten offen. Erst wurde als Präsidentschaftskandidat des Übergangs Ali Nasir Muhammad Hassan gehandelt, dann Ali Abdul Aziz Abdul Walib, Minister für Industrie und Tourismus. Letztlich setzte sich aber doch die alte Garde des linken Flügels durch, mit ihren Prominenten auf der Rangliste obenan: Das Ratsmitglied Ali Nasir Muhammad sollte Staatsoberhaupt werden – unter Beibehaltung seiner Ämter als Premier- und Finanzminister.

Bereits am 28. Juni 1978 gab es im Politbüro durch Abdul-Fattah Ismail Umbesetzungen. Drei der neun bisherigen Mitglieder des Gremiums der NLF wurden ausgeschlossen und auch aller anderen Partei- und Regierungsämter enthoben. Als eigentlicher Machtträger trat Ismail jetzt offen auf, neben sich nur Ali Nasir Muhammad und den Verteidigungsminister Ali Ahmad Nasser Antar, den starken Mann mit der geläuterten Armee im Rücken, duldend. Aber nicht genug damit, Ismail zerschlug auch die drei Parteien der im Südjemen regierenden NLF und zwang diese zum Zusammenschluß zu einer auf den Lehren des Marxismus–Leninismus gegründeten »avantgardistischen Partei«. Dies geschah im Zuge der Bildung einer »Vorhutpartei neuen Typs«, die die zum Freiheitskampf gegen die britischen Unterdrücker gegründete Unabhängigkeitspartei, die NLF, einer fremden Ideologie engültig opferte. Aus Überresten formte Ismail seine Wunschpartei, die »Jemenitische Sozialistische Partei«, nach dem Vorbild Moskaus und Ost-Berlins. Abdul-Fattah Ismail hatte seinen Zenit erreicht, als er am 27. Dezember 1978 zum Vorsitzenden des Präsidentschaftsrats und damit zum Staatsoberhaupt aufstieg und Ali Nasir Muhammad auf den Vizeposten verwies. Auch Ismail stand nun am Scheideweg, doch noch jemenitischer Nationalist zu werden oder Vasall fremder Einflüsse zu bleiben.

Während Jemens legendäre Gestalten der Freiheit in Aden unter Hausarrest oder in Kairo und Lattakia im Exil lebten, war ihre Nachfolgergeneration durch innen- und außenpolitische Animositäten und Hegemoniegewalten ausgelöscht worden.

Glut unter der Asche

Erneuter Krieg zwischen Nord und Süd

Kaum hatte er von der Explosion im Präsidentenzimmer Kenntnis erhalten, preschte Oberst Ali Abdullah Salih, seit 1975 Militärgouverneur von Taizz, auf der mit westdeutschen Bundesmitteln erbauten Hochlandstraße nach Sanaa – ein Wettrennen um die Macht! Kurzentschlossen präsentierte sich Salih als neuer Regierungschef und berief eine Sondersitzung der Nationalversammlung ein. Am 17. Juli 1978 bestätigten ihn 76 Abgeordnete – 22 waren abwesend – als Oberkommandierenden der Armee und neuen Präsidenten des Jemen. Seit dieser Stunde lebt Salih »mit der Hand an der Pistolentasche«.

Im Oktober bereits mußte er einen Putsch linksradikaler Kräfte niederschlagen. Gegen »Saboteure aus dem Süden« wurden Armee-Einheiten und MIG-Jäger eingesetzt. Neun rebellierende Armeeoffiziere und drei umstürzlerisch tätige Politiker starben vor der Feuerwand eines Pelotons. Später entkam er mit Mühe und Not dem Beschuß seines Wohnhauses. Wie die Dinge liegen, wird er in Übung bleiben.

Jemens neuer Mann ist Militär, weniger Politiker. Er trägt das Barett der as-Saiqa, einer Kommandoeinheit, die im Bürgerkrieg mehr Schlachten als jede andere Truppe geschlagen und gewonnen hat. Der fünfte Präsident der Jemenitischen Arabischen Republik ist ein sehniger, asketisch wirkender Typ. In seiner Selbstsicherheit, aber auch in seiner Neigung zu instinktiven, oft hitzköpfigen Handlungen, erinnert er an den Gabili-General Qassem Munasser. Wie dieser ist er ein geborener Stammesführer, ein Senhan, der wenig Worte macht, aber zur rechten Zeit zu handeln weiß.

Von Sanaa südlich bis nach Mehaqarah reicht die Einflußsphäre des Haschidstammes Senhan, der an das Weisungsgebiet des Großstammes der Anis grenzt. Die Senhans und Anis haben im Bürgerkrieg zusammen den strategisch wichtigen Jislah-Paß aufopfernd verteidigt, und mit ihnen Salih. Die vielen Ordensschnallen über der Brusttasche des Präsidenten sind keine Kasinodekorationen.

Nur einmal zeigte Salih Lampenfieber: als er die in Hocharabisch geschriebene Antrittsrede als Präsident mit seinem Stammesdialekt nicht ganz in Einklang bringen konnte. Aber sonst überspielte Salih mit einer erstaunlichen Instinktsicherheit schwierige und gefährliche Situationen. Mit dem unbeugsamen Überlebenswillen seines Hochlandstammes und untrüglicher Sicherheit fand er versierte und ihm ergebene Verwandte und Politiker, die ihn beraten und in die Tücken der Regierungsgeschäfte eingewiesen haben.

Nach der Ermordung al-Ghaschmis und der Erschießung Salim Rubay Alis verschlechterten sich die Beziehungen zwischen dem Nord- und Südjemen in dramatischer Weise. Erst beschuldigten sich die neuen Staatsoberhäupter gegenseitig des vorsätzlichen politischen Mordes, dann wurden aus Agitation bewaffnete Auseinandersetzungen. In den Südgebieten des Nordjemen revoltierten Gefolgsleute der linksradikalen NDF.

Beiderseits der Grenzen kam es zu einer nicht aufzuhaltenden Eskalation, die von Aden vorsätzlich geschürt wurde, während man in Sanaa rätselte, ob der neue Präsident die ersten hundert Tage seiner Regierungszeit überleben werde. Unter diesen Voraussetzungen war es kaum möglich, die Situation unter Kontrolle zu bringen.

Überraschenderweise redeten Adens Politiker aber immer noch vom Ziel der Vereinigung beider Jemen. Adens Versicherungen, in einem geeinten Land friedvoll miteinander leben zu wollen, machte insbesondere im Südteil des Nordjemen einen derart tiefen Eindruck, daß Sanaa um die Erhaltung seiner Zentralgewalt im eigenen Staatsgebiet zittern mußte. Ein innenpolitischer Aufstand im Nordjemen könnte dazu führen, die südjemenitische Einheitspartei zur ideologischen Führungsspitze im gesamten Jemen aufzuwerten. Schon hieß es in Sanaa, ganze Stämme seien in den Südjemen übergewechselt. »Sie hätten erkannt, daß die Zukunft des Jemen allein im Süden läge.« Der bewaffnete Aufstand in den südlichen Provinzen fand bei den Stämmen und Bauern, die sich von der Sanaaer Regierung vernachlässigt fühlten, großen Zulauf. Schon ging die Parole um: Die Stunde der nationaldemokratischen Revolution im Nordjemen sei gekommen! Und der Führer der aufmüpfigen NDF, Sultan Ahmed Umar, erklärte öffentlich: Das Ziel seiner Partei sei der Sturz des Obersten Salih.

Aber in dem Stammeskriegsmann Salih täuschten sich Nordjemeniten und Südjemeniten gleichermaßen. Er brach weder, wie erwartet, zusammen, noch wich er einen Deut von seiner Linie ab. Er schickte Entsatz in die bedrängten Südgarnisonen. Diese Armeekontingente konnten zwar nicht siegen, aber auch nicht so endgültig verlieren, daß der Nordjemen-Staat hätte die Flagge streichen müssen. Mit zunehmender Unterstützung der Aufständischen durch südjemenitische Streitkräfte mußte es zwangsläufig zu militärischen Zusammenstößen mit den regulären Nordjemen-Truppen kommen.

Am 23. Februar 1979 überschritten reguläre Truppen beider Jemen die Grenzen. Als ersten Erfolg meldete Aden die Eroberung der wenige

Kilometer von der nordjemenitischen Südostgrenze liegenden Garnisonsstadt al-Beida. Sie sei mit Hilfe einheimischer Bewaffneter, die sich gegen die Regierung in Sanaa erhoben hätten, eingenommen worden. Als Antwort bombardierten nordjemenitische Kampfflugzeuge das »meuternde« al-Beida. Aber die Menschen dieser Stadt hatten eine dermaßen lange Leidenschronik aufzuweisen, daß sie den südjemenitischen Angriff und den nordjemenitischen Vergeltungsschlag – zwar zerschunden, aber nicht zum Aufgeben bereit – auch noch überstanden. Bereits drei Tage später mußten nordjemenitische Truppen noch weiter zurückweichen. Südjemens disziplinierte und hervorragend ausgerüstete Verbände drangen bis rund 60 Kilometer südlich von Taizz vor und eroberten die Grenzstadt Qatabah. Dann versuchten sie, Taizz von Osten her nördlich zu umgehen, wurden aber von nordjemenitischen Stammes- und Armeekräften nach erbitterten Gefechten gestoppt. Dafür eroberten NDF-Milizen und reguläre Südjemen-Truppen die Stadt Harib, und Sturmtruppen stießen bis 130 Kilometer südlich von Sanaa vor.

Adens parteipolitische Strategen hatten die inneren Zerwürfnisse der nordjemenitischen Südprovinzen optimal genützt. Die agitatorisch mürbe gemachten Bewohner der Südprovinz Hudscharijja glaubten den nationalistisch gefärbten Versprechungen Adens und erhoben sich teilweise in Scharen, um Seite an Seite mit »den Revolutionären der ›Nationaldemokratischen Front‹ gegen die Marionettenbehörden von Sanaa« zu kämpfen. Einige Südstämme schlossen sich gar den südjemenitischen Einheiten im Kampf gegen die nordjemenitischen Kräfte und »ihre Söldner« an. Damit waren die Vertrauensleute Saudi-Arabiens, aber auch amerikanische Berater gemeint, die im Auftrag der CIA in Sanaa tätig waren. Als die Südprovinz auseinanderzufallen begann, schien den in- und ausländischen Militärs des Südjemen ein schneller Durchbruch bis Ibb oder gar bis nach Dhamar nur wie die Ausführung eines militärischen Sandkastenspiels. Absolventen der Moskauer Frunse-Akademie in Aden glaubten, sobald der Sumara- und der Jislah-Paß gefallen seien, müsse Sanaa kapitulieren. Um ein Haar hätten sie zwischen dem 23. und 29. Februar auch recht behalten. Denn Ende Februar hatte der Krieg eine Dimension erreicht, die das Interesse der Weltöffentlichkeit weckte und sogar die Supermächte aufschreckte. Die Armee aus dem Süden griff mit modernsten Waffen – hundert Jagdbombern und Kampfflugzeugen sowie Hunderten von T-54- und T-62-Panzern – an. Vor dieser Feuerkraft wichen die Nordarmisten zurück. Mehrere Offiziere liefen sogar mit ihren Detachements über und übergaben ihre amerikanischen Handfeuerwaffen den scheinbaren Siegern.

Es bleibt das historische Verdienst von Oberst Ali Abdullah Salih – ein Fels in der Brandung –, daß das nordjemenitische Staats- und Verteidigungsgefüge nicht vollends auseinanderfiel. Schließlich appellierte er an die noch nicht von Aden infizierten Stammesföderationen Hudscharijjas, den Heimatgau mit ihren letzten Tropfen Blut gegen die kommunistische Aggression zu verteidigen. Auch Nordjemens Religionsführer mobilisierten den Islam gegen den Ansturm der Atheisten aus Aden: Sie riefen die Bevölkerung beider jemenitischer Staaten auf, sich zu bewaffnen und die marxistischen Machthaber in der Demokratischen Volksrepublik Jemen im Namen Allahs zu bekämpfen. In einem über Radio verbreiteten Aufruf wurde dem Südjemen vorgeworfen, den Islam zugunsten des Marxismus aufgegeben und nordjemenitisches Gebiet angegriffen zu haben. Mehr noch, alle Stämme in Nord und Süd wurden aufgefordert, den Marxismus zu bekämpfen und der islamischen Glaubenslehre treu zu bleiben.

Oberst Salihs sinkender Stern begann wieder zu steigen. Allerdings half ihm auch die Ernüchterung der Südteilbewohner ob der radikalen Intervention der Südjemeniten. Hatte Aden nicht ein friedvolles Miteinander versprochen? Und nun nichts als Blut und rauchende Dorfreste! Die überzeugenden Appelle des Präsidenten und der Religionsprominenz verhallten nicht ungehört. Aus ihrem islamischen Echo formierten sich die zersplitterten Kräfte Hudscharijjas zu geeintem Widerstand, im Schulterschluß mit den regierungstreuen Streitkräften Sanaas.

Vornehmlich dem Aufbäumen der Stämme war es zu verdanken, daß der südjemenitische Eroberungsplan doch nicht aufging. In blutigen Nahkämpfen – Mann gegen Mann, wo die moderne Bewaffnung den Sieg nicht mehr garantierte – wurde Hudscharijja bis auf wenige Landzipfel wieder freigekämpft. Doch dauerte es noch geraume Zeit, bis Waffenstillstandsverhandlungen eingeleitet und erfolgreich abgeschlossen werden konnten.

Als der schon greifbare Sieg den Südjemeniten entglitten war, gaben sie am 27. Februar 1979 ihre Bereitschaft zu erkennen, die Vermittlung der Arabischen Liga zu akzeptieren, setzten aber die Kampfhandlungen fort. Sonderbeauftragte des syrischen Präsidenten Hafis el-Assad und des irakischen Präsidenten al-Bakr wurden am 28. Februar zu Schlichtungsgesprächen nach Aden und Sanaa delegiert, um eine Beendigung der Kämpfe zu erreichen.

Jetzt erst wurden die saudiarabischen Streitkräfte in Alarmbereitschaft versetzt. Doch unternahm Riyadh nichts, um seinen Verbündeten militärisch nachhaltig zu entlasten. Fällt Sanaa, fällt auch der konservative Staat der Saudis, so wurde in Sanaa argumentiert, und sicherlich nicht zu Unrecht. Aber Riyadh tat nicht nur nichts, es hielt auch die Vereinigten Staaten davon ab, dem bedrohten Nordjemen unverzüglich mit Waffenlieferungen über die saudische Grenze unter die Arme zu greifen.

Nordjemens Außenminister al-Asnag reiste nach Khartum zu Präsident Numeiri und Südjemens Außenminister Muhammad Salih Muti auffallenderweise zu König Khaled nach Riyadh und nach Kuwait. Rückendeckung für die von der Arabischen Liga auszuhandelnden Friedenskonditionen hatte sich Präsident Salih am 8. März 1979 bei Syriens Hafis el-Assad geholt; nicht minder agil war der Emissär al-Asnag in Kairo bei Präsident Anwar as-Sadat vorstellig geworden.

Ungeachtet einer Waffenstillstandsvereinbarung und einer zur Schlichtung des Konflikts einberufenen Sondersitzung der Arabischen Liga, gingen auch am Wochenende vom 3. zum 4. März 1979 die Kämpfe zwischen Nord- und Südjemeniten weiter. Selbst der Gouverneur der nordjemenitischen Ostprovinz Marib, Abdullah Mohammed Saif, war ins marxistische Lager übergelaufen.

Die Sondersitzung der Arabischen Liga in Kuwait war kein einfaches Unterfangen. Schließlich hatten auf südjemenitischer Seite – dies macht die Erfolge noch erklärlicher – auch kubanische und äthiopische Truppen und Berater, angeblich auch DDR-Instrukteure, militärische Einsatzdienste geleistet. An der Sondersitzung nahmen Delegationen der 21 Mitgliedsstaaten und der PLO teil, und der Rat einigte sich schließlich weitgehend auf den vom Irak, Syrien und Jordanien erarbeiteten Friedensplan: Rückzug aller in den Konflikt verwickelten Streitkräfte innerhalb von zehn Tagen aus dem Kampfgebiet, Einstellung der agitatorischen Rundfunkpropaganda, Öffnung der Grenzen in Frieden. Und mit einem Seitenhieb auf die im verborgenen wirkenden Schubkräfte der Supermächte in diesem Konflikt wurde verkündet: Die jemenitischen Staaten und alle anderen arabischen Staaten seien fest entschlossen, sich der Einmischung Dritter in die Angelegenheiten des Nordjemen und des Südjemen zu widersetzen.

Am 16. März 1979 begannen die Jemen-Staaten mit dem gleichzeitigen Abzug ihrer Truppen aus den Frontlinien. Unter dem blutigen Schlußstrich des Nationalkrieges zwischen Nord und Süd stand wieder einmal die erschütternde Bilanz von Tausenden von Toten und Verwundeten und Schäden in Dörfern und Städten. Hatten Adens Machthaber auch nicht ihre Ziele erreicht, Sanaa hatte eine zumindest schmerzliche Lehre über seine Schwäche und Instabilität hinnehmen müssen.

Ende März trafen sich die beiden Staatschefs Salih und Ismail in Kuwait zur endgültigen Verabschiedung und Unterzeichnung des Waffenstillstands. Die persönliche Zusammenkunft der beiden Staatsoberhäupter endete – wie 1972 zwischen al-Iryani und Salim Rubay Ali – mit einer erneuten Überraschung. Wieder einmal wurde ein Abkommen über die baldige Vereinigung der beiden jemenitischen Staaten – dieses Mal innerhalb von vier Monaten – unterzeichnet. Der neue Staat sollte dann die Bezeichnung »Jemenitische Volksrepublik« tragen.

Wiederum war die Initiative vom Südjemen ausgegangen, der sich damit seine weitertragende Rolle als der wirkliche Verfechter der Fusion im Kreis der arabischen Staaten sicherte. Oberst Salih konnte sich der Umarmung Adens nicht entziehen, ohne den Krieg nicht nachträglich doch noch zu verlieren, denn Abdul-Fattah Ismail machte die Vereinigung des Jemen zur Bedingung für die endgültige Beilegung der Kriegshandlungen zwischen den beiden Jemen. Mit seiner maroden Armee konnte Salih einen neuen Waffengang kaum riskieren. Über den wahren Wert seiner angeblichen Verbündeten, insbesondere Saudi-Arabiens und der Vereinigten Staaten, war ein ernüchternder Schock eingetreten, der von nun an Salihs Politik maßgeblich veränderte.

Der große Waffenpoker

Die vor und während der Kampfhandlungen von Saudi-Arabien geradezu erflehte Waffenhilfe ließ bis nach dem Ende des großen Grenzkriegs auf sich warten. Dann erst trafen schubweise veraltete Panzer und Flugzeuge vom Typ M-60 und F-5E ein. Wie sollten sich die Nordjemeniten jedoch damit gegen sowjetische T-62 und MIG-23 wehren? Da nutzte es wenig, daß die nordjemenitische Regierung sich in ihrer Not mit dem Verlangen an den amerikanischen Botschafter in Sanaa wandte, die Waffenunterhandlungen nicht über Riyadh, sondern direkt führen zu können.

Die Nordjemeniten verlangten modernste Ausrüstung im Verhältnis 1:3 zur sowjetisch-südjemenitischen. Alles, was die Amerikaner aus Rücksicht auf die Saudis bieten wollten, waren leichte Panzerabwehrwaffen und Flakgeschütze. Die Supermacht USA wachte zu spät auf. Dann inszenierte sie eine Hollywood-reife Show und unterzeichnete endlich einen Vertrag über die Lieferung von zwölf Kampfflugzeugen, 64 Panzern und 50 gepanzerten Mannschaftstransportwagen im Wert von rund 300 Millionen harten US-Dollar – auf saudische Rechnung zwar, aber viel Geld für veraltete Waffensysteme! Zudem wollten sie in den kommenden zwei Jahren 300 Militärberater in den Jemen schicken. Sollte die Ausbildung der Jemeniten am amerikanischen Gerät nicht abgeschlossen sein, erwog man dieses durch *saudische* Soldaten bedienen zu lassen – ein Affront ersten Ranges gegen die wenig saudi-freundlichen Jemeniten! Um ihr vitales Interesse an der Erhaltung des saudischen Königshauses zu zeigen, schickte Washington den atomkraftgetriebenen Flugzeugträger »Constellation« mit einer kleinen Marine-»Task-Force« in die Region des Persischen Golfs. Ein amerikanischer General sollte von Riyadh aus die Waffenlieferungen aus saudischen und amerikanischen Beständen koordinieren, die von rund siebzig US-Ausbildnern des Heeres und der Luftwaffe begleitet werden sollten.

Diese Entscheidung Präsident Carters erfolgte nicht etwa zu Beginn der Kämpfe, sondern erst, nachdem die Arabische Liga ihre Friedenskonditionen ausgearbeitet hatte. Inzwischen war die nordjemenitische Armee längst von modernsten sowjetischen Waffensystemen zusammengeschossen worden, und nur der eigene Mut und der neuentflammte Widerstandswille seiner republiktreuen Stämme und Armeeüberreste hatten die Nordrepublik vor dem militärischen Zusammenbruch gerettet. Daß Amerika erst dann Waffen in das »explosive Gebiet« schicken wollte, als der Nord- und Südjemen sich unter dem Zuspruch anderer arabischer Staaten um eine friedliche Regelung ihres Konflikts bemühten, wurde von den Vermittlerstaaten als »grobe Einmischung in die inneren Angelegenheiten arabischer Länder« interpretiert.

Als dann auch Moskau Flagge zeigte und den sowjetischen 44500-Tonnen-Flugzeugträger »Minsk« mit 25 U-Boot-Jagdhubschraubern vom Typ »Kamow« und 36 Kampfflugzeuge vom Typ »Jak« (Senkrechtstarter) als Antwort auf die US-»Constellation« in den Indischen Ozean dirigierte, beschwerten sich die konservativen arabischen Ligastaaten wie zuvor ihre progressiven Brüder: »... ein Versuch, die Verhandlungen zu torpedieren und die Spannungen in den Beziehungen zwischen dem Nord- und Südjemen aufrechtzuerhalten.«

Diese Machtdemonstration Washingtons und Moskaus vor der alljemenitischen Haustür könnte die beiden Staatschefs Ali Abdullah Salih und Abdul-Fattah Ismail in Kuwait endgültig dazu bewogen haben, doch gemeinsam das Projekt eines großjemenitischen Staates, frei von jeder Bevormundung, wieder aufleben zu lassen. Sie waren zu der bitteren Erkenntnis gekommen, daß sie nicht Freunde ihrer Protektorstaaten waren, sondern daß die kleinen Verbündeten nur als Kanonenfutter der Supermächte herhalten sollten. Der nordjemenitische Informationsminister forderte sowohl die Sowjetunion als auch die Vereinigten Staaten auf, sich aus den inneren Angelegenheiten seines Landes herauszuhalten. Dem südjemenitischen Präsidenten Abdul-Fattah Ismail war eine derart freie Meinungsäußerung an seinem Protektor Sowjetunion nicht möglich. Aber Ismail, dieser treueste

Verfechter der Moskauer Linie, wandelte sich nach der »Stunde der Wahrheit« zum Nationalisten. Weil im Jemen nichts verborgen bleibt, je mehr man verbergen will, rückte Ismail auf der sowjetischen Liste suspekter Personen ganz nach oben.

Präsident Salihs Reaktion war typisch. Energisch machte er reinen Tisch mit all den leeren Versprechungen. Sein Staat war nicht länger gewillt, den westlichen Einfluß mit einer Steinschleuder verteidigen zu sollen. Salih bat die Sowjets zu Tisch. Unverzüglich erhielt er Zusagen zu annehmbaren Konditionen. Zur Zeit meines Aufenthalts im Jemen gingen am 17. März 1980 die ersten acht T-62 von der Laderampe in Hudaidah. Solange sich die nordjemenitischen Waffenwünsche im Rahmenverhältnis von 1:3 zum Südjemen verhielten, sah die UdSSR keinen Anlaß, diese einmalige Rückkehrgelegenheit in den Nordjemen auszulassen.

Die Reaktionen in Riyadh, Washington und hierzulande waren heftig. Flugs hieß es – und heißt es wohl immer noch: Schert der westlich orientierte Nordjemen jetzt aus der Spannungszone aus? Wird der Südwesterker Arabiens vollends kommunistisch? Das drohende Desaster der amerikanischen Arabien-Politik zeigt auf, daß man seit dem Sturz des Schah nichts hinzugelernt hat. Denn mit Überheblichkeit spielt Washington weiterhin die strategische Bedeutung des Nordjemen herunter, zetert aber über die ständige Erweiterung sowjetischer Militärbasen auf südjemenitischem Boden. Eine Revision dieser Fehlbeurteilung ist dringlich. Vor allem Saudi-Arabien muß seine Jemen-Politik grundlegend ändern. Ohne Hilfe eines militärisch starken Nordjemen ist Saudi-Arabien verloren, wenn die Entwicklung den Machthabern in den Palästen entgleitet. Erste Warnzeichen gibt es bereits.

Der Kampf um die Moschee

Nach dem blutigen Machtwechsel im Iran wächst auch in Saudi-Arabien der Einfluß der islamischen Fundamentalisten. Vielen ist der Luxus der Glitzerstädte ein Greuel. Die abweisende Haltung der Stammesföderationen ist staatsbedrohend.

Der unerklärte Erzfeind des Königshauses – es soll Prinz Mohammed, der ältere Bruder des verstorbenen Königs Khaled sein, der 1965 auf die Thronfolge verzichtet hatte –, gefürchtet als »Abu Dscharrein« (Prinz »Zwei Teufel«), ist kein am Lager beschworenes Trugbild, sondern bittere Wirklichkeit. Der betagte Prinz ist ein dem Kronrat nicht faßbarer Gegner, dem es 1978 sogar einmal gelingt, mit seiner

Stammesarmee die Rundfunkstation Dschidda besetzt zu halten. Seine »Macht der Schwarzen Zelte« ist bei den Stämmen in der Westprovinz Hedschas derart überragend, daß das innerlich labile Königshaus Separationsängste haben muß. Mit dem Richtschwert kann es also dieses interne Problem nicht lösen.

Seit 1975 sind mehr als ein Dutzend Rebellionen in der Armee und Luftwaffe nur mit Mühe niedergeschlagen worden, und das Blutbad um die Große Moschee »Madschid al-Haram« in Mekka wird noch lange einen dunklen Schatten über Saudi-Arabien werfen. Die offizielle Erklärung der Schlacht um die Minarette ist: »Es war die Tat einer Gruppe religiös Fehlgeleiteter: Wir haben keine fremden Hände gefunden. Natürlich gab es Bandenmitglieder, die nicht aus Saudi-Arabien stammten (aus Ägypten, Kuwait, dem Nord- und Südjemen, Marokko und Pakistan). Aber ausländische Regierungen, andere Elemente oder Gruppen waren daran nicht beteiligt.« (Inverview mit Prinz Saud al-Feisal am 10. März 1980)

Ein arabisches Sprichwort sagt: »Die Wahrheit schwimmt immer nach oben!« In Wirklichkeit war der Angriff fanatischer Moslemrebellen auf die Große Moschee ein von allen Schichten des arabischen In- und Auslandes getragener, mißglückter Staatsstreich gegen die saudische Monarchie, der sich gezielt gegen König Khaled richtete. Der Putschversuch unter »dem Deckmantel« der Religion – die das islamische Banner im Kampf gegen den Absolutismus der saudischen Krone übernehmen sollte – war auf eine »revolutionäre« Umwandlung des Landes ausgerichtet. Libyen und der Südjemen sollten mit Waffenlieferungen die Voraussetzungen schaffen. Ziel der Rebellion sei die Gefangennahme des Königs beim Gebet in der Großen Moschee gewesen. Seine Freilassung hätte nur bei Erfüllung von drei Forderungen zu erfolgen: Errichtung einer Islamischen Republik, drastische Drosselung der Ölproduktion und Lösung der Bindungen an den Westen.

Ist es nicht sonderbar, daß sich König Khaled gerade an diesem Tag unwohl fühlte und den siebenmaligen Umrundungsgang um das Allerheiligste absagte?

Monate zuvor hatten bereits sittenstrenge Nomadenstämme des Hedschas mit revolutionären Kräften gemeinsam gegen die Allmacht Riyadhs gemeutert. Es gab und gibt verschiedene Lager der Unwilligen. Im heiligen Dreieck der Koran-Städte Medina, Mekka und Taif sammeln islamische Funktionäre für die Untergrundbewegungen zwischen Nacht und Morgenröte Scherflein zur finanziellen Unterstützung künftig noch drastischerer Maßnahmen. Insbesondere die Mekkaner, die sich angesichts der luxuriösen Verunstaltung ihrer Stadt durch die Hotelpaläste, finanziert von der Zentralgewalt, schon untergehen sehen, geben reichlich. Ist doch der Handel mit Devotionalien, mit erschwinglichem Obdach und frugalen Nahrungsmitteln heute nicht mehr ihr alleiniges Privileg. Zur Zeit gleicht die Pilgerkapitale des Islam mehr einem inflationären Schachermarkt denn einer reinen Begegnungsstätte der Mohammedaner mit Allah und seinem einzigen und alleinigen Propheten Mohammed auf heiliger Erde. Doch nicht allein die Städter, die sich um den Profit betrogen fühlen, sondern vor allem die bei den Stämmen hoch im Kurs stehenden, gegen den Hof agierenden Ulama und die Fundamentalisten im Reich sind die Hauptträger der Revolte: Sie hatten sich mit von Ajatollah Khomeini beeinflußten schiitischen Glaubensfanatikern verbündet, die sich wiederum mit – was undenkbar schien – sunnitischen Eiferern in einem Zweckbündnis zusammenschlossen. Daß daraus eine sozialistisch-radikale panarabische Front erwachsen konnte, ist eines der uns unverständlichen Mirakel Arabiens!

Während eines vorbereitenden Jahres entsteht so ein Netzwerk konspirativer Querverbindungen, das den ganzen Westen und die Südgrenzen mit einbezieht. Denn die Macht des Basars reicht nicht nur in die großen, sondern auch in die mittleren und kleinen Handelsniederlassungen des Reiches. Diese halten direkten Kontakt mit den noch nomadisierenden Stämmen im westlichen Nadschd und im Hedschas, und es wird offensichtlich, daß der hier durchgeführte Handel mit Kleinwaffen und Munition in seinem beträchtlichen Umfang dem saudischen Geheimdienst entgangen ist. Aus Kuwait, aber auch aus dem Nord- und Südjemen bringen die Nachtkarawanen nicht nur Propagandamaterial, auch Maschinenpistolen, Bazookas und Mörser samt Munitionskartuschen kommen so über die Grenze.

In den Wellblechbaracken der islamischen »Fremdarbeiter« gärt es. Die unhygienischen Lebensbedingungen rufen die progressiven Araberstaaten – Libyen, Algerien, Kuwait und die beiden Jemen, aber auch den Irak und Pakistan – zu einer muslimischen Initiative gegen den »modernen Sklavenhandel« auf die Sozialszene. So finden sich innere und äußere Gegner des Saudi-Regimes zusammen, bis der Tag anbricht, an dem die Welt erkennen könne, daß das saudische Reich auf tönernen Füßen wankt.

Mit 1500 schwerbewaffneten Anhängern, die von eingeweihten Sympathisanten in den Reihen der Religionspolizei, die die Stadttore streng zu bewachen hat, unkontrolliert eingelassen werden, stürmt der »Erneuerer«, der Saudi Dschuhaiman bin Seif al-Oteibi, am 20. November 1979 um 5.30 Uhr morgens das Allerheiligste. Mit der Okkupation der Kaaba, der Anlagen um den Heiligen Stein, wollen die Rebellen in der arabischen Welt ein Zeichen setzen. Alles ist gut vorbereitet. Aus einem roten Chevrolet wird ein Sprengstoffpaket gegen den al-Maadhar-Palast geschleudert. (Woher weiß man schon vorher, daß der König ihn wegen eines Unwohlseins nicht verlassen würde?) Überall im Lande flackern Unruhen auf. Im unglücklichen Taif, das einst den um Obdach ersuchenden Propheten Mohammed mit Schmährufen und Steinwürfen vertrieben hat, wird zum selben Zeitpunkt wie in Mekka die Moschee angegriffen und teilweise besetzt. Auch in der nördlichen Provinzhauptstadt Tabouk gehen die Rebellen zum Angriff über. Bis an die Zähne bewaffnet, stehen sich Armee und Aufständische gegenüber – bekämpfen sich aber nicht. Alle warten, ob König Khaled diese Rebellion lebend übersteht. Niemand will sich als der echte Usurpator demaskieren, bevor die Würfel gefallen sind.

Unterdessen tobt im Areal der Großen Moschee in Mekka ein mörderisches Duell der Scharfschützen. Von den Minaretten dirigieren die Rebellen eine Sperrfeuerfront gegen die über die weiten Hofflächen schutzlos vorgehenden saudischen Soldaten. Es gibt entsetzliche Verluste auf beiden Seiten. Tagelang wogt die Schlacht, aber der Widerstand kann von saudischen Einheiten nicht gebrochen werden. Über der allerheiligsten Kaaba stehen noch lange Rauchsäulen, treiben Schwaden verbrannten Fleisches, zieht Geruch Verwesender, die seit fast zwei Wochen der Sonnenglut ausgesetzt sind. Der Königshof muß fremde Einheiten ins Land rufen, denn das Reich erbebt vor dem Ungewissen. König Hussein stellt eine Spezialeinheit zur Verfügung, und aus Paris reist eine kleine Sondereinheit der GIGN (eine Art GSG9) nach Dschidda. Erst am 4. Dezember 1979 räuchern die Franzosen und von ihnen im Schnellehrgang ausgebildete saudische Spezialeinheiten mit drei Tonnen CB-Gas, dreißig Zerstäubern und 50 Kilo Plastiksprengstoff – mit Spezialgasmasken vor den Gesichtern – die Insurgenten-Bastion endgültig aus. Es ist ein erbitterter Kampf Mann gegen Mann. Aber die Planung und Ausführung wird erst möglich, als man in Kairo einen ägyptischen Architekten ausfindig macht – und mit ihm die Pläne des antiken Lagen-Labyrinths der seit 1000 Jahren ständig erweiterten Moschee-Anlage.

Von den 1500 Aufständischen fallen fast alle. Nur noch etwa fünfzig ausgemergelte, halbverdurstete Fanatiker gehen in Ketten in Gefangenschaft. Sie währt nur kurz. Schnell beenden die geübten Schwertstreiche der Scharfrichter die Schmach des Königs und des Reiches.

Die politischen und psychologischen Auswirkungen des Geschehens freilich sind noch nicht abzusehen. Vor allem hat der Islam auf saudischem Boden eine tiefe Wunde erhalten. Nach dem Fall der Moschee bricht zwar der Aufstand allerorten zusammen, doch König Khaled selbst, ein weitaus moderaterer Herrscher als sein Vorgänger

Feisal, ist bis ins Herz getroffen. Am 13. Juni 1982 stirbt er. Aber der Kampf um die Große Moschee und den wahren Islam ist noch nicht zu Ende.

Fortschritt, was ist das?

Aufgeschreckt stiebt am Bab al-Jemen ein Schwarm Krähen in den Sonnenglast des jemenitischen Frühjahrshimmels. Aber es ist weder Maschinengewehrfeuer noch ein Schußwechsel aus den Bunduqs, den gut eingeschossenen Gewehren der Stammeskrieger und der ihren Besitz verteidigenden Händlerschaft, der sie hochjagt und auf Südkurs setzt; es sind die knatternden Auspuffrohre chromblitzender japanischer Motorräder. Die Easy-Riders des Nordjemen geben sich ein Stelldichein. Die jungen Lederjacken Sanaas haben die Sandalenkolonnen der stammesstolzen Bergkrieger abgelöst.

Jenseits des hohen Torbogens breitet sich der pittoreske Markt wie eh und je aus. Doch sind es nicht Landeserzeugnisse, die in traditionellem Feilschen und Tausch angeboten werden: Bananen aus Ekuador, Äpfel aus dem Libanon und Orangen aus Nordafrika liegen zu Inflationspreisen aus. Die Früchte der Revolution kommen die Jemeniten tagtäglich teurer zu stehen. Leer steht die in den Nationalfarben gestrichene Bretterbude der Marktaufsichtspolizei.

Es gibt kein funktionierendes staatliches System mehr im Lande. Jeder Flughafenzöllner, jeder Straßenpolizist, jeder barfüßige Soldat gibt sich wie der Präsident selber, erteilt in seinem Bereich Anweisungen, welche die Zentralgewalt dem Gespött der flinken Volkszunge preisgeben. Wo am 26. September 1962 Ali Abdul Moghny, Leutnant der imamitischen Armee, den Startschuß zur Revolution gab, herrscht in den achtziger Jahren Verkehrschaos. Während der Rush-hour schieben sich laut hupend Stoßstange an Stoßstange Mercedes, BMW, Toyota, Datsun und Suzuki vom Tahrir-Freiheitsplatz bis zur ehemaligen Karawanserei der Revolution, dem langsam in sich zusammenfallenden »Al-Makha«. Zur Nacht aber parken die Nobelkarossen, bis zu den Achsen im Schlamm, vor den abbruchreifen Lehmtürmen der Altstadt, wird das jemenitische Wirtschaftswunder mehr zur Parodie als zur Ouvertüre in eine neue Zeit. In den Haupt- und Basarstraßen türmen sich Kartons mit japanischen Farbfernsehern, gigantischen Kühlschränken und Gefriertruhen, wattstarken Hi-Fi-Anlagen auf ausgetretenen Trottoirs. Kosmetika aus den USA, Kleidung aus Großbritannien, Nahrungsmittel von überallher – nur nicht von den Terrassenfeldern des Jemen.

Wohl dem, der im saudischen Nachbarland einen Sippschaftler zur Arbeit hat. Fast eine Million Jemeniten placken als ungelernte Hilfskräfte um Lohn und Brot. Wer bis zur Auszehrung spart, kann pro Jahr mehr als 40000 Mark nach Hause schicken. Staunend findet der Gastarbeiter, der sich in den hitzebrodelnden Wellblechbaracken eine einzige Dose Ölsardinen zu siebent mit Pakistanis und Kaschmiris teilen muß, in seiner Heimatbaude Farb-TV und Kühlschrank, aber keinen Stromanschluß vor. Doch schon locken die Löhne der jemenitischen Gastarbeiter pakistanische und südkoreanische Fremdarbeiter ins Land Jemen, um den armen Herren von gestern ihre neuen Paläste für morgen zu bauen.

Für ihre Zweitklassigkeit auf dem saudischen Arbeitsmarkt nehmen die jemenitischen Gastarbeiter – voll unterdrückten Zornes – manche Erniedrigungen hin. Wer wie ich mit eigenen Augen gesehen hat, wie in Dschidda oder Riyadh heimwehtrunkene, meist analphabetische Jemeniten beim Urlaubsflug in die Heimat von saudischen Ordnungskräften in Reih und Glied geprügelt werden, kann sich ausmalen, wann der aufstauende Dampf den Deckel vom Topf katapultieren wird. Vermutlich wird die saudische Ölproduktion entweder aus Rivalitätsgründen zu den vom Iran beeinflußten OPEC-Entscheidungen oder als Kooperationsbeweis anstehender Boykottmaßnahmen progressiver arabischer Staaten gegen die amerikanische Flottenpräsenz vor den Küsten des Libanon und des Golfs erheblich gedrosselt werden müssen, andernfalls werden dies subversive Organisationen in Saudi-Arabien gewaltsam versuchen. Das hieße dann für mindestens 400000 Jemeniten Abschub in die Arbeitslosigkeit. Wird sich dieses neue Proletariat einfügen lassen in den innerlich ungeordneten Jemen?

Überall läßt sich erkennen, wie die gegenwärtige Ölpreis-Hausse ein unterentwickeltes Land – dafür ist der Jemen ein Schulbeispiel – ruiniert. Denn die auf saudischen Ölfeldern arbeitenden Jemeniten zahlen mit ihrem Lohn einen erheblichen Teil der Inflationskosten. Es ist abstrus, aber bis 1980 bezieht der Jemen seinen Erdölbedarf vom weit entfernten Kuwait. Riyadhs Verpflichtungen gegenüber den multinationalen Konzernen hätten Vorrang! So muß die Republik Jemen auf dem Spotmarkt saudisches Erdöl zu Tageshöchstpreisen aufkaufen – ein Barrel ohne Boden.

Bei einem Prokopfeinkommen von zirka 1200 Mark im Jahr beträgt die Inflationsrate zur Zeit etwa 70 Prozent für Nahrungs- und Gebrauchsmittel und bis zu 200 Prozent Teuerung für Benzin, Baumaterial und Kraftfahrzeuge. So schnell wechseln die Rial ihren Besitzer, daß es gut möglich ist, einen morgens ausgegebenen Zwanzig-Rial-Schein abends als Wechselgeld zurückzuerhalten.

Die überall erkennbare Wirkung des saudischen Dollarbeschusses und der zerstörerischen Folgen ist schockierend. Dies ist eine andere Republik, als ich sie in Erinnerung habe. Eher schon ein Klein-Saudi-Arabien, und die jemenitischen Republikaner befinden sich in einem Rausch von Geld und Profit. Die Zeiten, da man sein letztes Stück Brot teilte – sie sind ein welkendes Blatt im Geschichtsbuch dieses einst so stolzen Bergstaates geworden. Viele Jemeniten sind bereit, ihre Traditionen für ein paar Rial einfach über Bord zu werfen.

Weil ich nicht mehr im abbruchreifen »Al-Makha«-Hotel herumgeistern will, bin ich bei meinem Sanaa-Besuch im März 1980 in »Sam's City-Hotel«, am Anfang der Hauptstraße, gezogen. Pro Schmalbett zahle ich 55 Dollar für eine vom Straßenverkehr und Dauerhupen gestörte Nachtruhe. Aber im Foyer rasselt die Telex-Maschine auf Hochtouren, und die Lämpchen der Telefonzentrale leuchten reihenweise auf wie im Cockpit eines Düsenriesen. Vom Fernsehschirm in der Kaffee-Ecke flimmern TV-Konserven. Gleich rechts neben »Sam's City-Hotel« hat ein »Kentucky Fried Chicken«-Restaurant eröffnet. Nun sitzen die in »ihre Stadt« gewanderten Stammeskrieger nicht mehr auf dem Freiheitsmarkt und verköstigen sich mit Hirsebrei und heißen Hammelstücken aus den Garküchen unter offenem Himmel, sondern auf Plastikstühlen und essen von Papptellern Kentucky-Brathähnchen für zwölf Mark die Portion!

Mein alter Freund Nasser al-Muafa holt mich abends ab, und wir verbringen einige Stunden in seinem Haus in der Algeria Street am Stadtrand. Einst lag es auf freiem Feld, wo nachts wilde Hunde umherstreunten; heute ist es eingeschlossen von einem Neubaukomplex und von parkenden Limousinen umstellt wie innerhalb einer Wagenburg aus amerikanischen Pioniertagen. Nasser al-Muafa hat nicht zu klagen, und er meint, der gegenwärtige Zustand einer nicht ins Alltagsleben eingreifenden Regierung sei geradezu ein Gottesgeschenk für die jemenitischen Individualisten. Trotz alledem, er sinniert offen über die verlorenen Chancen der nationalen Einheit, des republikanischen Geistes und der offensichtlichen Unfähigkeit der Jemeniten, als Bürger Staatsverantwortung mittragen zu wollen. Nicht von ungefähr erzählt er von den erheblichen landwirtschaftlichen Fortschritten im Bani-Huscheisch-Gebiet, wo man Hunderte von Brunnen angelegt hat und das Land jetzt grünt, wie es sich vor mehr als einem Jahrzehnt Qassem Munasser gewünscht hat. Rebstöcke und Imkereien mehren sich, sagt er. Trauben, Hirse und Honig – das sind die Errungenschaften der Revolution bei den Bani Huscheisch. Und das ist gut so.

Von der alten Politgarde ist fast niemand mehr in hohen Staatsämtern. Trotz der überdimensionierten Telefonzentrale brauche ich fast eine halbe Stunde, um Yahya Geghman zu erreichen. Er steht nicht mehr in der vordersten Reihe der neuen Regierung. Zwar hat er nach dem Amtsantritt von Oberst Salih den Posten eines Persönlichen Repräsentanten des Präsidenten erhalten – wirkt indes nur noch als Berater der Regierungsspitze, die ihn um Beistand angeht, wenn sie mit einem Problem nicht weiterkommt. Yahya hat sein in den Winkelgassen der Altstadt gelegenes Haus aufgegeben und sich an der ziemlich weit vor der Stadt gelegenen Haddah-Road niedergelassen. Dort, wo sich einst Royalisten und Republikaner eine blutige Schlacht geliefert haben, ist das weite Tal jetzt übersät mit Villen. Yahya, politisch momentan im »einstweiligen Ruhestand«, macht sich große Sorgen um den Fortbestand der Republik. So, wie sich die Männer der ersten Stunde den freien Staat vorgestellt haben, ist es nicht gekommen. Während des Essens, zu dem auch noch ein Freund des Hauses, Amin K.-M. Sultan, Wirtschaftsberater der Regierung und Direktor der Jemenitischen Zentralbank, eingeladen ist, beginnt eine fast dreistündige Diskussion über das Gestern und Heute. Meine beiden Gesprächspartner nehmen in ihrer Kritik kein Blatt vor den Mund, die nicht dem regierenden Staatspräsidenten, wohl aber jenen verantwortungslosen Jemeniten gilt, die ihr Schäfchen ins Trockene bringen, egal, was aus dem traditionellen Ruf des Jemen wird: »Achtzehn Jahre nach der Revolution stehen wir immer noch nicht auf eigenen Füßen. Zwar haben wir erreicht, daß wir freie Jemeniten sind, aber der Preis ist horrend... Unguten Eigenschaften ist freier Lauf gelassen. Spekulantentum, Preiswucher, Proporztaktiken und Erschleichung von Vorteilen beherrschen die tägliche Szene. Wo ist unsere sprichtwörtliche Ehrenhaftigkeit geblieben? Wo sind unsere islamischen Lebensauflagen, unser Stolz, unsere Wehrhaftigkeit? Heute gilt kein Handschlag mehr als Besiegelung von Freundschaft und Handel. Heute gilt nur, was uns die saudischen Freunde als Danaergeschenk untergeschoben haben: die Macht des Geldes und die damit auflebende Arroganz!«

Als ich nach vier Stunden in die Stadt zurückgefahren werde, glimmt nach den ersten Tagen der Enttäuschung über den sich abzeichnenden Verfall der jemenitischen Sitten und Traditionen wieder ein Fünkchen Hoffnung auf. Denn so wie meine Gesprächspartner, das stelle ich in den kommenden Tagen überall fest, denken viele Jemeniten. Und sie fragen sich, ob sie tatenlos dabeistehen sollen, wenn ihre nationale Identität verfeilscht werden soll. Unterirdisch wächst in Stadt und Land der Drang, die Dinge zu ändern, solange noch die Grundfesten der Republik stehen. Rückbesinnung auf die ethischen und moralischen Werte des Jemen ist die jetzt von Mund zu Mund weitergegebene Parole. Aber droht nicht schon eine Liaison mit der nordjemenitischen linksgerichteten NDF unter ihrem Führer Sultan Ahmed Umar? Und was ist mit den seit Mitte 1978 in den südlichen Gebieten des Nordjemen schwelenden Rebellionen antizentralistischer Kräfte unter dem ehemaligen Mitglied des Republikanischen Führungsrats und Chef der Fallschirmjäger, Abdullah Abdel Alim? Innerhalb der Sanaaer Stadtmauern führen ihre Anhänger emsig das Wort, sobald sie ein Pöstchen in den Vorzimmern der Minister erobert haben. Das erinnert von fern an Revolutionäre, die vor dem Sturm auf den Bahnhof Bahnsteigkarten kaufen.

Schwerer wiegt, daß sogar die großen Stammesverbände, die einst die Republik für saudisches Gold und fette Beute bekriegt haben, heute einen Denkprozeß durchmachen, der die Lage grundsätzlich verändern könnte. Zwar hat jeder Oberscheich eine amerikanische Limousine vor dem und einen japanischen Farbfernseher im Haus, möglicherweise auch einen geschäftigen Sohn in den Golfstaaten, um am Handel zu partizipieren, doch die »Bekehrung« der Föderationen zum jemenitischen Nationalismus scheint kaum noch zu bremsen. Nie haben es die Stammesführer Riyadh verziehen, daß es sie nach acht Jahren Bürgerkrieg wie eine heiße Kartoffel fallenließ. Jetzt, nach der Revolte von Mekka, wird jedem Jemeniten bewußt, wie hilflos der saudische Riese im Sandsturm des eigenen inneren Widerstandes umherirrt.

Energisch fordern die Stammesfürsten die Rückgängigmachung des Schandvertrags der Übereignung der Provinz Asir an Saudi-Arabien. Riyadh soll die vor 47 Jahren eroberte Nordprovinz mit den Städten Ghizan und Nadschran wieder herausrücken. Aber das Rad der Zeit läßt sich nicht wieder zurückdrehen. Dafür finden sich die nationalistische NDF des Nordjemen und die JSP-Verantwortlichen im marxistischen Südjemen plötzlich in ungewohnter Übereinstimmung in großjemenitischen Belangen. Aden zieht mit im vaterländischen Tauziehen, den Jemen föderativ zu einen, auch zu Lasten des mit der Sowjetunion geschlossenen Freundschaftspakts und dessen Auflagen. Die sowjetische Vorherrschaft am Bab al-Mandeb ist zwar keineswegs bedroht – dagegen würde auch Moskau energisch einschreiten –, aber unwidersprochen bleibt sie nicht mehr.

Und die Fehler der Saudis mehren sich. Im Februar 1980 versuchten saudische Armeekräfte wieder einmal, im erdölverdächtigen Gebiet des al-Waidah-Stammes, an der Nord-Nordostgrenze des Jemen, Stammesstruktur und Landesgrenze zu ihrem Vorteil zu verändern. Doch Riyadhs Kaltblütigkeit hatte heißblütige Folgen. Geschwind gruben die Waidahs ihre Waffenlager frei und wehrten sich, was die Gewehrläufe hergaben. Trotz modernster Ausrüstung kamen die saudischen Truppen nicht voran. Vor dem erbitterten Gegenstoß der Barfüßler nahmen sie Reißaus. »Seht, wie unsere tapferen Waidahs die großen Saudis das Fürchten lehren«, mokierte man sich in Wadis und Weilern. Und von besonders tapferen Taten erzählen die Männer heute noch.

Ein kleiner Grenzkrieg mit großen Folgen? Jedenfalls sahen sich Riyadh und Sanaa genötigt, den Zusammenprall herunterzuspielen. Warnte Riyadh »vor billiger Propaganda, die nur darauf hinziele, einen Keil zwischen den Islam und das arabische Volk zu treiben«, erwiderte der nach Riyadh entsandte Haschidfürst al-Ahmar: »Der Islam birgt die Hoffnung in sich für eine Einheit mit dem Südjemen!«

Sicherlich hat der »Krieg von al-Waidah« das seit Juli 1979 stillstehende Rad der Wiedervereinigung wieder ins Rollen gebracht. Denn auch im marxistischen, nach Moskau orientierten Südjemen mehren sich nationalbewußtere Stimmen, beginnt das große Stühlerücken hin zum alljemenitischen Konferenztisch.

Anfang März 1980 traf der südjemenitische Außenminister Salem Saleh Muhammad mit seinem nordjemenitischen Kollegen, Dr. Hassan al-Makki, in Sanaa zu Sondierungsgesprächen zusammen. Zuvor hatte Südjemens neuer Präsident, Abdul-Fattah Ismail, die numerische Kollektivbezeichnung südjemenitischer Provinzen rückgängig gemacht und ihnen in vaterländischer Aufwallung die historischen Namen Aden, Tibin, Abian, Schabwa, Hadhramaut und al-Ghaida wiedergegeben. Ob dies für den südjemenitischen Chefideologen das politische Todesurteil war?

Weder Ost noch West haben die großjemenitischen Traditionen und die Wiedervereinigungsbestrebungen unterstützt; im Gegenteil, ihre ranghöchsten Verfechter sind umgebracht oder gestürzt worden. Wie sehr beide Jemen zueinanderdrängen, bezeugt auch der am Tag meiner Abreise in Sanaa eintreffende starke Mann des Südjemen, Verteidigungsminister Ali Ahmad Nasser Antar. Koordinationsverhandlungen mit der nordjemenitischen Armeeführung – vor kurzem noch wäre so etwas undenkbar gewesen. Wird es Präsident Oberst Ali Abdullah Salih gelingen, seine Republikarmee wieder kampfstark zu machen?

Bewaffnete Neutralität

An der Hauptstraße Sanaas residiert der Präsident des Nordjemen hinter hohen Mauern. Die Toreinfahrt wird von Schützenpanzerwagen mit Schnellfeuerwaffen bewacht. Was sich dort hinter den Gardinen tut, ist vielen Jemeniten zumindest geheimnisvoll, wenn nicht gar unheimlich. Denn nur selten tritt das Staatsoberhaupt persönlich in Erscheinung. Manch einer spottet: »Die Situation ist größer als der

Präsident!« Aber man könnte auch den Eindruck haben, Ali Abdullah Salih paßt sich von Tag zu Tag der verzwickten jemenitischen Staatsmaschinerie ebenbürtiger, vielleicht sogar meisterhaft an.

Wieviel Zeit wird ihm verbleiben, bis er die Tücken des Staatsgeschäfts voll beherrscht? An seinen Vorgängern kann er ermessen, wie kurz ein Präsidentenleben im Jemen ist. Vorläufer Ahmed Hussein al-Ghaschmi wurde 37, dessen Vordermann Ibrahim al-Hamdi nur 34 Jahre alt. Präsident Salih ist 1942 geboren und will länger am Leben bleiben. Vorsichtshalber setzt er auf bewaffnete Neutralität. Denn nur mit einer schlagkräftigen Armee kann er das Risiko einer Wiedervereinigung mit dem Süden eingehen. Unter diesem Aspekt muß das ihm von Abdul-Fattah Ismail aufgezwungene Abkommen über die Fusion der beiden Jemen-Teile nicht unbedingt als nachteilig für seine Führungsposition angesehen werden. Der Norden sei imstande, sich gegenüber dem Süden zu behaupten, wäre er modern ausgerüstet und innenpolitisch stabilisiert, behauptet Salih.

Das Verhältnis der beiden Jemen zueinander ist kompliziert: Mit dem Einigungsabkommen von Kuwait sollte Aden seine militärische Unterstützung der nordjemenitischen Kaderpartei NDF einstellen und die angesetzten Verhandlungstermine nicht durch neue Grenzscharmützel und Grenzverletzungen stören. Dennoch, die NDF hatte im Nordjemen vorläufig einen nicht unbedeutenden Teilerfolg, ihre geduldete Etablierung als Partei und ihre ministerielle Mitverantwortungslegitimation, errungen. Ob sie ihrem strategischen Ziel, der Machtübernahme, dadurch ein Stück nähergekommen war – das lag in der Widerstandskraft Salihs allein begrenzt.

Seitdem im Südjemen politische Parteien wie der irakisch orientierte Baath im Zuge der Bildung der »Vorhutpartei neuen Typs« durch Abdul-Fattah Ismail in der »Jemenitischen Sozialistischen Partei« aufgehen mußten, wechselte der Baath auf nordjemenitischen Boden über. Hier existiert er, wenn auch nicht offiziell zugelassen, als nicht organisierte, aber dennoch politisch wirkende Organisation. Oberst Salih könnte dies zugute kommen, hat er doch im jemenitischen Baath einen energischen Verbündeten gegen die von der »Jemenitischen Sozialistischen Partei« Adens unterstützte NDF, unter ihrem neuerdings aus dem Hintergrund wirkenden Führer Sultan Ahmad Umar.

Jetzt erst läßt Salihs Regierung stillschweigend parteipolitische Adaptionen zu – aber sie hat nun gleich drei ideologische Meinungseiferer innerhalb der Landesgrenzen: Baath, NDF und Untergrund-JSP (Jemenitische Sozialistische Partei). Wird Salih doch die Wiedervereinigung mit dem Süden forcieren, muß er mit der nationalistischen Baath-Bewegung kollidieren, denn seine Gesprächspartner sind die

Adener Staatspartei JSP und deren Satellit, die NDF in Sanaa. Für den Militär Salih muß dieses innenpolitische Labyrinth zur neuen Nagelprobe seiner Führungsstärke werden.

Auch in Aden beginnt man damit, den Händedruck mit den Sowjets lascher auszuüben. Seit der sowjetischen Okkupation Afghanistans weiß man, Moskau kann es sich nicht leisten, auch den Südjemen zu annektieren, wenn man nationalbewußteren Tendenzen freieren Lauf ließe.

Was beiden Jemen vorschwebt, ist offenbar eine föderative, islamische und sozialistische Republik – etwa jugoslawischer Prägung. Beide Partnerstaaten werden Abstriche machen müssen, wenn sie die großjemenitische Idee verwirklichen wollen. Nur zu gut wissen Salih und die freien Republikaner um das große Risiko. »Aber wenn wir es jetzt nicht wagen, fallen wir um mindestens fünfzehn Jahre zurück. Wir brauchen dringend eine bessere Ordnung, sozialere Einrichtungen, feste Gesetze, eine freie Wirtschaft, die aber zu besteuern ist – damit der Staatshaushalt entlastet werden kann, und die saudischen Kredite als politische Druckmittelstrategie ausgesetzt werden können!«

Ein Freund aus alten Tagen ist gradheraus: »Wenn wir nicht zum nationalen Rückhalt finden, kann es passieren, daß wir sowjetischen Hegemonieplänen zum Opfer fallen. Auf die Hilfe des Westens aber können und wollen wir uns nicht mehr verlassen. Für die Vereinigten Staaten zählt nur das Königreich Saudi-Arabien. Niemand schert sich um unsere Republik, solange wir ›peanuts‹ und nichts als leere Versprechungen annehmen müssen. Wir wissen nur zu gut um die Gefahr, kommunistisch unterwandert zu werden. Aber sollte dies geschehen und sollte der Jemen unfrei werden, dann werden nicht nur wir zu leiden haben, sondern die ganze westliche Welt. Riyadh und Washington müssen sich *jetzt* Gedanken um unsere Situation machen, nicht wenn es zu spät dazu ist! Ob wir mit der Sowjetunion auskommen könnten? Wir sehen die Dinge realistisch und wissen, die Sowjetunion ist eine imperialistische Macht, wie einst das Britische Imperium im 18. und 19. Jahrhundert. Aufgrund ihres Schematismus sind die Sowjets berechenbar, nicht aber die Flipflops der US-Regierung. Unser Kontakt mit der Sowjetunion ist ja nicht neu.«

Schon 1927 hatte Imam Yahya mit dem Sowjetstaat für 25 Jahre einen »Vertrag über Handel und Freundschaft« geschlossen, der im Oktober 1955 um fünf Jahre verlängert wurde. Bereits 1956 lieferten die Russen Panzer vom Typ T-34, Handfeuerwaffen, Flugzeuge und Instrukteure. Sowjetische Waffenhilfe für den Jemen ist also nichts Neues. Neu wäre nur eine unvoreingenommene amerikanische Haltung zur jemenitischen Nachrüstung.

»Die Frage ist«, fährt mein Gewährsmann fort, »ob die neue Führung im Südjemen den nationalen Anforderungen gerecht werden kann. Die panarabische Charta einer Zone absoluter Neutralität hat auch dort Zustimmung gefunden. Weltpolitisch wäre es von Vorteil, beide Jemen in die Entspannungspolitik einzuordnen. Denn eine unbedachte Reaktion dieser oder jener Supermacht müßte dort verheerende Folgen haben – auch für Saudi-Arabien!«

In meinen Straßen- und Basargesprächen wird mir immer wieder aus Volkes Mund bestätigt, daß sich die Nordjemeniten vor einer Flutwelle der marxistischen Ideologie weniger fürchten als die Verantwortlichen im al-Kasr al-Gumhouri. »Was wollen uns die ›Marxisten‹ wegnehmen? Seit Kriegsende haben wir uns ein Haus gebaut, in dem wir jetzt unter menschenwürdigen Verhältnissen leben; wir haben ein Auto, das unsere Familie zu Verwandten und unsere Handelsware zu den Märkten fährt; wir haben ein Fernsehgerät, das uns Sendungen ausstrahlt, die uns zeigen, wie man in einer freien Welt lebt, und uns beweist, daß der Marxismus nicht die alleinseligmachende Ideologie ist. Wir vertrauen auf Allah und den Islam! Jene aber, die sich tagtäglich auf unsere Kosten bereichern, die wie ihre saudischen Partner das Geld scheffeln und die im Luxus leben – gegen die Gebote des Koran –, warum sollen sie nicht ein Zehntel zumindest abgeben, wie es die Gebote verlangen? Wir fürchten nicht den Kommunismus, wir fürchten nur eine Regierung, die sich von ausländischen Mächten auseinanderdividieren läßt!«

Yahya Geghman hat innerhalb kürzester Frist mit dem Premierminister ein Interview für mich vereinbart. Im neuen Regierungsviertel, weitab vom al-Kasr al-Gumhouri, residiert der Kabinettchef des Jemen. Im Erdgeschoß des Regierungsgebäudes geht es zu wie in einem Bienenkorb. Aktenträger und Kaffeeservierer, die auf grellbemalten Kunststoffplatten wie Jonglierkünstler die dampfenden Schälchen reichen, Soldaten mit grimmigen Blicken und Stammeskrieger, Unter- und Oberscheichs beherrschen das Szenario der Hauptgeschäftsstelle der jemenitischen Tagespolitik.

Kein Murren, als ich bevorzugt ins Arbeitszimmer gebeten werden. Abdul-Aziz Abdul-Ghani ist 36 Jahre alt, hat aber schon weiße Strähnen im Haar. Die ersten zeigten sich bestimmt schon, als er noch Generaldirektor der bankrotten »Bank of Yemen« war, deren neues imposantes Gebäude nun an der Südwestecke des Stadtgebiets von koreanischen Architekten und Arbeitern auf über zehn Stockwerke hochgezogen wird. Als Dauer-Premier ist er länger im Amt als alle seine berühmten Vorgänger, hat er alle Staatschefs nach al-Iryani überlebt. Manche sagen, der Mann mit einer westlichen Hochschulbildung für das Finanzwesen sei nur der erste Angestellte seines Präsidenten. Andere meinen, wer so lange Kabinettchef sei, müsse ungewöhnliche Elastizität aufweisen. Beides trifft zu.

Der Ministerpräsident erhebt sich bei meinem Eintreten. Schnell räumt er einen hohen Stoß Akten vom Arbeitsplatz, weil ein leerer Schreibtisch Managerqualitäten bezeuge, meint er mit einem süffisanten Lächeln. Ich versichere, dies sei in der Bundesrepublik nicht so wie in den Vereinigten Staaten. Seine Reaktion ist typisch für ihn: Kurzentschlossen packt er die Aktentürme wieder an ihre Stelle – ein Idealtyp für schnelle Kompromisse!

Das anschließende Interview, im Sessel mit Beistelltisch und Kaffee, dauert fast eine Stunde. Über meinen jemenitischen Lebenslauf ist er wohlunterrichtet, und so gibt es keine leeren Floskeln. Soll eine übergeordnete Föderation mit dem Süden verwirklicht werden, muß dies zuerst zu einem Nichteinmischungspakt und Nichtangriffspakt zwischen den beiden Jemen-Teilen führen. »Was Saudi-Arabien angeht, so unterhalten wir enge Beziehungen, die wir im neuen Staat fortzuführen gedenken, als Nachbarn und Brüder!«

Zur Stützpunktpolitik der Supermächte sagt der Premier: »Was uns betrifft: Wir würden es nicht tun! Wir würden ablehnen! Wenn wir angegriffen werden, sollten wir in der Lage sein, uns zu verteidigen. Wir meinen, jedes Land sollte über seinen eigenen Kurs bestimmen und ihn durchführen, ohne Einflußnahme seitens eines anderen Landes!«

Mein Einwand: »Aber das ist schwierig!«

Antwort: »Aber dies ist eben unsere Politik!«

Meine Entgegnung: »Dafür gibt es wohl Premierminister!«

Abdul-Ghani lacht schallend auf.

Ein Dank an die Bundesrepublik Deutschland: »Nicht von ungefähr sind die Deutschen in der Arabischen Welt so beliebt. Sie sind nie Kolonialmacht, aber immer unsere Freunde gewesen!«

Morgen werde ich reisen. An der Rezeption des »Sam's City-Hotel« drückt die einkehrenden Gabilis arg der Stolz, weil sie ihre silberbeschlagenen Dschambijjas abgeben müssen. Eines ist sicher: Ihre Ehre werden sie niemals auf den Schachertisch der Großmächte legen.

Unter neuen Vorzeichen

Der Sturz des Präsidenten Ismail

Am 20. April 1980 verkündete Radio Aden, der Generalsekretär der JSP und Staatspräsident der Demokratischen Volksrepublik Jemen, Abdul-Fattah Ismail, habe aus »gesundheitlichen Gründen« seinen Rücktritt von allen seinen Ämtern eingereicht. Der mit allen Parteiwassern gewaschene Südjemenit hatte sang- und klanglos abtreten müssen. Das achte Plenum des Zentralkomitees der JSP wählte den 1939 geborenen und seit 1971 ununterbrochen als Ministerpräsident amtierenden, bisherigen Vizepräsidenten Ali Nasir Muhammad zu seinem Nachfolger.

Was war geschehen, daß die UdSSR eine Entmachtung ihres treuesten Mannes in Aden zuließ? Was bewog Moskau, der Ablösung Ismails zuzusehen, ohne ein unmißverständliches Machtwort zu sprechen? Viel ist nicht bekannt geworden, aber einige Details und einige Gründe dieses ungewöhnlichen Spektakels kamen im Laufe der Jahre doch ans Licht. Es gab, wie schon angedeutet, Indizien dafür, daß sich der südjemenitische Polit-Star allmählich vom Marxisten zum Nationalisten gewandelt hatte und daß ihm die Wiedervereinigung wichtiger war als alles andere. Unbestritten bleibt, daß es Ismail war, der Salih bereits während der Verhandlungen im März 1979 in Kuwait freigestellt hatte, erster Staatspräsident des Vereinigten Jemen zu werden – wenn auch wahrscheinlich mit der Absicht, den Nordjemeniten dann mit Hilfe seiner auf den gesamten Jemen auszudehnenden JSP zu stürzen.

Abdul-Fattah Ismails Ehrgeiz ließ ihn alle Antipathien und Animositäten gegenüber seinen konservativen Antipoden hintanstellen. Ohne politische Absicherung knüpfte er geheime Fäden zum saudischen Königshof. Fünf Bedingungen hatte der Kronrat als Zeichen des guten Willens vom marxistischen Südjemen gefordert: (1) Auflösung der Staatspartei JSP; (2) Zulassung freier Parteien im Südjemen; (3) Erlaubnis zur Rückkehr und Gewährung persönlicher Freiheiten für alle im Exil lebenden südjemenitischen Staatsbürger; (4) Abbau der Verstaatlichungsverordnungen im Südjemen und (5) Einstellung der Kampfhandlungen an der Grenze zu Oman. Nur bei Erfüllung dieser Forderungen wollte Saudi-Arabien der Volksrepublik wieder Kredite gewähren.

Es bleibt das persönliche Geheimnis Ismails, ob er die Saudis hintergehen und Moskau den ganzen Jemen zuspielen wollte oder ob er tatsächlich bereit war, Moskau die »unverbrüchliche« Freundschaft aufzukündigen, um sich die saudische Unterstützung zu sichern. Noch vor Beendigung des großen Grenzkriegs schickte Ismail seinen Vertrauten, den Außenminister Muhammad Salih Muti, mit einer persönlichen Botschaft nach Riyadh. Es ist anzunehmen, daß dieser nicht nur den Friedenswillen Adens signalisieren, sondern auch essentielle Fragen einer engeren Zusammenarbeit mit Saudi-Arabien vereinbaren sollte. Die Kooperation der ungleichen »Brüder« zeigte sich bald darauf in einer stufenweisen Freigabe saudischer Kredite. 400 Millionen US-Dollar waren in Riyadh bereits 1976 zur Loslösung des Südjemen von Moskau veranschlagt worden. Aber Mohammad Salih Muti, vorsichtshalber bereits 1979 als Außenminister abgelöst, wurde Anfang März 1981 wegen »Verbindungen zum saudischen Geheimdienst und staatsuntergrabenden persönlichen Finanzgeschäften mit Saudi-Arabien« (Bestechung) zum Tode verurteilt.

Damit allein konnte man den »verdienten Freund der Sowjetunion«, Abdul-Fattah Ismail, natürlich nicht beiseite schaffen. Dies hätte auch dem Image der Volksrepublik und des Sowjetstaates nicht wiedergutzumachenden Schaden zugefügt und andere Führungsspitzen der auf Moskau-Kurs setzenden Araberstaaten vor den innenpolitischen Konsequenzen der außenpolitischen Freundschaftsverträge zurückschrekken lassen. So beschloß das Adener Zentralkomitee, dem an Magengeschwüren leidenden, unsicheren Kantonisten den neugeschaffenen Posten eines »Präsidenten der JSP« mit rein repräsentativen Pflichten zu übertragen und ihm in »Anerkennung seiner Verdienste um Partei und Staat« die höchste Auszeichnung, den »Orden des 14. Oktober«, zu verleihen. Aber Ismails Signal, auf Gesprächsangebote aus Oman und Riyadh einzugehen und eine Einladung König Khaleds anzunehmen, besiegelte seine Ablösung. Tatsächlich war seine Position aber schon vorher unhaltbar geworden.

Es war Ismail gewesen, der als Parteiboß durchgesetzt hatte, »daß die Massen eingesetzt werden sollten«, um dem kommunistischen Äthiopien – einem vormals koptisch-christlich-amharischen Staat – im Kampf um den Ogaden zu Hilfe zu eilen. 1977/78 kämpften also moslemische Südjemeniten als Panzerfahrer und Sonderkommandos Seite an Seite mit Mengistus (christlichen) kommunistischen Heeresverbänden und sowjetischen und kubanischen Truppenteilen gegen die eigenen Glaubensbrüder der »Eritreischen Unabhängigkeitsbewegung« (ELF) und das moslemische Somalia im Ogaden. Diese Entscheidung konnte ihm die islamische Glaubenswelt nicht verzeihen. Nicht nur das südjemenitische Volk, sondern insbesondere auch Führungskräfte der immer noch als pragmatisch-konservativ geltenden Armee Adens mißbilligten dieses anti-islamische Engagement, und die islamische Führungsmacht Saudi-Arabien reagierte gar mit einem politischen Druckmittel: Sie stellte ihre just angelaufene Finanzhilfe an Aden vorübergehend ein. Trotz der Tünche des wissenschaftlichen Sozialismus Moskauer Prägung im Südjemen hatten arabisch-nationalistische und moslemisch fundierte Kräfte die Oberhand behalten. Das ideologisch-militärische Experiment in Äthiopien hatte Ismail daher nicht nur nichts eingebracht, sondern kostete den im Nordjemen geborenen Präsidenten des Südjemen, der dort über keinen Stammesrückhalt verfügte, die letzten Sympathien.

Die »richtige« Herkunft und Gesinnung konnten jedoch einige höhere Chargen der Südjemen-Armee nachweisen, vor allen anderen der bei der Truppe beliebte Verteidigungsminister Ali Ahmad Nasser Antar. Im Ministerpräsidenten Ali Nasir Muhammad, der selbst Verteidigungsminister gewesen war und bei den Streitkräften über eine zuverlässige Machtbasis verfügte, fand Antar einen zuverlässigen Verbündeten bei der Planung des Sturzes von Ismail. Obwohl eigentlich gleichen Sinnes, gaben beide vor, Ismail habe allein schon durch seine Kontakte mit Riyadh – mehr war bisher nicht nachzuweisen – die »revolutionäre Linie« der Partei verraten. Damit hatten sie ihn ebenso zum »Staatsfeind« gemacht, wie er dies selber mit seinem Vorgänger Salem Rubay Ali vorexerziert hatte.

Sicher ist der Machtwechsel vom April 1980 nicht ohne Wissen und Duldung der Sowjetunion abgelaufen. Moskau dürfte sich der Argumentation des international erfahrenen Politikers Ali Nasir Muhammad nicht verschlossen haben, daß die Haltung Ismails eine Gefahr für ihre geostrategische Zielsetzung in der Rotmeer-Region bedeutete. Angesichts der sowjetischen Intervention im Moslemstaat Afghanistan, die den Widerstand der gesamten islamischen Welt mobilisierte, war der Kreml an einer pragmatischen südjemenitischen Politik interessiert, die sich eventuell als Schlüssel für eine diplomatische Annäherung an Riyadh gebrauchen ließ. Bereits 1979 gab es erste und streng geheime Kontakte zwischen Riyadh und Moskau. Breschnew hatte dem heutigen König Fahd angeboten, diplomatische Beziehungen aufzunehmen.

Im Mai 1980 begab sich Ismails Nachfolger Muhammad auf seiner ersten offiziellen Auslandsreise nach Moskau und schon einen Monat später nach Saudi-Arabien. Daß hierbei die sowjetische Offerte von 1979 an die Saudis konkreter behandelt worden ist, steht – aufgrund der sich anbahnenden Entspannung – außer Zweifel. In Ismail hatten die Prinzen im saudischen Kronrat den Hauptdrahtzieher des ketzerischen Sturms auf die Große Moschee von Mekka gesehen. Das Zulassen seiner Entmachtung schien den Saudis ein Zugeständnis der Sowjetunion, ihre anti-islamische Haltung auf ein erträgliches Mindestmaß zu reduzieren.

Muhammad fand trotz grundsätzlicher ideologischer Gegensätze im sterbenskranken König Khaled einen zwar zurückhaltenden, doch einsichtigen Zuhörer und in der Auslegung des Palästinenserproblems und der Ablehnung des Abkommens von Camp David sogar panarabische Gemeinsamkeiten. Auch die saudischen Bedenken gegen einen durch die jemenitische Wiedervereinigung entstehenden Großstaat Jemen konnten vorerst eingedämmt werden. Der Pragmatiker Muhammad zerstreute die Befürchtungen seitens des Königshofs und bestimmter Vertreter des Nordjemen über hinterhältige Absichten der südjemenitischen Führung in Aden. Südjemens neuer Mann hatte langjährige Erfahrungen aufzuweisen im konzilianteren Umgang mit den Republikanern des Nordens. Bereits 1971 hatte er die Verhandlungen über Maßnahmen zur Verbesserung der beiderseitigen Beziehungen geführt und im Oktober 1972, gemeinsam mit dem nordjemenitischen Ministerpräsidenten Mohsin Alaini, das allererste Vereinigungsabkommen in Kairo paraphiert.

Wie sehr der Sowjetunion an einer Annäherung an Riyadh und einer Anpassung an den jemenitischen Nationalismus gelegen war, bezeugt ihr Verhalten gegenüber ihrem ehemaligen Schützling Ismail. Von Muhammad auf ein Küstenschutzschiff verbannt, dümpelte der Gefangene wochenlang vor Südjemens Gestaden. Dann traf aus dem Kreml die Erlaubnis ein, ihn erst nach Bulgarien und später nach Moskau ins Exil zu schicken.

Präsident Salih behauptet sich

Nach der Entmachtung Abdul-Fattah Ismails in Aden fühlte sich Nordjemens Präsident Salih nicht mehr an die Zwangsauflage Ismails gebunden, die nordjemenitische Oppositionspartei NDF mit Kabinettsposten an der Macht in Sanaa zu beteiligen. Um einer Beschneidung ihres Einflusses zuvorzukommen, wagte die NDF eine offene Auseinandersetzung mit der Zentralgewalt. Im August und September 1980 kam es zu blutigen Kampfhandlungen zwischen den Freischärlern der NDF – Mitgliedern des Baath, Nationalisten, Nasseristen und Kommunisten – und regulären nordjeministischen Truppen. Doch Südjemens neuer Präsident Ali Nasir Muhammad hielt sich aus diesem Konflikt heraus, so daß die inzwischen waffentechnisch erstarkte

Armee des Nordjemen den Aufstand in wenigen Wochen niederwerfen konnte.

Ruhe kehrte allerdings auch dann noch nicht ein: Im Oktober 1980 wurde »durch Zufall« ein Spionagenetz entdeckt, das von Nordjemen aus für den amerikanischen und israelischen Geheimdienst gearbeitet haben soll. Sieben Jemeniten und zwei US-Bürger wurden festgenommen. Nur sechs Monate später, im April 1981, wurde der aus dem Südjemen stammende frühere Außenminister und damalige Präsidentenberater Abdullah al-Asnag wegen konspirativer Zusammenarbeit mit Saudi-Arabien festgenommen und mit ihm vierzig Verdächtige, darunter auch der persönliche Sekretär Präsident Salihs. Nicht auszuschließen ist, daß das Vorgehen gegen konspirative Kräfte mit dem Südjemen abgestimmt war, denn auch dort wurde plötzlich »gesäubert«. Ex-Minister Muti war schon im März 1981 als CIA-Agent festgenommen und hingerichtet worden. Hier wie dort sollten antinational wirkende Kräfte ausgeschaltet werden.

Nach diesem innerpolitischen Rundumschlag wandte sich Salih außenpolitischen Problemen zu. Außer mit Saudi-Arabien nahm er enge Kontakte mit den Vereinigten Arabischen Emiraten auf. Zwischen den Golfstaaten und dem Jemen gibt es schon seit vorislamischer Zeit besondere Beziehungen, die mit der Genealogie der Araber zu tun haben: Denn Urvater Qahtan (der biblische Joktan) zeugte 24 Söhne, unter ihnen Hadhramaut, dessen Stamm der südjemenitischen Provinz seinen Namen gab; ein anderer Sohn, Jarub, zeugte Jasch-dschub, dessen Sohn Malik Abdu Schams, genannt Saba, zum mythischen Begründer des Stammes und Reiches Saba wurde. Während Großvater Jarub als Stammvater jemenitischer Einzelstämme, aber auch nomadisierender »Arab«-Beduinenstämme in der Genesis seinen Platz fand, wurde Saba zum Herkunftsidol derer von Hamdan, z. B. der großen Stammesförderationen der Haschid-wa-Bakil, Kinda, Himjar, Jafai, aber – und dies ist die Bindung des Jemen zum Golf – auch der Omanis und der Herrscherfamilie von Abu Dhabi, heute geführt vom Präsidenten der Vereinigten Arabischen Emirate, S. H. Scheich Zaid bin Sultan al Nahajan. Es gibt nur wenige Völker auf der Welt, die ihre Blutsbande über Jahrtausende hinweg so in Ehren halten wie die Araber die Genesis des Ur-Arabertums, das aus dem Jemen stammt.

So wird auch verständlich, daß Salihs Bemühungen um bessere Beziehungen und Finanzkredite am Golf wohlwollendes Gehör fanden. Mit Sultan Kabus bin Said bin Taimur, dem Herrscher Omans, verbanden Salih nicht nur Abstammungssympathien, sondern auch gegenseitiger Respekt und Kameraderie, wie ihn sich gediente Militärs bezeugen. Doch die beruflichen Gemeinsamkeiten mußten zunächst hinter den politischen Realitäten zurückstehen. Schließlich befand sich der Südjemen noch immer in einem unbeendeten Krieg gegen das Sultanat Oman, wenngleich auch die Grenzschlachten unerheblichen Patrouillenscharmützeln gewichen waren. Salihs Bevorzugung des omanischen Sultans ließ im August 1981 im Offizierskorps eine Revolte ausbrechen, die als mißlungener Staatsstreich interpretiert wurde und mit zahlreichen Verhaftungen endete. Während der Auseinandersetzung nahm die fast ein Jahr lang im Untergrund operierende NDF ihre »kriegerischen Handstreiche« im Grenzbereich zum Südjemen wieder auf.

Mit viel Geschick sicherte Salih seine Position weiter ab: Bereits im Oktober 1980 hatte er seine Regierung umgebildet und Abdel-Karim al-Iryani, einen Blutsverwandten ersten Grades des ehemaligen Jemen-Präsidenten al-Iryani, zum Ministerpräsidenten bestellt. Zugleich berief er den ehemaligen Premier Abdul-Aziz Abdul-Ghani und den Politiker Abdel Karim al-Araschi zum Vizepräsidenten der Republik. Als sensationell wurde empfunden, daß Salih am 19. Jahrestag der Revolution, am 26. September 1981, die beiden ersten Revolutionspräsidenten, Ex-Marschall Sallal und Ex-Präsident al-Iryani, zur Heimkehr nach Sanaa aufforderte. Und tatsächlich folgten beide dieser Einladung. Während Sallal sich entschloß, seinen Lebensabend in Sanaa zu verbringen, und seine »Zelte« in Kairo abbrach, kehrte der nunmehr siebzigjährige al-Iryani nach einigen Wochen im Jemen doch wieder nach Damaskus zurück. Entsprach Salihs Regierungskonzept nicht al-Iryanis Vorstellungen von einer Machtausübung durch das Volk und für das Volk? Obwohl Salih al-Iryanis Wunsch doch entsprochen und Ex-Premier Alaini zum Botschafter in der Bundesrepublik Deutschland ernannt hatte. Alaini war kurz zuvor mit einem auf den Namen Mohammed Al-Aini (nicht Mohsin Alaini) ausgestellten Paß aus dem ägyptischen Exil entkommen. Er hatte seit seinem Ausscheiden aus dem Kabinett al-Hamdi in Kairo unter teilweise unzumutbaren Auflagen seitens der Sicherheitsbehörden leben müssen.

Im Oktober 1981 besuchte Präsident Salih die ihm nun Waffen liefernde Sowjetunion und erörterte mit Parteichef Breschnew »die erfolgreiche Entwicklung der Beziehungen, auf der Basis des Freundschaftsvertrags aus dem Jahre 1964«. In Damaskus konferierte er mit Vertretern der exilierten, von Aden – obgleich zurückhaltender – weiterhin unterstützten nordjemenitischen NDF, um dann postwendend Anfang November Saudi-Arabien einen Staatsbesuch abzustatten.

Nun schlägt Salihs große Stunde: Als erstem Präsidenten des Nordjemen gelingt es ihm Ende November 1981, Aden lebend zu erreichen!

Wider alle Orakelsprüche einer nordjemenitischen Minderheit von Geschäftsleuten, aber auch diplomatischer Auguren in Sanaa, die die »drohende« Wiedervereinigung als Untergang ihrer oder ihrer Länder Interessen schwarzmalten, empfängt den Obristen im marxistischen Aden nicht ein mörderischer Kugelhagel, sondern der Jubel der kommunistischer Einzwängung leidgewordenen Südjemeniten. In Ali Nasir Muhammad findet Ali Abdullah Salih einen ebenso verläßlichen Protagonisten jemenitischen Nationalverlangens.

In der südjemenitischen Regierungsstadt Madinat asch-Schaab werden nicht nur Fragen des geplanten Referendums behandelt, an dem erstmals auch Frauen teilnehmen sollen, sondern vor allem die endgültige Auflösung der die natürliche Wiedervereinigung durch militante Überfälle immer wieder gefährdenden NDF. Nach dem dritten Treffen einigt man sich in der Proklamation vom 9. Januar 1982 auf einen Verfassungsentwurf für die künftige »Vereinigte Arabische Republik Jemen«, auf ein gemeinsames Parlament, eine gemeinsame Nationalhymne, eine neue Flagge und Sanaa als neue Hauptstadt aller Jemeniten.

Erstaunlicherweise kommt das Wort Sozialismus mit keiner Silbe in Rede oder Druck vor, wohl aber, daß der Islam alleinige Staatsreligion sein soll. Auch eine Festlegung auf eine künftige Wirtschaftsform unterbleibt, was die Geschäftswelt Sanaas tief durchatmen läßt. Aber das Abkommen setzt auch außenpolitisch bedeutsame Wegmarkierungen: Vor allem die Beseitigung ausländischer Stützpunkte wird zum gemeinsamen jemenitischen Anliegen erklärt.

Dies beträfe auf lange Sicht die Sowjetunion im Südjemen ebenso wie die USA und Saudi-Arabien im Nordjemen.

Nord und Süd im Kräftespiel fremder Machtinteressen

Im Nordjemen befinden sich seit 1982 etwa 250 Militärausbilder aus der UdSSR, deren Waffenlieferungen an Sanaa auf rund 600 Millionen US-Dollar geschätzt werden. Im Südjemen sind 3000 sowjetische, kubanische und DDR-Berater tätig. Auf dem Dschebel Hal über Aden bauen die Sowjets eine neue militärische Kommandozentrale aus, die Stadt, Küsten und Meer strategisch kontrolliert. Der Flughafen Khormaksar und der Handels- und Flottenhafen werden durch SAM-Luftabwehrraketen geschützt. Außerdem liegen vor den Inseln Sokotra und Perim sowjetische Raketenkreuzer vor Anker, und angeblich sind zwölf atomgetriebene, mit Atomraketen bestückte Großunterseeboote in ständig verfügbaren, bombensicheren Felsenbunkern zwischen Aden und Mukalla einsatzbereit. MIG-25-Geschwader riegeln den Luftraum ab.

Trotz dieser Adens Souveränität Lügen strafenden Anhäufung fremder Militärbasen gibt es eine im Südjemen immer stärker operierende sogenannte »Freiheitsarmee« nationalistischer Kräfte, die zwar vorerst nur geringe Erfolge aufzuweisen hat, aber in der teils konservativen Armee und in den unruhig werdenden Massen über mehr Anhänger verfügt, als dies die sowjetische Aufsichtsmacht zu ahnen vermöchte. Obgleich Südjemens Regierung und die im Untergrund operierende Opposition unterschiedliche Wege gehen, ihr Ziel ist dasselbe: Lockerung der sowjetischen Allmacht. Bereits im Mai 1982 hatten ein Dutzend Saboteure ein Flammenzeichen gesetzt: Im Stadtbereich gingen Tankstellen und Versorgungslager unter heftigen Detonationen in Flammen auf, wurden sowjetische Berater immer häufiger bedroht.

Der immer noch bestehende Freundschafts- und Kooperationsvertrag zwischen Libyen, Äthiopien und dem Südjemen, die allesamt mit der Sowjetunion politisch und militärisch zusammenarbeiten, bleibt eine Drohgebärde Moskaus gegen einen westlich-orientierten starken Nordjemen, der aber im Südjemen nationalistische Kräfte freisetzen könnte. Eine wichtige Rolle spielen in diesem Zusammenhang die »Berater« der kommunistischen Staaten in Aden. Über die Arbeitsmethoden der drei- bis vierhundert DDR-Sicherheitsexperten in Aden berichten Flüchtlinge aus dem Südjemen: »Die Russen sind unbeliebt, das Verhalten der Kubaner versteht niemand, aber diese Deutschen sind uns zutiefst verhaßt...«

Dennoch, der Südjemen von heute läßt sich von ausländischen Kräften nicht länger gängeln wie noch vor wenigen Jahren. In der inneren Struktur treten Veränderungen zutage, die noch vor kurzem nicht vorstellbar gewesen wären. Die Vereinigung der nationalistischen Kräfte des Südjemen »unter dem Zeichen des Baath« führte vorübergehend zum Abbruch der diplomatischen Beziehungen zwischen Aden und Bagdad. Beide Staaten haben inzwischen ihre Beziehungen wieder normalisiert, und die nationalistische Idee des panarabischen Baath findet seither nicht nur in Sanaa, sondern auch in den Reihen der JSP immer mehr Zulauf.

Würden sich die südjemenitische JSP und eine neuorganisierte nordjemenitische Nationalpartei in beiden Jemen-Teilen als alljemenitische Bewegung patriotisch zusammenschließen, wäre in Aden der Absolutismus des wissenschaftlichen Leninismus Moskauer Version in Frage gestellt und im Nordjemen eine Umwandlung der stammesabhängigen Republik in Sicht. Jedenfalls sagte der südjemenitische Präsident seinen Staatsbesuch bei Leonid Breschnew im Jahre 1982 nicht nur wegen dessen physischer Hinfälligkeit ab, sondern auch weil in allen Ecken und Enden Adens Widerstand aufgebrochen war.

Schon zuvor hatte Ali Nasir Muhammad ein Zeichen gesetzt: Als der erste Bauern- und Beduinenpräsident des Südjemen, Qahtan asch-Schaabi, der vielen Südjemeniten, die unter ihm die Briten bekämpft hatten, als historisches Symbol ihrer ihnen wieder entglittenen Unabhängigkeit galt, in einem Adener Hospital am 7. Juli 1981 an Herzversagen starb, brach Ali Nasir Muhammad eine Staatsvisite in Damaskus ab und gab dem Volksheros am 9. Juli 1981 das letzte Geleit – ein Affront gegen seine »Protektionsmacht«, auf deren Geheiß Qahtan asch-Schaabi ein Jahrzehnt eingesperrt bleiben mußte. Ein weiterer aufsehenerregender Schritt war die am 20. Januar 1982 veröffentlichte Ankündigung Adens, es habe beschlossen, die Tilgungsraten für sowjetische Kredite bis zum Jahre 1986 auszusetzen.
Auch im Nordjemen gärte es unter der Regierungsdecke. Mitte März 1982 wurde in Sanaa eine großangelegte Verschwörung aufgedeckt, die das Ziel hatte, »den geplanten Zusammenschluß zwischen den beiden jemenitischen Staaten zu verhindern«.

Groß war – und ist – die Unzufriedenheit über die inzwischen auf 400 US-Experten angewachsene amerikanische Kolonie in Sanaa, weil »die meisten CIA-Agentenarbeit gegen den Südjemen betreiben«. Die US-Geheimdienstaktivitäten im Nordjemen werfen ein schlechtes Licht auf die Entwicklungsarbeit aller internationalen Entwicklungs- und Hilfsorganisationen, deren Experten mit den Amerikanern in einen Topf geworfen und als »Spione« angeprangert werden. Das ist ein fruchtbarer Acker für die nordjemenitische Untergrundbewegung NDF und für Unzufriedene, Bauern und Kaufleute, die sich gegen die Kapitalistenmonopole, z. B. für Zucker, auflehnen. Nicht von ungefähr mehren sich Besuche nordjemenitischer Bürger und Kaufleute in der Londoner Botschaft der Demokratischen Volksrepublik Jemen, in der Cromwell Road 57, wo sie sich bitter über die »verkaufte Revolution« beschweren.

Die Restverbände der NDF operierten vor allem im Untergrund in den Südgauen der Jemenitischen Arabischen Republik, und solange Aden seine schützende Hand über sie hielt, blieb Salihs Regime gefährdet. Im Frühjahr 1983 waren sich die beiden Jemen-Präsidenten nach mehrmaligen Treffen so weit nähergekommen, daß Ali Nasir Muhammad die bisherige Protektion der Anti-Salih-Fronde einzustellen bereit war. Präsident Salih kam es daher gelegen, daß kurz darauf die NDF in den südlichen Landesteilen zu größeren Kampfhandlungen gegen die nordjemenitischen Regierungstruppen antrat. Die NDF wähnte sich immer noch der weiteren Unterstützung durch das ZK der

JSP sicher und hielt den libyschen Staatschef, Moammar al-Kathafi, der sie bei ihren Putschversuchen gegen Salih im Oktober 1978 unterstützt hatte, weiterhin für ihren Schutzpatron. Aber die Rebellion der NDF fand im Frühjahr 1983 ein unvorhergesehenes schnelles Ende, als die Hilfe aus Aden und Tripolis ausblieb.

Angesichts der neuen Dimension einer Annäherung al-Kathafis an Salih und der Partnerschaft zwischen den beiden jemenitischen Staatslenkern ist kein Platz mehr für eine radikale Untergrundpartei, die eigentlich nie genau definiert hat, was sie innen- und außenpolitisch erreichen will, und nun zum politischen Ballast für die etablierten Regierungen in Aden und in Sanaa geworden ist. Die wenigen noch vorhandenen Zellen der NDF sind seitdem für Salih keine gefährlichen Gegner mehr.

Der Nordjemen-Präsident revanchierte sich für das Verhalten der arabischen Brüder, indem er die zerstrittenen Araberführer al-Kathafi und Arafat im Juni 1983 nach Sanaa einlud, um dem Libyer eine honorige Gelegenheit zu verschaffen, sich mit dem durch die PLO-Rebellen angeschlagenen PLO-Führer Arafat auszusöhnen.

Der Jemen im Spannungsfeld zwischen Arafat und Habasch

Obwohl Arafat versicherte, die Meuterei der Dissidenten innerhalb der PLO sei unter Kontrolle, war al-Kathafi – ein Gegner der sich neu aufbauenden Achse PLO–Ägypten–Jordanien – vorerst noch nicht bereit, sich der neuen Situation anzupassen. Außer dem Austausch von Höflichkeiten und Solidaritätserklärungen drang von den Gesprächen wenig an die Öffentlichkeit. Aber Präsident Salih betonte, seine Vermittlungsbemühungen zwischen seinen Besuchern seien erfolgreich gewesen; beide wollten die feindliche Propaganda gegeneinander einstellen.

Präsident Ali Nasir Muhammad konzedierte Arafat die Bedeutung der palästinensischen Einheit, »um das palästinensische Volk zu befähigen, seine Rechte wiederzuerlangen und ein unabhängiges Heimatland zu errichten«. Das wollten auch beide Jemen-Präsidenten, und Jassir Arafat hat während mehrerer Besuche in den Jahren 1980 bis 1984 immer wieder vermittelnd eingegriffen, wenn die Fusionsbemühungen auf ein saudisches oder sowjetisches Riff aufzulaufen drohten.

Überhaupt hat Jassir Arafat in der zehnjährigen Periode der jemenitischen Annäherungen eine nicht unbedeutende Rolle gespielt. Warum ausgerechnet im fernab vom »Kampfgebiet Palästina« gelegenen Jemen? Der PLO-Chef, der weder ein Volkstribun noch ein Fanatiker ist, erkannte Parallelen zwischen seinem Kampf um ein geeintes Palästina und dem Ringen um einen geeinten Jemen: ein Kampf, der mit Gewalt nicht zu gewinnen ist, vielleicht aber mit unsäglicher Geduld. Als er sich noch vom radikalen Flügel der PLO unter Druck setzen lassen mußte und ohne Rücksicht auf Verluste Flugzeugentführungen guthieß, hatten auch die beiden Jemen-Staaten eine Entscheidung darüber zu treffen, ob sie dem moderaten oder dem radikalen Flügel der PLO Unterstützung und Unterschlupf gewähren sollten.

Die Demokratische Volksrepublik Jemen (Aden) entschied sich für die Aufnahme des marxistischen Flügels, der »Volksfront für die Befreiung Palästinas« (PFLP) unter George Habasch, der daraufhin beim marxistisch gleichgesinnten »Bruder« seit Anfang der siebziger Jahre Ausbildungslager für Terroristenkommandos einrichtete. Die südjemenitische Regierung mußte unter dem Druck der »sozialistischen Bruderländer« der PFLP im Adener Hinterland Ausbildungslager zugestehen, die als »exterritoriales Gebiet« klassifiziert wurden und einer Kontrolle durch Aden nur noch bedingt unterstanden. Die PFLP wurde im Südjemen zu einem Staat im Staat, und die Adener Regierung mußte sich – nicht zuletzt aufgrund dieser innenpolitisch brisanten Situation – zu der Rolle als militanter Verfechter »eines gemeinsamen arabischen Handelns in Verbindung mit der palästinensischen Sache« bekennen.

Die Jemenitische Arabische Republik hingegen hatte sich wohlweislich aus der Gegnerschaft Habasch/Arafat herausgehalten und eine neutrale Haltung, mit leichten Vorteilen für den bedrängten al-Fatah-Führer, bewahrt. Sie räumte dem moderaten Flügel der PLO zwar ebenfalls Ausbildungslager (etwa 100 Kilometer südlich von Sanaa) ein, aber es waren mehr Auffanglager als terroristische Trainingszentren. Präsident Salih hatte sich bereit erklärt, die militärische Ausbildung palästinensischer Kadetten an seiner Akademie zuzulassen.

Im Frühjahr 1980, als Arafat über die bevorstehende israelische Intervention im Libanon informiert wurde, schickte er seinen Stellvertreter Salah Chalaf, der unter dem Namen Abu Ijad bekannt ist, nach Sanaa und Aden, um dort um Freiwillige für den bevorstehenden Existenzkampf zu bitten. Er beklagte sich in einem Interview bitter über die Haltung der europäischen Länder den Palästinensern gegenüber. »Die nach der Resolution von Venedig erfolgte Anerkennung durch Herrn Kreisky – ein großer Mann in einem kleinen Land – der legitimen Rechte unseres Volkes auf ein Dasein könnte einmal als der mutigste Schritt, der jemals von einem europäischen Staat gewagt worden ist, gewertet werden. Dessenungeachtet gibt es viele andere Staaten, die größer sind und stärker als Österreich. ... [doch] muß man leider feststellen, sie enthalten sich eines offenen Herangehens an die Probleme des Nahen und Mittleren Ostens.«

Abu Ijads düstere Vorahnungen sollten sich bewahrheiten. Die Rolle des »ehrlichen Maklers« blieb der westlichen Supermacht USA vorbehalten. Seit dem Sommer 1981 fanden zwischen dem PLO-Vorsitzenden Jassir Arafat und dem amerikanischen Nahostexperten John Edwin Mroz regelmäßige Gespräche über eine Anerkennung des Existenzrechts Israels statt. Im Gegenzug sollten die USA die PLO anerkennen. Im Mai 1982 erreichten die Gespräche einen kritischen Punkt, als Arafat erkennen mußte, daß die USA nicht imstande sein würden, den für Juni 1982 geplanten Einmarsch israelischer Truppen in den Libanon aufzuhalten. Nach der Invasion hat sich Arafat geweigert, den US-Vermittler Mroz weiterhin zu empfangen.

Arafats Gespräche mit den USA hatten sich nicht ausgezahlt, er mußte sein eigenmächtiges Vorgehen vielmehr mit der großen Rebellion gegen seine al-Fatah, die ihn fast die Führungsrolle gekostet hätte, bitter bezahlen. Erst die Massaker von Sabra und Schatila im September 1982 riefen die Empörung der ganzen Welt hervor, und der zweimalige Exodus der Arafat-treuen PLO-Kämpfer aus dem Libanon hat beide Jementeile veranlaßt, den geschlagenen Kontingenten eine Raststelle zu gewähren – als Dank für die Vermittlungshilfen zwischen Sanaa und Aden. Wie schon bei der Evakuierung der PLO aus Beirut im August 1982, so erklärte sich Sanaa auch beim Rückzug Arafats aus Tripoli im Dezember 1983 bereit, mehrere hundert palästinensische Kämpfer aufzunehmen.

Als Arafat am 26. Dezember 1983 in Hudaidah an Land geht, wird er von Präsident Salih empfangen, der ihm zugleich auch Schützenhilfe gibt, indem er die Einheit der PLO beschwört und die Notwendigkeit betont, daß sich die PLO bei zu treffenden Entscheidungen ihre Unabhängigkeit bewahrt. Damit begegnet Salih der Forderung des PFLP-Führers Habasch, Arafat müsse abgelöst werden, und der Behauptung, dessen Kontakt zu den USA sei Verrat und eine Mißachtung der nationalen Rechte des palästinensischen Volkes. Die Rast in Sanaa hilft dem Überlebenskünstler Arafat schnell wieder auf die Beine. Er wirft nun seinerseits seinen Gegnern ein Komplott zur Spaltung der PLO und der ganzen arabischen Welt mit Hilfe Israels und der USA vor. In Sanaa tritt der PLO-Militärrat unter seiner Leitung zusammen, um über den neuen Kurs – die Schaffung einer palästinensischen Exilregierung und über ein mögliches Mandat für König Hussein – zu beraten und abzustimmen.

Der Dezember-Debatte folgt im Januar 1984 die Bestätigung Arafats durch das Zentralkomitee der al-Fatah, allerdings verbunden mit einem

Tadel an seiner Reise zu Präsident Hosni Mubarak nach Kairo, die ein »eigenmächtiges Unternehmen, das den Regeln der traditionell kollegialen Führung der al-Fatah zuwiderläuft«, gewesen sei. Arafat beharrt auf seinem Standpunkt, sein Treffen mit Mubarak sei »eine Wende in der palästinensischen Sache«. Er kann sich seiner ungebrochenen Macht bei den Palästinensern auf der West-Bank und im Gaza-Streifen sicher sein.

Hie Arafat, dort Habasch – dies könnte zu Spannungen zwischen Sanaa und Aden führen. Schon bisher war es üblich, daß die radikalen Palästinensergruppen auf südjemenitischem Boden nicht nur agitatorisch die linksradikale nordjemenitische Untergrundbewegung NDF unterstützten. Die PFLP-Kämpfer hatten zudem versucht, sich mit ihren al-Fatah-Brüdern im Nordjemen auf Kosten der Salih-Regierung zu arrangieren. Doch nun, nach der Ausschaltung der NDF, sind beide Jemen-Regierungen bestrebt, die »konspirativen Kräfte« beider Palästinenser-Organisationen und deren Aktivitäten auf ihren Territorien zu beschränken.

Die Wiedervereinigung: eine Fata Morgana?

Zwar hatte Südjemens Staatspräsident Ali Nasir Muhammad bereits im September 1982 alle die beabsichtigte Vereinigung des Jemen gefährdenden Gruppen entweder kaltstellen oder sogar mit rigorosen Mitteln ausschalten lassen. Doch der von ihm ausmanövrierte und dann nach einem Aufenthalt in Sofia nach Moskau ins Exil gezwungene Abdul-Fattah Ismail stellte auch noch aus der Ferne eine nicht zu unterschätzende Bedrohung seines neuen Kurses dar. Zusammen mit anderen exilierten Jemeniten plante er den Sturz Ali Nasir Muhammads und eine triumphale Rückkehr nach Aden. Dann aber gelang es der Muhammad-Fronde durch einen Trick, den in Sofia lebenden früheren Sicherheitschef Muhsin asch-Scharghabi, der in seinem Land den Namen »Berija des Südjemen« trug, zur Rückkehr nach Aden zu veranlassen. Dort wurde ihm der Prozeß gemacht und seine Hinrichtung vollzogen.

In diesen Zusammenhang sind Meldungen arabischer Quellen über einen Machtkampf zwischen moskautreuen Politikern und der Führung des Landes einzuordnen, die den Einfluß des Kreml vermindern und so mehr Unabhängigkeit vom Ostblock erreichen möchte.

Mit der Ausschaltung des Sicherheitschefs jedenfalls war Abdul-Fattah Ismails starker Einfluß auf seine im Südjemen noch vorhandenen Anhänger gebrochen. Moskautreue Funktionäre der Staatspartei

JSP wurden langsam, aber systematisch aus ihren Machtpositionen verdrängt, meist unter der Anklage, sie konspirierten mit dem ehemaligen Staatschef, der eine »Konterrevolution« geplant habe. Erst jetzt konnte der Südjemen ungefährdet damit beginnen, seine Isolation in der arabischen Welt dadurch zu überwinden, daß er sich dem Griff Moskaus langsam entwand. Eine Lockerung der Zusammenarbeit zwischen Aden und dem Kreml bahnte sich an.

Durch Vermittlung seines Partners Ali Abdullah Salih, der in Riyadh für den Südjemen intervenierte, gelang es der Demokratischen Volksrepublik Jemen (Aden), das Odium des »Aussätzigen« in Arabien teilweise abzubauen.

Anfang 1983 kam der große Durchbruch. Eine »Versöhnungskonferenz« zwischen dem Sultanat Oman und der Demokratischen Volksrepublik Jemen (Aden) räumte die letzten Ressentiments vom Oktober des Vorjahres aus und endete erfolgreich. Die schon beschlossene Wiederaufnahme diplomatischer Beziehungen kann nunmehr realisiert werden. Hierbei haben auch Kuwait und die Vereinigten Arabischen Emirate – auf Bitten Salihs – positiv auf die Omanis eingewirkt. In der offiziellen Verlautbarung wird festgeschrieben, keiner fremden Macht zu erlauben, das jeweilige Territorium zu Angriffen auf das andere Land zu benutzen. Dieser Punkt hat besondere Bedeutung für die Supermächte: Oman beabsichtigt, im Falle internationaler Konflikte um die Ölregion am Persischen Golf der schnellen Eingreiftruppe der USA See- und Flughäfen zur Verfügung zu stellen, und die Demokratische Volksrepublik Jemen (Aden) hat der sowjetischen Flotte bereits Stützpunkte eingeräumt.

Die Nichtangriffsformel zwischen den ehemals sich jahrelang bekriegenden Staaten beläßt beiden Großmächten das politische Gesicht und den militärischen Wirkungskreis. Die USA können weiterhin die westlichen Interessen am Golf – dem Khomeini-Regime gegenüber – auch notfalls militärisch sichern, die Sowjetunion behält ihre Schlüsselstellung am Bab al-Mandeb, am Ausgang des Roten Meeres, und damit Eingreifmöglichkeiten zugunsten der mit ihr durch Freundschaftspakte verbundenen Staaten in dieser Region. Moskaus Bestrebungen, auch mit Saudi-Arabien zu einer die Koexistenz bestätigenden diplomatischen Beziehung zu gelangen, werden durch die stillschweigende Hinnahme der südjemenitisch-omanischen Vereinbarung untermauert. Dies ist auch notwendig, seit die UdSSR bei der israelischen Invasion des Libanon ihre »arabischen Freunde« im Stich gelassen hat, was vor allem in Aden mit gebührender Aufmerksamkeit registriert worden ist.

Die Liberalisierungstendenzen des Südjemen sind von der neuen Führungsgeneration in Riyadh ohne Vorbehalte – wie sie noch zur

Regierungszeit König Feisals gang und gäbe waren – als für Saudi-Arabien und den Golfrat nützlich bewertet worden. Im Juli 1983 wurden daher die seit 1977 ruhenden diplomatischen Beziehungen zwischen Saudi-Arabien und dem Südjemen reaktiviert. Hierzu haben insbesondere die aufgeschlossenen Politiker, Kronprinz Abdullah bin Abdul Aziz, Außenminister Saud al-Feisal, Prinz Bandar bin Sultan, aber auch der Vermittler Rafiq al-Hariri, die auch im Libanon-Konflikt vermittelten, beratend beigetragen und damit ihren Realitätssinn unter Beweis gestellt.

In der Tat hat sich die Jemen-Politik Saudi-Arabiens seit 1981 fundamental geändert. Zwar kann man nicht innerhalb von wenigen Jahren die begangenen Fehler von fünf Jahrzehnten lückenlos übertünchen, doch sind die Leitlinien der neuen Politik König Fahds als fast sensationell einzustufen. Nun stützt der saudische Kronrat in Riyadh nicht nur die defizitären jemenitischen Staatshaushalte, sondern scheint auch zu einem akzeptablen Konsens in der Nachbarpolitik einer zwar beratenden, aber nicht sich in die inneren Angelegenheiten des Nord- und Südjemen einmischenden Kooperationsform gefunden zu haben. Riyadh hat endlich begriffen, daß ein erstarkender Gesamtjemen eine gewisse Rückendeckung gegen die schiitische Gefahr aus dem Osten ist.

Angesichts der nun feststellbaren größeren Aufgeschlossenheit gegenüber konservativen und westeuropäischen Ländern überrascht es nicht, daß dem südjemenitischen Wunsch nach wirtschaftlicher Hilfe von seiten der reichen arabischen Brüder willig entsprochen wurde. Seither fließen Kredite – zum Ausbau der Industrie, der Fischerei, der Landwirtschaft, des Bauwesens und Verkehrs ins Land. Der »Abu Dhabi Fund for Arab Economic Development« stellt Mittel zur Modernisierung des Hafens von Aden zur Verfügung, der Flughafen Khormaksar wird erweitert, der Hafen Khalf bei Mukalla geht seiner Vollendung entgegen. Das ZK der JSP erhob keine Einwände, als die Regierung ein neues Gesetz zur Förderung von ausländischen Investitionen – mit Steuer- und Zollerleichterungen und der Möglichkeit der Rückführung von Gewinnen – verkündete. Aus eigener Kraft und mit der immer noch bescheidenen Ostblockhilfe kann der »wissenschaftliche Sozialismus« die wirtschaftliche Misere des Landes nicht überwinden, das haben im Südjemen inzwischen die meisten Politiker begriffen.

1982 mußten nicht nur die Führungsspitzen, sondern auch die beiden Volksteile beweisen, daß sie im Notfall einander beistehen: Anfang April kommen bei den schwersten Überschwemmungen seit vierzig Jahren im südjemenitischen Hadhramaut 500 Personen ums

Leben, der Schaden wird auf mehr als zwei Milliarden Mark beziffert; Mitte Dezember zerstört ein schweres Erdbeben in der nordjemenitischen Provinz Dhamar 274 Städte und Ortschaften, 2000 Tote sind zu beklagen, 400000 Menschen werden obdachlos. Es ist das folgenschwerste Unglück in der Geschichte des südarabischen Bergstaates, »das schlimmste Ereignis seit dem Dammbruch von Marib«, wie Präsident Salih sagt. Die internationale Hilfe setzte zwar sofort ein – auch die Bundesrepublik hat unverzüglich Rettungsspezialisten entsandt –, aber mit der Finanzierung des Wiederaufbaus sieht man sich im Norden wie im Süden vor unlösbare Probleme gestellt. Die permanente Notsituation zwingt dazu, noch näher zusammenzurücken. Wer gegen die geplante Wiedervereinigung protestiert oder sie zu unterlaufen versucht, stellt sich selbst ins politische Abseits.

Als der amtierende Premierminister Abdel-Karim al-Iryani im Juli 1983 über die Fusion philosophierte: »Wir werden niemals sagen, daß die Einheit unter der sozialistischen Partei des Südjemen kommen wird«, griff Präsident Salih energisch durch. Er bildete das Kabinett um, ernannte Abdul-Aziz Abdul-Ghani wieder zum Kabinettschef und schickte al-Iryani als »Leiter des Rates zum Wiederaufbau der vom Erdbeben betroffenen Gebiete« im wahrsten Sinne des Wortes in die Wüste. Auch der wenig flexible Außenminister Ali Lutf at-Thour mußte seinen Sessel räumen.

Zwischen den Nord- und Südjemen-Präsidenten war die Frage der Staatspartei bereits Mitte 1982 abgeklärt worden. Zwar weigerte sich auch Salih, die südjemenitische JSP als alleinbestimmend für den gesamten Jemen zu akzeptieren, aber er machte Konzessionen. Ende August 1982 trat der »Allgemeine Volkskongreß« in Sanaa zusammen, ein Gremium aus 700 gewählten und 300 ernannten Delegierten. Er billigte die »Nationale Charta« (die die nordjemenitische Verfassung nicht antastet) und bildete aus seinen Mitgliedern ein 76köpfiges »Ständiges Komitee«, eine Art »ZK« aus Stämmen und Ständen der Nordrepublik. Salih wurde Präsident des Allgemeinen Volkskongresses und des Ständigen Komitees, eine feste Basis für seine Wiederwahl im Mai 1983. Zuvor hatte er zwar seinen Rücktritt erklärt, um dem Parlament genügend Zeit für die Vorbereitungen »zur Wahl eines Nachfolgers« zu lassen, aber natürlich meldete sich kein Gegenkandidat, ist doch der Präsident zugleich Oberbefehlshaber des Heeres und Verteidigungsminister. Seine stetig sich erweiternde politische Macht hat Salih durch seine inzwischen auf 35000 Mann starke, mit modernsten amerikanischen und sowjetischen Waffen ausgerüstete Armee vorsorglich abgestützt. Ein Risiko, wie seine beiden ermordeten Vorgänger al-Hamdi und al-Ghaschmi es in Kauf genommen haben, ist Salih nie eingegangen.

Am 23. Mai 1983 – in seiner Antrittsrede als für weitere fünf Jahre gewählter Präsident – legt Salih das Schwergewicht auf die innenpolitischen Probleme. So sollen die Früchte der Revolution allen Landesteilen gleichermaßen zugute kommen, die jemenitische Vereinigung mit Nachdruck weiter verfolgt werden und das von ihm gesteckte Ziel nationaler Aussöhnung im Mittelpunkt aller Bemühungen stehen. Noch am gleichen Tag werden 165 politische Gefangene amnestiert und die »politischen Flüchtlinge« aufgefordert, heimzukehren und ihre Aktivitäten im Einklang mit der Verfassung wiederaufzunehmen.

Vom 15. bis 20. August 1983 fand ein Gipfeltreffen zwischen den beiden Staatschefs in Sanaa statt, bei dem nicht nur die Nordjemen-Metropole als »historische Hauptstadt des Heimatlandes« bestätigt, sondern bereits das letzte Treffen vor der gegenwärtig wichtigsten Entscheidung des Zusammenschlusses vorbereitet wurde. Schon vorher hatte man sich über den Abbau der Zollschranken, die Erleichterung des Personenverkehrs, gemeinsame Entwicklungspläne und gemeinsame Lehrpläne für Grund- und Hauptschulen sowie eine nichtpublizierte Klausel zur Landesverteidigung und der technischen Vereinheitlichung der militärischen Ausbildung an den im Süden wie im Norden vorhandenen sowjetischen Waffensystemen geeinigt.

Nun stand der Sprung in die große Weltpolik bevor: Sanaa und Aden vereinbarten eine koordinierte Außenpolitik! Im Anschluß an ein zweitägiges Treffen verkündeten am 19. Februar 1984 beide Jemen-Präsidenten diesen historischen Beschluß über eine alljemenitische außenpolitische Repräsentanz.

Die von vielen als unüberwindbar eingeschätzten Hindernisse zwischen der sozialistischen Demokratischen Volksrepublik Jemen (Aden) und dem Stämme- und Ständestaat Jemenitische Arabische Republik (Sanaa) sind damit ad absurdum geführt worden. Vorerst noch auf dem Boden der Koexistenz und der Rücksichtnahme auf die jeweiligen Protektoren steuern beide Staaten zumindest eine Konförderation, wenn nicht gar eine politische Einheit an. Über eine gemeinsam betriebene Außenpolitik nun von der Welt doch als alljemenitischer Staat anerkannt zu werden, ist – wenn dies erlaubt ist – vergleichbar mit einer gemeinsamen Außenpolitik der Bundesrepublik Deutschland und der Deutschen Demokratischen Republik im Sinne einer gemeinschaftlichen Zielsetzung bei den Vereinten Nationen oder ähnlichen Gremien.

Seit sich die progressiven und konservativen Araberstaaten aus Furcht vor der Islamischen Revolution des Ajatollah Khomeini zusammenschließen, gelten die Gesetze der Unversöhnlichkeiten unterschiedlicher Gesellschaftssysteme in der sunnitisch-arabischen Welt nicht mehr. Die heraufziehende, möglicherweise permanente Krise am Persischen Golf scheint die baldige Fusion beider Jemen-Staaten geradezu unabdingbar zu machen.

Vorausgesetzt, Aden und Sanaa gelingt es, die Hürden des nationalen Referendums in Übereinstimmung zu überwinden, könnte es zum erstenmal in der neueren Geschichte zu einer Vereinigung der beiden Jemen kommen, die – zumindest in der Neuzeit – nie zuvor eine geschlossene Staatsform gebildet haben. War der Zusammenschluß im Nordjemen durch das theokratische Imamat und die ottomanische Besatzung, im Südjemen durch die unerbittlich harte britische Kolonialherrschaft gewaltsam verhindert worden, so scheint die Zeit nun einfach reif für eine Rückbesinnung auf das im Jemen entstandene Ur-Arabertum mit allen nationalistischen Konsequenzen.

Gelänge die Fusion, müßte dies eine erhebliche Veränderung der Expansionskonstellationen der Supermächte, vom Bal al-Mandeb bis zur Straße von Hormuz, bedeuten. Sehr wohl könnte sich ein Großjemen – mit acht Millionen Einwohnern dann der volkreichste Staat auf der arabischen Halbinsel – zu einem gleichstarken Pendant zum konservativen »Konsultativrat« am Golf entwickeln, der Saudi-Arabien, Kuwait, Bahrein, Katar, die Vereinigten Arabischen Emirate sowie das Sultanat Oman umfaßt.

Das Schicksal des Jemen ist zu einem entscheidenden Prüfstein für die weitere Entwicklung dieses weltpolitisch wichtigen Kräftefeldes »Vorderer Orient« geworden, einer Region, die mit über Krieg und Frieden im ausgehenden 20. Jahrhundert entscheiden wird. Es kann und darf uns nicht gleichgültig sein, wie dieses Streben nach Überwindung sozialer und ideologischer Gegensätze ausgehen wird; ob es den Jemeniten gelingt, ihre Freiheit und Stabilität gemeinsam zu wahren. Auch wir und andere geteilte Nationen sollten vom zähen Willen dieses Volkes lernen, sich von verkrusteten Sozialstrukturen und erdrückenden Machtblöcken zu lösen.

Anhang

Karten

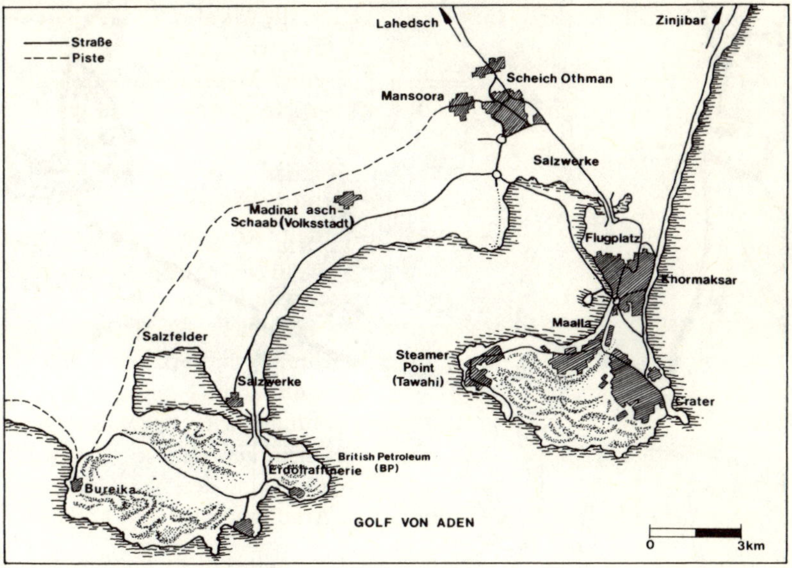

Aden mit seinen wichtigsten Stadtteilen

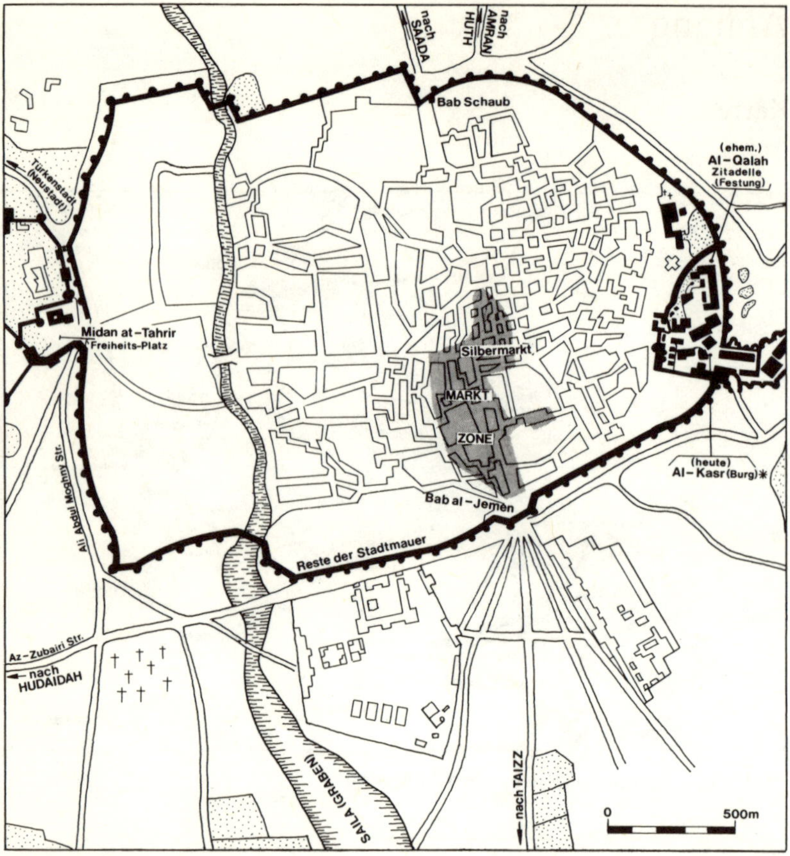

* Al-Kasr, nicht zu verwechseln mit Al-Kasr al-Gumhouri, das sich im westlichen Neubaugebiet befindet.

Der Stadtkern von Sanaa, links schließt sich die »Türkenstadt« (Neustadt) an.

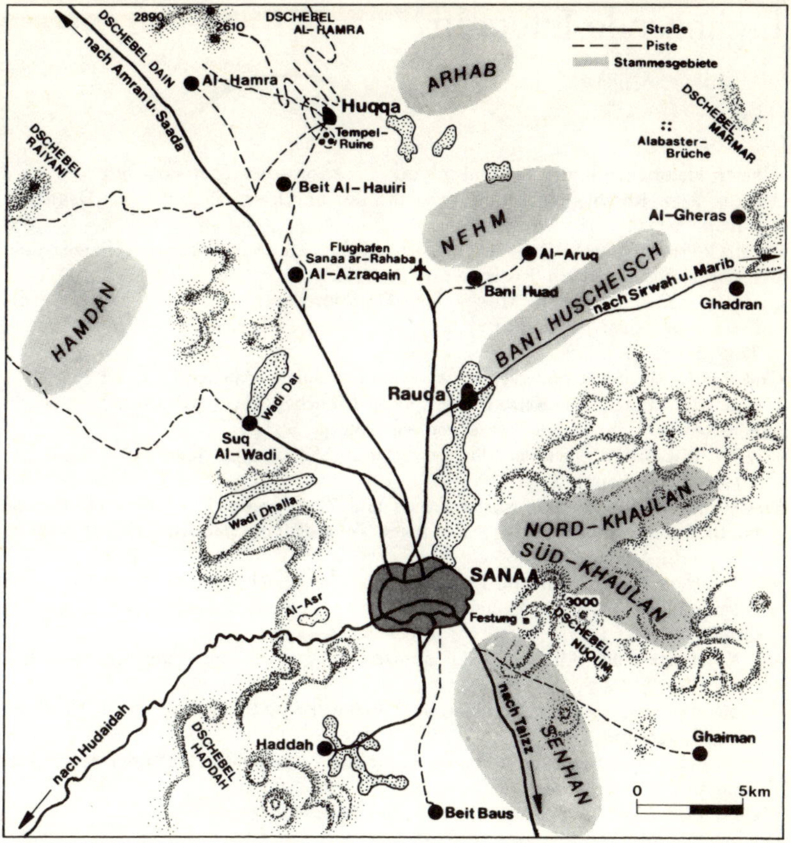

Die Umgebung von Sanaa

Ergänzende Literatur

Albertz, Heinrich: Blumen für Stukenbrock. Biographisches, Stuttgart 1981

Alkazaz, Aziz: Kurzbiographie, Ali Abdallah Salih, in: Orient. Zeitschrift des Deutschen Orient-Instituts, 2/83, S. 211–215

Daum, Werner: Jemen – Das südliche Tor Arabiens. Eine Länderkunde, Tübingen 1980

Der Fischer Weltalmanach '83, Frankfurt/M. 1982

Glasgow, Rainer: Das Rote Meer – Eine Konfliktregion?, in: Orient. Zeitschrift des Deutschen Orient-Instituts, 7/77, S. 16–51; insbes.: Die Konferenzen von Aden und Taizz, S. 38–41

Graf, Josef: Abenteuer Südarabien. Öl verwandelt Allahs Wüsten, Stuttgart 1967

Heikal, Mohammed: Das Kairo Dossier, Wien/München/Zürich 1972

Jemen-Report, 1/83; insbes.: Jemen aktuell (Politik), S. 15

– ,2/83; insbes.: Angaben zur Staatsbezeichnung, S. 2; Jemen aktuell (Politik), S. 21; Information (Alaini), S. 24

Koszinowski, Thomas: Stammesinteressen und Zentralgewalt im Jemen. Al-Hamdis Politik in den Jahren 1974–1977, in: Orient. Zeitschrift des Deutschen Orient-Instituts 2/78, S. 64–87; insbes. S. 66–85

– : Zwischen Kooperation und Konfrontation. Die Beziehungen zwischen San'a und Aden und die Frage der Einheit des Jemen, in: Orient. Zeitschrift des Deutschen Orient-Instituts 2/80, S. 175–193; insbes. S. 184–193

– : Kurzbiographie: Ali Nasir Muhammad, in: Orient. Zeitschrift des Deutschen Orient-Institut, 4/80, S. 441–444

– : Jemen – Demokratische Republik, in: Handbuch der Dritten Welt, Bd. 6, Hamburg 1983, S. 346–356

– /Nuscheler, Franz: Jemen – Arabische Republik, in: Handbuch der Dritten Welt, Bd. 6, Hamburg 1983, S. 329–344

Müller, Walter W.: Die Weihrauchstraße, in: Jemen-Report, 11/80, S. 6f.

Luqman, Farouk: Yemen, Aden 1970

Rohner, Gottfried/Rohr, Heinz Rudolf von: Yemen. Land am Tor der Tränen, Kreuzlingen o. J.

Saidi, Ahmed Kaid al-: Die Oppositionsbewegung im Jemen zur Zeit Imam Yahyas und der Putsch 1948, Berlin 1981

Vocke, Harald: Das Schwert und die Sterne. Ein Ritt durch den Jemen, Stuttgart 1965

Wald, Peter: Der Jemen. Nord- und Südjemen. Antikes und Islamisches Südarabien. Geschichte, Kultur und Kunst zwischen Rotem Meer und Arabischer Wüste, Köln 1980

Wepf, Reinhold: Yemen. Land der Königin von Saba, Bern 1966

Die wichtigsten jemenitischen und arabischen Politiker (und ihre Funktionen)

Abdallah bin Abdul Aziz: Seit 13. 6. 82 Kronprinz. Befehlshaber der saudischen Nationalgarde.

Abdul Aziz III. ibn Saud: Gründer des Königreichs Saudi-Arabien (1876–1953).

Abdul-Ghani, Abdul-Aziz: Premier des Nordjemen 1974–80. Dann Vizepräsident. Ab 1983 wieder Ministerpräsident.

Adhi, Abdullah al-: Im Bürgerkrieg Major der Miliz. Dann Oberstleutnant im Office of Immigration (Sicherheitsbehörde).

Ahmar, Abdullah bin Hussein al-: Fürst der Haschid-Großföderation, mächtigster Stammesführer im Nordjemen. Ehemaliger Parlamentspräsident.

Ahmed: Imam (1948–62). Vater von Imam al-Badr.

Alaini, Mohsin: Professor. Viermal Premier des Nordjemen, letzte Amtszeit endete am 16. 1. 1975. Dann im Exil in Kairo bis 1979. Berufung als Botschafter bei den UN 1980. Seit 26. 11. 1981 Botschafter in der Bundesrepublik Deutschland. Spitzenpolitiker der jungen Generation.

Ali, Salem Rubay: Zweiter Präsident der DVR (Aden). Füsiliert am 26. 6. 1978.

Alim, Abdullah Abdel: Chef der Fallschirmjägertruppe JAR (Sanaa).

Alwani, Ahmed Masood al-: General Manager der Democratic Yemen Airlines (Aden).

Amri (Amery), Hassan al-: Mehrmaliger Premier. Oberkommandierender der republikanischen Streitkräfte. »Farieq« = Oberster der Generale. Retter Sanaas 1967/68. Im Exil in Kairo und Damaskus.

Antar, Ali Ahmad Nasser: Brigadier. Ehem. Verteidigungsminister der DVR (Aden). Entlassen im April 1981.

Arab, Mohammed: Saudischer Kaufmann, Sohn des Mohammed Fazil Abdulla Arab. Ehem. saudischer Minister für Handelsschiffahrt.

Arafat, Jassir: Führer der PLO (al-Fatah).

Araschi, Abdel Karim al-: Ehem. Vizepräsident der Jemenitischen Arabischen Republik.

Arasi, Mahmud: Flughafendirektor Khormaksar (Aden).

Asnag, Abdullah Abdulmajid al-: Ehem. FLOSY-Führer in Aden (Front zur Befreiung des besetzten Südjemen). Exil im Nordjemen, dort Außenminister. Verhaftet im April 1981 wegen konspirativer Zusammenarbeit mit Saudi-Arabien.

Assad, Hafis el-: Präsident Syriens.

Aulaqi, Mohammed Saleh: Ehem. südjemenitischer Außenminister. Am 30. 4. 1973 bei einem Flugzeugabsturz umgekommen.

Awad, Muhammed Hadi: Südjemenitischer Spitzendiplomat. Botschafter in London, Kairo und Tunis und bei der Arabischen Liga. 1973 Staatssekretär im Außenministerium in Madinat asch-Schaab (Stadt des Volkes).

Awad, Saeed Hadi: Bruder des Mohammed. Chargé d'affaires in London, Paris, Algerien und wieder London.

Badr, Mohammed al-: Imam. Sohn des Imams Ahmed bin Yahya, regierte vom 18. bis 26. 9. 1962. Gestürzt von Oberst Sallal.

Bafaki, Mohammed Abdelbakr: Botschafter der DVR (Aden) in Paris 1975.

Barakat, Ahmed Kaid: 1969 Außenminister. Ab 14. 6. 1972 Nachfolger von Dr. Makki als Botschafter in der Bundesrepublik Deutschland. Dann Minister für Mineralien und Bodenschätze. Botschafter in Tokio. Jetzt Minister für Wirtschaft und Industrie.

Barre, Siad: Staatschef von Somalia.
Beidh, Ali Salem al-: Ehem. Minister der DVR Jemen (Aden).
Dahmasch, Ahmad: Stellvertretender Informationsminister der JAR.
Fahd: König von Saudiarabien seit dem 13.6.1982 und Ministerpräsident. Ehem. Kronprinz unter König Khaled.
Feisal: König von Saudiarabien seit 3.11.1964. Ermordet am 25.3.1975.
Feisal bin Musaid bin Abdul Aziz: Amir (Emir). Neffe und Mörder König Feisals.
Geghman, Yahya: Mehrmals Stellvertretender Ministerpräsident für Außenpolitik und Wirtschaft der JAR (Sanaa). Mehrmals Außenminister. Botschafter bei den U.N., Sonderbotschafter Sanaa–Washington unter Präsident Salih. Fürsprecher der Wiederaufnahme diplomatischer Beziehungen zur Bundesrepublik Deutschland (1969).
Ghadir, Nadschi bin Ali al-: Führer des Khaulan, Oberscheich der Bakil, Separatist. Ermordet am 21.2.1972.
Ghaleb, Mohammed Anam: Wirtschaftsminister der JAR (Sanaa).
Ghaschmi, Ahmed Hussein al-: Oberstleutnant. Präsident (nach al-Hamdi) ab 11.10.1977 (bestätigt am 22.4.1978). Ermordet am 24.6.1978.
Gunaid, Mohammed al-: Landwirtschaftsminister der JAR (Sanaa).
Habasch, George, Dr.: Führer der marxistischen PFLP (Volksfront für die Befreiung Palästinas).
Haitham, Mohammed Ali: Mitglied des Präsidentschaftsrats der DVR (Aden). Ehem. Premier des Südjemen, entlassen 1971.
Hajari, (Hijiri), Abdallah al-: Al-Qadhi (Richter). Premier der JAR 1973. Mitglied des Republikanischen Rats. Ministerpräsident vom 30.12.1972–10.2.1974. Ermordet in London am 10.4.1977.
Hamami, Abdallah al-: Protokollchef der JAR bis 1973. Dann im Außenministerium, anschließend Botschaftsrat in Moskau und in London. Ermordet am 10.4.1977 in London.
Hamdi, Abdullah al-: Bruder des Ibrahim. Ermordet am 11.10.1977.
Hamdi, Ibrahim Mohammed al-: Oberst. Entmachtete al-Iryani 1974. Präsident ab 13.6.1974. Ermordet am 11.10.1977.
Hamed: Stammesführer der Bani Huscheisch.
Hubaischi, Hussein Ali al-: Berater des Präsidenten al-Iryani.
Hussein, Ahmed bin: Haus al-Habili, Scherif Beihan, Herrscher von Beihan.
Hussein, Ahmed bin al-: Jemenitischer Prinz und royalistischer Heerführer.
Hussein, Mohammed al-: Jemenitischer Prinz, royalistischer Oberbefehlshaber und Vorsitzender des Rates des Imamats.
Idris: Letzter König von Libyen. Gestürzt am 1.9.1969 von Moammar al-Kathafi.
Idrisi: Jemenitischer Fürst von Asir, Separatist gegen Imam Yahya. Das Asir-Land fiel 1934 »für die Dauer von 20 Jahren« als Kriegsbeute an Saudi-Arabien.
Iryani (Eryani), Abdel-Karim al-: Neffe des ehem. Präsidenten. Premier der JAR, 1983 entlassen.
Iryani (Eryani), Abdul Rahman al-: Al-Qadhi (Richter). Vorsitzender des Republikanischen Rats seit 5.11.1967. Entmachtete Sallal. Anrede Präsident. Im Amt bis 13.6.1974. Al-Iryani gilt als »Vater« der Jemenitischen Arabischen Republik.
Ismail, Abdul-Fattah: Chefideologe der NLF/JSP (Aden). Parteiführer. Vorsitzender des Präsidentschaftsrats. Präsident. Bestätigt am 27.12.1978. Entmachtet am 20.4.1980. Im Exil in Bulgarien und in Moskau.
Kabus bin Said: Sultan von Oman, Sohn des Said bin Taimur.
Kathafi, Moammar al-: Revolutionsführer und Präsident Libyens.
Katus, Ali: Kommandeur der nordjemenitischen Panzerverbände 1977. Schwager des Präsidenten Ibrahim Mohammed al-Hamdi. Ermordet am 11.10.1977.

Khaled: König von Saudi-Arabien (25. 3. 1975–13. 6. 1982).

Khamery, Abdullah al-: Südjemenitischer Informationsminister 1973.

Kholedy, Ahmed: NLF-Freiheitskämpfer (Aden). Heute deutscher Staatsbürger.

Khouli, Hassan, Dr. al-: Sonderbotschafter Gamal Abdel Nassers, Februar 1969.

Kibsi, Ahmed al-: Beauftragter für Jugendfragen der JAR, z. Zt. Gesandter in Bonn.

Luhum, Abdul: Panzergeneral, JAR (Sanaa).

Luhum, Sinan Abu: Gouverneur von Hudaidah, Oberscheich und Sprecher der Großföderation der Bakilstämme. Schwager des Premier Mohsin Alaini.

Maaeli, Ali Hassan: Oberscheich der Abide (Marib-Region).

Makkawi, Abd al-Qawi: Gewerkschaftsführer in Aden, FLOSY-Repräsentant. Im Exil in Kairo.

Makki, Hassan, Dr. al-: Ehem. Premier, mehrmaliger Außenminister. Erster Botschafter der JAR in Bonn nach Wiederaufnahme der diplomatischen Beziehungen 1969.

Malek, Mohammed Abdul: Leitende Funktion im Informationsministerium. Später Minister für Information und Tourismus (JAR–Sanaa).

Mansoor, Ahmed: Dolmetscher und Sekretär an der Deutschen Botschaft in Sanaa.

Mansor al-: Imam im Jemen, 13. Jahrhundert.

Maswari, Hussein al-: Oberst, ehem. Generalstabschef der JAR.

Mengistu: Staatschef von Äthiopien.

Moghny, Ali Abdul: Nordjemenitischer Leutnant. Gab den Signalschuß zur Revolution unter Oberst Sallal am 26. 9. 1962.

Mohammed bin Abdul Aziz: Rangältester Prinz im saudischen »Rat der Prinzen«. Verweigerte 1965 die Thronfolge.

Muafa, Nasser al-: Repräsentant der Bani Huscheisch in Sanaa. Ehem. Landwirtschaftsminister. Heute Regierungsberater der JAR.

Muhammad, Ali Nasir: Seit dem 20. 4. 80 Staatsoberhaupt der DVR (Aden). Entmachtete Abdul-Fattah Ismail.

Muhsad, Brüder Abdallah und Mohammed: Mörder Qassem Munassers.

Muhsin, Mohammed al-: Jemenitischer Prinz und royalistischer Heerführer.

Mukbili (Moqbili), Hussein al-: Ehem. Informationsminister 1969. Später Botschafter in Prag.

Munasser, Qassem: Legendärer Stammesgeneral der Royalisten. Nach Abzug der Ägypter »Überläufer« für den Frieden. Seine Entscheidung erzwang das Ende des Bürgerkriegs in der JAR (Sanaa). Führer des Bani Huscheisch Stammes. Ermordet am 29. 6. 1969.

Muti, Muhammad Salih: ZK-Mitglied. Außenminister der DVR Jemen (Aden), 1979 entlassen. Im März 1981 wegen geheimdienstlicher Tätigkeit für eine fremde Macht verhaftet und hingerichtet.

Nahajan, Zaid bin Sultan an-: Herrscher von Abu Dhabi. Präsident der VAE (Vereinigte Arabische Emirate).

Nasir, Haider bin Saleh bin: Oberst in der »Föderationsarmee Südjemens« (unter britischer Führung). Sohn des Naib von Beihan al-Qasab. Weisungsgebiet Nuqub und Timna. Kommandeur südjemenitischer »Freiheits- und Rettungsarmee«-Verbände, die aus dem saudiarabischen Exil in Taif operierten.

Nasir, Mohammed Saleh bin: Sohn des Saleh bin Nasir. Mitglied des Parlaments der »Südarabischen Föderation« (Aden–al-Ittihad). Politischer Berater im Zirkel des Widerstands gegen die DVR Jemen (Aden). Im Exil in Taif-Saudi-Arabien.

Nasir, Saleh bin: Statthalter von Nuqub und Timna. Vater des Haider. Bruder von Scherif Beihan, Hussein (Haus al-Habili).

Noman, Ahmed Mohammed: Revolutionsführer 1948. Ehem. Premier und Mitglied des Republikanischen Rats der JAR (Sanaa).

Noman, Mohammed Ahmed: Sohn des Ahmed. Politischer Berater. Botschafter. Außenminister der JAR (Sanaa). Ermordet in Beirut am 30. 6. 1974.

Oteiba, Mohammed: Persönlicher Sekretär von Prinz Salman (Gouverneur von Riyadh). Vertreter des Stellvertretenden Gouverneurs von Riyadh (1980).

Oteibi, Dschuhaiman bin Seif al-: (Mahdi) »Erneuerer«. Rebellenführer beim Sturm auf die Große Moschee in Mekka, November 1979.

Othman, Mohammed Ali: Scheich. Mitglied des Republikanischen Rats der JAR (Sanaa). Intimus Präsident al-Iryanis. Ermordet in Taizz am 30. 5. 1973.

Pharaon, Raschid: Syrier. 1976 Chef des saudischen Geheimdienstes.

Qasem, Imam al-Hadi Ila al Haqq Yahya bin al-Hossein bin al-: Gründer der zeiditischen (schiitischen) Glaubensgemeinde in Saada, 898 n. Chr.

Saad, Ahmed bin: Scheich, Militärgouverneur von Marib (Region).

Sabrah, Abdusalam: Erster Berater (vornehmlich in Stammesangelegenheiten) von Präsident al-Iryani.

Sadat, Anwar as-: Präsident Ägyptens seit 1971. Ermordet 1981.

Salih, Ali Abdullah: Oberst. Präsident der JAR (Sanaa) seit dem 26. 7. 1978, wiedergewählt am 23. 5. 1983.

Sallal, Abdullah: Oberst der Leibwache, stürzte Imam al-Badr am 26. 9. 1962. Marschall, entmachtet von al-Iryani am 5. 11. 1967. Im Exil in Kairo bis 1981.

Sallami, Fahdle Ahmed: Botschafter der DVR Jemen (Aden) in London von 1971–73. Kam bei Flugzeugabsturz am 30. 4. 73 ums Leben.

Salman bin Abdul Aziz: Prinz. Gouverneur von Riyadh.

Saud al-Feisal: Prinz. Außenminister von Saudi-Arabien.

Saud ibn Saud bin Abdul Aziz: König von Saudi-Arabien von 1953–64. Entmachtet. Starb 1969 in Athen.

Schaab, Abdallah: Leutnant. Stellvertretender Militärgouverneur Marib-Region. Führer Marib-Senke und Sirwah (1976).

Schaabi, Qahtan Mohammed asch-: Erster Bauern- und Beduinenpräsident des von der britischen Kolonialherrschaft befreiten Südjemen. Führer der NLF (Nationale Befreiungsfront). Erzwang 1967 die Unabhängigkeit. Entmachtet am 22. 6. 1969. In Haft bis 1980, gestorben am 7. 7. 1981.

Schafi asch-: Imam. Begründer der schafiitischen Lehre im Nordjemen (Zentrum Sabid-Tihama-Region).

Schami, Ahmed Mohammed asch-: Ex-Außenminister der Royalisten, dann Mitglied des Republikanischen Rats (1970). Danach Botschafter. Heute Privatier.

Schawareb, Mujahid: Oberstleutnant. Mitglied des »Siebener Rats« 1974 unter Präsident al-Hamdi. Stellvertretender Oberkommandierender, dann Gouverneur von Haddscha. (JAR–Sanaa).

Sultan bin Abdul Aziz: Prinz. Verteidigungsminister von Saudi-Arabien.

Sultan, Amin-M.: 1976 Wirtschaftsberater der Regierung in Sanaa. Direktor der Bank of Yemen. Geschäftsmann.

Taimur, Said bin: Sultan. Ehem. Herrscher von Oman.

Trevelyan, Humphrey: Lord der britischen Krone. Letzter Hochkommissar in Aden (1967).

Turnbull, Sir, Richard: Hochkommissar in Aden 1963–67.

Umar, Sultan Ahmed: Führer der nordjemenitischen NDF (Nationaldemokratische Front) in der JAR (Sanaa).

Wazir, Abdullah bin Ahmed al-: Führer der gescheiterten Revolution von 1948. Geköpft auf Befehl Imam Ahmeds 1948.

Yahya bin Mohammed: Imam (1904–48). Bei einem Attentat der Freien Jemeniten erschossen.

Zubairi, Muhammad Mahmud az-: Revolutionspolitiker und Nationalpoet der JAR. Von royalistischen Kommandos erschossen.

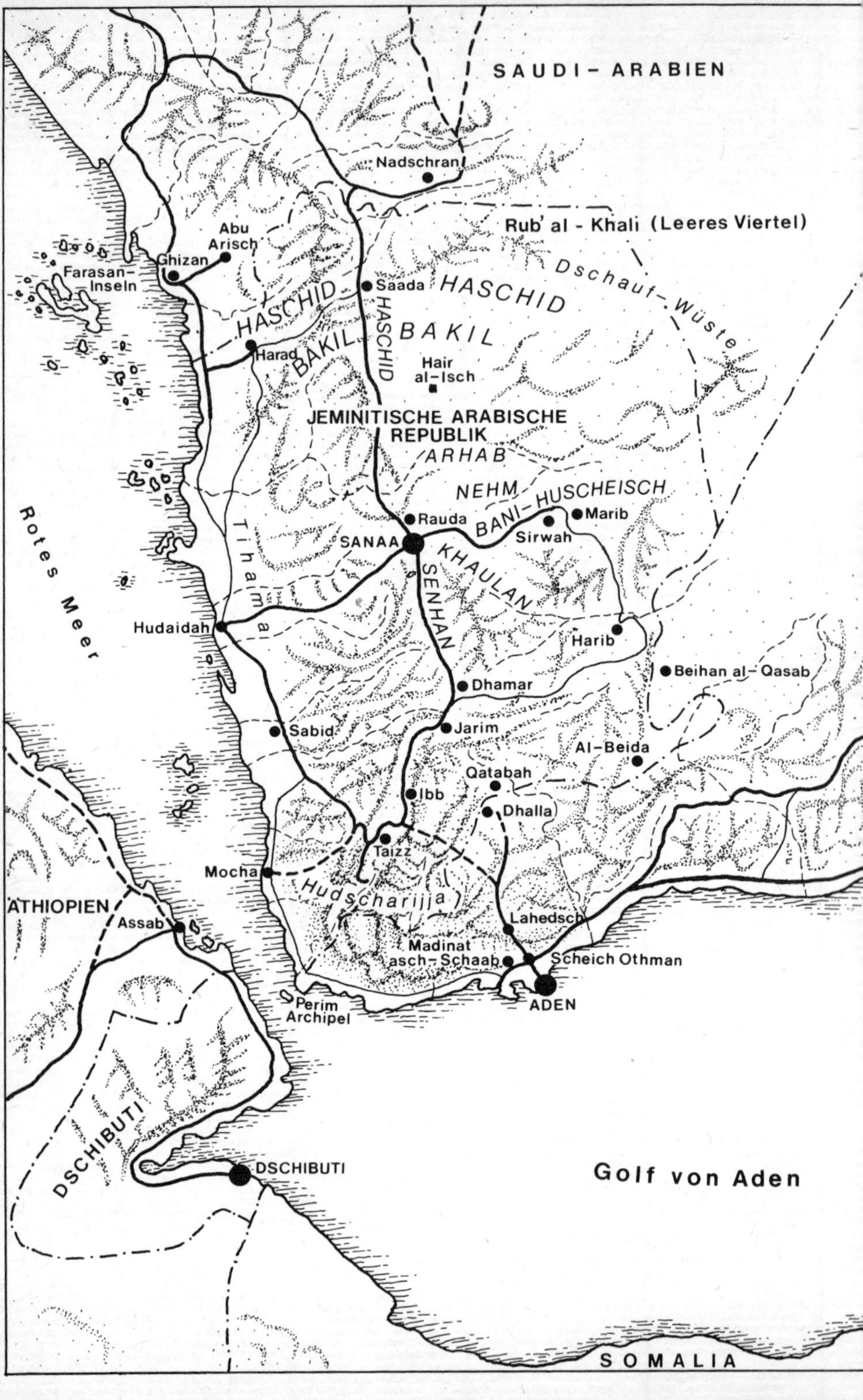
SAUDI-ARABIEN
Nadschran
Rub' al-Khali (Leeres Viertel)
Dschauf-Wüste
Abu Arisch
Ghizan
Farasan-Inseln
Saada
HASCHID
HASCHID
HASCHID
BAKIL
BAKIL
Harad
Hair al-Isch
JEMINITISCHE ARABISCHE REPUBLIK
ARHAB
NEHM
BANI-HUSCHEISCH
Marib
Sirwah
Rauda
SANAA
KHAULAN
SENHAN
Tihama
Rotes Meer
Hudaidah
Harib
Beihan al-Qasab
Dhamar
Sabid
Jarim
Al-Beida
Qatabah
Ibb
Dhalla
Taizz
Mocha
Hudscharijja
ÄTHIOPIEN
Assab
Lahedsch
Madinat asch-Schaab
Scheich Othman
ADEN
Perim Archipel
DSCHIBUTI
DSCHIBUTI
Golf von Aden
SOMALIA